개정3판

새외환론

New foreign exchange theory

최해범 저

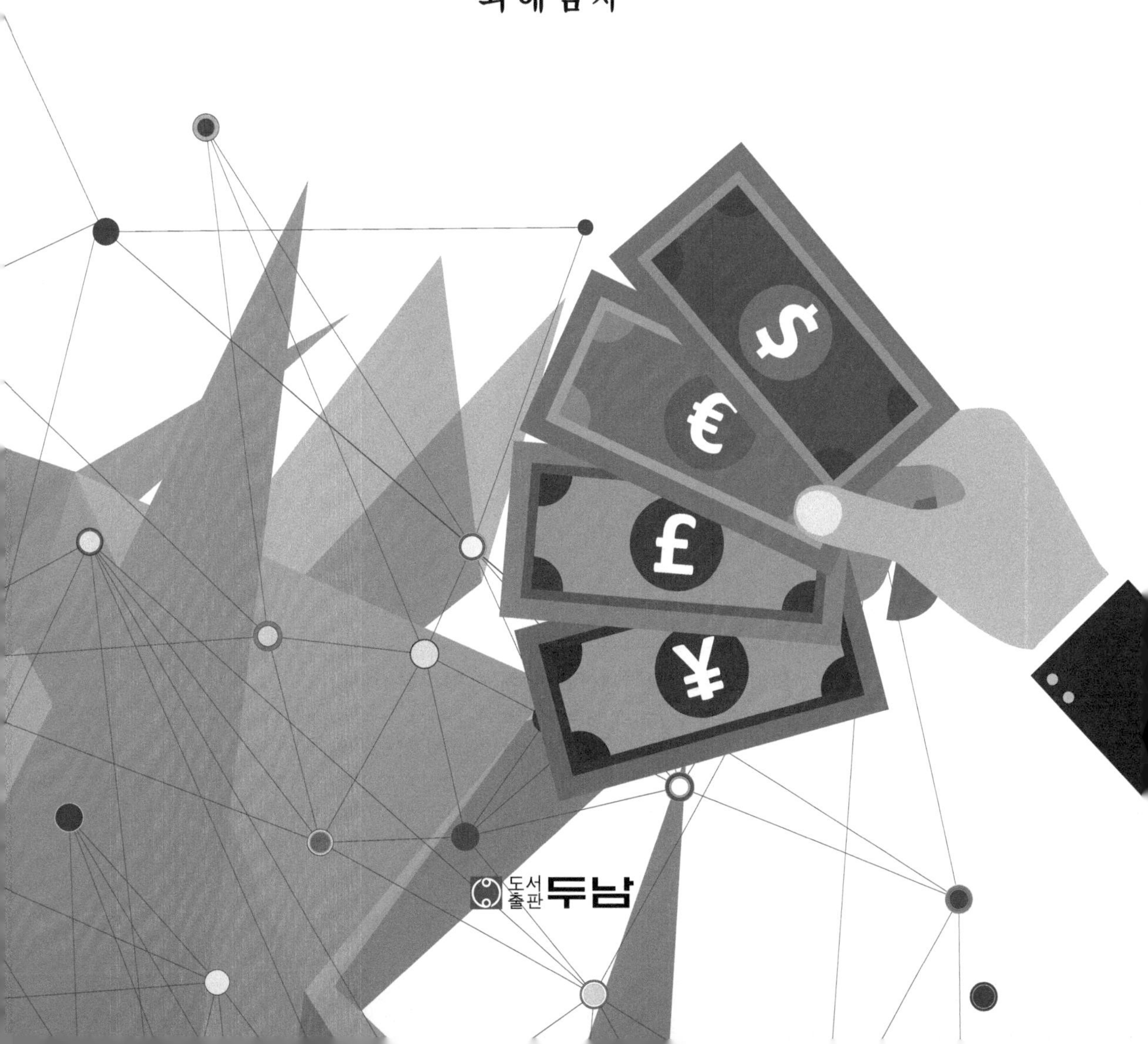

도서출판 두남

개정3판을 내면서

외환론이 학생들의 학습교재로 활용되기 시작한지가 20년을 넘기고 있다. 그동안 국제외환 환경이 많이 달라졌고, 더구나 2018년에 개정2판을 출간했지만 2020년이 되면서 또다른 세계 외환환경이 급변하고 있고, 내용을 검토하는 과정에서 교정해야 할 부분이 드러나면서 개정3판을 준비하게 되었다. 어느 과목과 마찬가지로 외환론도 그러한 여건변화를 적절히 수용하고 참신한 내용을 계속적으로 더 추가하는 것이 독자들을 위해서 꼭 필요한 일이라 생각한다. 당초 외환론이 학생들의 학습용 교재를 목적으로 출발했지만 재 개정판에서는 학생들이 보다 쉽게 외환론에 접근할 수 있도록 난해한 부분을 풀어서 이해할 수 있는 방향으로 보완하면서 업계나 금융계 등에서 외환금융의 기초지식 습득 차원에서 본 교재가 활용되고 있음을 밝힌다.

2020년대인 오늘날에도 세계금융질서는 세계경제의 흐름을 좌우할 수 있는 요소가 되고 있고 그 변화속도가 더 빨라지고 있다. 특히 미국에서는 또다시 새 정부가 탄생하였고, 그동안 세계경제의 특징으로 지정돼 왔던 침체와 불황은 자유무역에 대해서도 약간의 변형을 가하려는 움직임이 일고 있다. FTA로 대표되는 자유무역기조에 대해 각국은 그 이해관계에 따라 반성과 재고선진국들의 자국 보호주의가 등장하면서, 금리변동 및 해외투자 제한 등이 추진되고 있는 시점에서 환율의 급등락은 여전히 또 다른 경제풍향을 좌우할 수 있는 중요한 요인으로 등장하고 있다. 즉, 환율의 급등락, 국제외환시장의 움직임 등에 따라 각국의 경제가 심하게 요동칠 수도 있기에 바짝 긴장하지 않을 수 없는 시점이다.

예나 지금이나 우리의 경제를 살펴보건대, 매일의 환율변동이 수출과 수입에 엄청난 영향을 미치게 된다는 점은 익히 경험한 사실이다. 대외의존도가 높은 대부분의 국가들이 우리와 흡사한 영향을 받고 있을 것으로 추측된다. 그러기에 외환거래를 하는 많은 거래당사자들을 포함한 경제주체들은 환율변동에 대해서 효과적이고도 적절하게 대응하는 여부에 따라 그들의 이해관계에 민감하게 영향을 미친다는 사실을 더욱 깊이 인식해야 할 상황이 되었다. 물론 정부 차원에서도 외환문제를 소홀이 다룰 수 없는 입장이다. 금융시장의 예상과 다른 환율의 변동은 수출입은 물론이고 작금의 부채구조 등 국제재무상태에 큰 영향을 미침으로써, 결과적으로 국가경제에 파급될 수밖에 없기 때문이다.

이에 따라 대다수의 대학에서 외환론을 필수과목으로 채택, 그동안 꾸준히 강의와 연구를 계속해 오고 있다. 무엇보다도 학생들로 하여금 외환에 관한 기초지식이며 기본원리를 터득하도록 하는 일이 필요한 시점에서 다시 외환론에 대한 부분적인 보완과 개정을 시도하였음을 밝혀두는 바이다. 재개정판을 통해 개정3판을 출간하면서 역점을 두었던 부문은 다음과 같다.

첫째, 그동안 난해하거나 학생들이 이해하는데 다소간 어려움이 있을 것으로 판단한 내용에 대해서 좀더 쉽게 풀어쓸려고 노력했다.

첫째, 외환시장과 자금결제와 관련해서 중앙은행의 외환시장 개입에 관련한 내용도 부분적으로 보완했다.

둘째, 환노출, 환위험회피 및 파생금융상품 등에 관해 좀 더 구체적으로 언급하였고 특히 통화스왑거래, 통화선물거래, 통화옵션거래 등 최신 파생금융상품에 관한 내용을 일부 보완했던 부분들에 있어서도 이해력을 돕고자 문맥을 조금씩 수정하였다.

셋째, 국제수지 조정정책 내용과 한국의 외환관리 시스템 등에 해서도 보충설명을 했다.

넷째, 국가 및 지역별 외환위기 발생현황과 관련하여 그 원인과 특징을 보완했다.

그렇지만 이 역시 보완과 수정을 거듭하긴 했지만 본인이 보기에는 여전히 부족하고 미흡함을 인정하지 않을 수 없다. 또한 한계가 많음을 인정하면서 죄송스런 마음을 금할 수가 없다. 통상 학문적 실력이 부족한데 큰 원인이 있겠으나 외환론 자체가 비교적 변화가 심한 분야이고, 환경 자체에서 포괄해야 할 일부 분야들이 계속 추가되고 있는 것이 사실이다. 특히 계량화가 요구되는 분야도 많이 등장하고 있는 실정이다. 거듭 말씀드리지만 저서라기보다는 학생들의 순수한 교재용임을 감안해, 국내·외의 문헌을 그대로 인용하는 경우도 있었음을 미리 알리고자 한다. 이번 개정3판 발행을 허락해 주신 도서출판 두남의 전두표 사장님과 마무리 과정에서 이승구 상무님, 특히 박소희 과장님께 감사의 말씀을 전하고자 합니다.

2021년 2월

저자 씀

차 례

제1편 외환의 이해

제1장 국제자본이동과 외환 — 15

제1절 국제자본이동의 원인 …… 16

1. 재화 및 용역 등 경상거래 / 24
2. 자본거래 / 17

제2절 외환과 환율의 의의 …… 21

1. 외환과 환율의 정의 / 21
2. 환율의 구분 / 23
3. 환율의 표시방법 / 27

제3절 외국환 포지션과 위험 …… 31

1. 외국환포지션의 의의와 종류 / 31
2. 외환조작의 의미와 목적 / 32
3. 외국환매매조작과 한계 / 32

제2장 외환시장과 자금결제 — 35

제1절 외환시장의 구조 …… 36

1. 외환시장의 의의 / 36
2. 외환시장의 특성 / 37
3. 외환시장의 구조 / 42

제2절 국제 외환결제시스템 …… 47

1. 외환의 결제방식 / 47
2. 국제 외환동시결제시스템 / 48
3. 미국의 외환결제시스템 / 49
4. 일본의 외환결제시스템 / 50

제3절 주요 국제외환시장 52
1. 뉴욕 외환시장 / 52
2. 런던 외환시장 / 53
3. 동경 외환시장 / 54
4. 기타 외환시장 / 55

제4절 중앙은행의 외환시장 개입 56
1. 외환시장 개입의 의의 및 목적 / 56
2. 외환시장 개입의 시기 및 방식 / 56
3. 외환시장 개입메커니즘 / 58
4. 외환시장 개입효과 및 한계 / 59

제3장 외국환거래 ———— 63

제1절 외국환거래와 환어음 64
1. 외국환거래의 의의 및 특징 / 64
2. 환어음의 정의 및 거래당사자 / 65
3. 환어음의 종류 / 67
4. 환어음의 기재사항 / 69

제2절 환어음과 신용장 71
1. 환어음과 운송서류 / 71
2. 신용장의 정의와 효능 / 71
3. 신용장거래의 관계 당사자 / 72
4. 신용장의 종류 / 76

제3절 환어음과 기타 지급결제제도 79
1. 송금환 / 79
2. 추심환 / 84

제2편 외환의 실제

제4장 현물환거래와 선물환거래 — 91

제1절 환율거래의 구분 ······ 92

1. 대고객 환율과 은행간 환율 / 92
2. 전신환율과 현찰매매율 / 93

제2절 현물환거래 ······ 94

1. 현물환거래의 의의 / 94
2. 현물환율의 표시방법 / 96
3. 매매율차이 / 101
4. 현물환거래의 동기 / 102

제3절 선물환거래 ······ 103

1. 선물환거래의 의의 / 103
2. 선물환거래의 결제일 / 104
3. 선물환거래의 동기 / 106
4. 차액결제 선물환거래 / 107

제5장 환율, 물가, 금리의 기초이론 — 113

제1절 환율, 물가, 금리간의 관계 ······ 114

1. 기본가정 / 114
2. 구매력평가설 / 115
3. 피셔효과 / 120
4. 국제피셔효과 / 121
5. 금리평가설 / 124
6. 선물환율과 기대환율과의 관계 / 126

제2절 외환시장의 효율성 ······ 128

1. 기대의 형성 / 128
2. 효율적 시장가설 / 132
3. 외환시장의 효율성 / 134

제6장 환율의 결정과 환위험 — 139

제1절 환율의 결정이론 ······ 140
1. 외환의 수요곡선도출 / 140
2. 외환의 공급곡선도출 / 144
3. 균형환율의 결정 / 147
4. 균형환율의 안정성 / 148

제2절 환율변동과 예측 ······ 151
1. 환율변동요인 / 151
2. 환율변동측정과 예측 / 156

제3절 환노출 ······ 167
1. 환위험과 환노출 / 167
2. 환노출의 측정 / 169
3. 환위험관리 / 175

제7장 환위험회피와 파생금융상품 — 189

제1절 파생금융상품의 개요 ······ 190
1. 파생금융상품의 개념과 발전 / 190
2. 파생금융상품의 종류 / 192
3. 파생금융상품의 특징 / 195
4. 파생금융상품의 리스크관리 / 197

제2절 통화선물거래 ······ 199
1. 통화선물의 의의 / 199
2. 통화선물의 특징 / 201
3. 통화선물의 거래구조 / 202

제3절 통화스왑거래 ······ 204
1. 통화스왑의 의의 / 204
2. 통화스왑의 종류 / 205
3. 통화스왑의 거래구조 / 208

제4절 통화옵션거래 …… 209
1. 통화옵션의 의의 / 209
2. 통화옵션의 종류 / 212
3. 통화옵션의 거래구조 / 213

제8장 외환시장의 기능 —— 215

제1절 환청산과 환투기 …… 216
1. 환청산 / 216
2. 환투기 / 217

제2절 금리재정 …… 218
1. 금리재정거래의 의의와 커버된 금리재정거래 / 218
2. 커버된 금리재정거래의 사례 / 220

제3절 헤징 …… 224
1. 외화자산보유자의 환위험 헤징 / 224
2. 외화부채보유자의 환위험 헤징 / 228

제4절 환재정 …… 232
1. 환재정의 의의 / 232
2. 크로스레이트 / 233
3. 환재정거래 / 236

제9장 국제수지 —— 243

제1절 국제수지의 의의와 특성 …… 244
1. 국제수지의 의의 / 244
2. 국제수지의 특성 / 245

제2절 국제수지표의 구성과 작성 …… 247
1. 국제수지표와 관련 통계 / 247
2. 국제수지표의 구성 / 248
3. 국제수지표의 작성기준 / 253

제3절 국제수지 조정정책 256
1. 국제수지의 균형·불균형 / 256
2. 대내균형과 대외균형 / 258

제3편 국제통화제도와 환율

제10장 국제통화제도의 발달 ———— 265
제1절 국제통화제도의 이해 266
1. 국제통화제도의 의의 및 목적 / 266
2. 국제통화제도의 과제 / 267
3. IMF 시대와 한국 / 269
제2절 국제통화제도의 변천 271
1. 금본위제도의 등장 / 271
2. 국제 금·환본위제(양차대전 사이) / 277
3. 브레튼우즈체제 / 280
4. 스미소니언 협정 / 283
5. 킹스턴체제 / 284
제3절 유럽통화제도 287
1. 유럽공동환율제도 / 287
2. 유럽공동변동환율제도 / 288
3. 유럽통화제도 / 288
4. 유럽통화동맹 / 290
5. 유로화의 도입 / 292
제11장 환율제도 ———— 293
제1절 환율제도의 분류 294
1. IMF의 법적인 환율제도 분류 / 294
2. Frankel의 환율제도 분류 / 295

3. Reinhart and Rogoff의 자연적 환율제도 분류 / 297
4. Poirson의 환율제도 분류 / 299

제2절 환율제도의 선택 301
1. 환율제도의 종류 / 301
2. 변동환율제와 고정환율제의 선택요소 / 303
3. 환율제도의 선택이론 / 304
4. 환율제도의 유효성 / 307

제3절 고정환율제도와 변동환율제도 307
1. 환율변동 또는 환율고정의 두려움 / 307
2. 고정환율제도의 장·단점 / 309
3. 변동환율제도의 장·단점 / 310

제12장 한국의 외환시장과 환율제도 ―――― 313

제1절 우리나라의 외환시장 314
1. 외환시장의 구조 / 314
2. 은행간 시장 / 315
3. 대고객시장 / 318
4. 외환거래규모 / 318
5. 파생외환상품시장 / 319
6. 외화콜시장 / 319

제2절 우리나라의 환율제도 320
1. 우리나라 환율제도의 변천 / 320
2. 우리나라의 환율체계 / 327

제13장 글로벌 금융위기 발생과 극복 ―――― 331

제1절 글로벌 금융위기의 개요 332
1. 외환위기의 의의 / 332
2. 글로벌 금융위기의 이동경로 및 특징 / 332
3. 한국의 외환위기 원인 / 335

제2절 글로벌 금융위기의 극복 ········· 337
1. 글로벌 금융안전망 구축 / 337
2. 통화스왑 체결 / 338
제3절 한국의 외환관리 ········· 340
1. 외화자금관리 / 340
2. 외환보유액관리 / 341
3. 외환보유액의 활용과 운용 / 342

참고문헌 ········· 345
찾아보기 ········· 347

제1편

외환의 이해

■ 제1장 국제자본이동과 외환

■ 제2장 외환시장과 자금결제

■ 제3장 외국환거래

제1장
국제자본이동과 외환

제1절 국제자본이동의 원인
제2절 외환과 환율의 의의
제3절 외국환 포지션과 위험

제1절 국제자본이동의 원인

1. 재화 및 용역 등 경상거래

국가간에 외화를 취득하거나 지불하게 되는 가장 일반적인 원인행위는 재화와 용역의 수출이나 수입이다. 즉 재화의 이동이나 용역의 이전에는 대부분의 경우 국제적인 대차관계가 수반되며 또한 그 결제를 위해서 실물의 흐름과 반대방향으로 자금의 흐름이 이루어지게 되는 것이다. 즉 재화나 용역의 거래가 행해지면 거기에 상응하는 국제적인 자금의 지급과 수취가 뒤따른다.

경상거래에 따라 행해지는 자금이동의 가장 큰 비중을 차지하는 것은 재화의 수출과 수입이다. 다시 말해, 재화의 수출이 수입보다 많을 때는 자금의 유입이 유출을 초과하게 될 것이나, 수출이 수입보다 적게 되면 그 반대가 된다. 물론 재화의 수출과 수입은 비교생산비의 원리 내지 국제분업에 입각해 각국이 이익을 얻기 위해 행해진다고 볼 수 있으며, 이 경우 물물교환이나 무상의 증여가 아닌 한 그 대금을 반드시 결제해야 하기 때문에 그러한 거래의 이면에는 반대의 방향으로 자금의 이동이 수반된다. 아직도 실제로는 재화의 수출입에 의한 국가간의 자금이동이야 말로 일국의 국제자금이동에 있어서 큰 비중을 차지하고 있다.

그리고 용역이라는 것은 넓은 의미에서 서비스(service)를 말한다. 예컨대 용역의 수출은 외국으로 하여금 자본이나 노동과 같은 생산요소를 사용케 하여 그 대가(임금이나 이자)를 받는 것이다. 또한 기타 용역수출로서 국내기업이 외국인에게 제공하는 금융 및 보험용역의 대가로 외화를 수취하는 경우도 있을 수 있다. 반면에 용역의 수입이란 외국 생산요소의 사용에 대한 이자나 임금의 지불, 금융, 선박 및 보험용역의 대가 등 여러 형태의 용역을 외국으로부터 제공받는 대가로 내국인이 외국에 지불하게 되는 경우를 의미한다. 이러한 용역의 수출과 수입거래도 또한 그 대금을 결제해야 하므로 국제간 자금의 이동의 원인이 된다.

다음으로 일체의 대가와는 관계없이 외국에 자금을 지급하거나 수취하는 경우인 이전거래가 있다. 이전수취의 사례로는 해외로 이민 간 사람이 국내에 거주하는 친척에게 돈을 송금하는 경우, 즉 외국인이 국내거주자에게 증여하는 경우를 들 수 있다. 또한 후진국인 경우 선진국으로부터 경제발전을 위해 지원받는 무상증여, 전쟁손해배상금 등이 이 항목에 포함된다. 반면에 이전지급은 증여, 원조, 배상금의 형태로 외국에 대해 지불하는 것을 의미한다. 따라서 국제간의 모든 이전거래도 역시 자금의 이동을 수반하게 되므로 국제간에 자금의 수급이 이루어지는 원인으로 볼 수 있겠다.

2. 자본거래

오늘날 국제간의 자금의 유출입을 발생시키는 또 하나의 중요한 요소는 자본(capital)의 대차와 관련된 자본거래다. 흔히 국제자본이동(international capital movement)이라 함은 거주자와 비거주자 간에 이루어지는 단기자본 및 장기자본의 수수, 그리고 거주자의 외국에서의 공장, 건물, 토지, 광산 등 실물자산의 취득과 그 양도를 의미한다. 따라서 국제자본이동은 거주자와 비 거주자간에 채권・채무관계, 나아가 국제자금 이동문제를 발생시킨다.

즉 자본의 국제적 이동을 국제투자(international investment)라고 부르기도 한다. 제2차 대전 이전에는 화폐자본만의 이동을 국제자본이동이라 하였으나 제2차 대전 이후에는 실물・기술 및 기업경영권을 포괄하는 광의의 개념으로 바뀌었다.

어쨌든 국제적인 자본의 이동이란 국가간에 이루어지는 자금의 융통을 말하는데, 이와 같은 자본이동에 의해 한 나라에서 다른 나라로 자금이 움직이게 되면, 이는 언젠가는 다시 상환이란 형태의 반대방향으로 자금의 이동이 행해진다. 결과적으로 자본거래에는 최소한 2회 이상의 국제간의 자금이동을 발생시킨다.

1) 국제자본 거래의 형태

자본의 국제간 이동을 일국의 경제적인 관점에서 판단할 때 해외로 자본을 이동시키는 경우를 해외투자(foreign investment) 혹은 자본수출(capital export)이라 하며, 외국으로부터 자본을 도입하는 것을 외자도입(foreign borrowing) 혹은 자본수입(capital import)이라 한다. 한편 국제자본거래에 있어서 자본의 투자주체가 민간인가, 혹은 공공기관인가에 따라 일반적으로 국제자본이동은 민간투자(private investment), 공공투자(public investment)로 분류된다.

민간투자라고 하는 것은 개인 및 사기업이 투자하는 것이고, 공공투자라고 하는 것은 정부기관 또는 세계은행 등 국제기관이 투자하는 것을 의미한다. 투자를 받아들이는 편이 개인 및 사기업인가, 혹은 공공기관인가는 고려할 필요가 없다. 다만 자본을 공여하는 측이 민간인가, 혹은 공공기관인가를 기준으로 분류한 데 지나지 않는다.

한편, 자본의 투자기간이 단기인가, 혹은 장기인가에 따라 국제자본이동은 단기투자(short-term investment), 장기투자(long-term investment)로 분류된다. 이의 기준이 되는 단기, 장기의 구별은 어느 정도 자의적인 성격을 띠고 있으므로 IMF의 국제수지편람에 따라 이를 구별해야 할 필요가 있다. 즉 IMF에 따르면, 단기투자란 1년 미만의 만기일을 가진 단기자본의 이동을 의미한다. 이는 주로 외국 단기증권에 대한 투자, 외국 금융시장에의 공여, 외국은행에 대한 예금 등이 포함된다. 그리고 장기투자란 1년 이상의 만기일, 또는 상환기일을 가진 외국의 채권, 주식, 실물자산의 취득을 의미한다. 이러한 목적으로 단기에 사용되는 자본을 단기자본, 장기에 사용되는 자본을 장기자본이라고 한다. 그리고 장기투자는 다시 직접투자(direct investment)와 간접투자(indirect investment)로 구분된다.

2) 국제자본 거래의 동기

여기서는 국제자본이동의 동기를 직접투자와 간접투자의 경우로 나누어 검토해 보기로 한다. 우선 해외간접투자(간접투자를 포트폴리오투자라고도 함)의 기본적 동기는 해외로부터 보다 높은 수익을 획득하는 데 있다. 즉

한 나라의 국민은 수익극대화의 원리에 입각하여 다른 나라에서의 채권 수익율이 더 높으면 다른 나라의 채권을 구매한다. 이와 같은 투자의 패턴은 결과적으로 수익을 국제적으로 균형화시키는 작용을 하게 된다.

그런데 자본의 수익률은 노동에 대한 자본의 비율이 전반적으로 낮은 국가에서 본래 높게 나타난다. 장차 외국기업의 수익성이 국내기업의 수익성보다 클 것으로 예상되면 그 나라의 국민들은 외국기업의 주식을 구매하게 될 것이다. 그러나 이것만으로는 현실세계에서 관찰되는 두 가지 방향의 자본이동을 설명할 수 없다. 즉 한 나라에서 유가증권에 대한 수익이 상대국보다 낮으면, 수익이 낮은 나라에서 수익이 높은 나라로의 자본투자의 흐름을 설명할 수 있지만, 현실세계에서는 그와 반대방향으로의 자본이동도 적지 않다.

두 가지 방향으로의 국제자본이동이 일어난다는 사실을 설명하기 위해서는 위험이라는 요소를 도입해야 한다. 즉 투자가는 수익률뿐만 아니라 특정투자에 수반되는 위험도 고려해야 한다. 예컨대, 채권을 보유하는데 따르는 위험이란 파산이나 채권에 대한 시장가격의 변동가능성을 의미한다.

주식을 보유하는데 따르는 위험은 파산 및 시장가격의 변동가능성이 보다 높은 것과 실제수익이 기대된 수익보다 낮을 가능성을 말한다. 그러므로 투자가들은 일정한 수준의 위험범위 이내에서만 수익을 극대화하기 위하여 행동한다. 만약 투자가들이 더 높은 수익률을 기대한다면 더 큰 위험을 용인하여야 한다.

이제 어느 증권의 평균수익률을 중심으로 한 수익의 변동가능성(분산)으로 위험을 측정하기로 하자. 예를 들어, 증권 A와 B의 평균수익률은 30%이지만 A증권의 수익률은 20% 혹은 40%이고, B증권의 수익률은 10% 또는 50%가 될 수 있는 확률이 50 대 50이라고 하자.

이때 증권 B는 분명히 증권 A보다 위험이 더 크다. 그러나 두 증권 모두 평균수익률이 동일하기 때문에 투자가는 위험을 극소화하기 위하여 증권 A를 매입하게 된다.

그러나 증권 B의 수익이 증가할 때 증권 A의 수익이 감소하고 증권 A의 수익이 증가할 때 증권 B의 수익이 감소하게 되면, 이때 두 증권을 모두 보유함으로써 투자가는 여전히 평균 30%의 수익을 받을 수 있으며 그때의 위험은 상당히 낮출 수 있다. 즉, 어떤 시점에서 증권 A에 대한 수익이 평균수익보다 낮을 수 있는 위험은 증권 B에 대한 수익이 평균수익보다 높게 될 수 있는 가능성이 있기 때문에 어느 정도 상쇄된다. 결과적으로 증권 A와 B를 모두 포함하는 간접투자의 위험은 상당히 감소한다.

한편 포트폴리오란 투자가 구성하는 자산항목들의 조합을 의미한다. 가령 1억 5천만 원의 투자지급으로 1억 원어치의 부동산, 5천만 원어치의 주식투자로 하나의 포트폴리오를 구성한 모양이 된다. 중요한 것은 이렇게 포트폴리오를 구성하게 되면 한 곳에 투자함으로써 예상되는 위험을 회피할 수 있다는 점이다.

해외유가증권에 대한 수익과 국내유가증권에 대한 수익은 역의 관계를 가질 가능성이 크기 때문에, 국내와 해외의 유가증권을 포함하는 포트폴리오는 국내유가증권만을 포함하는 포트폴리오에 비해 평균수익률은 높고 위험은 낮게 될 수 있다.

한편, 오늘날 국제간의 자금이동의 큰 부문을 차지하고 있는게 바로 해외직접투자이다. 일반적으로 해외직접투자의 동기는 높은 수익을 얻고 투자의 위험을 분산시킨다는 점에서 간접투자의 경우와 동일하다. 그러나 간접투자에서와는 다른 다음과 같은 특별한 동기가 있다.

첫째, 각국의 정치 및 경제적 불안정을 들 수 있다. 가령 1972년 이후 영국의 대미직접투자가 급증하게 된 것은 미국의 경우 시장규모가 크거나 생산비 내지 비관세장벽 등에서 유리한 점도 있었겠지만 오히려 영국의 정치, 경제상황 등 국내문제에 기인되었던 것이다. 2000년대의 국제자본이동에도 이같은 요소가 중요한 원인으로 작용할 것이다.

둘째, 기업체이익의 증대이다. 즉 해외직접투자를 하는 가장 중요한 동기는 기업체의 규모를 성장시키고 이익을 최대화하려는 욕망(desire)에 근거한다. 지금 현재 일반화되고 있는 다국적기업이 바로 이것을 말해주고 있다.

셋째, 시장의 확보이다. 해외직접투자를 촉진시키는 또 하나의 중요한 동기는 시장의 추구(search for markets)이다. 해외시장추구의 동기는 ① 국내시장에서 치열한 경쟁에 당면하고 있거나 국내시장이 시장포화상태(market saturation situation)에 이르렀을 때, ② 국내시장규모만으로는 생산과 유통의 규모의 경제(economy of scale)를 실현할 수 없을 때 기업체들은 해외직접투자의 동기를 갖는다.

넷째, 해외자원의 개발 및 조달이다. 즉 원자재의 추구는 해외직접투자를 하게끔 하는 중요한 동기가 된다.

다섯째, 상품수출만으로 해외시장에 진출·개입할 때 부딪치는 각종 장벽을 우회하는데 목적을 두고 해외직접투자를 하는 기업체들도 많다.

여섯째, 현재 장악하고 있는 국내·외의 시장기반과 주요 고객을 계속 장악하고 해외이익원천을 보호하려는 동기에서 해외직접투자를 행하는 경우도 있다.

일곱째, 국내시장에서 수명 및 이익주기(life and profit cycle)의 쇠퇴기에 있는 제품을 해외시장에서 현지 생산하여 판매함으로써 그 제품의 수명 및 이익주기를 연장시키고 재순환시키려는 동기에서 해외직접투자를 하는 기업체들도 많다. 1990년대 후반에 와서는 선진 각국과 개발도상국들이 그와 같은 경향을 추구하고 있다.

이상과 같은 동기 이외에도 국제간의 자금이동 원인에는 지역공동시장의 이익적 활용, 해외직접투자의 자유화 및 외국인 투자유치정책의 강화, 최고경영층의 희망 등도 있을 수 있다.

제2절 외환과 환율의 의의

1. 외환과 환율의 정의

외환(foreign exchange)이란, 한 나라의 통화가 다른 나라의 통화로 교환되는 것을 의미한다. 대부분의 국가는 그 나라 고유의 법정통화와 통화단위를 가지고 있다. 예를 들면, 한국은 원화, 미국은 달러화, 일본은 엔화를 법정통화로 통용력을 가진 화폐로 인정하고 있다. 국내거래에 있어서는 자국통화로 결제하나, 외국과의 거래에서는 자국통화가 국제결제통화로서의 능력이 부족하다면 국제통화로서의 요건을 가진 외국통화로 결제하여야 한다. 즉, 외국에 물품을 수출한 경우에 수출대금을 외국통화로 영수할 뿐 아니라 외국으로부터 물품을 수입한 경우에도 외국통화로 지급 및 결제해야 한다.

무역상은 외국통화로 수취 및 지급하였을 경우 해당 외국통화를 자국통화로 교환할 필요가 있다. 즉, 외국통화로 수출대금을 수취한 수출상은 자국통화로 교환하여 국내에서의 필요한 자금수요에 충당하려 할 것이며, 수입상이 외국통화로 수입대금을 지급할 경우 자국통화를 외국통화로 교환하여 외국에 지급하여야 한다.

이 경우 결제에 이용되는 외국통화로는 외국 현금통화(foreign currency notes), 외국통화표시 은행예금(foreign currency-denominated bank deposits), 신용카드(credit card) 또는 외국통화표시 단기금융수단(short-term claims denominated in foreign currency) 등 다양한 형태가 존재한다.

국제결제 및 거래에 이용되는 외환은 은행의 계정을 통하여 이동한다. 예를 들면, 신용장을 통한 수출의 경우 수출상의 거래 은행은 수출상으로부터 선화증권을 포함한 선적서류를 매입하고 환어음 대금을 신용장 발행은행에 개설한 예금계정에 차기(借記, debit)하여 지급한다. 수출상의 거래은행은 신용장 발행은행 앞으로 선적서류를 송부하여 추심함으로써 선적서류대금을 상환을 받는다.

또한 물품의 이동 없이 단순히 A은행이 다른 은행에 달러를 팔고 일본 엔화를 매입함으로써 달러와 엔화를 교환하는 외환거래가 발생하기도 한다. 이 경우 A은행의 달러예금계정에서 달러가 출금되고 엔화예금계정에 엔화가 입금된다. 물론 상대방 B은행에서는 반대의 거래가 발생한다. 따라서 외환거래는 외국통화로 표시된 은행예금계정(a bank balance in a foreign currency) 상에서 결제된다. 결국 외환은 은행을 통하여 이루어진다고 할 수 있다.

환율(exchange rate)이란 두 나라 이종통화간의 교환비율을 말한다. 즉 한 나라 통화의 가격을 다른 나라 통화의 수량으로 표시한 것을 환율이라 하며 결국 두 나라 통화의 상대적 가치를 나타낸다. 예를 들면, 1달러의 가격을 우리나라 통화인 원화의 수량으로 표시할 때 1,000원이라면 달러의 환율은 바로 1,000원이 된다. 반대로 1원당 달러의 수량으로 표시할 수도 있다. 그렇게 되면 1원은 1/1,000달러가 되고 그것이 바로 달러와 원화간의 교환비율, 즉 환율이 된다.

환율제도에 따라 차이는 있지만 환율은 계속 변동하는데 환율변동을 표현하는 방법은 고정환율제도와 변동환율제도에서 다소 다를 수 있다. 고정환율제도에서는 통화의 가치가 상대적으로 상승(하락)할 때에는 평가절상(절하)라고 표현하지만 변동환율제도에서는 변동현상 그대로 통화가치상승과 통화가치하락으로 표현한다.

환율은 외환시장에서 매입환율(bid rate 또는 buying rate)과 매도환율(ask rate 또는 offered rate)이 동시에 고시된다. 딜러(dealer)가 외환을 매입하는 가격을 매입률(bid rate)이라 하고 외환을 매도하는 가격을 매도율(ask rate 또는 offered rate)이라 한다. 매입률과 매도율의 가격 차이를 매매가격차이(bid-ask spread)라고 한다. 일반적으로 매도가격이 매입가격보다 높다.

그리고 환율을 통하여 양 국의 상품의 가격을 비교할 수 있다. 예를 들어 지금 현재 환율이 달러당 1,000원이고 미국산 바나나 1Kg의 가격이 5달러라면 바나나의 원화표시 가격은 5,000원이 된다. 그리고 환율이 달러당 1,000원에서 1,200원으로 오르면 바나나의 원화표시가격은 5,000원에서 6,000원으로 상승하게 된다. 즉 환율이 바뀌면 원화표시가격도 변동하게 된다. 이는 미국사람의 입장에서도 마찬가지다. 예를 들어 한국산 신발 1켤레의 가격이 20,000원이고 환율이 달러당 1,000원이면 신발 1켤레의 가격은 20달러가 된다. 그리고 환율이 달러당 1,000원에서 1,250원으로 상승하면 신발 1켤레의 가격은 20달러에서 16달러로 떨어지게 된다. 이와 같이 환율을 알면 양국의 상품의 가격을 비교할 수 있게 되며 환율의 변동은 다시 양국 의 상품의 가격을 변동시킨다. 따라서 환율은 두 나라 상품의 가격비교를 가능하게 함으로써, 결과적으로 국제교역에 있어서 중요한 기능을 담당하게 되는 것이다.

2. 환율의 구분

1) 명목환율과 실질환율

명목환율(nominal exchange rate)은 우리가 지금까지 사용해 온 환율을 지칭하는데 구체적으로는 외환의 국내통화가격(domestic currency price of foreign exchange)으로써 외환당국(중앙은행)이 외환시장에 고시하는 이종통화간의 교환비율이다. 일반적으로 두 나라 통화간의 환율은 명목환율을 나타내며 특별한 언급이 없는 한 환율이라고 하면 명목환율을 지칭한다. 예를 들어 원화의 대미 달러화 환율(₩/$), 달러화의 대 파운드화 환율($/£), 엔화의 대미 달러화 환율(¥/$) 등은 모두 명목환율이다.

이에 대해 실질환율(real exchange rate)은 두 나라 통화간의 명목환율을 자국의 상대물가지수(P/P^*)로 나눈 환율($E/(P^*/P)$)을 말한다. 여기서 E는 명목환율을, P는 국내물가수준을 그리고 P^*는 상대국의 물가수준을 각각 나타낸다. 따라서 실질환율은 다음 식(2.1)과 같이 표시된다.

$$q = \frac{E \cdot P^*}{P} \left(E = \frac{P}{P^*}\right) \tag{2.1}$$

위식에서 알 수 있는 바와 같이 실질환율은 명목환율(E)에 외국의 상대물가수준(P^*/P)을 곱한 것과 같음을 알 수 있다. 외국의 상대물가수준(P^*/P)을 일명 구매력평가지수(purchasing power parity index)라고도 한다.

실질환율은 명목환율과 상대물가수준의 변동을 감안한 자국상품의 가격경쟁력을 측정해준다. 지금 P나 P^*가 지수가 아니고 상품의 절대가격으로 표시되었다고 하면 EP^*는 환율에 외국상품의 가격을 곱한 것이므로 외국상품의 자국통화표시 가격과 같다. EP^*를 국내가격(P)으로 나눈 EP^*/P는 자국통화표시의 외국 및 국내상품가격간의 비율, 즉 자국통화표시 외국상품의 상대가격을 나타낸다.[1)]

지금 실질환율(EP^*/P)이 상승했다고 가정하면 국내상품가격보다 외국상품 가격이 상대적으로 비싸졌으므로 외국상품의 수입은 감소할 것이고 국내상품의 수출은 증가할 것이다.

2) 명목실효환율과 실질실효환율

실효환율(effective exchange rate)은 2개국 이상의 외국과 교역을 하는 경

1) EP*/P는 P*/(P/E)와 같은 식이고 분모의 (P/E)는 자국 상품의 외국 통화표시 수출가격이다. 그리고 EP*/P의 상승은 국내가격기준으로도 국내 상품가격이 상대적으로 저렴해졌음을 의미하므로 국내 상품에 대한 해외시장에서의 수입수요가 증가될 것이다.

우 자국통화와 교역상대국통화간의 환율을 교역가중치로 가중평균한 환율을 말한다. 실질환율의 계산에는 여러 교역상대국들이 포함되므로 절대수준의 환율이 아닌 지수(index)로 작성된다. 실효환율은 다음과 같이 명목실효환휼과 실질실효환율로 구분된다.

명목실효환율(nominal effective exchange rate: NEER)은 일국통화의 주요 교역상대국과의 명목환율을 교역가중치로 가중 평균한 환율을 말한다. 이를 산정하기 위해서는 교역상대국들이 여러 나라들로 구성되므로 환율의 절대수준(예, 1$=1000₩, 1EUR=400₩)으로 표시하지 않고 단지 기준연도를 설정하여 지수화하고 여기에 교역가중치를 곱하여 가중평균 환율지수로 계산하는데 명목실효환율의 산정공식은 다음과 같다.

$$NEERt = \sum_{i=1}^{n} W_i \cdot EI_i t \tag{2.2}$$

단, NEERt = t기의 명목실효환율지수

W_i = 기준시점의 교역상대국 i국에 대한 교역가중치로서

$\sum W_i$ = 1.0임

$EI_i t$ = t기의 i국에 대한 자국통화표시 명목환율지수

$$= \frac{t\text{기의 } i\text{국에 대한 명목환율}(Eit)}{\text{기준시점의 } i\text{국에 대한 명목환율}(Ei0)} \times 100$$

실질실효환율(real effective exchange rate: REER)은 일국통화의 실질구매력을 측정하는데 이용되는데 명목실효환율지수에다 국내물가수준에 대한 교역상대국들의 물가지수를 곱하여 구한다. 여기서 교역상대국들의 물가지수는 교역가중치에 의한 가중평균 물가지수가 사용되며 자국 및 외국물가지수는 모두 기준시점이 같아야 된다. 실질실효환율지수의 산정공식은 다음과 같다.

$$\text{REER}_t = \frac{NEER_t \cdot P^*}{P_t} = \frac{\sum_{i=1}^{n} W_i EI_{it} \cdot P_{it}^*}{P} \tag{2.3}$$

단, $REER_t$ = t기의 실질실효환율지수

$NEER_t$ = t기의 명목실효환율지수

W_i = 기준시점의 i번째 교역국의 교역가중치(i = 1, 2, ⋯, n)

EI_{it} = t기의 i국에 대한 자국통화표시 명목환율지수

P^*_{it} = t기의 i번째 교역국의 물가지수

P_t = t기의 국내물가지수

위의 식(2.3)으로 산정된 실질실효환율지수는 자국통화의 실질구매력으로서 국제 경쟁력(수출경쟁력)의 판단지표로 이용된다. 만약 실질실효환율지수가 t기에 100보다 크다면 기준시점에 비해 현재의 환율수준은 그 동안의 상대 물가변동을 감안할 때 실질단위로 자국통화가치가 떨어졌음(undervalued)을 의미하므로 국제경쟁력이 강화되었음을 의미한다.

반대로 실질실효환율지수가 100보다 작으면($REERt<100$) 그 동안의 교역상대국들의 물가변동을 감안할 때 자국통화가치가 상승(overvalued)하였음을 의미하며 따라서 국제경쟁력이 약화되었음을 나타낸다.

3) 교차환율과 재정환율

교차환율(cross rate)이란 자국통화가 개재되지 않은 외국통화간이 환율을 의미한다. 우리나라에서는 엔/달러 환율이나 달러/유로 환율 등이 교차환율에 해당한다.2)

재정환율(arbitrage rate)이란 원/엔 환율이나 원/유로 환율과 같이 국내은행간 외환시장에서 직접 거래되지 않는 통화에 대한 환율을 계산할 때 원/달러 환율과 국제금융시장에서 형성되는 엔/달러 환율 또는 달러/유로 환율을 이용하여 산출한 환율을 말한다. 예를 들어 원/달러 환율이 1달러당 1,000원이고 국제금융시장에서 교차환율인 엔/달러 환율이 1달러당 100엔으로 형성되어 있다면 재정환율인 원/엔 환율은 100엔당 1,000원으로 결정된다.

4) 현물환율과 선물환율

현물환율(spot exchange rate)이란 외환거래 당사자가 매매계약을 체결한

2) 한국은행, 「한국의 외환제도와 외환시장」, 2016, pp.114-115.

후 통상 제2영업일 이내에 외환의 결제가 이루어지는 환율을 말한다. 반면 선물환율(forward exchange rate)은 외환의 매매계약 체결일로부터 2영업일 경과 후 장래의 특정일에 결제가 이루어지는 환율을 말한다. 선물환율은 금리평가이론(covered interest rate parity)에 따라 두 통화간의 금리차이와 일치하게 되므로 다음 식(2.4)에 의해 이론값이 산출된다. 자국통화 한 단위를 국내 및 해외에 각각 투자할 경우 금리평가이론에 의해 다음의 식이 성립한다.

$$1+i=\frac{F}{S}(1+i^*) \qquad \text{(식 2.4)}$$

F : 선물환율, S : 현물환율, i : 국내금리, i^* : 해외금리

3. 환율의 표시방법

환율은 어느 통화의 수량으로 표시하느냐에 따라 두 가지 방법이 있다. 앞의 예와 같이 외국통화 1단위에 대해 국내통화의 수량으로 표시할 수도 있고, 반대로 국내통화 1단위에 대해 외국통화의 수량으로 표시할 수가 있는데, 전자의 경우를 '자국화 표시방법'이라 하고 후자를 '외국화 표시방법'이라 부른다.

1) 일반표시방법

환율이란 서로 다른 통화간의 교환비율이며, 외국상품을 사거나 외국에 투자를 하려면 그 외국화폐가 우리나라 화폐로 얼마가 되는지를 자세히 알아봐야만 한다. 그래야만 국제간에 거래가 가능하기 때문이다. 환율은 우리나라의 입장에서 보면 달러나 파운드 또는 엔화와 같은 외화와 원화를 교환할 때의 비율로서, 외화와 원화를 바꿀 때의 교환율이라 할 수 있다. 외화를 일종의 상품으로 생각하면 그 외화의 가격, 즉 환율은 기본적으로 그것의 시장수요와 공급에 의해 결정된다. 가령 1달러=1,200원에서 1,000원이 된 경우 외환시장에서 달러가 대량을 매각(공급이 증가)되는 한편 달러의 매입자가 적어 달러 값이 하락, 즉 달러 약세(원화 강세)가 된 것이다. 한편 각국통화를 국제비교한 통화의 가치는 국제통화인 달러를 척도로 하여 엔高·파

운드高와 같은 표현이 사용되기도 한다.

환율의 표시방법에는 크게 두 종류가 있다. 먼저 기준통화의 달러 유무에 따라 유럽식(European terms)과 미국식(American terms)으로 구별할 수 있다. 다음으로 기준통화를 자국통화로 표시하는지 여부에 따라 자국통화 표시 방법과 외국통화 표시 방법이 있다.

유럽식은 달러당 지급할 상대통화로 표시하는 방법인 달러 기준 표시방법(US $ basis)이며 미국식은 교환상대통화 당 달러로 표시하는 방법이다. 은행간 시장에서 유로, 파운드화, IMF의 SDR의 경우는 미국식으로 표시하지만 대부분의 경우는 유럽식으로 환율을 표시한다.

다음으로 기준통화의 자국통화 여부에 따라 구분할 수 있다. 자국통화표시법(rate in home currency)은 외국통화의 국내가격 즉, 외국통화 1단위와 교환되는 자국통화 단위수로 환율을 표시하는 것이며, 이를 직접표시법(direct quotation), 또는 지급계정표시법(giving quotation)이라고 한다.

예를 들면 한국의 원화와 미국 달러의 교환비율이 1$=1,000₩일 경우 자국통화 표시방법은 U＄1=₩1,000이나 또는 ₩/U＄=1,000으로 환율을 고시한다. 만약 자국통화 표시법에서 환율이 상승(하락)하였을 경우에 변동환율제도하에서는 이를 자국통화가 절하(절상)되었다고 표현한다.

한편 외국통화표시법(rate in foreign currency)은 자국통화 1단위와 교환될 수 있는 외국통화의 단위수로서의 환율표시방법을 의미한다. 이를 간접표시법(indirect quotation) 또는 수취계정표시법(receiving quotation)이라고 한다. 예컨대 원화의 대미 달러화 환율을 1원=0.001달러 또는 U＄/₩=0.001로 표시할 수 있다.

그리고 자국통화표시 환율과 외국통화표시 환율과의 관계는 자국통화표시 환율의 역수가 외국통화표시 환율이 되며, 외국통화 표시 환율의 역수가 자국통화표시 환율이 되는 바, 예컨대 (U＄/￡)=1/(￡/U＄)의 관계에 있게 된다. 따라서 우리나라의 경우 자국통화표시 환율인 1달러=1,000원을 외국통화표시 환율로 전환하면 1원=1/1,000달러가 된다.

환율의 표시 방법은 분석의 편의에 따라서 결정되며 어느 방법이 더 나은 것이라고 말할 수는 없다. 그러나 일반적으로 외국통화 1단위당 국내통화의 수량으로 표시하는 방법을 많이 사용하고 있는데 그것은 외국통화를 하나의 상품과 같이 취급하여 가격을 표시하는 것과 같은 내용을 지니고 있어서 편리한 점이 있기 때문이다. 즉 구두 1켤레의 가격이 50,000원 또는 사과 1상자의 가격이 20,000원이라고 표시하는 것과 마찬가지로 1달러의 가격이 1,000원이라고 표시하면 달러를 상품과 동일하게 취급하는 효과를 지니게 되는 것이다.

그러나 환율은 구두나 사과 등과 같은 일반상품의 가격과는 달리 물가, 실업, 국제수지, 산출량 등과 같이 개방경제하에서 한나라의 중요한 거시경제 변수로서 그 변동은 국민경제에 지대한 영향을 미치는 특성을 지니고 있음에 유의해야 한다. 또 환율은 한 나라의 통화의 가격을 나타낼 뿐만 아니라 그 통화는 증권, 채권 등과 마찬가지로 하나의 자산으로서의 기능도 아울러 가지고 있다는 점에서 독특한 특성을 지니게 된다. 다시 말해서 외국통화는 해외자산이므로 그 가격인 환율은 바로 자산의 가격을 나타내며 따라서 주식이나 채권 등 다른 자산의 가격변동에 적용되는 원리가 그대로 적용된다는 말이다. 그러면 그 원리는 무엇인가? 자산의 가장 특징적인 내용은 바로 그것이 부의 한 형태로서 현재의 구매력을 미래로 이전시키는 수단이라는데 있다. 따라서 오늘 형성된 자산의 가격은 구매자가 미래에 그 자산의 가격이 재화와 용역을 구매할 수 있을 것으로 예상하는 예상구매력과 직접적으로 연결되어 있다는 것이다. 예를 들어 오늘 달러의 환율이 1,000원이라는 것은 앞으로 그 달러의 가격(즉 환율)이 어떻게 전개될 것이라는 예상을 근거로 하여 형성된 것이다. 그러므로 오늘의 달러 환율은 미래의 달러환율에 대한 예상이 변하면 직접적으로 영향을 받게 된다. 오늘 주식시장에서 삼성증권의 주식가격은 앞으로 삼성증권의 실적이나 수익성 등 가격에 영향을 미칠 수 있는 여러 가지 예상을 근거로 형성이 되고 또 그 예상이 변하게 되면 오늘의 삼성증권의 주식가격이 직접적으로 영향을 받는 것과 같은 이치이다. 그러나 구두, 사과 등 일반상품의 경우는 그 가격형성이 환율이나 주식 등의 자산과는 달리 그 상품의 소비에 따른 효용에 의해서 결정되는 것이며 앞으로의 이들 상품의 가격에 대한 예상에 의해 지배적으로 결정되는 것은 아니다. 이와 같이 외국통화는 하나의 자산이며, 따라서 환율이 자산의 가격이라는 시각은 바로 오늘날 환율결정이론에 있어서 자산시장 접근방식을 도입하는 계기를 마련하였다는 점에서 대단히 중요한 의미를 지닌다.

2) 통화표시방법의 표준화(ISO)

세계표준화기구(International Standardization Organization: ISO)의 ISO4217은 세계적으로 통용되는 각국 통화의 약자를 제정하였는데, <표 1-1>에서 보는 바와 같이 3개의 알파벳으로 구성된다. 첫 두 글자는 국명을, 셋째 글자는 화폐 명을 뜻한다. 예를 들면 CAD는 캐나다(Canada)의 달러화(Dollar)를 말한다. 외환거래자, 고객, 통신기관 등이 ISO코드를 광범위하게 사용한다. 그러나 실제 커뮤니케이션에 있어서는 다음의 <표 1-1>에서 나타난 바와 같이 각국 통화의 심벌(symbol)이나 약칭 또는 화폐의 별칭을 사용하기도 한다.

〈표 1-1〉 주요 통화의 약칭과 별칭

국명	통화명	ISO 4217	심벌 or 약칭	속어
한국	원(Won)	KRW	₩	
미국	달러(Dollar)	USD	US$, U$, USDLR	doll, dolly, buck, greenback
유로지역	유로(Euro)	EUR	€	
영국	파운드(Pound)	GBP	£, £S, BP, STG, Sterling	cable, quid
호주	달러(Dollar)	AUD	A$, Au$	Aussie, Ozz
캐나다	달러(Dollar)	CAD	C$, Can$	funds
일본	엔(Yen)	JPY	¥, JY, Yen	
스위스	프랑(Franc)	CHF	S.Fr., SF, SFR, Sfr	Swissy
덴마크	크로네(Crone)	DKK	Der., Kr.	Copey
노르웨이	크로네(Krone)	NOK	Nkr, Kr.	Oslo
스웨덴	크로나(Krona)	SEK	Skr., Kr.	Stoky

제3절 외국환 포지션과 위험

1. 외국환포지션의 의의와 종류

외환포지션(exchange position)이란 일정시점에 있어서 은행이나 개인, 기업 및 통화당국 등 외환거래당사자가 보유하고 있는 외화자산과 부채의 차액을 의미한다. 포지션이란 상태 및 위치를 의미하지만 금융거래에서 상태란 금융자산에서 금융부채를 제외한 순 금융자산을 의미한다. 가령 은행이 가지고 있는 외화표시 자산액에서 외화표시 부채액을 뺀 값을 그 은행의 외환포지션 혹은 그냥 포지션이라고 부르기도 한다. 일반적으로 외환의 포지션의 변화는 회사 및 개인이 외국과 거래하는 경우에 발생하게 된다.

통상적으로 외환딜러들이 취할 수 있는 포지션에는 매입액이 매도액으로 초과하는 매입초과포지션(overbought position)과 매도액이 매입액을 초과하는 매도초과포지션(oversold position)이 있다. 흔히 전자를 롱 포지션(long position), 후자를 쇼트포지션(short position)이라고도 한다. 한편 특정통화의 외환포지션이 매입초과에서 강세일 경우 환차익을 얻게 되고 반대로 약세일 경우에는 환차손을 입게 된다. 결국 외환거래를 하는 경제주체로서는 자신의 외환포지션이 너무 한쪽으로 편중되지 않도록 적절히 신경을 써야 한다. 특히 외환매입액과 매도액이 일치해서 외화자산과 부채가 균형을 이룬 상태를 스퀘어포지션(square position)이라고 한다. 이 경우 환율변동에 따른 환리스크를 회피할 수 있다. 한편 매입초과포지션이나 매도초과포지션이 발생해 예상치 못한 환율변동으로 인해 환위험에 노출되는 경우를 오픈포지션(open position)이라고도 한다.

그런데 외환포지션 상태는 기업, 개인 그리고 은행으로서는 중요한 의미를 지닌다. 무엇보다도 딜러들에게는 외환포지션이야 말로 대단히 중요한 조작대상이 되고 있는데, 그것은 외화자산·부채의 관리상태와 환위험에 노출되어 있는 정도를 나타내기 때문이다. 외환딜러들의 포지션조작은 통화별 자금수급과 포트폴리오전략 등에 따라 결정되며 어쨌든 외환포지션의 조작은 작금의 외환거래 형태나 환율변동을 감안할 때 대단한 의미를 지닌다고 하겠다.

2. 외환조작의 의미와 목적

일반적으로 은행의 외환포지션이 변화되는 경우를 보면, 첫째, 고객과 외화를 매매할 때마다 은행에는 외환포지션이 발생한다. 즉 고객에게서 외화를 사면 「매입포지션」, 반대로 외화를 팔면 「매도포지션」이 발생할 수 있는 것이다. 그런데 외환포지션이 발생하면 앞에서 설명한 것처럼 환리스크가 발생되므로 은행은 「매입포지션」인 경우 은행간 시장에서 외화를 매도해야 하고, 반대로 「매도포지션」인 경우는 외화를 매입하는 전략을 취해야 한다. 그래야만 환리스크를 줄일 수 있기 때문이다. 이처럼 외환을 매도하거나 매입하면 곧 반대로 還賣하거나 還買하는 것을 외환시장에서는 커버(cover)거래를 한다고 하며 이러한 조작을 외환포지션조작이라고 한다.

은행은 이와 같은 조작을 하여 환리스크를 회피하는 것이다. 그리고 환포지션을 해소하는 것을 환포지션을 스퀘어(square)시킨다고 한다.

둘째, 고객과의 외환매매가 실행될 때마다 은행으로서는 자신의 자금포지션의 구성에 변화가 초래된다. 즉 고객에게서 외화를 매입하면 대금으로 원화를 지급하므로 외화자금의 포지션은 증가되지만 한편 원화자금의 보유고가 감소된다. 고객에게 외화를 파는 경우는 자금포지션은 그 반대가 된다. 은행의 보유자금이 외화자금 또는 원화자금 중 어느 쪽에 크게 편중될 경우 자금 구성을 적절히 조정할 필요가 있다. 다시 말해 은행은 대고객 거래의 결과로 발생한 편중된 외화나 원화자금의 보유상태를 시의 적절하게 조정할 필요가 있는 것이다.

3. 외국환매매조작과 한계

이제까지는 기본적인 개념을 설명하기 위해 은행은 고객과 환거래를 할 때마다 그 거래를 은행간 시장에 연계시키는 것으로 설명해왔는데 현실적으로는 반드시 그렇지만은 않다.

은행은 수많은 고객과 다양한 환거래를 동시에 하고 있기 때문에 어떤 고객으로부터 매입한 외화를 거의 동시에 다른 고객에게 매각하는 경우도 있기는 하다. 이러한 경우를 환이 매리(marry)되었다고 부르고 있다. 은행은 여러 가지 거래가 있을 때마다 어떻게 해서든 「매리」시키려 하고 「매리」되지 않는 부분 즉 매입초과나 매도초과 된 부분에 대해 은행간 시장에 넘기고 있는 실정이다. 이런 의미에서 은행간 시장은 은행의 환포지션조작을 쉽게 할 수 있는 조정의 장이라고 부를 수가 있을 것이다.

문제는 은행간 시장이 은행의 환포지션조작을 언제나 쉽게 해주는 것은 아니다. 예컨대 변동환율제도하의 이러한 은행간 시장에서 은행의 포지션이 조정되는 과정을 살펴보기로 한다.

가령 은행간 시장에 A, B 두 은행이 존재하고 고객과의 거래결과 발생한 환포지션을 커버하기 위해 A는 1백만 달러를 사고자 한다. B는 1백오십만 달러를 팔고 싶어 한다고 가정한다. 이 경우 1백만 달러에 대해서는 매매가 성립될 수 있지만 B의 오십만 달러에 대해서는 팔수가 없어 남게 마련이다. 그래서 B는 달러 매각가격을 낮추어 A에게 매입을 권유한다. A가 매입에 응하면 달러환율 하락은 멈추게 된다. A가 좀처럼 매입에 응하지 않으면 B는 달러 값을 더욱 낮추게 된다. 그래서 결국 A가 매입에 응하든가 B가 매각을 포기하는 수준까지 달러환율은 하락하게 된다.

앞의 예에서 달러환율이 크게 내려 A가 매입하였다면 A는 B대신 오십만 달러의 매입초과포지션이 되고 B가 매각을 포기하였다고 하면 B는 오십만 달러의 매입포지션을 계속 유지하는 것으로 시장 전체로 보면 오십만 달러의 매입포지션이 남아 A, B 두 은행의 환포지션은 완전히 조정되지 않는다.

따라서 달러환율이 크게 내리면 A가 매입하든가 B는 매각을 포기하게 된다. B는 오십만 달러의 매입포지션을 방치하면 장래 달러 값이 하락할 경우 손실을 보게 되므로 그렇다면 달러 값을 하락시켜서라도 빨리 매각처분을 하려고 시도하지만 좀처럼 매입자가 나타나지 않으면 달러 값은 크게 하락해 버릴 수도 있겠다. 그러나 반대로 달러 값이 크게 하락하면 그 이상 떨어질 리스크는 경감되므로 A가 매입에 응하거나 B가 매각할 실익이 없게 되므로 포기하게 되는 것이다.

변동환율제도하의 오늘날은 비교적 적은 수요와 공급 간의 갭(gap)으로 환율이 크게 변동되는 일이 없다. 환율이 크게 변동되면 주요국의 통화당국은 은행간 시장에 개입하여 매매함으로써 환율의 교란을 막기도 한다. 통화당국이 은행간 시장에 개입하면 그 결과는 통상 그 나라의 외화준비의 증감으로 나타난다.

제2장
외환시장과 자금결제

제1절 외환시장의 구조

제2절 국제 외환결제시스템

제3절 주요 국제외환시장

제4절 중앙은행의 외환시장 개입

제1절 외환시장의 구조

1. 외환시장의 의의

외환시장이란 외국 돈의 수요와 공급이 만나 외환의 거래가 일어나는 장소를 말한다. 그러나 넓은 의미에서는 장소적 개념을 벗어나 외환거래의 형성, 결제 등 외환거래와 관련된 일련의 메카니즘을 포함한다. 금리를 매개변수로 외환의 대차거래가 발생되는 외화자금시장(foreign cumency money market)도 넓은 의미에서 외환시장에 포함시킬 수 있다. 재화시장에서 어떤 상품의 수요가 공급을 초과하면 가격이 오르고, 상대적으로 공급이 수요보다 크면 가격이 하락하듯이, 외환시장에서도 거래되는 상품(가령 달러화)의 수요와 공급의 상대적 세력에 의해 가격이 오르내릴 수 있다. 기본적으로 외환시장은 이종통화표시 지급수단의 매매시장이며, 따라서 자금의 대차가 행해지는 신용시장과는 그 성격이 다르다.

모든 가격이 그러하듯이 외환의 가격인 환율도 외국통화의 수요와 공급의 상호작용에 의해서 결정된다. 즉 환율이란 곧 외환, 가령 달러의 가격을 말한다. 때문에 환율이 오른다(내린다)는 이야기는 달러 한 단위를 사는데 지불해야 하는 원화가 많아(적어)진다는 의미다. 결국 외환시장은 직접 서로 다른 통화의 수급이 이루어져 사고 팔리는 시장을 지칭한다고 볼 수 있으며, 여기서 환율이 결정된다고 볼 수 있다.

더구나 자국통화를 교환수단으로 하는 국내 경제거래와는 달리 국제적 거래에 있어서는 그 매개수단이 되는 국제통화 또는 외환이 필수적이다. 외환은 외환시장에서 거래되며, 그것은 또한 기본적으로 상품과 용역 그리고 금융자산의 매매거래에 수반하여 일어나기 때문에 이들 외환거래는 기본적으로 각종 경제거래에 따라 수취와 지불이 행해지는 과정에서 일어난다.

한편 외환거래는 결제일(value date)을 기준으로 당일(cash 또는 value today)거래, 익일(next day 또는 value tomorrow)거래, 현물환(spot)거래, 선물환(forward)거래 등으로 나누어진다.

〈그림 2-1〉 외환거래의 구분

계약일	첫 영업일	둘째 영업일	
당일거래	익 일거래	현물환거래	선물환거래

거래금액이 큰 은행간 시장에서는 당일 및 익일거래는 흔하지 않고, 주로 현물환과 선물환거래가 주가 되며, 그들이 행해지는 시장을 각각 현물환시장과 선물환시장이라 한다.

2. 외환시장의 특성

1) 일반적 특징

외환시장은 환율에 의해 현재 또는 미래의 특정일을 결제일로 하여 두개의 통화를 서로 교환하는 거래가 이루어지는 시장이다. 외환의 수요와 공급은 외환시장에서 만나게 되며 외환시장에서의 수요와 공급곡선이 일치하는 점에서 환율이 결정된다.

첫째, 외환시장은 동종 동질의 상품(homogeneous products)을 거래대상으로 한다. 외환시장에서는 동종 동질의 외국통화를 거래하는 시장이다. 미달러는 세계의 어느 외환시장에서나 같은 상품으로 거래된다.

둘째, 외환시장에서 다수의 매입자와 매도자가 거래하므로 독점거래자가 존재하지 않는다. 때로는 투기적 헤지펀드(hedge fund)가 외환시장에서 독점적인 영향을 미치려하나 세계외환거래 규모에 비하여 비중이 낮아 영향력이 적다.

셋째, 외환시장에서는 접근 또는 진입이 자유롭다. 기업 또는 은행은 외환시장에 자유롭게 접근할 수 있다. 외환관리를 실시하는 국가에서는 외환시장 접근을 규제하는 경우도 있으나 외환관리는 잠정적이고 부분적이다.

넷째, 외환시장의 정보에 자유롭게 접근할 수 있다. 외환시장은 정보를 공개하며 이들 정보는 Router통신, Blumberg통신, 각종 신문에 의하여 전파된다. 이러한 정보네트워크는 외환시장을 더욱 효율적이게 한다.

다섯째, 외환시장에서 은행은 시장조성자로서 결정적인 역할을 한다. 특히 은행은 외환딜링 룸(foreign exchange dealing room)을 두고 적극적으로 은행간 외환거래를 한다. 은행은 외국통화와 환율에 관한 정보를 수집하여 외환 매입률(bid rate)과 매도율(offered rate)을 결정한다. 최근 국제결제은행(BIS)이 발표한 '세계 외환 및 장외 파생생품 시장거래규모 조사보고서'에 따르면, 2016년 4월 현재 하루 평균 세계 외환시장 거래량은 5조 1,000만 달러로 이전 발표치인 지난 2013년 4월의 5조 4,000만 달러 대비 5%가 줄어든 것으로 나타났다. 또한 전체 외환거래의 95% 이상은 투기거래이고 5% 정도가 무역 및 자본거래를 위한 실수요자거래로 추정된다. 총 거래량 중 은행간 거래가 39%, 다른 금융회사와의 거래가 53%를 차지함으로써 금융회사 간의 거래가 차지하는 비중이 더 많은 편이다.

여섯째, 외환시장은 국제적인 지급 및 결제제도(payment and settlement system)에 의하여 결제가 이루어진다. 예를 들면, 뉴욕을 통하여 이루어지는 외환거래는 은행간 정산소 지급시스템인 CHIPS(Clearing House Interbank Payment System)와 미 연방 전자자금이체시스템인 Fedwire에 의해 실시간으로 결제된다.

일곱째, 외환시장거래는 국제통화제도(international monetary system)의 틀 안에서 이루어진다.

마지막으로 거래단위가 수백만 달러의 도매시장의 형태를 가진다. 외환거래가 은행간 시장을 통하여 거래된다는 점에서 도매시장은 당연한 현상이다. 대규모 은행들은 환율변동에 따른 이익을 기대하며 동시에 외환위험을 최소화하지만 소규모 은행은 시장을 조성하거나 외환을 보유하지 않고 대규모 은행과의 사이에서 대리인(agents)역할을 한다.

2) 구조적 특징

(1) 범세계적 네트워크

은행들은 세계 어느 나라의 은행과 전화, 전신 및 컴퓨터 시설 등을 이용하여 실시간(realtime)으로 외환거래를 할 수 있다. 외환거래에 있어 전화는 전신시설보다 더 중요한 역할을 하는데 이는 대화를 통하여 세계 어느 곳에 있는 외환거래자와도 흥정을 할 수 있고 즉시 거래를 결정할 수 있기 때문이다. 최근에는 통화내용을 기록으로 남길 수 있는 장치가 개발되고 컴퓨터와도 연결됨으로써 그 중요도가 더욱 높아졌다.

전화 이외에 외환딜러들이 이용하는 커뮤니케이션 수단에는 Reuter Monitor, Quotron Screen과 Telerate Screen이 있다. Reuter Monitor는 시장정보를 실시간으로 24시간 공급하는 텔렉스 시스템인데 Monitor I 과 Monitor II Sub-systems가 있다. Monitor I 은 스크린의 1페이지에 한번에 12라인까지 나타나며 Monitor II는 3페이지를 한번에 볼 수 있도록 되어 있다. Quotron Screen은 상품 및 증권거래소의 가격정보를 제공한다. Telerate Screen은 당초에는 미국의 금리에 대한 정보 제공을 목적으로 하였으나 통화 및 상품가격에 관한 정보도 제공하고 있으며 특히 미연준의 정책에 관련된 정보에 정평이 있다. 우리나라에서는 연합통신 Informax, Reuter Monitor 및 Telerate가 많이 사용되고 있다.

(2) 24시간 시장

세계외환시장은 24시간 시장(round-the-clock market)이다. 세계의 외환시장간에는 영업시간이 중첩되는 시간대가 있어 한 시장이 끝날 무렵에 다른 시장이 개장되므로 외환거래의 세계적인 연결이 가능하다.

각 센터에 소재하는 은행은 하루 중 어느 시간이라도 다른 센터에 소재하는 은행과 외환을 매매할 수 있다. 시간상으로 호주 시드니 외환시장이 개장되면 뒤이어 극동지역에 있는 서울, 홍콩, 싱가포르 및 동경 외환시장이 개장되고 극동지역 은행의 영업시간이 끝날 무렵이면 바레인 외환시장이 시작된다. 중첩되는 시간에 바레인에서 외환거래를 한다. 곧 잇달아 세계최대규모의 런던 외환시장이 개장된다. 뉴욕과 유럽은 영업시간으로 5~6시간 시차가 생긴다. 런던의 마지막 영업시간과 뉴욕의 영업시간 시작이 2~3시간 중첩된다. 미국 서부의 은행들은 뉴욕의 영업시간과 중첩된다. 유럽은 뉴욕과 영업시간 한쪽에서 중첩되며, 홍콩, 싱가포르, 동경은 다른 쪽에서 중첩된다. <그림 2-2>는 외환시장의 범세계적 영업시간이 어떻게 24시간 연속되는가를 보여주고 있다.

〈그림 2-2〉 세계 주요외환시장의 거래시간대

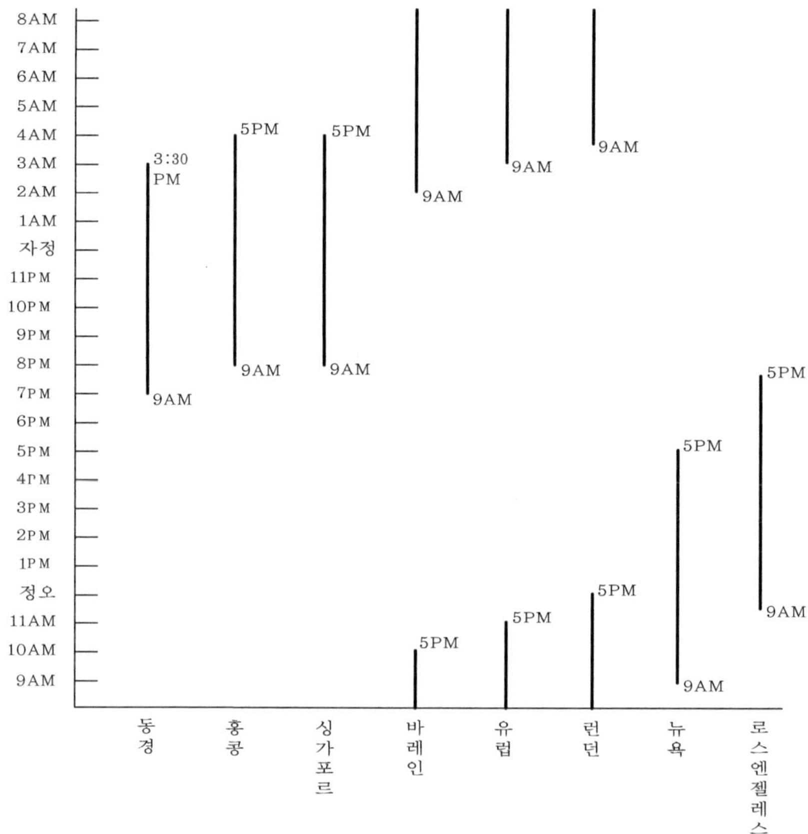

따라서 외환거래는 24시간 가능하며 다른 지역에서 급격하게 변동하면 전화를 통하여 외환거래를 하지 않을 수 없을 것이다. 실제로 많은 은행들의 수석 외환딜러는 이러한 상황변화에 민첩하게 대응하여 영업시간 이외에 집에서도 외환거래를 할 수 있도록 허용되고 있다.

(3) SWIFT

SWIFT(The Society for Worldwide Interbank Financial Telecommunication: 국제 은행간 자금결제통신망)는 전 세계 은행들이 외국환거래와 관련된 각종 메시지를 신속·저렴하게 교환할 수 있는 통신망으로 1973년 15개국 239개 은행이 창립하여 3년간의 시험을 거쳐 1977년부터 22개국 518개 은행을 대상으로 메시지 교환에 들어갔다. 우리나라는 1992년 3월부터 SWIFT를 통하여 고객송금, 신용장 개설 및 통지, 은행간 자금이체, 외환거래 등 국제금융업무를 수행하고 있다.

SWIFT는 통신의 표준화와 자동화를 위해 SWIFT가 정하는 표준양식(message format)을 사용하여 의사전달을 하는데 표준양식에는 각각 3자리 숫자의 고유번호가 부여되어 있다.

예를 들면, 외환송금은 MT100, 은행간 자금이체는 MT200 또는 MT202, 수입신용장 개설 시는 MT700 등으로 표시된다. 3자리 숫자의 첫 번째는 종류(category), 두 번째는 업무집단(groups), 세 번째가 업무형태(type)를 말한다.

업무종류는 SWIFT가 취급하는 업무의 종류를 말하는데 모두 10개로 나뉘어져 있다. 표준코드는 ISO 15022 Securities Scheme for Message로 인증을 받았다. 예를 들면, MT100은 송금접수에 있어 지급지시서(payment order)를 SWIFT를 통해 보내는 것을 말하며 이를 통하여 고객의 송금의뢰에 따라 송금은행이 수취인 거래은행 앞으로 자금을 이체하고 그 대금을 수취인에게 지급하도록 지시한다.

〈표 2-1〉 SWIFT취급업무 종류

category	거래 내용	관련업무
0	시스템 메시지	시스템관리
1	고객이체, 수표	고객송금
2	금융기관간 자금이체	은행간 자금이체
3	외환, 외화옵션, 외화대출/예금, 선물환, 크로스레이트, 금리 및 통화	국제금융
4	추심, 현금	추심
5	증권매매	증권
6	귀금속 거래	귀금속, 차관
7	신용장, 보증	신용장, 보증서
8	여행자수표, 매매	여행자수표
9	계정, 상계	계정관리 관련
10	공용메시지	공용메시지

SWIFT 이용 시의 이점은 다음과 같다.

첫째, SWIFT는 범세계적인 통신망으로서 이용도가 높다. 따라서 규모의 경제원리에 따라 코스트(cost)가 절감된다. SWIFT의 메시지 송수신처리시간이 20초 정도 소요되므로 코스트가 텔렉스(Telex) 또는 전보(Cable)보다 적게 소요된다.

둘째, 금융기관의 업무처리의 자동화를 촉진한다.

셋째, 모든 메시지가 암호(test key)에 의할 뿐만 아니라 표준화된 컴퓨터언어로 전송되므로 오류가 발생하지 않으며 보안관리 면에서 안전하다.

우리나라는 1982년 12월 전국은행협회로 가입하였다.

(4) 점두시장 및 제로섬게임시장

외환시장은 주식 및 선물처럼 거래소에서 대면거래시장이 아니라 통신시설 및 장치만 있으면 장소와 시간에 관계없이 거래체결이 가능한 장외시장(over-the counter market) 및 점두시장의 성격을 가진다. 이는 외환거래가 전 세계적인 네트워크로 연결된 국제적인 거래이기 때문이다.

또한 외환시장은 중앙은행의 개입이 없을 경우에는 외환시장에 참여한 일방의 거래이익의 실현은 상대방의 거래 손실임을 의미한다. 그리고 중앙은행이 외환시장에 개입하여 순손실을 기록할 경우 일반외환시장 참가자의 외환거래결과는 포지티브 섬(positive sum)이 되고 반대의 경우에는 네거티브 섬(negative sum)이 된다.

3. 외환시장의 구조

1) 대고객시장

대고객시장(customer's market)은 일종의 소매시장 성격을 가진다. 은행의 외환거래의 고객은 비 금융기관(non-financial customers)과 금융기관고객(financial customers)으로 구분할 수 있으며 이들 중에는 소규모 은행과 투자회사, 국제무역 또는 투자거래를 하는 기업, 각종 펀드(뮤추얼펀드, 헤지펀드, 연금기금 등)의 펀드매니저(fund manager) 및 개인들이 속하는데 이들은 외환의 최종사용자(foreign exchange end-users)들이다.

이들은 일상적인 거래를 위하여 현물환거래를 하며 외환거래에 따라 발생하는 환위험을 헷지(hedge)하기 위하여 선물환거래에 참여한다. 대고객 거래의 결과 은행들은 외환포지션에 변동이 발생하며 은행간 시장을 통하여 이를 조정하는 과정에서 은행간 시장과의 연계가 이루어진다.

한편, 다국적기업은 자본 또는 투자위험을 헷지하기 위하여 선물환 또는 파생금융시장에 참여해서 투자에 대하여 선물환거래 등을 함으로써 헤지 포지션(hedge position)을 갖는 것이 유리하다. 또한 기업은 국제금융거래를 할 경우에 국제적인 투자 포트폴리오를 구성하기 때문에 여러 종류의 외환을 보유하게 된다. 포트폴리오의 구성에 따라 환위험에 노출되는 정도가 달라진다.

1970년대 후반 이래 다국적기업은 외환투기거래의 비중이 높아져 외환위기시의 주역이라고 비난하는 경우도 있다. 다국적기업이 범세계적인 현금흐름의 조정에 있어 적극적으로 차익을 얻고자 대량의 외환거래를 행하게 되면 국제 외환시장에 불안을 조성할 수도 있다.

종전에는 고객의 외환거래의 목적은 수출 또는 수입에 따른 거래가 주종이었으나 자본거래자유화가 이루어진 1980년대 이후에는 투자거래에 따른 외환거래가 매우 활발하게 되었다. 이들은 위험을 최소화하기 위하여 다양한 외국통화표시 자산에 분산투자함으로써 외환을 거래한다.

2) 은행간 시장

은행간 시장(interbank market)은 좁은 의미에서의 외환시장을 의미하며 도매시장의 성격을 가진다.

은행은 대고객 거래의 결과로 발생하는 외환포지션을 조정하기 위하여 은행간 외환거래를 한다. 이를 은행간 시장(interbank market)이라 한다. 은행이 외환시장에 참여하는 동기에는 다음 세 가지가 있다.

첫째, 대고객 외환거래에 있어 고객의 외환수요를 충족시킨다. 둘째, 국제은행들은 범세계적으로 여러 종류의 외화표시로 금융을 일으키며 이를 여러 나라에서 운용하게 되므로 필요한 외화를 얻기 위해서는 외환시장에서 현물환거래와 선물환거래를 동시에 하는 스왑(swap)거래를 하지 않을 수 없다. 셋째, 은행간의 외환거래를 통하여 대고객 거래의 수요·공급이 조정되는 동시에 대고객 거래의 결과로 발생하는 환위험을 흡수하거나 다른 은행에 전가하게 된다. 따라서 은행의 외환딜링룸은 독립된 이익센타(profit center)로서 영업을 수행한다.

환위험 조정거래에 있어서 소극적인 은행은 고객의 필요를 충족시킴을 주요 임무로 인식함으로써 환위험을 최소화하기 위하여 환포지션을 신속하게 은행간 시장에 넘기는 경우도 있다. 그러나 적극적인 은행은 오히려 외환거래에서 이익을 얻고자 환포지션을 크게 가지는 경우도 있다. 후자를 적극적인 시장조성자(active market makers)라고 하는데 외환시장은 실질적으로 이들이 주도한다.

3) 외환딜러

은행의 외환딜러(foreign exchange dealers)는 외국환은행의 딜링 룸(dealing room)에서 근무하는 개개인 및 외국환은행을 의미할 수도 있다. 딜러는 시장조성자로서 외환을 매입 및 매도함으로써 외환시장에서 중심역할을 한다. 외환딜러는 거액거래 고객과 외환거래를 직접 하기도 하나 대부분은 은행간 거래에 치중한다. 뉴욕외환시장에서 딜러의 대고객 거래는 10~15%의 비중에 지나지 않으나 딜러는 대고객 거래에서 많은 정보를 얻을 수 있으므로 이를 매우 중요하게 생각한다.

딜러의 시장조성 행동은 다음과 같이 두 가지 모형에 의존한다.

첫째, 재고통제 모형(inventory model)으로써 매입주문과 매도주문을 상쇄함으로써 외환 리스크를 회피한다. 딜러는 상쇄되지 않는 잔액 즉 외환노출재고를 통제한다.

둘째, 비대칭적 정보 모형(asymmetric information model)으로써 딜러는 이질적 정보 중에 자신에게 유리하다고 판단되는 정보를 선택하고 이에 따라 외환거래를 수행한다. 외환딜러들은 비대칭적 정보에 의존한다.

딜러의 외환거래는 기본적으로 일중거래(intra-day trade)이다. 일중으로 외환재고를 통제하며 매매율차와 환율을 결정한다. 딜러의 목표는 당일 마감 시간에 외환포지션을 제로(zero)로 만드는 것이다.

딜러간 거래는 브로커를 통하는 방법과 직접 딜링을 하는 방법으로 구분된다. 브로커는 전화에 의존하는 육성브로커(voice broker)와 컴퓨터 통신을 이용하는 전자브로커(electronic broker)가 있다. 직접 딜링은 전형적인 전자브로커인 Reuter 2008-1을 이용하여 딜러 간에 직접 흥정을 하고 거래를 성립시킨다. Reuter 2008-1의 터미널에 의하면 최대로 4개의 상대방과 각각 다른 환율에 의하여 동시에 외환 거래를 할 수 있다. 거래단위는 딜러 간에는 US$5백 만이다. Reuter 2008-1을 통한 거래내용은 다음 내용이 기재된다.

(a) (거래 상담이 시작되면) 거래 대화가 시작되는 시간 (분 단위)
(b) 거래 상대방
(c) 거래 2 당사자 중 환율 Quotation을 한 딜러
(d) 거래량 제시
(e) 대응 Quotation 제시
(f) (거래가 성립되면) 거래량
(g) 거래 환율

4) 외환브로커

외환브로커(foreign exchange dealers)는 국내·외 외환시장에서 은행간 외환거래를 중개하는 역할을 한다. 이들의 활동은 1970년대 이후 특히 활발하여졌다. 범세계적인 조직과 거래망을 형성하고 있는 이들의 활동으로 세계에 흩어져 있는 외환시장이 서로 가깝게 되었으며 환율도 장소적 차이가 줄어들게 되었다.

외환브로커는 자신의 위험과 계산으로 거래하는 딜러(dealer)와는 달리 수수료를 목적으로 매매손익은 없고 투기거래도 못하는 중개역할(intermediary service)만 한다. 따라서 이들은 자기 계산의 포지션을 보유하지 않음으로 환율변동위험도 없고 다만 고객들에게 충분한 정보를 제공할 뿐이다.

제2차 세계대전 이전에는 런던에 브로커 회사가 36개 있었으나 소규모 이었고 전쟁 중 폐쇄되었다. 그 후 1952년에 재개되어 오늘날 런던 외환 및 외화예금 브로커협회(Foreign Exchange and Currency Deposit Brokers Association)에 15개 회사가 등록되어 활동하고 있다. 미국과 일본의 경우도 외환브로커가 중요한 역할을 하고 있으며 우리나라에도 최근에 외환브로커회사가 설립되

었다.

은행 간에 외환을 직접 거래하는 부분도 있다. 이를 직접딜링(direct dealing)이라 한다. 거액거래가 있을 경우에 이를 시장에 노출시키지 않기 위해서 다른 은행과 직접 거래할 수도 있고 은행간의 특별 약정에 의하여 직접 거래를 유지할 수도 있다. 그러나 국가를 달리하는 경우나 거래건수가 많으면 물리적으로 불편할 뿐만 아니라 은행의 정보가 유출될 위험이 있으므로 오히려 브로커를 이용하는 것이 유리하다. 왜냐하면 브로커는 여러 외환시장에서 여러 은행으로부터 오퍼를 받거나 주거나 하므로 집중과 분배를 효율적으로 운영하기 때문이다.

또한 브로커를 이용할 경우에는 거래를 흥정하는 시점에서 실명을 밝히지 않아도 되며 가격 결정에 있어서도 시장가격을 정확하게 적용할 수 있는 이점이 크다. 또한 브로커의 이용으로 은행의 외환딜러의 인원수를 감축시킬 수 있는 효과도 있다.

미국의 경우 1998년 일평균 점두외환거래량의 1/4이 브로커를 통하고 있다. 나머지 3/4은 은행의 상대은행 딜러와 딜러가 직접 딜링한다. 1995년에는 브로커를 통한 거래가 50%를 차지하였으며, 브로커의 수도 17개에 달했으나 1998년에는 9개로 줄었다. 브로커의 수가 줄어들었으나 대형화 되었다.

브로커는 육성브로커(voice broker)와 전자브로커시스템(electronic broker system)으로 구분된다. 육성브로커는 전화로 거래하며 전자브로커시스템은 1992년 이후 도입된 것으로 전자시스템에 의하여 자동으로 주문을 맺칭시키는 제도이다. 미국에는 Electronic Broker System(EBS)와 Reuters 2000-2 두 개 회사가 있는데 이들이 전체 외환시장에서 차지하는 점유율은 1998년에 13%에 이르며 브로커시장에서 점유율은 57%에 이른다. 전자자동브로커시스템은 육성브로커에 비하여 신뢰성이 높을 뿐만 아니라 신속하게 거래된다는 장점이 있다.

외환브로커 중개절차는 은행으로부터 외환매입·매도신청을 받고 이를 자동거래체결 전산시스템에 입력시킨다. 입력된 매매신청내역은 매매율이 일치되는 대로, 신청우선순위에 따라 컴퓨터가 자동으로 거래를 체결시킨다. 매매체결내역은 매매 쌍방에 즉시 통보한다. 거래체결내용을 확인한 은행은 정해진 결제일(value date)에 지급결제를 한다.

금융선물거래소에서의 외환거래 브로커의 성격은 점두거래외환시장의 브로커와는 다르다. 거래소에서는 고객의 주문은 장내 브로커(floor broker)에게 전달되며 장내 브로커는 공개호가(open outcry)방식의 입찰을 통하여 다른 장내 브로커나 장내 거래인(floor traders)과 외환매매거래를 성립시킨다. 외환매매거래 실행은 거래소의 청산소(clearing house)에서 청산소 회원회사 간에 이루어지며 고객은 청산회사에 대금을 지급하거나 청산회사에서 대금을 지급받는다.

제2절 국제 외환결제시스템

1. 외환의 결제방식

외환결제란 외환시장에서 외환매매거래에 따라 발생하는 채권·채무관계를 외환의 매도 및 매입기관 간에 매매한 통화를 서로 지급하여 결제하는 것을 의미한다. 현재 외환결제는 보다 안전하고도 효율적으로 수행할 수 있도록 참가기관, 중앙은행, 결제시스템 등이 상호 유기적으로 결합된 메카니즘을 통해 은행간 결제시스템을 이용하여 이루어지고 있는 실정이다. 특히 최근에는 정보통신혁명으로 지급지시가 온라인으로 이루어지는 전자결제방식이 도입되어 외환결제가 이루어지기도 한다. 외환을 결제하는 방법도 환거래은행을 통한 방법과 지정된 특정 상업은행을 통한 방법으로 구별할 수 있다.

먼저 환거래은행을 통한 결제방식에서는 거래된 외환(예: 미 달러화)이 해당국 금융시장(예: 뉴욕)에서 건별로 환거래은행을 통하여 최종 결제가 이루어지는 방식이다.

다음으로 결제은행으로 지정된 특정 상업은행에 개설한 외환 결제계정을 통하여 결제하고 자금부족액만을 해당국 금융시장에서 추가 납입하는 방식이 사용되기도 한다.

이러한 결제방식은 주로 소액의 경상거래 또는 은행간 자금조정에 이용된다. 이 방식은 건별로 해당 통화국의 환거래은행을 통해 직접 결제하는 경우와 비교하면 국내에서 결제 후 부족액만을 해당 통화국 환거래은행에 입금하므로 결제자금이 상대적으로 적게 소요된다는 이점이 있다.

또한 결제시스템도 총액결제시스템과 차액결제시스템, 총액과 차액이 혼합된 하이브리드(hybrid) 결제시스템으로 구분할 수 있다. 총액결제시스템은 미국의 Fedwire처럼 건별 지급지시가 즉시 결제되는 방식이며 차액결제시스템은 과거 미국의 CHIPS처럼 당일에 일괄처리되는 방식이다.

그러나 환거래은행을 통한 외환결제방식에서는 외환결제리스크 문제가 꾸준히 제기되어 왔다. 이에 국제결제은행(BIS)의 연구와 주요국 중앙은행의 협력을 바탕으로 1999년 미국 뉴욕에 CLS(Continuos Linked Settlement) 은행이 설립되었고 이 은행이 운용하는 외환동시결제시스템이 2002년 9월 도입됨으로써 외환결제리스크를 해결할 수 있었다.

2. 국제 외환동시결제시스템

외환동시결제시스템(CLS)은 환거래은행을 통한 대금결제방식이 매도통화와 매입통화의 결제시기 차이로 발생되는 외환결제리스크를 방지하기 위해 구축한 시스템이다. 즉 한 은행의 결제실패가 여타은행의 연속적인 결제실패를 가져오는 시스템리스크(systemic risk)로 발전될 수도 있는 여지를 제거하여 개별은행의 경영현안은 물론 지급결제시스템 및 금융시장 전체의 안전성을 확보해야 하는 것이 목적이다.

외환동시결제시스템의 구축의 계기를 제공해준 사건은 Herstatt은행의 외환결제 실패사건이었다. 이 사건을 계기로 G-10국 중앙은행 총재들은 국제결제은행(BIS)의 지급결제제도위원회(CPSS)에 외환결제리스크 감축을 위한 구체적인 전략 수립을 요청하였으며 CPSS는 복수통화결제서비스(Multi- Currency Services)로서 외환동시결제방식(PvP)을 제안하였다.

G-10국 중앙은행과 BIS는 외환시장 리스크 및 외환결제시스템에 대한 논의에 착수하여 민간부문과 공공부문이 함께 외환결제리스크를 감축할 수

있는 방안에 관해 검토해 왔다. 이러한 연구 성과를 바탕으로 하여 은행그룹의 외환결제리스크 감축에 대한 대응방안으로서 CLS은행의 설립을 추진하기 위해 CLSS(CLS Services Ltd.)가 지주회사 형태로 1997년 7월 런던에 설립되었으며 씨티은행, 홍콩상하이은행, 도쿄미쯔비시은행 등 14개국 60개 대형은행이 주주로 참여하였다.

한국은 2014년 KB국민은행, KEB하나은행과 신한은행이 출자금을 납입하고 주주자격을 취득하였다. CLS은행은 2002년 9월 미 달러, 일본 엔, 영국 파운드, 유로, 스위스 프랑, 캐나다 달러, 호주 달러의 7개 통화를 대상으로 외환동시결제서비스를 개시하였고 2003년에는 싱가포르 달러, 덴마크 크로네, 노르웨이 크로네, 스웨덴 크로나의 4개 통화를 그리고 2004년 12월 3일에는 한국 원, 홍콩 달러, 뉴질랜드 달러, 남아공화국 랜드 등 4개 통화를 결제통화로 추가 지정하였으며, 12월 6일부터 이들 통화에 대한 외환동시결제서비스를 시작하였다. 2015년 현재는 17개 통화(미 달러, 일본 엔, 유로, 영국 파운드, 스위스 프랑, 캐나다 달러 등)을 대상으로 외환동시결제서비스를 운용하고 있다. 한국은 2004년 CLS를 도입한 이후 10년 만에 외환거래금액은 14배까지 증가하였다. 즉 2005년 38억 1,000만 달러에서 2014년 543억 8,000만 달러로 14.3배가 증가하였다. 결제통화 중 원/달러 거래가 전체 90%를 차지하고 있다. 원화가 차지하는 비중은 전체 17개 통화 중 이스라엘 쉐켈(0.14%)에 이어 두 번째로 낮은 0.47%이다. 2019년 12월 현재 CLS시스템에 참가하는 국내금융기관은 초기 4개 은행(외환, 국민, HSBC, BOA)에서 총 40개 은행(국내 20개, 외은지점 20개)으로 증가하였다.

3. 미국의 외환결제시스템

미국의 외환결제는 뉴욕에 기반을 둔 민간부문 정산소의 은행간 결제시스템인 CHIPS가 맡고 있다.[3)] 대형규모의 금융기관들에게 개방적 접근을 허용하고 있는 CHIPS는 결제네트워크뿐 아니라 통신네트워크로서 국제거래를 위한 중앙 스위치정산시스템으로서 역할을 하고 있으며, 전 세계 국가

3) 이병렬, "미국전자결제시스템으로서 CHIPS와 ACH에 관한 연구", 「통상정보연구」, 제10권 제1호, 한국통상정보학회, 2008.3, pp.79-80.

들 간의 모든 달러 지급의 95% 이상을 취급한다. 또한 CHIPS는 약 50여 개의 참여은행이 뉴욕에서 평일에 약 242,000개의 거래건수에 거래금액으로는 미화 약 1조 3천억 달러 이상을 결제하고 있다. 여기에는 국내지급 뿐 아니라 외국무역지급, 외환, 유가증권결제, 그리고 유로달러거래를 포함하고 있다. CHIPS는 1981년(그 이전에는 익일결제)부터 당일 말(end of day) 다자간 결제시스템으로 전환되었다.

즉 CHIPS는 1981년부터 당일 교환된 지급지시를 각 정산 주기 마지막 시점에 주기적인 형태로 결제하는 양자 및 다자간에 이연된 차액으로 결제하는 시스템(Deferred Net Settlement: DNS)으로 결제서비스를 개시하였다. 이 결제방식은 네팅(netting)으로 처리되기 때문에 각 지급지시를 건별로 반응하여 결제해야 하는 Fedwire의 총액결제시스템보다 실제 결제 횟수가 줄어드는 특싱이 있다. 왜냐하면 참기은행들이 수신한 지급지시를 개별적으로 처리하기보다는 네팅이 된 차감금액만 결제하기 때문이다. 그러나 차액결제시스템인 CHIPS는 유동성 부족문제가 발생되는 점을 보완하기 위하여 2001년 1월 22일 하이브리드시스템(hybrid system)으로 전환되었다. 이 시스템에서는 전송된 지급지시를 즉각 결제하는 총액결제시스템의 최종성과 과거 차액결제시스템에서 종종 발생하였던 결제실패에 대한 위험을 해결함으로서 안정성이 크게 개선되었다. 따라서 CHIPS는 지급지시를 개별적으로 전송할 수도 있고 상계시켜 전송할 수도 있다.

현재 CHIPS의 참여자들은 상업은행 또는 미국에 주재하는 외국은행의 뉴욕지사, 대리점 및 상업은행의 자회사들이다.

또한 CHIPS는 1989년에 제정된 미국통일상법전 제4A편(U.C.C. 4A)과 이를 구체적으로 이행하기 위하여 「규정(Regulation) J」가 규율하고 있다.

4. 일본의 외환결제시스템

일본의 외환결제는 동경은행협회(TBA)가 운영하는 외환/엔 정산시스템(Gaitame-Yen 시스템)에서 처리하고 있다. 일본의 외환/엔 정산시스템은 해외엔화 거래를 포함하여 국경을 초월하는 당일(Someday) 차액 결제시스템에서 출발하였다는 점에서 미국의 CHIPS와 유사하다. 최종결제는 동 시스템에서 수행하고 있지만 부분적인 통신은 Bank of Japan Financial Network System (BOJ-NET)을 통하여 수행된다.[4)]

외화-엔 시스템은 1980년에 설립되어 1998년 12월 이후 총액결제시스템(RTGS)으로 전환된 이후 참가은행이 점점 증가하고 있으며 참가자의 약 30%는 해외은행이다. 외화-엔 시스템도 일본의 BOJ/NET시스템과 마찬가지로, 은행 대 은행, 제3자 고객이체를 수용한다. 외환/엔 시스템의 메시지는 스위프트(SWIFT)포맷형식을 채택하고 있다. 만약 참가은행이 그들의 지급지시를 스위프트를 경유하여 해외로부터 수신하였을 경우 데이터는 자동적으로 그들 자신의 컴퓨터에 입력되어 BOJ호스트(host)컴퓨터에서 처리된다.

지급지시는 일단 입력되면 취소할 수 없다. 대신 지급지시의 취소와 동일한 효과를 가져 오는 방법으로 상쇄 지급지시를 입력하는 방법이 이용된다. 입력시간은 당일 처리는 오전 9시부터 오후 1시 45분까지이며 총액결제방식에서는 오후 5시까지 입력하면 가능하다. 2003년 5월부터 외환/엔 결제하기 위한 총액결제시스템(RTGS) 운영시간은 2시간 연장되어 오후 7시에 마감한다.

---

4) BOJ-NET자금이체시스템은 자금이체자가 지시를 직접 입력하는 실시간 총액결제시스템으로서 일차적으로는 국내통화 및 유가증권의 은행간 거액엔화를 이체하고 있다.

제3절 주요 국제외환시장

1. 뉴욕 외환시장

뉴욕 외환시장은 세계 제1, 2차 대전을 통하여 세계 최강의 경제대국으로 등장한 미국의 강대한 경제력을 배경으로 1970년대 중반부터 크게 발전하기 시작하였다. 사실 뉴욕외환시장은 1970년대 초부터 미국이 변동환율제도를 시행하여 국제통화가치변동에 미국기업들이 큰 관심을 가지기 시작하면서 발전에 큰 계기를 마련하였지만 뉴욕외환시장 활성화의 밑바탕은 1980년 말 시작된 IBF(International Banking Facilities)[5]라고 해도 과언이 아니다. 이처럼 미국의 외환시장이 유럽 국가들보다 늦게 발전하게 된 이유는 영국의 파운더화보다 늦게 미국 달러가 국제기축통화의 위치를 차지하게 되었을 뿐 아니라 미국이 외환관리를 시종일관 채택하지 않은 유일한 국가였기 때문이다. 미국의 금융기관은 거주자예금과 비거주자예금과의 사이에 어떠한 차별도 두고 있지 않으며, 따라서 외국인은 미국인과 동일한 조건으로 뉴욕의 상업은행에 당좌예금을 개설하고 이를 통하여 미국 또는 제3국과의 거래의 결제수단으로 사용하고 있을 정도로 외환거래가 자유롭다. 이처럼 미국의 경제적 지위향상 및 달러의 기축통화 지위 획득은 영국의 경제력 약화 및 파운드화의 불안을 가져와 런던금융시장의 권위를 약화시킨 원인이기도 하였다.

뉴욕 외환시장은 일반적으로 런던의 12시 30분에 해당되는 오전 7시 30분에 개장되어 오전장만큼은 런던 외환시장을 제치고 지구상에서 가장 많은 외환을 거래하고 있는 시장이라 할 수 있다.

뉴욕의 가장 중요한 금융기관인 뉴욕연방준비은행(Federal Reserve Bank of New York)이 통화신용 및 외환정책 수행의 창구역할을 담당하고 있다. 뉴욕 외환시장에 상업은행들은 대리인의 자격으로 은밀하게 개입하고 있지

5) IBF는 역외금융업무를 할 수 있도록 하는 제도이며 조세·외환면의 특전을 부여해서 국내의 금융기관에 비거주자간의 금융거래(외환거래)를 인정한다. 1981년 12월부터 미국 뉴욕주에서 IBF업무가 개시되었고 뉴욕 역외금융센터라고 불린다.

만 경우에 따라서는 브로커를 통하여 외환시장 개입사실을 노출시켜 개입 효과를 극대화시키는 점도 뉴욕 외환시장의 발전에 기여를 했다고 할 수 있다.

2. 런던 외환시장

세계에서 가장 오래된 외환시장인 런던시장은 금본위제도가 채택되었던 19세기 후반부터 제1차 대전 전까지만 하더라도 세계 유일의 국제금융시장이었으며 파운드는 유일한 국제통화였다. 이와 같은 유리한 경제적 배경을 바탕으로 런던은 세계 최대의 외환시장의 자리를 차지하게 되었다. 런던의 외환시장이 세계 최대의 외환시장으로 성장하게 된 구체적인 이유를 설명하면 다음과 같다.

첫째, 런던 외환시장은 개장 및 폐장시간대가 아시아 및 중동지역과 뉴욕 및 미주지역의 중간대에 위치해 있기 때문에 세계외환시장의 가교역할을 해왔다.

둘째, 국제금융 및 외환거래의 중심지로서 세계의 단기자금이 집중되어 있어서 모든 국제간의 다각적인 결제가 이루어져 왔다. 또한 런던은 세계의 금, 상품, 해운 및 보험의 중심시장이었고, 20세기 이전까지는 영국이 막대한 해외투자를 행하고 있었기 때문에 런던은 세계의 자본시장으로서 기능이 확립되어 있었다.[6)]

셋째, 외환거래와 밀접한 유로 금융(유로자금거래, 유로커런시대출 등)이

---

6) 런던 금융시장은 다음과 같은 하부 조직을 구성하고 있다.

첫째, 런던의 은행조직이 있다. 여기에는 영국의 중앙은행인 영란은행(Bank of England), 예금은행(deposit bank), 머천트뱅크(merchant bank), 할인상사(discount house), 그리고 외국은행 지점 등으로 구성되어 있다.

둘째, 영국의 전통적인 단기금융시장인 할인시장이 형성되어 있다. 이 시장에서는 외환어음과 상업어음의 할인이 행해지고 대장성증권의 입찰이 행해진다.

셋째, 전 세계의 공정 금 가격으로 활용되는 런던의 자유금시장이 있다. 이 시장은 1939년 9월에 폐쇄된 후 1954년 3월에 재개된 세계 최대의 자유금시장이다.

넷째, 런던의 장기금융시장은 기채시장(증권의 발행시장)과 런던 주식거래소(유통시장)로 이루어져 있다.

다섯째, 런던은 유럽의 상거래 중심지로서 각종 상품거래소뿐만 아니라 세계최대의 해운시장을 보유하고 있다.

런던에 집중적으로 이루어지고 있었다.

넷째, 미국 달러 자금이 금융 규제, 즉 지불준비금 예치, 금리상환 규제, 예금보험료 납부 등으로 런던으로 대거 유입되면서 크게 발전하였다.

마지막으로 영국의 외환시장은 1979년 10월 외환관리를 철폐하면서 은행간 거래가 본격화되면서 발전의 계기를 마련하였다. 은행간 거래는 주로 브로커를 통하여 이루어지고 있으며 현재 10여 개의 환브로커사가 있다. 런던 외환시장은 영국중앙은행(Bank of England)의 관리 하에 운영되고 있고, 외환거래소(Bourse)나 공정환율(Fixing rate)제도가 없는 것이 특징이다.

3. 동경 외환시장

동경 외환시장은 뉴욕, 런던과 함께 세계 3대 외환시장의 지위를 점하고 있다. 동경 외환시장의 비약적인 발전은 일본 경제의 성장과 외환 및 자본 자유화조치가 단초를 제공하였다. 예를 들면, 1963년 환율 변동폭의 확대 및 평행조작의 도입과 1964년 IMF 8조국 가입, 1971년 본격적인 변동환율 제도 도입, 1980년 12월 1일 외환관리법의 개정으로 외환관리가 원칙금지에서 원칙자유로 전환되면서 외환자유화가 크게 진전되었다. 동경외환시장은 2017년 9월 현재 1조 2,680억 달러의 외환을 보유하여 중국 다음으로 많은 외환을 보유하고 있다. 동경외환시장의 개장시간은 오전 9시, 폐장시간은 오후 3시 15분으로서 미국의 뉴욕 외환시장이나 영국의 런던 외환시장과 동일대의 개장시간을 가지지 못한다. 따라서 뉴욕외환시장의 전일시세에 크게 좌우되는 경향이 있다. 반면 호주 및 동남아 외환시장과는 개장 및 폐장시간대가 중첩이 되기 때문에 거래규모는 많은 편으로서 실수요자 중심의 시장이라 할 수 있다.

그러나 동경 외환시장은 국제자본거래에 전통적 주도권을 갖추지 못하고 있으며 여전히 국내시장에 대한 규제가 상존해 있다. 뿐만 아니라 뉴욕외환시장이나 런던 외환시장에 비교하여 국제금융기법의 경험축적이 상대적으로 미약한 점이 보완할 점이다. 또한 뉴욕과 런던에 비해 금융수단의 이용가능성이나 외환 및 자본거래의 자유화 면에서도 아직까지 두 시장에 미치지 못하고 있는 실정이다. 그리고 통화별 거래도 달러/엔화거래가 70% 이상을 차지하고 있어 국제성면에서도 보완해야 할 필요가 있다.

그러나 1987년 역외금융시장인 JOM(Japan Offshore Market)을 창설하여 활발한 활동을 하고 있으며, 특히 외국채(Samurai Bond)를 발행하고자 하는 한국기업들이 많이 이용하고 있는 시장이다.

따라서 2020년대인 오늘날 대규모의 외환보유고를 보유하고 있는 일본은 탄탄한 경제력을 바탕으로 정치적 안정성, 국내 장단기금융시장규모 및 통신거래시설의 확충 정도로 판단할 때 아시아지역의 금융중심지 역할을 초월하여 주요 국제금융시장으로 성장해 나가고 있다.

4. 기타 외환시장

아시아의 대표적 외환시장인 홍콩시장은 국제금융센터로서 외환 및 자본거래 제한이 거의 없으며 1970년대 역외금융시장으로 발달하기 시작하였다. 홍콩은 유로 신디케이트론, 역외기금운용 및 주식거래가 활발한 시장으로서 1997년 7월 중국으로 귀송된 이후 위안화의 국제화 정책에 힘입어 아시아의 금융허브로써 역할의 입지를 다지고 있다. 싱가포르시장은 1968년 11월 ACU(Asia Currency Unit) 계정을 설치하고 역외금융활동을 촉진하기 시작하면서 발전하기 시작하였다. 싱가포르는 외환시장은 잘 발달되어 있지만, 주식 및 채권시장은 상대적으로 미흡한 편이다. 막강한 경제력을 배경으로 독일도 런던에 이어 제2 외환시장으로 도약하고 있다. 독일중앙은행인 분데스 뱅크(Bundes Bank)가 유럽의 중앙은행이라 할 정도로 EU 내 외환정책을 주도하고 있다. 독일은 특히 프랑크푸르트 외환시장이 최대의 외환시장이다. 중동지역에는 바레인 외환시장의 발전이 두드러지고 있다. 1974년 OBU(Offshore Banking Unit)를 창설하여 산유국들의 오일 달러를 배경으로 중동 최대 외환시장으로 성장하고 있고 2020년대에 와서는 외환거래 규모가 크게 늘고 있다.

제4절 중앙은행의 외환시장 개입

1. 외환시장 개입의 의의 및 목적

중앙은행의 외환시장 개입(foreign exchange market invention)이란 외환당국이 환율수준이나 환율변동성에 영향을 미치기 위한 조치를 의미한다. 중앙은행의 외환시세의 결정은 공정 환율이 지정되는 고정환율제도하에서는 빈번하지만 외환시세의 결정이 외환시장의 수요와 공급에 따라 결정되는 변동환율제도에서는 희박하다. 왜냐하면 중앙은행 등 외환당국은 시장의 원리에 따라 결정된 환율 및 환율 변동성에 영향을 미치기 위하여 민간부문의 외환거래에 인위적으로 개입하지 않으려고 하기 때문이다. 그러나 변동환율제도에서도 중앙은행은 다음과 같은 다양한 방법으로 외환시장에 개입할 수 있다.

첫째, 중앙은행이 은행간 외환시장에 참여하여 자국 통화를 대가로 외환을 매각 또는 매입함으로써 외환시장에 개입할 수 있다.

둘째, 중앙은행이 정부, 비은행금융기관 및 외국과 외환거래를 함으로써 개입할 수 있다. 이를 통해 민간부문의 국내통화 및 외화표시자산의 상대적 가치를 변화시키기 때문이다.[7)]

셋째, 자본이동을 수반하는 경제정책을 통해서도 직·간접적으로 환율에 영향을 미칠 수 있다.

2. 외환시장 개입의 시기 및 방식

중앙은행은 환율 및 외환보유액 등에 영향을 주기 위하여 외환시장에 개입하기 때문에 개입시기는 국내·외 경제 환경 즉, 환율, 물가, 실업률, 금리 및 국제수지를 종합적으로 고려하여 결정한다. 일반적으로 중앙은행은 다

---

7) 이환호, 「외환론」, 경문사, 2014, pp.212-230.

음의 경우에 외환시장에 개입한다.

첫째, 갑작스런 뉴스 등 외환수급의 불안이나 시장심리의 불안정 등으로 환율이 일시적으로 급등락을 보여 외환시장의 기능이 마비되거나 질서가 교란될 우려가 있을 때 개입한다.

둘째, 외환당국이 생각하는 중장기 균형환율수준에서 환율이 지속적으로 이탈됨으로써 물가, 국제수지, 경제성장 등 국민경제 전반적으로 악영향을 일으킬 우려가 있는 때에 개입한다.

셋째, 외환거래당사자들이 정확한 외환시장정보를 입수하지 못하여 현재 형성된 환율이 시장기대에 적절히 반영하지 못하고 있을 때에 개입한다.

넷째, 중앙은행이 장래 환율정책에 대한 정책의지를 외환거래 당사자들에게 정확히 인식시킬 필요가 있을 때에 개입한다.

다섯째, 투기적 자본의 급격한 유출입으로 인해 외환시장이나 국내통화시장의 불안이 야기될 때 개입한다.

개입방법에는 크게 역풍개입방식(leaning against the wind)과 순풍개입방식(leaning with the wind)으로 구별할 수 있다. 역풍개입방식은 변동환율제도를 채택하는 국가에서 주로 사용되는 방식으로서 중앙은행이 환율의 장기적 변동은 외환시장에 맡겨두지만 단기적으로 환율이 급격히 변동할 경우 현재의 변동방향과 반대방향으로 이동시키는 방식이다. 즉, 환율이 하락하여 자국의 통화가치가 상승하면 외환을 매입하고 환율이 상승하여 자국통화가치가 하락하면 외환을 매각하는 방식이다.

역풍개입방식의 문제는 개입규모를 정확하고 객관적으로 산출하기가 어렵고, 중앙은행이 개입하는 과정에서 개입전략이 노출되면 투기를 유발시켜 외환시장이 더 교란될 가능성이 있다는 점이다.[8)]

순풍개입방식은 현재의 환율변동추세를 가속화시키기 위하여 환율이 상승하면 외환에 대한 수요를 증가시켜 환율을 더 상승시키고 환율이 하락하면 외환을 매도하여 외환에 대한 공급을 증가시켜 환율을 더욱 하락시키는 개입전략을 의미한다. 이를 통해 시장 환율의 과대평가 또는 과소평가 현상

---

8) 목표환율 개입방식(target zone for exchange rate)은 균형 환율과 환율변동 상한선과 하한선을 선정해놓고 이 범위 내에서는 환율 변동을 허용하지만 목표범위를 벗어나거나 벗어날 가능성이 있을 경우 외환시장에 개입하는 방식이다.

을 조기에 해소시킬 수 있다.

3. 외환시장 개입메커니즘

중앙은행이 외환시장에 개입하게 되면 중앙은행의 재무상태는 본원통화의 변동을 가져온다. 본원통화가 변동되는 것을 공개시장조작을 통해 상쇄할 수도 있고 그대로 둘 수도 있다. 이에 따라 개입메커니즘도 외환시장 개입에 의한 통화교란을 제거하기 위해 공개시장 조작이 병행되는 불태화시장개입(sterilized intervention)과 통화증감이 그대로 반영되는 태화시장개입(non-sterilized intervention)으로 구분할 수 있다.

태화시장개입은 중앙은행의 외환시장 개입으로 변동되는 순외화자산의 크기만큼 본원통화가 변동되는 것을 의미한다. 예를 들면, 중앙은행이 외환을 매입하는 대가로 원화를 지급한다면 자산계정에서는 순외화자산을 증가시키고 부채계정에서는 본원통화(화폐발행액과 지불준비예치금으로 구성)를 증가시킨다. 그리고 중앙은행이 외환을 매각한다면 순외화자산과 본원통화가 함께 감소한다. 즉, 외환시장에서 자국통화를 이용하여 개입한다면 그에 따른 순외화자산의 변동분만큼 본원통화의 변동을 수반한다.

불태화시장개입은 중앙은행이 외환시장에 개입하여 본원통화가 변동되면 정부채 매매와 같은 공개시장 조작 등을 통하여 본원통화의 변동분 전부 또는 일부를 상쇄시키는 방식이다. 예를 들면 외환시장에서 환율 하락을 막기 위해 외환을 매입하는 대신 자국통화인 원화를 지급한다면 본원통화의 증가를 가져온다. 이 경우 갑작스런 통화량의 증가로 인플레이션이 발생하게 되고 이로 인한 실물경제의 위축을 가져올 수 있다. 따라서 이를 방지하기 위하여 중앙은행이 공개시장조작 등을 통하여 원화표시 채권을 매각하여 원화를 수취하여 국내통화량을 감소시킨다면 갑작스런 통화량의 증가로 인플레이션과 같은 경제적 부작용을 해소할 수 있다.

4. 외환시장 개입효과 및 한계

1) 태화 외환시장 개입의 효과

중앙은행이 외환시장에 개입할 경우 개입효과는 개입규모, 개입기간, 개입유형에 따라 달라진다. 일반적으로 개입규모가 클수록, 개입기간이 길수록 개입효과는 커진다. 개입유형은 태화 외환시장 개입이냐 아니면 불태화 외환시장 개입인가에 따라 달라질 수 있다. 태화 외환시장 개입(nonsterilized intervention)은 우선 외환수급에 직접적인 변동을 통해 환율에 영향을 미치는 외환시장효과가 나타날 수 있다. 즉, 중앙은행이 환율이 하락하는 것을 방지하기 위하여 외환을 매입한다면 외환수요를 증가시켜 원화환율을 상승시킨다. 다음 외환수급의 변동은 통화량에 변동을 미쳐 국내금리의 변동을 가져와 환율에 영향을 미치는 통화효과를 가져올 수 있다. 즉, 통화량을 증가시켜 국내금리를 하락시키면서 자본유출을 가져와 외환수요를 증가시켜 환율을 상승시킨다.[9]

또한 외환수급의 변동은 통화량의 변동을 가져와 기대인플레이션에 영향을 미침으로써 다시 환율을 다시 변동시키는 이른바 기대인플레이션효과가 나타날 수 있다. 외환시장효과와 통화효과는 상대적으로 환율변동에 단기적인 효과를 발생시키지만 기대인플레이션 효과는 환율변동에 장기적인 영향을 미친다는 점에서 차이가 있다. 그리고 중앙은행은 외환시장에 개입하여 적정하다고 판단하는 환율수준을 외환시장 참가자에게 간접적으로 알려줌으로써 환율에 영향을 미치는 신호효과도 나타날 수 있다. 신호효과는 중앙은행에 대한 신뢰가 클수록 개입효과가 커진다. 장기적으로는 기대인플레이션의 변동에 의한 환율 변동효과가 제일 커고 공개시장조작을 통한 환율 변동효과가 제일 작은 것으로 평가된다.

---

9) 외환시장효과와 통화효과는 공개시장조작을 통해서도 발생할 수 있다. 즉, 중앙은행이 원화표시 국내채권을 매입하여 통화량을 증가시킨다면 국내금리가 하락하여 자본유출을 통한 외환수요를 증가시켜 원화환율을 상승시킨다.

2) 불태화 외환시장 개입효과

불태화 외환시장(sterilized intervention) 개입효과는 외환수급변동으로 발생하는 본원통화의 변동을 공개시장에서 정부 채권의 매매 조작을 동시에 실시하여 상쇄시키기 때문에 통화량변동은 발생하지 않는다. 따라서 외환수급변동으로 환율변동에 영향을 미치는 외환시장효과는 태화시장 개입과 동일하게 발생시키지만 통화효과나 기대인플레이션효과는 원칙적으로는 나타나지 않는다. 결국 불태화 외환시장 개입은 중앙은행이 증가된 자국통화(가령 원화)만큼 국채를 발행(통화안정증권 등) 등을 통하여 자국통화를 흡수해 버리는 것이다. 결과적으로 통화량 증가없이 기본 환율수준을 유지하게 된다.

그렇지만 만약 중앙은행이 환율을 상승시키기 위하여 외화표시금융자산을 매입하고 원화표시 금융자산을 매각할 것이라는 시장정보가 시장참가자들에게 전달된다면 시장참가자들의 중앙은행 정책에 대한 신뢰가 확실한 경우 중앙은행은 확장 통화정책을 시행할 것으로 예상할 수 있을 것이다. 이렇게 된다면 시장참가자들은 통화량이 증가하여 환율이 상승할 것이라고 예상하여 환율이 상승하기 전에 외환을 매입하려고 하기 때문에 현물시장에서 외환에 대한 수요가 증가할 수도 있을 것이다.

즉, 중앙은행의 내부정보전달은 시장참가자들에게 환율상승을 기대하게 하여 현재의 환율을 상승시키는 효과를 발생시킨다. 중앙은행의 외환시장 개입에 대한 정보는 통화정책뿐 아니라 적정환율수준에서 이탈되었다는 신호를 줌으로써 현재의 환율에 영향을 미칠 수 있다. 결국 태화시장 개입은 환율조정면에서는 지속적인 효과가 발생하는 반면 통화효과는 당장 나타나지 않을 수도 있다. 불태화시장정책은 환율조정면에서는 단기적이고 일시적인 효과가 발생하지만 통화정책은 독립적으로 수행할 수 있다.

3) 개입한계

중앙은행이 여러 가지 목적으로 외환시장에 개입하지만 중앙은행이 의도하는 환율수준을 달성하는 데는 현실적으로 다음과 같은 여러 가지 제약이 존재한다.

첫째, 중앙은행이 의도하는 대로 현재의 환율을 변동시키기가 용이하지 않다는 점이다. 외환시장이 시장참가자들의 기대변화만큼 효과를 발생시키기 위해서는 상당기간 외환시장 개입이 이루어져야 하지만 중앙정부차원의 장기간 무리한 외환시장 개입은 변동환율제도하에서 환율조작국이라는 오명을 받을 수 있다.

둘째, 중앙은행의 환율정책은 다른 경제정책과 조화가 필요하다. 즉, 정책목표간 충돌이 발생하면 중앙은행의 외환시장 개입의 효과는 상쇄되고 시장만 혼란을 야기할 수 있다. 즉, 중앙은행이 환율을 안정시키기 위하여 장기간 지속적으로 외환을 매입한다면 이는 통화량 증가를 가져와 대내균형에서 물가불안을 초래할 수 있다.

셋째, 일국의 외환정책은 상대국의 외환정책과 긴밀한 협조가 필요하다. 즉, 일국의 평가절하(환율 상승)정책은 외환거래 상대방 국가의 환율하락(평가절하)으로 연결되기 때문에 상대국 대외균형에 밀접한 영향(국제수지적자)을 미칠 수 있다. 따라서 상대국과의 정책협조가 필요하다.

넷째, 중앙은행의 외환시장 개입에 따른 본원통화의 증가를 상쇄시키기 위한 공개시장에서 정부채의 매각은 국내금리를 상승시키는 요인으로 작용한다. 이는 외환시장에 개입하여 국내금리 하락을 통한 투자를 활성화시킴으로써 경제성장을 달성시키려는 초기목표를 희석시킬 수 있다.

제3장
외국환거래

제1절 외국환거래와 환어음
제2절 환어음과 신용장
제3절 환어음과 기타 지급결제제도

제1절 외국환거래와 환어음

1. 외국환거래의 의의 및 특징

외국환거래를 이해하기 전에 환거래의 정의를 먼저 살펴보자. 환거래란, 격지자 사이에서의 대차결제를 현금을 수송하지 않고, 은행 등 제3자를 통해 수표, 어음과 같은 지급 위탁의 방법에 의해 결제하는 제도라고 할 수 있다. 이러한 측면에서 외국환거래도 격지간의 대차결제방법으로서, 거래가 은행을 중개로 어음이나 수표 등의 신용수단을 통하여 이루어진다는 점에서는 일반적으로 국내에서 행해지는 내국환거래(domestic exchange)와 동일하다. 그러나 외국환거래는 결제를 필요로 하는 대차관계가 한 국가내의 지역 간에 존재하는 것이 아니고, 국가와 국가 사이에 존재한다는 점에서 내국환거래와는 그 성격이 다르다. 이같이 외국환거래는 내국환거래에 비해 일반적으로 다음과 같은 세 가지 특징을 가지고 있다.

첫째, 외국환거래는 내국환거래와 달리 환율이 개입돼 거래가 이루어진다. 즉, 내국환거래는 국내의 단일통화에 의해 결제되지만, 외국환거래를 하기 위해서는 다른 통화와의 교환이 필요하다. 따라서 외국환거래에 있어서는 상이한 통화간의 교환비율, 즉 환율(foreign exchange rate)의 결정과 환율의 변동에 따르는 위험, 즉 환리스크(exchange risk)가 존재한다. 특히 한국은 1997년에 경험했던 외환위기 등에서 환리스크 문제를 분명히 발견할 수 있었다. 21세기에 진입한 지금도 해외 의존도가 큰 한국경제가 직면하는 큰 문제 중의 하나가 환리스크 관리방법이라고 할 수 있다.

둘째, 외국환거래는 거래에 따라 발생하는 자금조정문제가 매우 복잡하다. 즉 내국환거래에 있어서 발생하는 지역간 현금의 과부족은 중앙은행을 통하여 쉽게 조정할 수 있지만 외환거래에 있어서는 조정기능을 하는 국제적 중앙은행이 없다. 국제통화기금(IMF)과 같은 국제기구가 일부 역할을 담당하고 있다고 할 수도 있지만, 그 기능은 내국환거래에서의 중앙은행에 비해 매우 한정되어 있다. 그뿐만 아니라 외환거래에 따른 자금의 최종결제는 중앙은행을 대신하여 외국환시장(foreign exchange market) 또는 국제금융시장(international financial market)에서 이루어진다는 점도 내·외국환거래의 차이점이다.

셋째, 외국환거래는 일국의 국제수지와 직접 관련되어 있다. 국제수지(balance of payment)란 일정기간에 있어서의 일국의 국제거래를 체계적으로 기록한 것을 말하는데, 외국환거래는 외국과의 대차결제이기 때문에 필연적으로 한 국가의 국제수지를 변화시킨다. 즉 외국환 관리를 통해 일국의 국제수지를 조정할 수 있다. 더구나, 국제수지의 변동은 한 국가의 경제에 매우 중요한 영향을 미치고 있기 때문에, 국제수지의 균형은 어느 나라를 막론하고 정부가 추구하는 가장 중요한 정책목표 중의 하나이다.

2. 환어음의 정의 및 거래당사자

환어음이란 국제거래상의 채권자가 채무자에게 대하여 그 채권 금액의 지명인 또는 소지자에게 일정한 시일 및 장소에서 지불할 것을 무조건 위탁하는 요식유가증권이다. 따라서 환어음은 외국환을 결제하기 위한 지급위탁의 수단으로서 국제무역거래에서 널리 이용되고 있다. 영국의 환어음법(bill of exchange act, 1882)과 국제상업회의소의 개정된 추심에 관한 통일규칙(uniform rules for collections, 1978)이 국제간 환어음 거래를 규율하고 있다. 일반적으로 환어음은 재산적 가치가 부여되거나 표시된 유가증권이므로 그 권리의 발생, 행사, 양도 등에는 증권의 소지가 필수적이다. 통상적으로 외국환어음은 환어음의 발행국과 지급국이 다르다. 따라서 외국환어음의 유통에는 적어도 2개국이 개입되며 각 나라마다 어음의 유통력 강화와 공신력 유지를 위해 강력한 규정을 정하고 있는데 환어음의 효력은 원칙적으로 행위지의 법률에 따라 발생하게 되어 있다.

예컨대 한국에서 어음을 발행한 후 일본에서 배서(endorsement)를 하고 미국에서 인수를 하였다면 발행에 관하여는 한국법, 배서는 일본법, 인수는 미국법에 의하여 결정된다. 그러므로 만일 한국에서 발행한 어음이 한국법에서는 무효일지라도 일본에서 합법적으로 배서되고 미국에서 유통될 수 있으면 그 어음은 유효한 것이 된다.

환어음의 주요 당사자는 다음과 같이 구별할 수 있다.

① 발행인(Drawer) : 환어음을 발행하고 서명하는 자, 즉 수출업자인 채권자를 말한다.

② 지급인(Drawee) : 환어음상의 일정금액을 지급하도록 환어음상에 지정이 되어 있는 자이다. 통상 신용장 거래에서는 신용장 발행은행 또는 추심거래에서는 수입상(accountee)이 된다.

③ 수취인(Payee) : 환어음상 일정금액을 지급받도록 환어음상에 지정돼 있는 자이다. 즉 어음상 지급을 받는 자로서 환어음 발행인이 될 수도 있고 발행인이 지정하는 제3자도 될 수 있다.

④ 인수인(Accepter) : 지급인의 경우 환어음상에 지급인으로서 명시된 것만으로 당연히 어음금액의 지급의무를 부담하게 되는 것은 아니고 지급인이 환어음상에의 인수, 즉 지급을 하겠다는 의사표시를 함으로써 비로소 어음금액을 지급할 채무자로 확정된다. 이처럼 환어음상에 채무담당의 의사표시를 한 자를 인수인이라고 하는데, 인수는 환어음상의 지급인이 아닌 제3자에 의하여 행해지기도 한다.

⑤ 배서인과 피배서인(endorser and endorsee) : 환어음이 배서에 의해 제3자에게 양도되면, 양도한 자가 배서인, 양도받은 자가 피배서인이 된다. 최초의 배서인은 수취인이 된다.

환어음의 발행·인수·배서 및 지불 등의 어음행위는 각국 나름대로의 어음법에 따라 엄격하게 규제되고 있다. 특히 외국환어음의 경우는 2개국 이상에 걸쳐 어음행위가 이루어지기 때문에, 어느 나라 법을 적용받느냐의 문제는 대단히 중요하다. 물론 오늘날 각국의 어음법에서는, 모든 어음행위는 당해 어음행위가 이루어지는 나라의 법규에 준거하도록 되어 있다.

가령, 미국에서 발행되고 일본에서 지급되는 환어음의 경우에는 어음의 발행에 대해서는 미국의 어음법이 적용되고 어음의 지급에 대해서는 일본의 어음법이 적용된다.

외국환거래에 있어서 환어음이 갖는 가장 큰 특징은 그것이 배서에 의해 양도가 가능한 유통증권이라는 점이다. 때문에 무역거래에 있어서 수출업자가 발행한 환어음이 최종적으로 수입업자에게 제시되어 어음금액이 지급될 때까지에는 통상 여러 단계를 거치게 된다고 볼 수 있다. 지금 현재 어음에 관하여는 국제적인 유통시장이 존재하고 있으므로 그 유통이 활발하게 이루어지고 있다.

3. 환어음의 종류

1) 화환어음과 무담보어음

화환어음(documentary bill of exchange)이란 운송서류가 첨부되어 발행된 환어음을 말한다. 이 장의 뒤에서 설명할 인수도(D/A)어음과 지급도(D/P)어음 등도 여기에 속한다. 반면 운송서류가 첨부되지 않은 환어음을 무담보어음(clean bill of exchange)이라고 한다.

대부분의 국제무역결제에는 물품을 대표하는 선하증권 등을 비롯한 관련 운송서류가 첨부되기 때문에 화환어음이 발행된다. 그러나 본사·지점간의 수출입 또는 소액수출입의 결제, 여행자 신용장에 의해 발행된 일람출급어음은 무담보어음에 속한다.

2) 일람불어음과 기한부어음

환어음은 어음상에 기재된 만기일에 따라서 일람불어음(sight draft, demand draft)과 기한부어음(usance bill, time draft, after sight bill)으로 구별되는데, 전자는 어음이 제시되면 즉시 지급되는 조건이며, 후자는 제시된 후 일정 기간 후에 지급되는 어음을 말하는데 기한부어음은 다시 다음과 같이 구별될 수 있다.

① 일람후 정기불(at after sight days or months) : 어음이 지급인에게 제시되고 난 후 일정 기간 후, 즉 30일 또는 60일 후에 지급된다. 보통 30 days after sight(30 d/s), 60 days after sight(60 d/s)로 표시된다.

② 발행일자 후 정기출급불(after date or months after date) : 어음이 발행되고 난 후 일정 기일이 경과 후 지불되는 어음, 예를 들면 60 days after date(60 d/d), 90 days after date(90 d/d)라고 표기된다. 여기서 date라고 하는 것은 어음발행 일자를 말한다.

③ 확정일 출급(on a fixed date) : 어음상에 확정된 날, 즉 만기일을 기재하고 있는 날을 만기일로 한다.

3) 은행어음과 은행인수어음, 개인어음

환어음상에 기재된 지급인에 따라 은행어음, 은행인수어음, 개인어음으로 구분한다. 지급인이 은행명으로 기재되어 있는 어음을 은행어음(bank bill)이라고 하며, 은행인수어음(banker's acceptance bill)은 수출업자가 발행하고 외국환은행이 지급인으로 되는 기한부어음으로서 은행이 인수하는 어음이다. 은행이 신용장을 근거로 발행하는 만큼 은행어음처럼 신용도가 높다. 반면 수입업자를 비롯한 일반 개인이 지급인으로 되어 있으면 개인어음(private bill)이라고 한다.

지급인은 환어음에 대한 지급을 위탁받은 자로서 어음의 부도 여부는 이 지급인에 의해 전적으로 좌우된다. 통상적으로 은행어음이나 은행인수어음은 일반 개인어음보다 안전성이 높기 때문에 금융할인시장에서 우대를 받는다.

4) 상환청구 가능어음과 상환청구 불능어음

환어음에 대한 지급거절이 있을 경우, 환어음을 매입한 선의의 소지인이 어음발행인에게 대금상환의 청구 여부에 따라 상환청구 가능(with recourse)어음과 상환청구 불능(without recourse)어음으로 구분할 수 있다. 즉, 상환청구 가능어음은 환어음을 발행은행이나 확인은행 이외에 타은행에서 매입하였을 경우, 어음의 지급인인 발행은행이 파산 등의 이유로 지급이나 인수불능이 되었을 때 매입은행이 수익자에게 어음금액을 청구할 수 있는 어음을 말한다.

우리나라의 경우는 환어음법상 모든 환어음은 상환청구가 가능하도록 되어 있어 외국에서 발행된 상환청구 불능어음도 우리나라에서는 그 효력을 발휘하지 못하도록 되어 있다.

5) 외화어음과 방화어음

외화어음(foreign currency bill)은 외국통화표시의 환어음을 말하며, 방화어음(home currency bill)은 자국통화표시의 환어음을 말한다.

6) 전신환과 우편환어음

발행은행이 자행의 양식을 사용하여 서신형식으로 발행하여 우편으로 발송하는 어음을 우편환어음이라 하며, 전신환어음은 발행은행이 전보 또는 텔렉스 등의 전신을 이용하여 발생하는 어음을 말한다.

4. 환어음의 기재사항

어음은 요식증권이므로 그 형식은 기재사항에 따라 결정되며 그 기재사항도 필수기재 사항과 임의기재 사항이 있다.[10] 필수기재 사항의 경우는 어느 하나가 누락되어도 환어음으로서의 법적 효력이나 구속력을 갖지 못한다. 필수적 기재사항을 보면 다음과 같다.

1) 환어음의 표시 : 어음문언 중에 환어음이라는 표시가 있어야 한다. 예를 들면 this sole bill of exchange 또는 this second bill of exchange 등이다.

2) 무조건 위탁 문언 : 일정한 금액을 지급하라는 조건없는 위탁문언(unconditional order in writing)이 표시되어야 한다. 즉, 지급하는데 어떤 조건을 붙이거나 지급자금이나 지급방법을 한정시키는 문언이 기재되어서는 안 된다는 뜻이다. 또한 외국환어음이므로 반드시 화폐의 종류를 명시하여

---

10) 최해범, 「국제금융론」, 두남, 2013.8, pp.75~97.

야 한다. 예를 들면, “pay to ~ the sum of ~”와 같은 표현이다. 환어음 금액은 상업송장금액과 일치되어야 하며 신용장금액을 초과할 수는 없다.

3) 지급인(Drawee) : 어음 문언 중의 drawee라는 것은 지급을 위탁받은 자로서 어음끝부분의 to이하에 어음지불인을 표시한다. 지급인은 개인이나 법인 어느 것도 인정되며, 지급인을 복수로 하는 것도 인정된다. 복수(A and B)기재는 유효하나 선택적 방식(A or B)으로 기재하는 것은 무효하다. 신용장거래에서는 신용장 개설은행이 되나, 추심거래(D/P, D/A)에서는 개설의뢰인인 수입업자가 될 수 있다.

4) 지급기일의 표시 : 어음상의 문언 중 at ~ sight of 다음에 기재되는 것이 지급기일(tenor)의 표기이다. 지급기일의 표시방법에는 ① 일람출금(at sight), ② 일람후 정기출급(at x x days or months after sight), ③ 발행일자후 정기출금(at x x days or months after date), ④ 확정일출급(on a fixed date) 등 만기일을 표시하여야 한다.

5) 수취인(Payee)의 표시 : 어음 금액의 지급을 받을 사람의 표시이다. 여기에는 4가지 방식이 있다. 즉, ① 기명식(payable to a specified person), ② 지시식(payable to the order of a specified person or payable to order), ③ 무기명식(payable to bearer), ④ 선택소지인식(pay to ABC Bank or bearer) 등으로 표시될 수 있다.

6) 지급지의 표시 : 신용장에 별도 명시가 없는 한 도시명의 표시만으로도 충분하다. 지급인은 신용장의 발행은행과 확인은행이 될 수도 있고 다른 지정은행이 될 수도 있다. 보통 지급인 아래에 지급인의 주소를 기재한다.

7) 발행일 및 발행지의 표시 : 화환어음의 발행일은 신용장의 유효기일 이내 환어음을 매입한 날이 된다. 발행지의 표시는 어음에 관한 법적용의 기초가 된다.

8) 발행인의 기명날인 : 환어음을 발행하는 자(drawer)는 신용장상의 수익자가 되며 보통은 수취인과 같은 자가 된다. 한국의 경우 수출상이 은행에 제출한 서명감과 일치하도록 하고 있다.

환어음의 임의적 기재사항은 어음의 효력에는 아무런 영향을 미치지 않으나 이들을 기재함으로써 어음의 성격이나 내용을 명확히 하게 하는 기능을 수행하게 한다. 그 내용은 다음과 같다. D/P, D/A표시, 이자문구, 거절증서 작성 면제 문구, 무담보 문구, 복본번호 대가 수취문구 신용장에 관한 문구, 파훼문구 등이다.

제2절 환어음과 신용장

1. 환어음과 운송서류

일반적으로 환어음에 첨부되는 운송서류에는 상업송장(commercial invoice), 선하증권(Bill of Lading), 보험증권(insurance policy) 등 주요 서류와 화물의 종류, 무역거래의 관습 또는 각국의 법령에 따라 필요한 각종 부대서류가 있을 수 있다. 그런데 이러한 운송서류가 필요한 것은 수출입거래의 원활화에 있다. 즉 화물을 선적한 수출업자는 수입업자 내지 신용장 개설은행을 지급인으로 하는 환어음을 발행할 때, 이 환어음에 선적서류를 첨부해야만 그 환어음을 외국환은행에 매입 또는 추심을 의뢰해 대금을 회수할 수 있기 때문이다.

외국환어음 가운데 이와 같이 선하증권과 같은 운송서류가 첨부된 어음을 특히 화환어음이라고 앞에서 설명했듯이, 화환어음의 특성은 그 어음상의 권리가 운송증권(선화증권)에 의해서 담보되는 어음이라 볼 수 있다.

2. 신용장의 정의와 효능

신용장(Letter of Credit: L/C)이란 무역거래의 대금지급 및 상품수출의 원활을 기하기 위하여 수입상을 신용장개설의뢰인으로 하고 수출상을 수익자로 하며, 수입상의 거래은행이 발행하는 일종의 신용증서다. 따라서 수입상의 요청과 지시에 따라 수출상 또는 그의 지시를 받은 은행이 신용장에 명기된 조건과 일치하는 운송서류를 제시하면 신용장개설은행이 신용장대금을 틀림없이 지급하겠다고 약속하는 증서라고 할 수 있다.

한편 신용장의 효용은 수출상와 수입상로 나누어 살펴볼 수 있다. 우선 수출상의 입장에서 볼 때 신용장의 효용은 다음과 같이 정리할 수 있다. 첫째, 수입상의 신용과 관계없이 개설은행의 신용으로 대금지급이 약속되므로 대금회수가 확실하다. 둘째, 체결된 계약의 일방적 취소 또는 변경 등의 위험은 신용장의 개설과 동시에 불가능하게 되어 거래가 확정된다. 셋째, 수출대금은 선적 후 수출상 소재지의 은행이 화환어음 매입 등을 하므로 즉시 회수가 가능하다. 게다가 수출품 제조 및 구매자금과 관련하여 무역금융의 융자대상이 되기도 한다.

그리고 수입상의 관점에서 신용장의 효능은 다음과 같다. 첫째, 수입물품의 가격은 흥정에 의하여 결정되며 자신의 신용이 보증되는 만큼 가격흥정의 주도권을 수입상이 행사할 수 있음으로써 가장 싼 가격으로 계약을 체결할 수 있다. 둘째, 신용장에는 최종선적일과 유효기일이 명시되어 있어 계약상품이 적기에 도착할 것을 확신할 수 있다. 셋째, 운송서류를 인도받으면서 개설은행으로부터 경우에 따라서는 상품이 판매되는 기간 동안 대금결제를 연기 받을 수도 있다. 넷째, 수출상은 수입상이 요구한 신용장상의 조건대로 화물을 선적하지 않으면 수출대금을 받지 못하므로 수입상은 계약조건대로 이행된다고 믿을 수 있다.

3. 신용장거래의 관계 당사자

1) 기본당사자

(1) 수익자

신용장발생의 실제적 수혜를 받는 당사자를 수익자(beneficiary)라 한다. 수익자라 함은 격지간 거래인 국제무역거래에서 신용장을 통하여 대금결제

확약을 받기 때문이다. 또한 수익자는 무역계약에서 매도인(seller)이며 수출상(exporter)이며 신용장 거래에서는 발행된 신용장을 받는 자(addressee)이다. 그리고 신용장을 자신의 이익에 맞도록 이용하는 자(user)이며 발행은행으로부터 신용을 제공받는 자(accreditee)이다. 그리고 환어음을 발행하여 거래은행에 제시함으로서, 환어음 금액을 수령하는 수령인(payee)이자 환어음을 발행하는 자(drawer)로서의 지위를 가진다. 또한 매매계약 물품을 선적하는 선적인(shipper), 운송회사와 운송계약을 체결하여 물품을 발송하는 송화인(consignor)은 지위를 갖는다.

(2) 발행은행

신용장발행의뢰인의 요구에 응해서 수익자 앞으로 신용장을 발행하는 은행을 발행은행(issuing bank)이라고 한다.[11] 발행은행은 보통 발행의뢰인의 주거래은행이 되며 수익자에 대하여 지급 등을 확약하는 자로 환어음지급에 있어서 최종적인 책임, 즉 상환의무를 부담하게 된다. 또한 수익자가 제시한 선적서류와 신용장의 일치여부를 검토할 최종적인 책임을 부담하게 된다. 따라서 신용장거래에서 대금지급의 최종적인 책임도 부담한다.

발행은행은 신용장조건과 상이한 서류의 거절, 위조서류의 인수거절, 담보권 취득권, 취소불능 신용장을 발행의뢰인이 취소요청에 대하여 취소불가권의 행사, 취소가능 신용장의 변경 및 취소가능권을 가진다. 또한 신용장을 발행함으로서 발행의뢰인의 지시를 엄격하게 준수할 의무, 선적서류의 인도의무, 선적서류의 심사의무 및 대금상환의무를 부담한다.

UCP[12]상에는 은행 이외의 금융기관 등도 신용장을 발행할 수 있으므로 발행은행을 “issuing bank”, “issuer”라는 용어를 사용하고 있다. 또한 발행은행은 신용공여은행(credit writing bank or grantor)이라고도 한다.

(3) 확인은행

확인은행(confirming bank)은 은행의 수권이나 요청에 의해서 신용장상에 환어음 지급을 확인하는 은행이다. 수출상은 수입상의 거래은행인 신용장

11) 이병렬·최해범, 「수출입 대금결제론」, 피앤씨미디어, 2013.9, pp.64-68.

12) UCP(Uniform Customs Practice for Documentary)는 신용장통일규칙을 말한다.

발행은행이 그의 소재국의 정치·경제적인 문제로 결제상의 위험이 있다고 판단되면 보통 수출상 소재지의 제3은행을 확인은행으로 하는 이른바 확인 신용장(confirmed L/C) 발행을 요청하게 된다. 즉 신용장 거래에서 확인은행은 수익자가 발행은행의 신용상태에 대해서 의심을 가지고 있을 경우 발행은행보다 공신력이 있는 제3의 은행에게 신용장을 확약할 것을 요청하는 경우가 있다. 이때 제3의 은행을 확인은행(confirming bank)이라고 한다. 확인 요청을 받은 은행이 이를 승낙하면 발행은행과 동일한 신용장대금지급에 대하여 독립적인 채무를 부담하게 된다. 신용장의 확인은 발행은행에 대한 확인은행의 여신행위라고 할 수 있으므로 발행은행은 확인요구에 대하여 반드시 응할 필요는 없다. 확인요청은 발행은행과 거래관계에 있는 모든 은행에 대하여 할 수 있으나 주로 통지은행 및 지정은행에 하는 경우가 많다.

2) 기타당사자

(1) 발행의뢰인

발행의뢰인(applicant)은 매매계약조건에 따라 자기의 거래은행에게 신용장이 발행되도록 요청하는 당사자이다. 통상 수입상이 되며, 자신의 거래은행에게 신용장 발행을 의뢰한다고 하여 발행의뢰인이라고 한다. 발행의뢰인은 매수인(buyer), 수입상(importer)이란 명칭 이외에도 채무자(accountee), 신용장을 개설하는 자로서 발행인(opener, issuer), 화물을 수취한다고 하여 수화인(consignee), 환어음상의 금액을 지급한다고 하여 지급인(drawee)이라고도 한다.

발행의뢰인은 발행은행에 대한 상환거절권을 가진다. 또한 신용장발행을 발행은행에게 요청할 경우 신용장 발행지시의 완전 정확의무, 담보이익제공의무, 수수료 및 이자지급의무, 물품대금보상의무 및 위험과 비용의 분담의무를 가지게 된다.

(2) 통지은행

통지은행(advising bank 또는 notifying bank)은 신용장을 발행은행의 요청에 의해 수익자에게 통지하는 기능을 한다. 신용장 발행은행은 신용장을 발행하면 그 사실과 내용을 수익자에게 통지하여야 하는데, 수출국 소재지에 있는 발행은행의 환거래은행(correspondent bank)을 통하여 통지하는 방법이 관례적으로 사용되고 있다. 또한 현실적으로 전 세계 은행들은 자신이 개설한 신용장을 SWIFT(Society for Worldwide Inter-bank Financial Telecommunication: 세계은행간 금융통신망) 시스템에 의해 통지하고 있는데, 기술상 수익자가 당해 신용장 메시지를 바로 수령할 수 없다는 점도 통지은행을 필요로 하는 이유 중의 하나이다. 통지은행은 신용장 통지에 대한 요청을 승낙한다면 수익자에게 통지하는 신용장의 진정성을 확인함에 있어 상당한 주의의무를 다해야 한다.

(3) 매입은행

매입은행(negotiating bank)은 매입신용장이 발행된 경우 발행은행이나 발행의뢰인 앞으로 발행된 환어음과 선적서류를 매입하도록 수권된 은행을 말한다. 이 경우 매입제한신용장일 경우 발행은행이 일람출급환어음 또는 기한부환어음에 대해 매입하도록 지정을 받은 은행이 있는 경우에는 그 지정은행에 매입을 의뢰하게 된다. 그러나 자유매입신용장일 경우에는 특별한 은행을 지정하지 아니하고 모든 은행이 매입은행이 될 수 있다. 매입은행은 환어음과 선적서류를 할인매입하고 수출대금을 결제하는 은행이라고 하여, 일명 할인은행이라고도 한다.

(4) 지급은행

지급신용장이 발행될 경우 수익자가 발행한 환어음에 대하여 지급하도록 수권된 은행을 말한다. 지급은행(paying bank)은 발행은행의 예치환거래은행(depositary correspondent bank)이 된다. 지급은행은 일람출급환 어음이 제시될 경우 지급과 동시에 발행은행 구좌에서 차기하게 되나 연지급신용장일 경우는 기한부어음이 발행됨으로 수입상은 일정한 기간 이후에 대금을 지급할 수 있다. 비록 환어음이 지급은행 앞으로 발행되었다고 하더라도 신용장에 따른 최종적인 지급의 책임은 발행은행에게 있다.

(5) 인수은행

인수은행(accepting bank)은 인수 신용장이 발행될 경우 신용장의 조건과 일치되는 서류가 첨부된 기한부 환어음(time bill, usance bill)을 인수하도록 수권된 은행이다. 인수은행이 환어음에 대해 인수하였을 경우 만기일에 어음금액을 지급할 의무를 지게 되므로 인수은행은 어음의 만기일에는 지급은행이 된다.

4. 신용장의 종류

일반적으로 신용장은 상업적 기능의 배제 여부에 따라 상업신용장(commercial L/C), 여행자신용장(traveller's L/C) 사용자에 따라서 수출신용장(export L/C)과 수입신용장(import L/C), 화물의 유무에 따라서 화환신용장(documentary L/C)과 무화환신용장(clean L/C)으로 구분된다. 여기서는 흔히 무역거래상 가능한 상업신용장의 종류를 살펴보고자 한다.

1) 취소가능 여부에 따라 : 취소가능신용장(revocable L/C)과 취소불능신용장(irrevocable L/C)으로 구분한다. 취소가능신용장이란 발행은행이 신용장을 발행한 후 수익자에게 미리 통지하지 않고 언제든지 일방적으로 신용장을 통지하거나 조건을 변경할 수 있는 신용장을 말한다. 신용장상에 “revocable”이라는 문구가 없으면 모두 취소불능신용장으로 취급되며 우리나라에서는 취소가능신용장은 수출승인대상으로 인정하지 않고 있다.

2) 타은행의 확인 유무에 따라 : 확인신용장(confirmed L/C)과 불확인신용장(unconfirmed L/C)으로 구분한다. 확인신용장이란, 발행은행 이외에 제3의 은행이 수익자가 발행하는 어음의 지급, 인수, 매입을 확약하고 있는 신용장을 말한다. 확인신용장은 주로 발행은행의 대외신용도를 수익자가 인정하기 어렵거나 수입국의 외환사정이 불안정할 때 발행은행과 동일한 지급책임을 부담하는 은행을 신용장에 명기하는 방법으로 개설하게 된다.

3) 매입은행의 수출자에 대한 구상권 허용 여하에 따라 : 상환청구가능신용장(with recourse L/C)과 상환청구불능신용장(without recourse L/C)으로 구분할 수 있다. 상환청구가능신용장이란 수익자가 환어음을 확인은행 이외의 은행에서 매입하였을 경우 그 환어음지급인이 지급불능 되었을 때

매입은행이 수익자에 대하여 환어음 금액을 청구할 수 있는 신용장을 말한다. 우리나라에서는 상환청구 불능신용장은 인정치 않고 있다.

4) 매입은행의 지정 여부에 따라 : 매입제한신용장(restricted L/C)과 자유매입신용장(freely negotiable credit L/C)으로 구분할 수 있다. 자유매입신용장이란 신용장에 의해서 발행되는 환어음의 매입을 특정은행에 한정시키지 않고 어느 은행에서나 매입할 수 있는 신용장을 말한다. 매입제한신용장은 반드시 개설은행이 지정한 은행에서만 수출지에서의 최종매입(nego)이 이루어지도록 제한되어 있으나, 자유매입신용장은 수출상이 마음대로 매입은행을 정할 수 있다.

5) 매입지급허용 여부에 따라 : 매입신용장(negotiation L/C)과 지급신용장(payment L/C)으로 구분할 수 있다. 매입신용장이란, 환어음이 매입되는 것을 예상하며 매입을 허용하고 환어음의 발행인뿐만 아니라 환어음의 배서인, 환어음의 선의의 소지인(bona-fide holder)에 대해서도 지급을 확약하고 있는 신용장을 말한다. 지급신용장이란, 신용장에 환어음 요구 없이 신용장 조건과 일치하는 서류에 대하여 지급할 것을 확약하는 신용장을 말한다.

6) 지급기간에 따라 : 일람출급신용장(sight L/C), 기한부신용장(usance L/C), 할부신용장(installment L/C)으로 구분할 수 있다. 일람출급신용장일 경우에는 선적서류 제시 즉시, 신용장 대금을 지급해야 하고, 기한부 신용장일 경우에는 약정한 기간이 만료되었을 경우, 할부신용장일 경우에는 환어음을 분할하여 수회에 걸쳐 수입상이 대금을 결제하는 신용장이다.

7) 양도허용 여부에 따라 : 양도가능신용장(transferable L/C)과 양도불능신용장(non-transferable L/C)으로 구분할 수 있다. “transferable”이라는 문구가 신용장상에 명기되어 있으면 최초의 수익자가 신용장금액의 전부 또는 일부를 제3자에게 양도할 수 있도록 허용하고 있는 사용장을 말한다.

8) 기타의 특수신용장

① 회전신용장(revolving L/C) : 일정한 기간 동안 일정한 금액 범위 이내에서 처음 개설한 신용장이 자동적으로 갱신될 수 있도록 발행되는 신용장이다.

② 동시개설신용장(back to back L/C) : 국가 간에 수출입의 균형을 유지하기 위한 구상무역을 위해서 사용되는 신용장으로서, 예컨대 우리나라의 수입상이 외국에서 상품을 수입하기 위하여 신용장을 개설하는 경우 외국에 있는 수출상이 우리나라에서 상품을 수입하겠다는 신용장을 동시에 개설하여야만 비로소 우리나라에서 개설한 수입신용장이 유효하다는 것이다. 미국에서는 back to back L/C를 원신용장을 담보로 제2의 신용장을 개설한 내국신용장을 뜻하는 경우가 대부분이다.

③ 기탁신용장(escrow L/C) : 기탁신용장은 두 나라 사이의 무역균형을 유지하기 위한 구상무역에 사용되는 신용장을 말한다. 원래 'escrow'라는 말은 은행 등과 같은 제3자에게 일정한 물건을 위탁하면서 일정한 조건을 충족하면 이 위탁한 물건을 특정인에게 양도할 것을 의뢰한 신탁행위를 뜻한다. escrow L/C는 수입상이 수입신용장을 개설할 때에 신용자의 한 조건으로 그 신용장에 의해 발행되는 어음의 매입대금을 수익자(수출상)에게 지급하지 않고 수익자 명의의 「에스크로」 계정(escrow account)에 기탁하여 두었다가 그 수익자가 원신용장 대상국으로부터 수입하는 상품의 대금결제에만 사용하도록 규정한 신용장을 말한다. 예를 들면 우리나라의 수입상이 인도네시아에 있는 수출상 앞으로 신용장을 개설하면서 그 신용장의 특수조건으로 그 신용장에 의한 매입대금은 매입은행 또는 지정은행에 설치된 수익자(인도네시아의 수출상) 명의의 escrow 계정에 입금시키고 입금된 대금은 우리나라로부터의 수입의 경우에 한하여 그 결제대금에 충당할 수 있도록 규정하고 있는 신용장이다.

기탁신용장은 동시개설신용장과 마찬가지로 양국의 수출입균형을 이루기 위한 구상무역에서 사용되는 신용장이다. 그러나 기탁신용장은 동시개설신용장과 달리 똑같은 금액의 신용장이 서로 발행되는 것이 아니므로 물품선택과 기일이 훨씬 자유롭다.

④ 보증신용장(stand by L/C) : 보증신용장이란 수입물품대금의 결제를 목적으로 개설되는 신용장이 아니고 금융을 위한 담보 또는 보증의 수단으로 발행되는 일종의 무담보신용장(clean credit)을 말한다. 예컨대 국내상사의 해외지점이 본사물품을 수입하기 위하여 신용장을 개

설한다든가 또는 현지, 즉 해외지사소재지의 외국은행으로부터 금융의 편의를 받고자 하는데 담보가 부족한 경우에는 국내 본사가 국내 거래은행에 의뢰하여 해외지사의 거래은행을 수익자로 하는 보증신용장을 개설해 주면 해외지사의 거래은행은 이것을 담보로 하여 수입신용장을 개설해 주든가 금융의 혜택을 줄 수 있게 된다. 해외지사가 만일 지정된 기일 안에 채무를 변제하지 않으면 은행은 보증신용장 개설은행 앞으로 무담보어음(clean draft)을 발행하여 채권 내용을 기록한 Statement를 송부하여 채권액을 회수할 수 있다.

여기에는 입찰보증(bid band), 계약이행보증(performance band), 하자보증(mainternance band), 선수금환급보증(advance payment band) 등에 대한 지급보증서(letter of guarantee)가 있다.

제3절 환어음과 기타 지급결제제도

1. 송금환

1) 송금환의 의의

송금환이란 외국환에 의한 결제방식 중의 하나로 송금인이 대금을 송금할 목적으로 당방은행에 송금대금을 원화 또는 외화로 지급하고, 외국에 있는 수취인이나 채권자에게 송금하여 줄 것을 청구하는 외국환을 말한다. 따라서 송금환 방식에 의한 대금결제는 송금환을 통하여 물품대금의 전액을 외화로 영수 또는 지급하는 것을 말한다.

송금환결제방식에는 자금의 이동방향에 따라 당발송금환과 타발송금환으로 구분할 수 있다. 또한 송금시기에 따라 선적 전 송금방식과 선적 후 송금방식으로 구분할 수 있다.

먼저 당발송금환(outward remittance)은 외국으로 자금을 송금하기 위해서 해당국가의 은행을 각각 경유하여야 하며 환거래의 시발점이 되는 은행을 당발은행이라 한다. 당발은행이 고객에게 원화를 대가로 하여 교부하는 외국환을 당발환이라고 한다. 대개 당발환은 전신송금환, 우편송금환, 및 송금수표를 이용한다. 당발송금은 해외지사의 유지활동비, 무역 관련 중개 수수료, 유학생의 유학비, 보험료 및 통신료 등에 이용된다.

한편 타발송금환(inward remittance)은 해외의 환거래은행이 수취인 혹은 채권자가 있는 자신과 관련 있는 당은행을 지급은행으로 지정하여 오는 송금으로 물품대금송금, 해외교포의 본국송금 등에 이용된다. 이는 당방은행에서 이미 취결된 외국환이 상대은행에서 취급하는 경우의 외국환을 말한다. 외국환은행은 타 외국환은행에서 고객을 위해서 취결한 송금환을 매입하고 그 대가로 원화를 고객에게 지급하게 된다. 타발 송금환의 취결방법도 전신송금환, 우편송금환 및 송금수표가 이용된다. 당발 송금환은 송금지시를 당해은행이 하기 때문에 별다른 위험이 없으나 타발 송금환은 이중지급, 착오지급 등의 위험이 있으니 그 취급에 세심한 주의가 요구된다.

또한 수출상이 선적 전에 물품대금을 수령하는지 여부에 따라 선적 전 송금방식(remittance before shipment)과 선적 후 송금방식(remittance after shipment)으로 구별된다. 선적 전 송금방식은 수입상이 무역대금전액을 수출물품의 선적 전에 외화나 수표 등과 같은 지정영수통화로 표시된 대외지급수단으로 수출상에게 송금하여 지급하고 수출상은 일정 기간 이내에 수출물품을 선적하는 방식이다. 이 방식은 수출상의 입장에서는 무역대금을 안전하게 회수할 수 있는 장점이 있으며 수입상은 수입물품인수불능의 위험이 발생할 가능성이 있다. 주로 소액거래에 활용된다. 여기에는 전신송금환(Telegraphic Transfer: T/T), 우편송금환(Mail Transfer: M/T) 및 송금수표(Demand Draft: D/D)방식이 있다.

선적 후 송금방식은 수출상이 수출물품을 선적한 후에 수입상이 물품대금전액을 외화나 수표 등과 같은 지정영수통화로 표시된 대외지급기관을 통하여 수출상에게 송금하여 지급하는 방식이다. 이 방식으로 거래하면 수출상은 무역대금회수가 지연되고 물품대금결제의 불안이 가중된다. 수입상의 입장에서는 계약물품의 확인이 가능하다는 장점이 있다. 이 방식도 현물상환지급방식(Cash or Delivery: COD)과 서류상환지급방식(Cash against Document: CAD)으로 구분될 수 있다.

2) 송금환의 특징

(1) 수출상에게 유리한 자금결제방식

선적 전 송금결제방식으로 결제하면 수출상이 무역계약물품을 선적하기 전에 환어음이나 송금수표를 외국환은행을 경유하여 수출상에게 제시하여 결제하기 때문에 수입상은 무역결제자금을 사전에 확보하여야 한다.

(2) 외국환은행의 무보증

송금결제방식에서는 신용장 결제방식과는 달리 외국환은행은 수출상에게 대금지급을 보장하는 것이 아니고 단순히 송금업무만 수행한다.

(3) 수입상의 수수료 부담

송금에 따르는 수수료 및 부대비용은 송금을 의뢰한 수입상이 부담한다. 수입상은 이와 같은 수수료 및 부대비용을 송금 전에 지급한다. 과중한 수수료부담에도 불구하고 수입상이 송금결제방식을 이용하는 이유는 수입물품이 품귀현상이 발생하는 경우, 수출상에게 유리한 조건을 제시하여 거래처를 확보하기 위함이다.

(4) 수입상의 담보부담 제거

수입상의 입장에서는 신용장 발행과 관련한 각종 수수료를 절감할 수 있다. 또한 신용장 발행은행이 채권 보전조치로 요구하는 담보를 제공하지 않아도 된다.

3) 선적 전 송금환 결제방식

(1) 전신송금환

전신송금환(telegraphic transfer: T/T)이란 송금의뢰인의 현금을 송금의뢰은행에 예탁하면, 송금은행이 자행의 해외지점 또는 환거래은행인 지급은행에게 일정의 금액을 수취인에게 지급해 줄 것을 전신환을 발행하여 송금하여 주는 방식이다. 전신송금환의 지급방법은 지급은행이 수취인의 지급청구에 의해서 지급하는 청구지급(Pay on Application: P/A) 방법과 수취인으로부터 청구가 없어도 지급은행으로부터 수취인에게 통지하여 지급하는 통지지급(Advice and Pay: A/P) 방법의 두 가지가 있다. 전신송금환은 거액을 송금할 경우나 지급을 요하는 송금 등에 많이 이용되고 있다.

전신송금환을 이용할 때 수출상의 입장에서는 신속하게 대금을 수취할 수 있으며 환위험에 덜 노출된다는 장점이 있다. 그리고 은행이 전신과정의 사고에 대해서는 책임을 부담하기 때문에 안전한 결제방식이라 할 수 있다. 그러나 수입상의 입장에서는 다소 전신료가 비싸다는 단점이 있다.

(2) 우편송금환

우편송금환(mail transfer: M/T)이란 송금의뢰를 받은 은행이 송금수표를 의뢰인에게 교부하는 대신에 일정금액을 수취인에게 지급하여 줄 것을 지급은행 앞으로 지시하는 지급지시서(payment order)에 상당하는 우편환을 발행하여 지급은행에 직접 우편으로 우송하는 방식이다.

지급은행은 수출상에게 송금액이 도착하였다는 통지를 하게 되고 수출상은 은행에게 가서 신분을 확인하고 대금을 결제 받는다. 전신송금환은 지급지시를 전신으로 하는 데 비하여, 우편송금환은 우편환을 발행하여 송금은행이 직접 지급은행으로 우송하기 때문에 우송과정에서 발생할 수 있는 사고에 대해서 은행이 직접 책임을 부담한다. 우편송금환은 신속하지 않는 송금이나 소액의 송금에 이용된다.

4) 선적 후 송금환 결제방식

선적 후 송금환 결제방식은 수출상이 선적한 후 수입상이 무역대금을 외화나 수표와 같은 지정영수통화로 수출상에게 송금하여 지급하는 방식이다. 여기에는 현물상환지급(COD)과 서류상환지급(CAD)방식이 있다.

(1) 현물상환지급방식

현물상환지급(cash on delivery: COD)방식은 수출상이 물품을 수입상에게 인도하면서 대금을 결제하는 방식이다. 즉 수출상이 수출물품을 선적한 후 선적서류를 수출상의 해외지점이나 대리인 또는 거래은행에 송부하고, 수출물품이 목적지에 도착하면 수입상이 직접 물품의 품질 등을 검사한 후 수출대금을 물품과 상환하여 현금으로 영수하는 거래방식으로서 국내의 일반물품매매와 유사한 방식이다.

현물상환 지급방식은 주로 보석 등 귀금속류와 물품가격이 고가이며, 동일물품일지라도 물품의 색상, 가공방법, 순도 등에 따라서 가격의 차이가 많이 발생하는 물품의 거래에 주로 이용된다. 수입상이 대금결제 전에 물품을 충분히 검토한 수입 여부를 결정할 수 있는 장점이 있다.[13)]

현물상환 지급방식은 일반적으로 수입지에 수출상의 해외지점 등 대리인이 있어서 수출상이 송부하는 서류를 수령하여 수입상이 물품검사를 한 후 대금결제와 함께 현품을 인도하는 방식이다. 이 방법은 수입상이 대금을 지급하지 않고는 운송인으로부터 물품을 인수받지 못하도록 함으로써 대금미회수의 위험을 방지하고, 대금결제가 되지 않는 경우에는 물품이 반송될 수 있도록 할 필요가 있다.

(2) 서류상환 지급방식

서류상환지급(cash against document: CAD)방식은 수출상이 선적서류를 수입상에게 제공하면서 대금을 결제 받는 방식이다. 즉 수출상이 물품을 수출하고 선적을 증명할 수 있는 선화증권·상업송장·포장명세서 등 선적서류를 수입상에게 직접 또는 수입상의 대리점이나 거래은행에 제시하여 서류와 상환으로 대금을 지급받는 방식이다.

이 방식은 원칙적으로 수출국에 수입상을 대신하여 대금을 결제해 줄 대리인이나 은행이 있을 경우 가능하다. 그러나 이 거래방식도 거래은행을 통하여 서류 등을 수입상의 거래은행에 보낸 뒤 수입상의 거래은행에서 서류와 상환하여 대금을 결제하는 방법으로 이루어질 수 있다. 이와 같은 CAD

---

13) 강원진, 「무역결제론」, 박영사, 2015, pp.406-408.

방식은 은행을 통하여 선적서류가 수입상에게 인도되지 않고 환어음이 수반되지 않는다는 점이 D/P 방식과 다르다. 또한 COD와 CAD 방식이 본래의 형태를 벗어나 외국환은행을 통하여 이루어질 경우는 그 구분이 불명확하나 실질적으로는 거래의 대상이 되는 객체가 현품이면 COD방식으로, 서류이면 CAD방식으로 인정된다.

2. 추심환

1) 추심환방식의 의의

추심(collection)방식은 신용장을 개입시키지 않고 수출상이 발행한 화환어음을 추심의뢰은행을 통하여 수입상의 거래은행인 추심은행이 추심하여 대금을 결제하는 방식이다. 즉 이 방식은 수출상이 매매계약에 일치한 물품을 선적하고 구비된 선적서류에 수입상 앞으로 발행한 환어음을 첨부하여 거래은행에 추심을 의뢰하면 이 은행이 수입상의 거래은행에 다시 추심을 요청하고, 최종적으로 수입상에게 선적서류와 환어음을 추심하여 대금을 결제하는 것이다. 장점으로는 송금방식에서 문제가 되는 수입상의 상업위험을 커버할 수 있는 보다 발전된 방식이라 할 수 있다. 대금결제는 수입상이 수출상에게 이루어지는 것이지만, 환의 이동방향은 그 반대로 움직이기 때문에 이를 '역환방식'이라고 한다.

또한 추심환방식은 매매계약당사자들의 거래은행들이 대금지급을 보증하지 아니하고 계약당사자들의 신용에 의하여 결제가 이루어진다. 따라서 매매계약 시 수입상의 신용상태를 철저히 조사하여 불의의 사고를 방지하여야 하고 수출보험에도 가능하다면 가입하는 것이 안전하다. 또한 이 방식은 수입상과 수출상의 상호 신용을 바탕으로 과거 상당한 거래실적이 있는 오랜 거래처 또는 본사와 해외지사간의 대금결제에 자주 이용되고 있다. 추심환 방식으로는 지급인도조건(documents against payment: D/P)과 인수인도조건(documents against acceptance: D/A)이 있다.

신용장 거래가 화환신용장통일규칙(UCP)의 적용을 받는데 비하여 D/P·D/A 거래는 별도로 명백한 합의가 없거나 국가, 주 또는 지방의 법률 또는 규정에 위배되지 않는 한 국제상업회의소가 제정한 “추심에 관한 통일규칙” (Uniform Rules for Collections, ICC Publication No. 522, 1995: URC 522)의 적용을 받는다. 그러나 추심에 관한 통일규칙을 채택하고 있는 국가라 할지라도 추심의뢰서에는 추심에 관한 통일규칙이 적용된다는 준거문언을 명시하여야 한다는 점에서 신용장통일규칙을 신용장상에 준거문언으로 삽입하여야 하는 것과 동일하다.

2) 추심환 방식의 특징

(1) 후 지급방식

추심방식은 신용장방식과 마찬가지로 수출상이 무역계약물품을 선적한 후에 발생되는 선적서류와 함께 발행한 환어음을 추심의뢰은행 및 추심은행과 같은 외국환은행을 경유하여 수입상에게 제시하면 수입상이 그 환어음 금액에 대한 지급 또는 인수를 하여 결제하는 무역대금 결제방식이다.

(2) 외국환은행의 무보증

추심방식에서는 신용장방식에서처럼 수입상의 거래은행이 개입하여 대금지급을 확약하는 것이 아니라 당사자 간의 신뢰에 의하여 결제가 이루어진다. 외국환 은행은 단순히 무역대금의 추심 및 추심 의뢰업무만 수행할 뿐이다.

(3) 수출상에게 신용공여기능 제공

추심방식에서 추심 전 환어음 매입과 추심 후 환어음매입방법이 있다. 만약 추심 전 환어음매입을 허용할 경우 이는 수출상에게 신용을 공여하는 기능을 한다. 즉 수출상은 추심 전 환어음을 매입함으로서 선적에 필요한 무역계약품 즉, 물품의 제조, 구매에 필요한 자금을 융통받을 수 있다. 그런데 추심방식은 추심 후 지급이 보다 일반적으로 이용된다.

(4) 수출상의 우월적 지위 제공

추심방식에서는 추심수수료 및 부대비용은 수출상이 부담한다. 그런데 수출상은 추심의뢰에 필요한 수수료 및 부대비용을 추심 전에 지급하지 않고 추심이 이루어진 후에 지급받는 무역대금에서 공제할 수도 있다. 이와 같은 점을 이용하여 수출상은 수입상에게 유리한 조건을 제시하여 거래처를 확보하기 위한 방법으로 사용할 수 있다.

(5) 수입상의 자금부담 경감

추심방식은 수입상의 입장에서는 신용장 발행에 따른 각종 수수료를 절감할 수 있고 신용장 방식에서처럼 발행은행의 채권보전 조치에 따른 담보제공 부담이 없다. 만약 추심결제방식의 인수인도 결제방식(D/A)을 채택한 경우에는 선적서류가 수입국에 도착하여 환어음을 인수함으로서 수입상이 선적서류를 입수하기 때문에 자금압박을 피할 수 있다는 장점이 있다.

(6) 본·지사 간의 거래에 활용

추심방식은 신용장의 개입이 없는 외상거래방식이다. 따라서 수출상은 수입상의 신용이 철저한 경우에만 활용하는 것이 바람직하다. 이러한 이유로 추심방식은 본사와 해외 지사 사이에 이루어지는 거래에 이용되는 것이 대부분이다.

3) 추심환 결제방식의 종류

(1) 지급인도조건

지급인도조건(documents gainst payment: D/P)이란 수출상이 수입상과의 매매계약에 따라 물품을 선적하고 구비된 선적서류에 수입상을 지급인으로 하는 일람출급환어음(sight bill of exchange)을 발행하여 수출상의 거래은행(추심의뢰은행)을 통하여 수입상의 거래은행인 수입국의 은행 앞으로 그 어음대금을 추심의뢰하면, 추심의뢰를 받은 은행(추심은행)은 수입상에게 어음을 제시하여 그 어음금액의 일람지급을 받고 서류를 인도하는 거래방식을 말한다.

추심거래에 참여하는 모든 은행은 수출상의 단순한 추심대리인으로서 수출대금의 추심이나 추심의뢰의 업무만 수행하는 것이다. 즉, 추심은행 및 추심의뢰은행은 모두 환어음과 선적서류를 심사할 의무가 없으며, 기타 서명의 진정성이나 서명인의 권한 유무를 조사할 책임도 부담하지 아니한다. 다만 추심은행은 환어음의 지급 또는 인수를 위한 제시를 지체 없이 이행하여야 하며, 환어음의 지급거절 또는 인수거절이 있을 때 이러한 사실을 추심의뢰은행 앞으로 지체 없이 통지하여야 한다. 기타 추심에 따른 은행의 수수료와 모든 비용은 추심의뢰인인 수출상이 부담하여야 하며, 추심의뢰서에 그 비용을 지급인으로부터 추심하도록 명시하였더라도 그 지급인이 이를 거절한 때에는 수출상이 최종적으로 부담하여야 한다. 따라서 추심은행은 환어음의 지급만기일에 가서 수입상으로부터 대금을 지급받아 추심의뢰은행에 송부하면 추심의뢰은행이 이를 최종적으로 수출상에게 지급한다.

(2) 인수인도조건

인수인도조건(documents against acceptance: D/A)이란 수출상이 기한부 환어음(documentary usance bill of time bill)을 발행하고 수입상거래은행인 추심은행이 수입상에게 제시하면 수입상은 그 제시된 어음을 인수만 받고 서류를 인도받은 후 어음의 만기일에 추심은행에게 대금을 지급한다. 만기일에 수입상으로부터 대금을 지급받은 추심은행이 추심의뢰은행인 수출상의 거래은행으로 송금하는 방식이다. 이 방식은 수입상이 기한부 어음을 인수함으로써 운송서류를 인수하고 당해 물품을 통관하여 판매한 이후 그 매각대금으로 어음의 만기일에 대금을 결제할 수 있다는 점에서 수출상이 수입상에게 신용을 공여하는 외상거래형태로서 수입상에게 유리한 방법이라고 할 수 있다.

제2편

외환의 실제

- 제4장 현물환거래와 선물환거래
- 제5장 환율, 물가, 금리의 기초이론
- 제6장 외환의 결정과 환위험
- 제7장 환위험회피와 파생금융상품
- 제8장 외환시장의 기능
- 제9장 국제수지

제4장
현물환거래와 선물환거래

제1절 환율거래의 구분
제2절 현물환거래
제3절 선물환거래

제1절 환율거래의 구분

1. 대고객 환율과 은행간 환율

외국환거래에는 은행간 거래와 대고객 거래가 있으며 각각에 적용되는 환율을 은행간 환율(inter-bank rate)과 대고객 환율(customer rate)이라 부른다. 일반적으로 외환시장에서 결정되는 환율이라 함은 은행간 환율을 말한다. 한편 거래가 이루어져 환율이 결정되는 곳을 외국환 시장이라 하며 은행간 시장, 대고객시장으로 구분된다. 특히 대고객 환율은 고객의 입장에서 볼 때 은행간 환율보다 매입률이 높고 매도율은 다소 낮은 불리한 환율인 경우가 대부분인데, 이는 은행의 입장에서 보면 고객과의 소액거래가 행해질 경우 단위거래 당 비용이 은행간 거래에서 보다 상대적으로 더 크기 때문이다. 통상 시장률(market rate)이라 불리고 있는 것은 은행간 환율을 말하고 이 환율은 외환시장의 실세를 반영하여 시시각각으로 변화한다. 은행의 대고객 환율은 은행간 환율을 기준으로 결정되므로 대고객 환율을 소매가라 한다면 은행간 환율은 도매가에 해당한다고 볼 수 있다.

대고객 환율은 은행간 환율을 감안하여 각 은행이 자율적으로 결정하여 고시하고 있는데 당일의 은행간 환율변동이 심한 경우에는 실시간 환율변동을 반영하여 당일 중에도 여러번 대고객 환율을 수정할 수도 있다.

단순히 1달러=1,200원인 경우는 일반적으로 은행간 현물환율을 가리킨다. 외국환거래는 은행 간 거래가 압도적으로 많으며 은행간 현물환율은 금리요인을 포함하지 않는 순수한 환율이다. 전술한 바와 같이 대고객 거래로는 은행이 달러표시 수출어음을 매입하여 수출상에게 원화를 지급하는 것은 수입상이 지급해야 할 대금을 입체(대신지급)하는 셈이므로 어음의 지급기일까지의 금리 분을 할인하여 환율에 감안하고 있다. 한편 은행간 거래는 현물이건 선물이건 간에 자금의 수급에 입체가 일어나지 않고 거래는 전화나 텔렉스로 순식간에 이루어진다.

2. 전신환율과 현찰매매율

외환의 결제방법에는 송금시 적용되는 전신환 매매율, 현찰 매매율, 여행자수표(T/C매매율) 등이 있다.[14] 대고객 환율은 고객으로부터 외화를 살때는 수수료를 차감하여 싸게 사고, 팔 때는 수수료를 더하여 비싸게 팔아 수익을 얻는 구조이다. 이 수수료에는 은행이 브로커(broker)에게 지급하는 수수료나 환율변동에 따른 리스크료 등도 포함되어 있다. 대표적인 대고객 환율인 전신환을 살펴보면 우편일수가 걸리지 않고 자금의 입체도 생기지 않으므로 금리요인이 포함되지 않는다. 이 경우에 대고객 현물환율을 각각 전신환 매도율(T. T. selling), 전신환 매입률(T. T. buying)이라 하는데 전신환 매도율은 그날의 은행간 현물환거래의 기준이 되는 환율(기준 환율)에 은행의 수수료를 더하면 된다. 또한 전신환 매입률은 기준 환율에서 은행의 수수료를 차감한 것이다. 전신환 매도율은 주로 고객이 외국으로 외화를 송금하고자 하는 경우, 은행이 고객에게 외화를 매도할 때 적용되는 환율이며 송금환의 예에서 적용된다. 가령 서울의 A가 미국에 1만 달러를 송금하고자 할 때, 서울의 C은행이 송금인 A에게 1만 달러를 파는 경우에 해당된다. 전신환 매입률은 주로 고객이 외화를 송금을 받아서 자국 화폐로 수취하고자 하는 경우, 또는 역환으로 추심대금을 추심의뢰인에게 지급하는 경우에 적용되는 환율이다. 가령 뉴욕의 D은행이 한국의 B은행에 달러를 송금하고 이때 B은행이 한국의 수취인에게 달러 대신 원화를 지급할 때 적용하는 환율이다. 또는 추심이 전신지시로 이루어져 미국 수입상 B가 뉴욕의 D은행에 지급하고 나서 서울의 C은행이 서울의 수출상 A에게 대급을 지급할 때 적용하는 환율이다. <표 4-1>의 대고객 환율표를 보면 은행간 시장에서 원/달러 매매기준율이 1,167.5원으로 결정됨에 따라 상하 일정률의 마진(margin)을 두고 매입환율과 매도환율이 고시되고 있다. 이 중 현찰의 매도율과 매입률 차이가 가장 큰 데 이는 상대적으로 현찰의 보관 및 관리에 더 많은 비용이 들기 때문이다.

---

14) 은행간 환율은 기본적으로 전신환 매매율 밖에 없다.

〈표 4-1〉 원/달러 환율의 대고객 환율표[1](예시)

통화명	현금흐름의 방향				송금		T/C 살 때	외화 수표 팔 때	매매 기준율
	살 때	(스프레드)	팔 때	(스프레드)	보낼 때	받을 때			
USD	1,187.9	+1.75[2]	1,147.1	−1.75[2]	1,178.9	1,156.1	1,181.5	1,155.4	1,167.5

주 : 1) 고객의 관점에서 표기 2) 매매기준율 대비 스프레드(%)
자료 : 한국은행, 2016.

또한 외화현찰을 매매하는 경우에는 매매의 대상이 되는 외화현찰의 보관비용, 운송비용이 소요될 뿐만 아니라 외화자산 운용 면에서도 외화시재액은 비수익적이기 때문에 이와 같은 위험부담과 손실보전면을 고려하여 현찰매매율을 결정한다.

따라서 현찰 매도율과 매입률은 일반적으로 외국환은행 대고객 매매율의 최고율과 최저율이 되고 있다.

제2절 현물환거래

1. 현물환거래의 의의

외환시장의 가장 일반적인 거래형태로서 모든 거래의 기본이 되는 현물환거래는 계약 즉시 결제하지 않고 계약일(deal date or trade date)부터 제2영업일(two business days) 후에 결제(settlement)하는 외환거래방식이다. 이처럼 현물환거래가 결제와 동시에 외환의 인수 및 결제가 이루질 수 있지만 제2영업일이 필요한 이유는 거래당사자 및 통화가 소재하는 위치에 따라 시차와 소용되는 시간이 달라지기 때문이다. 즉, 원지시인의 지급지시에서 시작되는 외환결제과정이 수익자에게 지급이체가 되기 위해서는 약간의 시간이 필요하다. 현물환거래의 결제일자를 spot value date라 한다. 여기서 결제일은 거래계약 후 현물을 실제로 인도·인수하는 날짜를 말한다.[15] 따라서 결제일자라야 현금인출 또는 타 계정으로의 이체가 가능하다.

〈표 4-2〉 현물환의 계약일과 결제일

구 분	요 일	비 고
계약일 (trade date)	월 화 수 목 금	공휴일이 있으면 value date는 순연됨.
결제일 (value date)	수 목 금 월 화	

외환시장은 범세계적 시장이므로 12시간의 시차를 극복하지 않으면 안 된다. 결제를 위해서는 적어도 하루의 시간은 할애하여 주어야 하며 또 지급지시와 자금이체와 같은 사무적 처리를 위해서 하루의 시간이 추가적으로 필요하다. 따라서 현물환거래가 결제되기 위해서는 2영업일이 필요한 것이다.

결제일자는 외환거래 당사국의 은행영업일(business day)이어야 한다. 외환거래에서는 두 개의 통화가 관련되므로 두 개의 나라가 당사국이 되는데 해당 통화국인 양국에서 모두 은행영업일이어야 한다.

spot value date의 예를 들면, 월요일에 외환거래를 계약하였다면 수요일이 결제일자가 된다. 화요일이면 목요일, 수요일이면 금요일, 목요일이면 다음 월요일에 결제가 이루어진다. 영국에서 수요일이 공휴일이면 월요일에 이루어지는 전 세계시장의 파운드 거래는 목요일이 결제일자가 된다. 그러나 영국에서 월요일에 미국 달러 및 싱가포르 달러를 매입하는 거래를 했을 경우에는 수요일이 영국에서는 공휴일이라 하더라도 현물환 결제일은 수요일이 된다. 왜냐 하면 미국과 싱가포르에서는 공휴일이 아니므로 자금이체가 가능하기 때문이다. 물론 자금이체는 영국 앞으로 이루어지는 것이 아니고 미국과 싱가포르에 소재하고 있는 영국은행이나 환거래은행 앞으로 이루어지므로 영국의 공휴일이 영향을 미치지 않는다.

15) 계약일(transation date)은 거래당사자간 거래금액, 만기, 계약통화 등 거래조건이 결정되는 일자를 말한다.

일반적으로 현물환거래라 하면 은행 간 거래나 거액의 대고객 거래에서는 spot거래로 처리된다. 거래를 요청할 경우 당일 또는 익일을 결제일자로 할 것을 요구할 수도 있다. 2영업일 이전에 현물환거래를 결제하는 것을 "pre-spot" 또는 "ante-spot"이라고 한다. 소액의 대고객 거래는 계약 후 제1영업일에 결제하는 value tomorrow 또는 계약당일에 결제하는 현금(cash)거래를 적용한다.

현물환거래는 하나의 통화와 다른 통화의 직접교환을 의미하므로 거래를 이행한다면 해당 통화표시의 자금이 이용되어야 한다. 예를 들면, 뉴욕의 A은행이 일본에 있는 B은행에 엔화 대가로 미 달러를 다음과 같이 매도키로 하였다고 하자.

- 계약일 : 2017년 10월 16일(월요일)
- 결제일 : 2017년 10월 18일(수요일)
- 환 율 : ￥100/$
- 금 액 : 1백만 달러

10월 18일 결제일에 B은행은 엔화자금 1억 엔을 일본 은행에 개설되어 있는 A은행 예금계정에 입금시키는 방법으로 지불하여야 하며, A은행은 백만 달러를 미국은행에 개설되어 있는 B은행 예금계정에 입금시키는 방법으로 지불함으로써 결제가 완료된다. 예외적으로 캐나다와 미국은 같은 시간대에 있으므로 제1영업일로 하는 것이 관례로 되어 있고 우리나라의 현물환거래는 당일(value today), 익일(value tomorrow), 익익일(spot value date)을 결제일자로 하고, 익익일 영업일로 관례화하려고 하고 있다.

2. 현물환율의 표시방법

1) 기준통화, 상대통화

환율은 기준통화(base currency)에 대한 상대통화(counter currency)의 비율이다. 즉 환율은 기준통화 1단위와 교환되는 상대통화의 수량을 말한다.

〈그림 4-1〉 은행간 시장[1]에서의 현물환거래 결제일 변천

1994년 10월 이전	당일결제(value today) 방식으로만 거래
1994년 11월	익영업일결제(value today) 방식 추가
1996년 2월 이후	익익영업일결제(value today) 방식 추가
2002년 8월 이후	익익영업일결제(value today) 방식으로 통일*
	*당일결제 및 익영업일결제 방식 폐지

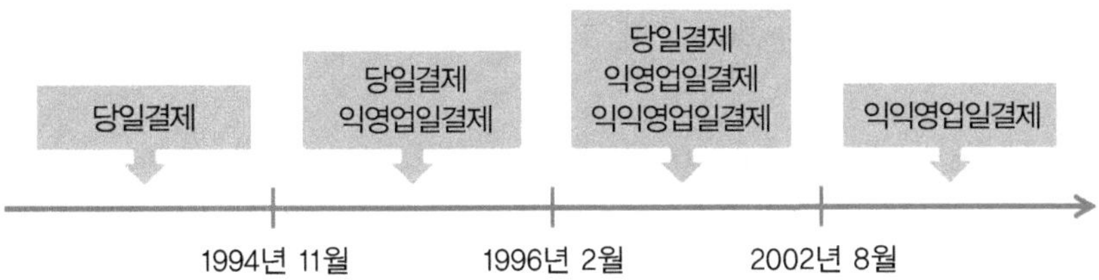

주 : 1) 중개회사 경유 은행간거래 기준
자료 : 한국은행, 2016.

일반적으로 기준통화로는 매개통화(vehicle currency)를 비롯한 주요 국제통화가 사용된다. 또한 기준통화는 "unit currency", "underlying currency", "quoted currency", "fixed currency"라고 부르며, 상대통화는 "terms currency", "variable currency"라고 부른다.

외환시장에서는 그림과 같이 일반적으로 환율을 표시함에 있어 기준통화를 먼저 쓰고 상대통화를 나중에 쓴다. 이러한 방식은 Reuters나 SWIFT에서 일반화되어 있다.

〈그림 4-2〉 환율표시방법

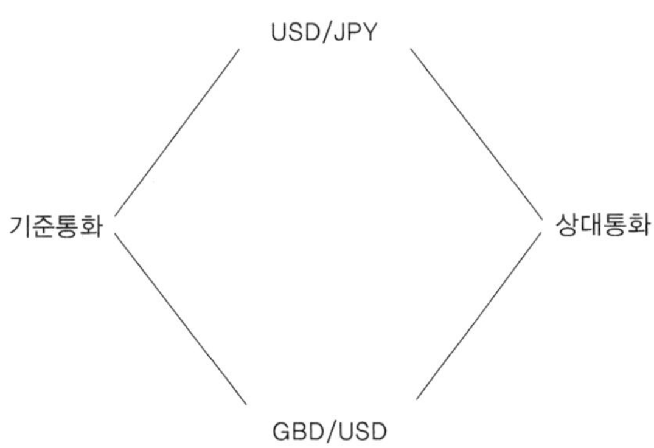

예를 들면, USD/JPY=100이면 기준통화 미 달러의 1단위에 대하여 100엔으로 교환된다는 것이다. GBP/USD=1.5310이면 기준통화 영국 1파운드에 대하여 미 달러 1.5310으로 교환된다는 뜻이다. 분수로 표시하면, 상대방통화는 분자가 되며, 기준통화는 분모가 된다. 분자가 커지면 기준통화의 가치가 높아지는 것이며 분자가 작아지면 반대로 기준통화의 가치가 약세가 된다. <그림 4-2>은 구두로 읽을 때는 USD/JPY를 “dollar-yen”이라고 하고 GBP/USD는 “sterling-dollar”라 한다.

2) 직접표시법, 간접표시법

현물환율의 표시방법은 직접표시법(direct quotation)과 간접표시법(indirect quotation)으로 구분된다. 직접표시법은 외국통화 1단위와 교환되는 자국통화의 수량을 표시하는 방법이다. 즉 외국통화를 기준통화로 하고 자국통화는 상대통화로 하여 환율을 표시한다. 예를 들면, 일본에서 USD/JPY=100이면 외국통화인 미화 1달러에 대하여 일본 엔화 ¥100을 지불한다는 뜻이다.

간접표시법은 자국통화 1단위와 교환되는 외국통화의 수량을 표시하는 방법이다. 즉 자국통화를 기준통화로 하고 외국통화를 상대통화로 하여 환율을 표시한다. 예를 들면, GBP/USD=1.6870이면 영국에서 자국통화 1스터링 파운드에 대하여 1.6870달러를 영수한다는 뜻이다.

이 방식은 영국 런던에서 전통적으로 사용되어왔다. 제1차 세계대전 이전에는 영국이 세계경제, 무역 및 금융의 중심이었으므로 영국 파운드(GBP)를 기준통화로 사용하는 것이 편리하였다. 간접표시법을 사용하는 다른 나라로는 뉴질랜드 달러(NZD), 호주 달러(AUD), EU의 유로(EUR)가 있다.

직접표시법과 간접표시법은 서로 역수의 관계에 있다.

USD/JPY=100

$$\text{JPY/USD}=\frac{1}{USD/JPY}=\frac{1}{100}=0.01$$

흔히 환율이 올랐다, 내렸다 하는 표현으로 통화가치의 등락을 표시한다. 어떤 통화의 가치가 높아지면 절상(appreciation)이라고 하고, 반대로 통화의 가치가 하락하면 절하(depreciation)라고 한다. 고정환율제도 하에서 공정환율을 조정할 때 자국통화의 가치를 높게 하면 평가절상(revaluation)이라 하고 반대로 자국통화의 가치를 떨어뜨리면 평가절하(devaluation)라 한다.

흔히 직접표시법은 유로피언 텀(European terms)이라고 하며, 간접표시법은 아메리칸 텀(American terms)이라고 부른다. 환율표시가 직접표시법이냐, 간접표시법이냐에 따라 환율이 오르고, 내리는 현상이 통화가치의 상승 또는 하락을 나타내는 뜻이 달라진다. 직접표시법에는 환율이 오르면 자국통화가치는 하락(depreciation)한 것이며, 환율이 내려가면 자국통화가치가 상승(appreciation)한 것이다. 간접표시법에서는 환율이 오르면 자국통화가치가 상승, 환율이 내려가면 자국통화가치가 하락한 것이다. 우리나라는 직접표시법에 의한다. 즉 외국통화 1단위에 대한 자국통화단위수의 방식으로 환율이 정해진다.

〈표 4-3〉 환율과 자국통화가치

	예시	환율	자국통화가치
직접표시법 (European terms)	USD/NOK=1.1350노르웨이 크로나 USD/JPY=100엔 USD/KRW=1,000원	인상	자국통화가치하락 또는 평가절하
		인하	자국통화가치상승 또는 평가절상
간접표시법 (American terms)	CHF/USD=1.1247달러 JPY/USD=0.009874달러 KRW/USD=0.001달러	인상	자국통화가치상승 또는 평가절상
		인하	자국통화가치하락 또는 평가절하

3) 매입률, 매도율

환율은 은행이 고시한다. 은행은 외환을 매입하는 동시에 매도함으로써 시장을 조성하는 자(market-maker)가 된다. 은행은 외환매입률(bid rate)과 매도율(offer rate)를 동시에 제시하는데 이를 “two-way quotation”이라 한다. 매입률은 매도율보다 낮은데 이로서 외환을 싸게 사서 비싸게 팔아(buy low, sell high) 외환매매이익을 얻기 위함이다. 외환매매율차는 매도율에서 매입률을 차감하여 계산하는데 이를 스프레드(spread)라 한다.

USD/CHF(Dollar-Swissy)=1.1446~94이면 스위스 프랑화대가로 미 달러 매입률은 1달러당 1.1446 스위스 프랑이고, 매도율은 미화 1달러당 1.1494 스위스 프랑임을 뜻한다. 스프레드는 1달러당 0.0048 스위스 프랑이 된다.

외환매입률과 매도율은 은행 측(market-maker)을 기준으로 한 것이므로 고객 측(market-taker)에서는 방향이 반대가 된다. USD/JPY의 경우 매입률은 은행측이 엔 대가로 미 달러를 매입할 때 적용되며, 매도율은 은행 측이 엔 대가로 미달러를 매도할 때 적용된다. 고객 측에서는 매매방향이 반대가 된다.

여기서 유의할 것은 직접표시법의 매입률은 간접표시법의 매도율이 되며, 직접표시법의 매도율은 간접표시법의 매입률이 된다는 사실이다. 간접표시법의 예를 들면 런던에서 GBP/USD=1.6850~60일 때 은행은 고객에게 1파운드를 $1.6850으로 달러를 매도하고, 고객의 1파운드에 대해서 $1.6860으로 달러를 매입한다는 것이다. 달러의 가치는 1파운드에 대해서 $1.6860인 경우가 $1.6850인 경우보다 낮다. 달러를 싸게 사서 비싸게 팔아야 한다. 우리나라에서는 직접표시법에 의하여 USD/KRW=1,200.30~18.20으로 표시한다.

〈표 4-4〉 현물환거래의 BID와 ASK

USD/JPY	은행측	고객측
bid	USD 매입 JPY 매도	USD 매도 JPY 매입
ask	USD 매도 JPY 매입	USD 매입 JPY 매도

4) 환율표의 구성

환율표기의 단위는 표시통화에 따라 다른데 일반적으로 실제 상거래에 사용되는 최소 화폐단위의 1/100까지 표시한다. 이때 이 1/100을 pip 또는 base point라고 한다. 흔히 환율고시에서 수시로 변하는 끝자리 숫자 2개를 pips라고 한다. 예컨대 유로화(EUR), 스위스 프랑화(CHF) 등의 환율은 소수점 4자리 숫자까지 표시하는 것이 국제 외환시장의 관례인데, 이때 소수점 3~4자리 숫자를 pips라고 하는 것이다. 또한 원화(KRW), 엔화(JPY)는 통화의 액면단위가 높으므로 소수점 2자리 숫자까지 환율을 표시하며 이때 pips는 1~2자리 숫자가 된다.

실제 환율고시에서는 매입률과 매도율의 끝자리 숫자 2개, 즉 pips를 제외한 나머지 공통부분을 생략하는 경우가 많다. 이때 생략된 공통부분을 big figure라고 한다. <그림 4-3>에서 big figure가 1.14가 되는데 때로는 소수점 둘째 숫자까지의 14를, 때로는 1.14 모두를 말할 때도 있다. 외환시장에 따라 관습이 다르다. big figure는 1일 중 거의 변하지 않으므로 딜러들은 pips의 변화에 유의한다.

〈그림 4-3〉 환율표시의 구성

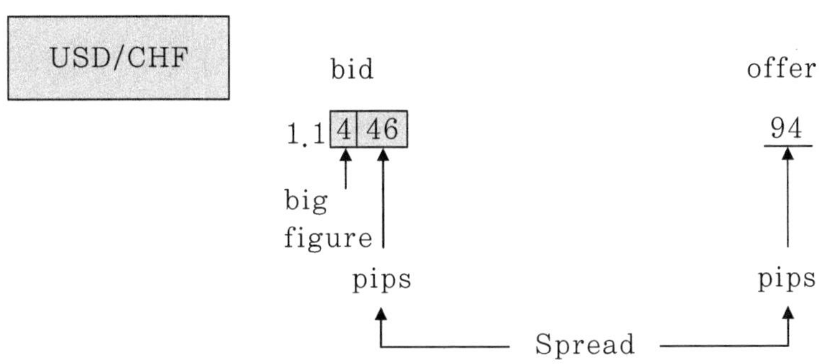

3. 매매율차이

매도환율과 매입환율의 격차를 스프레드(bid-asked spread)라고 한다. 매매환율의 격차는 외환거래를 수행하는데 수반되는 통신비, 인건비 등 실제 비용과 외환서비스를 제공함으로써 발생되는 수수료, 그리고 외환포지션의 변동에 따른 외환리스크를 반영한 것이다. 이와 같은 매매율차, 즉 스프레드는 딜러의 입장에서 보면 매매이익의 원천이 되며 고객의 입장에서는 거래비용의 성격을 띠고 있다. 비록 매매율차가 작은 숫자라 할지라도 은행간 거래에서는 외환거래규모가 상당하여 은행의 외환거래손익에 직접적인 영향을 미치는 요인이 되고 있다. 예컨대 미 달러화의 유로화에 대한 환율에서 스프레드가 5pips라고 가정할 때 1억 유로의 1회 매매거래에서 5만 달러(=€1억×0.005U$/€)의 매매이익을 실현하게 된다.

외화자금관리자의 입장에서 매매율차를 평가할 때에 유의해야 할 사항은 매매율차가 거래비용의 성격을 가지고 있는 만큼 환거래를 수반하는 투자전략 수립 시에 이들 스프레드의 크기를 충분히 고려하여야 한다는 점이다. 스프레드는 거래(시장)별로 다르다. 이를 살펴보면, 첫째, 소매외환시장과 도매외환시장에서의 차이가 다르다. 즉, 일반적으로 소액거래자들은 은행간 거래와 같은 도매거래에 비하여 외환을 비싸게 사고 싸게 판다. 둘째, 매매율 차이는 거래통화에 따라 다를 수 있다. 즉 거래가 활발한 달러-유로 또는 엔-달러 거래에서 가격차이는 상대적으로 작다. 셋째, 동일 통화간에도 은행에 따라 다르고 시장상황과 거래액에 따라 수시로 변동한다. 넷째, 보통 선물환거래에서 매매가격차이가 현물환거래보다 크며 만기가 길수록 커지게 된다. 마지막으로 전신화매매율은 어음매매율이나 현금매매율보다 가격 차이가 작다. 현금매매율은 현찰의 보관, 관리, 운반에 많은 비용이 지출되고 위험에 대한 노출도 크며 매매율 차이가 클 수밖에 없다.

4. 현물환거래의 동기

현물화의 거래동기는 크게 실수요 매매, 투기적(Speculative) 및 환리스크관리(hedging) 목적 등으로 나누어 볼 수 있다. 첫째, 실수요 매매 목적의 현물환거래는 기업, 개인 등 고객들이 수출입, 해외송금 및 해외투자 등에 따라 수취하거나 지급할 외환을 외국환은행에 매각하거나 외국환은행으로부터 매입하는 것을 말한다. 예를 들면 수출기업의 경우 일반적으로 미 달러화, 유로화 등으로 수출대금을 수취하므로 외국환은행에 외화(수출대금)를 매각하고 원화를 수취하게 된다. 이와 같이 고객들의 현물환거래는 대부분 실수요 매매 목적으로 이루어진다.

둘째, 투기적 목적의 거래는 미래의 환율에 대한 기대를 바탕으로 외환매매 차익을 추구하는 거래라고 볼 수 있다. 즉 환율상승이 예상되면 외환을 매입하고 환율하락이 예상되는 경우에는 외환을 매도한 후 반대거래를 통해 차익을 실현하는 것을 말한다. 그러나 외국환은행은 외환포지션 노출로 환리스크에 직면하므로 외환포지션을 대체로 중립(square position)으로 유

지하는 것이 일반적이다.16)

셋째, 현물환거래는 외국환은행의 환리스크 관리 목적, 즉 외환포지션을 조정하기 위한 목적으로도 이루어진다. 예를 들어 외국환은행은 고객과의 외환매매를 통해 매입초과 또는 매도초과 포지션이 발생하는데 매입초과시 은행간 시장에서의 외환매도를 통해, 매도초과시 은행간 시장에서의 외환매입을 통해 포지션 과부족을 조정함으로써 환리스크를 회피할 수 있다.

제3절 선물환거래

1. 선물환거래의 의의

선물환(forward) 거래란 결제일이 약정일로부터 세 번째 영업일 또는 그보다 더 이후가 되는 거래를 말한다. 선물환시장이란 외환의 매매계약은 지금 체결되지만 거래대금과 외환의 인수도는 약정한 일정 기간(가령 1개월, 2개월 혹은 3개월 후)이 경과한 다음에 이루어지는 시장을 말한다. 선물환거래의 계약은 거래당일에 이루어지지만 실제 자금의 결제는 미리 약정된 환율에 따라 장래 특정 시점 또는 일정 기간 내에 이루어지게 된다. 선물환거래의 만기일은 확정일방식(outright forward)이 사용되나 가끔 선택일방식(option forward)도 사용될 수 있다. 확정일방식은 만기일을 계약일에 확정하는 방법이고, 선택일방식은 계약체결시 만기일을 일정 기간만 정해 놓고 그 기간 중 특정한 날을 고객이 만기일로 지정하는 방식이다. 선택일방식은 거래상대방에게는 가장 불리한 환율을 제시할 것이기 때문에 차라리 결정일이 분명해질 때까지 기다려서 정상적인 선물환 계약을 하는 것이 유리하여 사용빈도가 적다.

16) 한국은행, 「한국의 외환제도와 외환시장」, 2016, pp.138-139.

선물환거래에는 스왑거래(swap transaction)와 아우트라이트거래(outright transaction)가 있다. 우선 스왑거래란 만기가 상이한 동액의 외국환을 동일 상대방과 동시에 매입, 매출하는 것을 말한다. 가령 B은행이 A은행에 대하여 5만 달러의 현물환을 매출할 때, 동시에 A은행에 대하여 5만 달러의 60일 선물환율을 매입한다. 이때 B은행은 현물환 매출, 선물환 매입, A은행은 현물환 매입, 선물환 매출을 행하는 게 된다.

그리고 C은행이 D은행에 대해 5만 달러의 60일 선물환 매출을 할 때 D은행으로부터 5만 달러의 90일 선물환을 매입했다면, 이 경우는 C은행과 D은행은 공히 선물환 매출, 선물환 매입을 행했는데 단지 서로 매매한 외국환의 만기가 다를 뿐이다. 따라서 스왑거래란 매출을 조건으로 매입, 혹은 매입을 조건으로 매출이 행해지는 외국환거래다. 이에 반해 아우트라이트거래는 매출 혹은 매입이 하나만 행해지는 선물환거래다. 즉 거래에 따른 매출과 매입의 조건이 붙지 않는 외국환거래이다.

〈그림 4-4〉 선물환계약의 구조

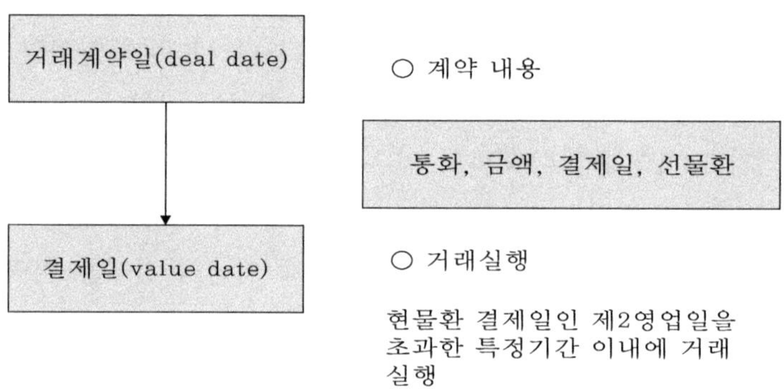

2. 선물환거래의 결제일

1) 표준결제일

선물환의 결제일(standard or even date)은 현물환 결제일(spot date)을 기준으로 산정한다. 예를 들면, 2017년 5월 10일에 선물환을 계약한다면 현물환 거래일자는 2017년 5월 12일이 되므로 1개월 선물환 일자는 5월 12일부터 기산하여 2017년 6월 12일이 된다. 여기에서 1개월이라 함은 특정 달의 날짜 수에 불구하고 만월(a full calendar month)을 기준으로 한다. 만약 선물환 일자가 해당통화국의 공휴일에 해당되면 다음날로 순연된다.

만약 그 기산일에 해당하는 날이 해당 월에 없을 경우에는 그 해당 월의 최종 영업일을 결제일로 하는데 이를 end-to-end 원칙이라 한다. 예를 들면, 1개월 선물환 결제일이 2월 29일에 해당되는데 그 해는 윤년이 아니어서 2월 28일이 말일이 된다면 2월 28일자로 선물환 결제일로 한다. 또한 1개월 선물환거래에서 5월 27일 계약을 체결하면 5월 29일부터 시작해서 6월 29일이 결제일이다. 이때 표준결제일(standard or even date)은 6월 29일인데 토요일에 해당되면 7월 1일로 순연하지 않고 하루 앞당겨서 6월 28일 금요일로 한다. 즉 월을 바꾸지 않는다.

〈표 4-5〉 표준 선물환 일자 산정방법(2020년 기준)

구 분	거래일자	비 고
계약일(오늘)	5월 11일(월요일)	
현물환결제일(spot date)	5월 15일(수요일)	
선물환 결제일 1개월 2개월 3개월 6개월	 6월 15일(월요일) 7월 13일(월요일) 8월 12일(수요일) 11월 12일(목요일)	

이와 같이 만월 기준으로 선물환 일자를 결정하는 방법을 표준선물환(standard forward)이라 하는데 외환시장에서 많이 사용되는 선물환거래 방식이다.

2) 비표준결제일

무역거래의 경우에는 선물환거래의 전제가 되는 무역의 결제가 확실히 언제 이루어질 것인지 불확실하다. 차관원리금을 지급하는 경우와 같이 결제일자가 확실한 경우에는 특정일을 선물환의 결제일로 하는 비표준결제일

(broken date or odd date)이 유용하다. 즉 고객이 원하는 특정 일자를 선물환결제일로 하는 방법이다. 즉 고객당사자 간의 협의에 의해 결제일을 지정하는 것이다. 예를 들면, 고객이 5월 1일에 계약하여 당사자간의 협의에 의해 차관원리금 지급일을 6월 27일 결제일로 정하는 경우이다.

3) 선택권부 결제일

선물환 거래결제일이 특정일로 정해져 있지 아니하고 일정 기간 내에 언제든지 결제가 가능하도록 약정하는 결제방법이다.

3. 선물환거래의 동기

1) 환리스크의 회피

선물환거래일과 선물환 결제일 사이에 시차가 존재함으로써 환율이 변동하여 초래되는 환리스크를 회피하기 위해 선물환거래를 행할 수 있다.

예를 들면, 한국의 A수입상은 미국의 B수출상으로부터 기계류를 수입하기로 하고 결제대금은 3개월 후 미 달러화로 지급하기로 하였다. A수입상은 결제대금을 마련하기 위하여 은행에서 3개월 만기 미 달러 선물환매입계약(미화 1달러당 1,200원)을 체결하였다. 실제 3개월 후에 미 달러화의 현재가치가 1달러당 1,250원으로 상승하더라도 미 달러화의 가치와 상관없이 A수입상은 3개월 전에 체결한 1달러당 1,200원으로 달러를 매입함으로써 3개월 동안 달러가치의 변동으로 인한 환리스크를 회피할 수 있다.

2) 환차익의 극대화

환차익의 극대화를 위한 환투기수단으로 사용될 수 있다.

예를 들면, 현재 한국의 외환시장에서 1달러당 1,200원으로 고시된 상황에서 원화보유자는 3개월 후 현물시장에서 환율이 상승(원화가치가 절하, 1달러당 1,250원)될 것으로 예상하였다. 원화보유자 A는 본인의 외환시장에서의 환율변동에 대한 예측치를 신뢰하여 환차익을 극대화하기 위하여 원화를 대가로 3개월 미 달러화 선물환 매입계약을 체결하였다. 실제 3개월 후에 1달러당 1,250원으로 환율이 결제되었다면 원화보유자인 A는 원화를 외환시장에서 3개월 전에 체결한 미 달러화 선물환 매입계약에 따라 원화를 1달러당 1,200원에 매각하고 수령한 미 달러화를 현물시장에서 형성된 1달러당 1,250원의 환율에 따라 원화를 다시 매입한다면 원화보유자인 A는 1달러당 50원의 환차익을 얻을 수 있다. 그러나 반대의 결과 즉, 본인의 환율 변동 예측치와 반대로 1달러당 1,200원 아래로 고시된다면 원화보유자 A는 환차손을 볼 수 있다.

3) 환포지션의 조정

환 포지션을 조정하기 위해 선물환거래를 할 수 있다.

예를 들면, A기업은 엔화자금은 여유 있게 보유하고 있지만 미 달러화자금은 부족하였다. A기업은 현재는 엔화자금이 풍부하지만 미래에 엔화자금 수요가 증가할 것으로 예상하거나 가까운 시일 내에 엔화가치가 절상될 것으로 예상하여 엔화를 미래에 계속 보유할 필요가 있었다. A기업은 현물환시장에서 엔화를 대가로 미 달러화를 매입하여 필요한 달러자금의 수요를 충족시키고 동시에 엔화자금의 수요일에 맞추어 미 달러화를 대가로 엔화 선물환 재매입계약을 체결함으로써 미래에 필요한 엔화자금을 환 리스크 및 즉시 자금결제 부담 없이 다시 확보할 수 있다.

4. 차액결제 선물환거래

1) 차액결제선물환거래의 의의

차액결제선물환(non-deliverable forward: NDF)거래란 선물환거래의 일종으로 일반적인 선물환거래가 만기일(value date)에 계약된 두 통화를 선물환율로 상호교환(delivery)하는 것과는 달리, 계약 당시의 선물환율(계약환율)과 만기일의 실제 환율(현물환율)과의 차이만큼을 특정 통화(통상 미 달러화)로 정산하는 선물환계약을 말한다. NDF의 만기는 제3영업일 이상 가능하지만 주로 기간이 정해진(1개월~3년) 형태로 이루어지고 있다. 건별 거래금액에는 제한이 없고 1백만 달러의 거래가 일반적이다.

또한 NDF거래는 차액만을 결제하므로 계약 상대방간의 신용위험(credit risk)과 결제위험(settlement risk)이 일반적인 선물환거래에 비해 상대적으로 적고, 결제통화로 미 달러화를 사용하므로 대상국의 통화가 국제적으로 널리 통용되지 않는 아시아 통화들의 경우 역외시장에서 거래가 형성된다. 그리고 적은 금액으로 거래가 가능하므로 레버리지(leverage) 효과가 크다. 즉 차입금 등 타인자본을 지렛대로 삼아 자기자본이익률을 높이는 것이 레버리지(지렛대효과)효과다. 엄밀한 의미에서 보면 NDF거래와 역외선물환은 서로 다른 개념이지만, 원화의 경우 역외시장에서 거래되는 선물환거래로는 NDF시장이 거의 유일하므로 흔히 원화의 NDF거래를 역외선물환거래라 칭하기도 한다.

2) 아시아 NDF시장의 거래의 특징 및 주요 참가자

아시아 NDF시장은 1995년경 홍콩과 싱가포르의 외환딜러들에 의해 형성되어 현재는 주요 아시아 통화에 대하여 널리 거래가 형성되고 있다.

NDF거래의 만기는 1주일부터 5년까지 통화별로 다양하지만 만기 1개월물을 중심으로 1년 이내의 단기물이 주로 거래되고 있다. NDF시장의 거래규모도 통화별로 다르나 원화 NDF거래의 규모가 아시아권 통화 중에서는 가장 큰 편이다.

원화와 미 달러간 NDF는 1996년 홍콩, 싱가포르 등 역외시장에서 Prebon Yamane사를 비롯한 일부 중개회사를 중심으로 비거주간에 거래가 시작되었다. 당시 거래규모가 일평균 2억$ 내외로 추정되며, 1999년 4월 외환자유화 조치로 국내 외국환 은행과 비거주자간 NDF 거래가 허용된 이후 역외 NDF 거래량은 크게 늘어나고 있다.

따라서 지금은 국내 외환시장이 종료된 이후에도 런던과 뉴욕의 외환시장에서 NDF거래가 형성되어 원화의 국제화에 대비한 원화의 거래유동성 확보와 환율결정 메커니즘 형성이란 관점에서 매우 유용한 시장으로 자리잡아 가고 있다. 일부에서는 NDF시장에서 형성된 환율이 국내 시장의 환율 결정에 결정적인 선행역할을 하고 있는 것으로 생각하고 있으나, 원화의 국제화가 아직 이루어지지 않은 상황에서 투기적 거래 양상이 강한 NDF시장의 역할을 지나치게 강조하는 것은 바람직하지 않다고 하겠다.

〈표 4-6〉 NDF 및 현물환 거래량[1]

(억 달러, %)

	2010	2011	2012	2013	2014	2015		
						1/4	2/4	3/4
NDF 거래량[2]	54.4	61.3	54.6	55.7	62.3	70.3	62.9	80.7
현물환 거래량[3]	76.6	90.6	91.2	83.1	88.0	106.4	120.6	105.9
A/B	71.0	67.7	59.9	67.0	70.8	66.1	52.2	76.2

주 : 1) 일평균 기준　2) 국내 외국환은행과 비거주자간의 거래 기준

3) 외국환중개회사를 통한 은행간거래 기준

자료 : 한국은행, 2016.

3) 비거주자의 NDF 거래동기

NDF시장에 참가하는 은행들의 거래동기를 살펴보면 비거주자와 거주자의 입장에 따라 다소 차이가 있다. 비거주자인 외국인들이 NDF거래에 참여하는 이유를 정리하면 다음과 같다.

(1) 국내 규정(regulation)상 제약

현재 국내 외국환 관련 규정에 의하면 외국인이 원화를 소유할 수 있는 경우는 크게 두 가지 경우가 있다. 하나는 정부의 허가를 받아 국내기업에 투자하는 직접투자(direct investment)의 경우이고, 다른 하나는 국내 증권시장에 외국인 투자자등록을 하고 국내 주식이나 채권에 투자하는 경우이다. 따라서 투기적 목적으로 원화를 소유하려는 외국인이라면 NDF시장을 이용할 수밖에 없다.

(2) 국가위험(sovereign risk) 및 신용위험(credit risk)

일부의 외국인 입장에서는 1997년 말 외환위기 이후 국내 기관들과 원화를 상대로 외환거래를 계약한다는 것이 과거보다는 위험한 거래행위로 간주되고 있다. 따라서 이들 기관은 NDF시장에서 국가위험이 없는 국가의 거래상대방이 원화 관련 선물환거래를 할 경우 만기 결제는 외화(U$)로 결제하도록 하여 국가위험 및 신용위험을 회피하고 있다.

(3) 유동성(liquidity)문제

국내에 직접 투자하거나 증권투자를 하고 있는 외국인들이 투자된 원금에 대한 자본금 헤지(capital hedge)를 하고자 하는 경우 국내(onshore) 선물환시장의 유동성이 부족하여 곤란을 겪는 경우가 간혹 발생하는데 이를 대체하는 수단으로 NDF시장이 이용된다.

(4) 레버리지 효과 (leverage effect)

투기목적의 거래를 원하는 외국인들의 경우 NDF거래를 이용하면 만기 결제 시 원금의 부담 없이 차액만 결제하게 되는 거래의 편의성 때문에 투자금액 대비 수익이 크게 증가할 수 있다.

4) 거주자의 NDF 거래동기

국내의 은행이나 기업 등 거주자 입장에서 NDF시장을 이용하는 거래동기를 정리하면 아래와 같다.

(1) 재정(arbitrage)거래

국내 선물환시장(onshore forward market)과 역외(offshore) NDF시장 간 가격 차이가 발생하는 경우 차익을 확보하기 위한 재정거래가 가능하다. 또한 NDF시장의 선물환 가격과 단기 자금시장(money market)에서의 달러화 및 원화의 금리차간에 재정거래기회가 발생하는 경우 금리재정거래(covered interest arbitrage)가 가능할 수도 있다.

(2) 국내시장 외환 딜링에 활용

국내 은행들이 달러화와 원화 간 투기적 이익을 위해 트레이딩을 하는 경우 NDF거래가 도움이 되기도 한다. 즉 NDF거래를 통하는 경우 자신의 거래행위나 외환 포지션(position) 상황이 국내시장에서의 거래보다 적게 노출되기 때문에 트레이딩 전략상 유리한 면이 있다. 또한 역외 NDF시장에서의 환율 움직임이 국내시장의 외화 수급에 직접적인 영향을 주기 때문에 국내 시장의 환율 움직임을 예측하는데 직접 활용된다.

(3) 유동성(liquidity)문제

국내의 은행이나 기업들이 선물환거래를 통해 환위험을 헤지하려고 하는 경우 간혹 국내 선물환시장의 유동성 부족으로 어려움을 겪기도 하며 이때 NDF시장은 거래성사에 큰 도움이 되기도 한다.

5) NDF거래 메카니즘

NDF거래 메카니즘은 만기에 현물을 인수도 하지 않고 계약 환율과 지정환율(fixing rate) 간의 차액만 결제한다는 점을 제외하고는 가격고시 방법, 결제일 결정 방법 등 기본 거래조건 등에서 일반 선물환거래와 동일하다.

제5장
환율, 물가, 금리의 기초이론

제1절 환율, 물가, 금리간의 관계

제2절 외환시장의 효율성

제1절 환율, 물가, 금리간의 관계

국제적인 거래를 하는 데 있어서 가장 많이 활용되고 있는 기본이론이 바로 환율, 금리 및 물가의 관계이론이다. 여기에는 구매력평가(purchasing power parity), 피셔효과(Fisher effect), 국제피셔효과(international Fisher effect), 금리평가(interest rate parity), 기대이론(expectation theory) 등이 있다.

간단히 말해 환율과 물가간의 관계는 구매력평가에 의해서, 물가와 금리와의 관계는 피셔효과에 의해서, 그리고 환율과 금리와의 관계는 금리평가와 국제피셔효과에 의해서 설명할 수 있다.

여기서 재미있는 사실은 이 다섯 가지 이론들이 서로 연결되어 있어 어느 하나가 성립하지 않으면 나머지 이론들도 성립하지 않는다는 점이다. 이 이론들은 현재 통용되는 모든 국제금융거래기법의 이론적 기초가 된다. 따라서 환율, 금리, 물가 관계이론을 이해하기 위해서는 각각의 이론들을 개별적으로 알기보다 서로 연결해서 상호 연관성을 고찰하는 것이 필요하다.

1. 기본가정

환율, 물가 및 금리간의 관계이론은 논의를 간단히 하기 위해 다음과 같은 기본 가정들을 전제로 한다. 첫째, 상품시장의 완전성(perfect goods market)이다. 즉, 상품시장이 완전하여 국제간의 상품이동이 자유롭고, 즉각적이며, 운반비나 관세 등의 비용부담이 존재하지 않는다. 둘째, 금융시장의 완전성(perfect financial market)이다. 즉, 금융시장과 자본시장이 완전하여, 자금과 외환의 국제적 이전에 대한 규제가 없고 거래비용과 세금이 없다. 셋째, 단일의 동질 소비재(a single homogeneous consumption goods)가 존재한다. 즉, 누구에게나 공통된 하나의 유일한 소비재만 존재한다. 넷째, 완전확실성(perfect certainty)이다. 즉, 미래에 대한 불확실성은 존재하지 않는다.

물론 여기서 가정하고 있는 것은 물가상승률, 금리 및 환율과의 관계설명에서 화폐는 일단 중립적이라는 점, 즉 화폐는 실질변수들에 별다른 영향을 주지 않는다는 것이다. 하지만 현실세계에서는 위에서 설명한 가정은 거의 존재하지 않으며, 그렇다고 해서 그러한 이상세계와 크게 동떨어져 있지도 않다. 이에 따라 하나의 이상향을 전제로 물가, 금리 및 환율과의 관계 규명을 쉽게 하고자는 뜻에서 그렇게 가정하고 있을 뿐이다.

이제, 아래의 각 항에서는 위 가정을 전제로 각 평가관계를 먼저 설명하고, 다음에 현실세계에서의 실증적인 유효성 및 한계 등에 관해서도 간단히 살펴보기로 한다.

2. 구매력평가설

1) 일물일가의 법칙

구매력평가설(purchasing power parity : PPP)의 기본은 일물일가(一物一價)의 법칙에서 출발한다. 즉 재화시장의 완전경쟁을 전제로 할 경우 동일한 품질의 재화라면 어느 국가의 시장이든 가격이 같아야 한다는 주장이다. 따라서 일물일가의 법칙은 다음과 같이 표현된다.

$$P = S \cdot P^* \tag{5.1}$$

S : 자국통화표시 환율
P : 특정상품의 국내가격
P^* : 그 상품의 외국에서의 외국통화 표시가격

일물일가의 법칙은 자유롭고 완전한 국제적 상품재정거래를 통하여 이루어진다. 국제적 상품재정거래란 양 국가 간에 있어서의 특정 상품의 가격차이가 운송비 및 기타 거래비용의 합계보다 더 클 때 가격이 낮은 나라에서 그 특정 상품을 매입하고 가격이 높은 나라에서 매도하여 이익을 취하는 것을 말한다. 만약, 운송비 및 기타 거래비용이 무시할 수 있을 정도로 적다면 국제적 상품재정거래는 일물일가의 법칙이 성립할 때까지 계속될 것이다. 예를 들면, 운송비 및 기타 거래비용이 무시할 수 있을 정도로 적은 경우에 서울에서의 사과 1개의 값이 도쿄에서의 사과 1개의 값과 크게 차이가 나지 않게 된다는 것이다.

실제 환율이 일물일가의 법칙으로부터 괴리되는 현상은 다음과 같은 경우에 주로 발생한다. 첫째, 운송비를 포함한 거래비용이 높은 경우, 둘째, 관세 등의 무역장벽이 높은 경우, 셋째, 제품차별화의 정도가 높은 경우, 넷째, 상품이 비교역재(non-tradable)인 경우 등을 들 수 있다.

2) 절대적 구매력평가설

구매력평가설은 절대적 구매력평가설(absolute PPP)과 상대적 구매력평가설(relative PPP)로 구분되는데, 전자는 절대적 물가수준이, 후자는 상대적 물가수준의 변동이 각각 환율에 반영된다는 이론이다.

절대적 구매력평가설은 일물일가의 법칙을 하나의 상품가격뿐만 아니라, 전체적인 물가수준을 적용시킨 것이다. 즉, 절대적 구매력평가설이란 국내물가와 외국물가수준의 비율이 양국 간의 균형 환율에 반영되어야 한다는 이론으로, 이러한 관계를 식으로 표시하면 다음과 같다.

$$P = S \cdot P^* \text{ 또는 } S = \frac{P}{P^*} \tag{5.2}$$

S : 자국통화표시 환율

P : 자국의 물가수준

P^* : 그 상품의 외국에서의 외국통화 표시가격

절대적 구매력평가를 나타내는 식(5.2)는 결국 양국 간의 실질환율이 1이라는 것을 의미한다.

$$q = \frac{S \cdot P^*}{P} = 1$$

절대적 구매력평가설에서 국내물가와 외국 물가는 사실 동일상품이 동일 비율로 구성되어 있는 소위 동일상품바스켓의 가격이어야 하며, 이럴 경우 구매력평가설은 일물일가의 법칙과 동일하게 된다. 그러나 이 이론이 현실적으로는 적용하기 어려운데, 그 이유는 다음과 같다. 즉 국가 간의 교역에는 수송비에서부터 관세 및 비관세장벽처럼 재화이동을 제약하는 요소들이 많을 뿐만 아니라, 국내물가 바스켓과 외국물가 바스켓의 내용과 구성에 있어서도 각기 다른 경우가 많기 때문이다.

3) 상대적 구매력평가설

현실적으로 구매력평가는 P와 SP^* 사이에 일정한 관계가 존재한다는, 즉 실질환율이 꼭 1이 아니더라도 상수라는, 이른바 상대적 구매력평가설로 완화되어 나타난다.

$$q = \frac{S \cdot P^*}{P} = c \qquad (5.3)$$

단, c는 상수

상대적 구매력 평가는 위 식의 양변에 로그를 취하고 전미분하여 얻어지는 다음 식으로 표현된다.

$$\frac{dS}{S} + \frac{dP^*}{P^*} - \frac{dP}{P} = 0 \text{ 또는 } \frac{dS}{S} = \frac{dP}{P} - \frac{dP^*}{P^*} \qquad (5.4)$$

환율의 변동률을 S, 자국과 외국의 물가상승률을 각각 π, π^*라고 표현하면,

$$S = \pi - \pi^* \qquad (5.5)$$

결국 상대적 구매력평가설이란 환율의 변동률은 양국의 물가상승률의 차이와 같게 된다는 주장이다.

〈그림 5-1〉 구매력평가설

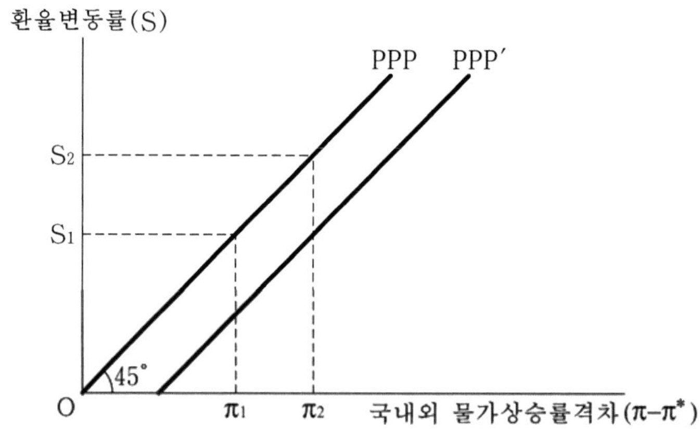

이와 같은 관계를 <그림 5-1>에서 설명해 보면 횡축은 국내·외 물가상승률의 격차를, 종축은 환율변동률을 나타내고 있는데, 이때 구매력평가선은 원점을 지나는 45°선으로 나타난다. 여기서 국내·외 물가상승률의 격차가 π_1과 π_2인 경우 균형 환율은 각각 S_1과 S_2가 된다.

지금 여타 조건이 일정한 경우 국내·외 물가상승률의 차이가 π_1에서 π_2로 상승하였다면 이는 국내물가가 해외물가보다 빠른 속도로 상승하였음을 의미하며, 이때 균형 환율(자국통화표시환율)은 S_1에서 S_2로 이동하여 자국통화가 평가절하 되었음을 의미하게 된다.

한편, 구매력평가선 PPP는 상대 물가의 변동이 없을 경우에도 구조적 또는 기술적 요인에 의하여 상하로 이동할 수 있다. 즉, 구매력평가선은 기술혁신에 의한 생산성 제고, 원유 등 새로운 자원의 발굴 및 생산, 관세 등 교역정책의 변화 그리고 독자적 자본 유출입 및 국내·외 금융자산에 대한 수요변화 등에 의하여 독자적으로 상하로 이동(가령 PPP→PPP')하게 된다.

4) 구매력 평가설의 검정

구매력평가이론은 현실적으로 성립하기 어렵다. 그것은 기술진보 등과 같은 구조적인 요인에 의해서도 상대가격이 변동할 뿐만 아니라 상품시장과 외환시장에서 가격조정 메커니즘이 상이하기 때문이다. 이를 구체적으로 살펴보면 다음과 같다. 첫째, 외환시장에서 환율변동은 미래 사태에 대한 시장기대(market expectations)에 큰 영향을 받는 반면, 물가변동은 과거나 현재의 수급상황 또는 과거의 기존 거래계약에 상대적으로 큰 영향을 받기 때문이다. 둘째, 교역상품과 비 교역 상품간의 생산성 및 기술격차의 확대나 실물부문의 구조변동이 상대 물가의 변동을 초래하게 된다. 셋째, 독자적인 자본이동이나 경상수지의 변화가 환율에 영향을 주게 된다. 넷째, 상품시장과 외환시장에서의 가격이 균형가격에 접근하는 데는 양 시장간의 조정시차(time lag)가 존재한다. 즉, 상품시장의 가격조정은 생산시설의 조정이나 재정거래의 제약성 등으로 인하여 균형가격으로의 접근속도가 상대적으로 느린 특징을 갖고 있다. 반면 외환시장에서 환율변동은 단기적으로 각종 정보에 민감할 뿐만 아니라 일부 투기적 요인도 가세하여 높은 가변성(volatility)을 보임으로써 상품시장의 수급에 기초한 균형 환율로부터 오버슈팅(overshooting)[17]되는 경향이 있다.[18]

그럼에도 불구하고, 구매력평가설은 환율의 장기적인 균형상태를 나타내고 있으므로 장기적인 환율의 예측수단으로 이용될 수 있다. 즉, 구매력평가를 나타내는 식(5.4)를 이용하면 환율의 기대변동률은 다음과 같이 나타낼 수 있다.

$$E(S) = \pi^{e} - \pi^{e^*} \tag{5.6}$$

여기서,

$$E(S) = \frac{E(S_T) - S_t}{S_t}$$

$$\pi^{e} = \frac{E(P_T) - P_t}{P_t}$$

$$\pi^{e^*} = \frac{E(P_T^*) - P_t^*}{P_t^*}$$

---

17) 오버슈팅(overshooting)현상은 상품이나 금융자산의 시장가격이 일시적으로 장기균형가격에서 이탈하거나 또는 단기균형가격의 변동이 장기균형가격의 변동보다 크게 나타나는 현상을 말한다.

18) 이강남, 「국제금융론」, 법문사, 2006, pp.44-48.

식(5.6)에서 $E(S)$는 t시점과 미래 T시점간의 환율의 기대변동률을 의미하며 π^e와 π^{e*}는 각각 자국과 외국의 t시점과 미래 T시점 간 예상물가상승률을 의미한다.

3. 피셔효과

피셔(Irving Fisher)는 자신의 논문 “Appreciation and Interest”(1896)에서 명목이자율과 실질이자율 및 예상물가상승률과의 관계를 제시하고 있다. 예컨대 투자자의 입장에서는 명목이자율이 물가수준의 예상증가율을 보상할 수 있을 정도로 충분히 높을 때에만 금융자산을 소유하려고 할 것이라는 이야기다.

$$(1+R)=(1+r)(1+\pi^e) \tag{5.7}$$

$$R=r+\pi^e+(r\times\pi^e)\fallingdotseq r+\pi^e \tag{5.8}$$

단, R=명목금리
r=실질금리
π^e=예상물가상승률(만기까지의 기대인플레이션율)

가령 물가상승률이 5%로 예상될 때 어떤 투자자(또는 자금의 공급자)가 7%의 명목금리를 받고 투자(대출)했다면, 실질금리는 단지 2%에 불과하다. 투자자로서는 원금보다 7% 이상의 금액을 받기는 하나, 투자기간동안 상품과 용역의 가격이 상승한 탓으로 실질적인 구매력의 증가는 단지 2%에 불과하게 된다. 결국 실질금리란 부(富)의 순증가, 또는 실제로 구매력이 늘어나는 부분이라 하겠다.

또한, 국가 간에도 피셔효과(Fisher Effect)가 성립될 수 있다. 즉 여기서 완전자본시장을 전제로 할 때 만약 두 나라의 실질금리에 차이가 있다면 재정거래가 이루어져 실질금리가 낮은 나라에서 높은 국가로 자금이 이동하면서 투자가 집중될 것이다. 결국 실질금리의 차이는 소멸될 것이고, 그 결과 실질금리의 수준이 국제적으로 동일하게 될 것이다.

한편, 식(5.8)을 통해 자국과 외국의 경우를 동시에 표시해 보면 다음과 같다.

$$R = r + \pi^{e} \qquad (\text{자국}) \tag{5.9}$$

$$R^{*} = r^{*} + \pi^{e*} \qquad (\text{외국}) \tag{5.10}$$

여기서 r과 r^{*}는 동일하므로, 두 식의 차이는

$$R - R^{*} = \pi^{e} - \pi^{e*} \tag{5.11}$$

로 표시할 수 있겠다.

요약해서 정리하면, 실질금리가 차이가 있다면, 이는 국가 간 자본이동을 유발하게 된다. 이러한 국제자본이동은 실질금리가 높은 국가로 집중되므로, 이 국가는 자본이 상대적으로 풍부해져 실질금리가 하락하게 된다. 반면, 실질금리가 낮은 국가에서는 자본이 유출되어 상대적으로 자본이 부족하게 되어 실질금리는 상승하게 된다. 국가 간에 실질금리가 동일하게 되면, 이러한 재정거래 혹은 실질금리차를 이용한 국제간 자본이동은 중단된다.

그리고 실질금리란 통상 국제적으로 안정적이고 동일하며, 국가 간의 (명목)금리 차이는 기본적으로 각국의 예상물가상승률의 차이 때문에 발생하게 된다는 것이 피셔효과의 골자다.

4. 국제피셔효과

국제피셔효과(International Fisher Effect)란 양국 간의 금리격차와 환율의 기대변동률과의 관계를 설명하는 것이다. 즉 국제피셔효과는 양국 간 명목금리의 격차가 환율의 기대변동률과 동일하다는 것을 표시하고 있다. 한편 국제피셔효과의 식은 피셔효과의 식에 구매력평가이론의 식을 대입해서 얻을 수 있다. 앞서 제시한 피셔효과에서,

$$R - R^{*} = \pi^{e} - \pi^{e*} \tag{5.12}$$

그리고 구매력평가이론의 식에서

$$\frac{E(S_T) - S_t}{S_t} = \pi^{e} - \pi^{e*} = E(\dot{S}) \tag{5.13}$$

여기서 $E(S_T)$는 T시점에서의 환율의 기대변동률이며, (5.12)와 (5.13)의 두 식으로부터 다음과 같은 함수식을 도출할 수 있다.

$$\frac{E(S_T) - S_t}{S_t} = R - R^{*} \tag{5.14}$$

이것이 소위 국제피셔효과를 정의하는 식이다. 즉 국제피셔효과에 의하면 예상되는 현물환율의 변동률은 양국 간의 명목이자율 차이와 같다는 것이다. 이는 서로 다른 통화로 표시된 동일한 종류의 채권에 투자하는 경우, 투자자들이 가치하락이 예상되는 채권에 투자하기 위해서는 그 통화가치 하락에 따른 손실을 상쇄시킬 수 있을 만큼 명목금리가 충분히 높아야 한다는 것을 의미한다.

국제피셔효과에 의하면 금리가 높은 자국통화채권과 외국통화채권과의 금리격차가 일정 시점에서 3% 포인트에 달할 경우 자국통화는 향후 3% 정도 평가가 절하될 것으로 보는 것이다. 이처럼 투자가로서는 장래 평가절하가 예상되는 통화표시채권에 투자할 경우에 동 채권의 금리는 타국통화표시 채권의 금리보다 환율절하 기대 폭만큼 높아야만 예상되는 환차손을 금리차익으로 보상할 수 있기 때문이다.

이를 좀 더 구체적으로 살펴보면 지금 미국의 물가는 일정하다고 가정하고 한국의 물가가 연간 5% 상승할 것으로 예상되는 경우 투자가는 구매력평가이론에 따라 미 달러화가 원화에 대하여 연간 5% 절상될 것으로 기대하게 된다. 이때 1년 만기의 원화 정기예금금리가 동일만기의 달러화 정기예금금리보다 3%만 높다고 한다면 이 경우에는 원화보유에 따른 환차손을 금리차로 보상받을 수 없기 때문에 원화자금을 달러예금으로 전환·예치하게 된다. 이러한 과정에서 달러화 예금금리는 달러화예금의 증대로 인하여 하락하고 대신 원화 예금금리는 원화예금감소로 인하여 상승하게 된다. 이때 양국 간의 예금금리차가 환율의 기대변동률과 일치하는 시점에서 두 자산 간의 대체거래(재정거래)는 정지되어 국제피셔효과가 성립하게 된다.

한편 <그림 5-2>는 국제피셔효과를 설명한 것인데, 횡축은 환율의 기대변동률 $E(\dot{S})$를, 종축은 양국 간의 금리차를 표시하고 있는데, 이때 국제피셔효과는 원점을 지나는 45˚선인 직선(F_t)이 된다.

〈그림 5-2〉 국제피셔효과

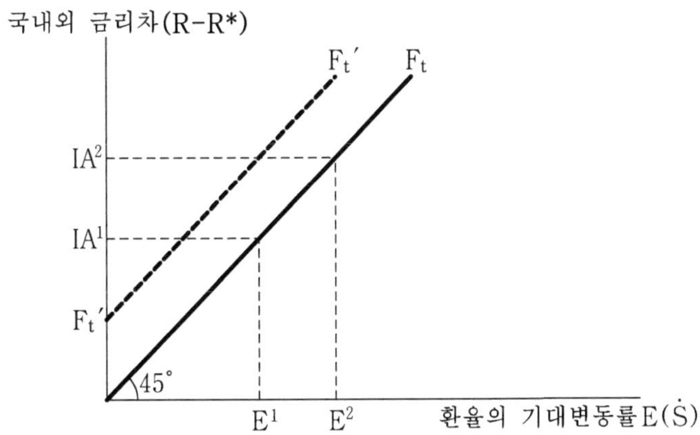

지금 일정만기 증권의 국내금리(R)가 해외금리(R^*)를 상회하는 상태에서 그 격차가 (IA_1)에서 (IA_2)로 확대되면 동 기간 중 환율의 예상변동률은 E_1에서 E_2로 되어 결국 국내통화가 ($E_1 - E_2$)폭만큼 평가 절하될 것으로 기대하게 된다.

그리고 투자가가 양국 간의 금리 차 이외에 예컨대 투자소득에 대한 세율상의 차등요인 등으로 특정통화를 계속 선호(또는 기피)하게 된다면 <그림 5-2>에서와 같이 국제피셔효과 직선은 F_t로부터 F_t'로 이탈하게 된다.

한편, 국제피셔효과를 이해함에 있어서는 다음과 같은 점에 유의해야 한다. 첫째, 국제피셔효과에 의한 거래는 기본적으로 커버되지 않은(uncovered)

거래의 성격을 갖고 있다. 왜냐하면 국내·외 금리 차에 의한 환율의 기대변동률과 일정 시점 후의 실제로 실현된 환율변동률과는 통상 격차가 존재하기 때문이다. 둘째, 투자가들이 특정 통화의 안전성이나 조세상의 이점 등으로 인하여 특정 통화를 선호하는 경우에는 국제피셔효과가 성립할 수 없으며, 이때 양국 간의 금리 차이와 환율변동률 간에는 지속적인 이탈현상이 초래될 수 있다. 셋째, 고정환율제도하에서는 양국 간 금리 차이의 변동이 환율변동에 반영되는 데는 일정한 시차가 존재한다.

5. 금리평가설

구매력평가설(IRP; Interest Rate Parity Theorem)이 재화시장에서의 일물일가법칙을 가정하고 있는네 비해, 금리평가설은 금융시장에서의 일물일가의 법칙, 즉 동일한 금융상품의 가격은 완전한 금융시장을 전제할 때 국제적으로 금리(금융상품의 가격)가 같아진다는 이론이다. 한편 동일한 금융상품이란 위험의 크기, 만기, (환율을 조정한) 수익률 그리고 유동성이 동질적임을 의미한다. 만약, 동일한 금융상품의 가격이 국가 간에 다르다면 재정거래가 일어날 것이며, 그 결과 금융상품의 가격과 환율이 변화될 것이고 더 이상 재정이익이 발생하지 않는 시점이 되면 균형에 도달하게 된다는 것이다.

예컨대 어떤 투자자가 자국통화표시의 자산에 투자할 것인가, 아니면 동일한 외국통화표시의 자산에 투자할 것인가를 결정하기 위해 두 경우의 수익성을 비교한다고 하자. 그리고 이 투자자는 해외자산과 국내 자산 간에 특별한 선호를 가지고 있지 않아 둘이 서로 완전히 대체될 수 있는 경우를 가정한다.

가령 자금을 국내통화표시로 투자할 경우 그 수익률은 투자기간 후의 원리금에 의해 결정된다. 외국 통화표시로 투자할 때의 수익률은, 자금을 현물환시장에서 외국통화로 바꾸어 투자한 후, 그 투자기간 후에 받게 될 원리금을 자국통화로 환산한 값으로 나타난다.

따라서 이 투자자에게는 두 가지 정보가 있어야 한다. 하나는 예금의 수익률(즉 이자율)이 어떻게 변화할 것인가에 대한 정보이고, 다른 하나는 환율이 어떻게 변화할 것인가(즉 환율에 대한 예상치)에 대한 것이다. 더구나 환율예상은 불확실한 것이고, 그 불확실성을 제거하고 현금흐름을 확실히 해놓으려면 선물환계약을 활용하는 것이 좋다.

어떤 균형시점에서 1원을 갖고 있는 한국의 투자자가 있다고 하자. 만약 그가 R의 고정이자율로 한국통화표시의 금융상품에 투자할 경우 만기인 T 시점에서의 원리금 합은 $1 \times (1+R) = (1+R)$로 표시할 수 있다.

그런데, 한 단위의 투자를 R^*의 고정금리를 지불하는 미국통화표시의 금융상품에 투자하는 경우를 가정해 볼 수도 있다. 이때 이 투자자는 다음과 같은 절차를 거치게 될 것이다. 첫째, 먼저 현물환시장에서 교환함으로써, $(1/S_t)$만큼의 외화를 보유하게 된다(여기서 S_t는 원화로 표시한 달러화 환율임). 둘째, 그 외화를 투자하여, $(1+R^*)/S_t$만큼의 원리금을 만기에 수취하게 된다. 셋째, 투자가 끝나는 T시점을 만기로 하는 선물환계약을 체결한다.

그 결과 T시점이 되면 이 투자자는 이미 체결된 선물환계약에 따라 미국통화표시의 투자원금과 이자를 지불하고 원화를 수취하게 되는데, 그 값은

$$\frac{F_{t,T}}{S_t}(1+R^*) \tag{5.15}$$

로 나타낼 수 있다(여기서 $F_{t,T}$는 t시점에서 T시점을 만기로 하는 선물환율임). 완전금융시장이라면 두 값은 같게 된다.

$$(1+R) = \frac{F_{t,T}}{S_t}(1+R^*)$$

$$\frac{F_{t,T}}{S_t} = \frac{1+R}{1+R^*} \tag{5.16}$$

혹은,

$$\frac{F_{t,T} - S_t}{S_t} = \frac{R-R^*}{1+R^*} \fallingdotseq R-R^* \tag{5.17}$$

결국,

$$F_{t,T} = S_t\{1+(R-R^*)\} = S_t(1+\text{양국 간의 금리 차이}) \tag{5.18}$$

식(5.17)의 왼쪽 항 $(F_{t,T}-S_t)/S_t$는 보통 그 값이 양(+)이면 선물환 할증이라 하고 음(−)이면 할인이라 부른다. 이는 선물환율이 현재의 현물환율로부터 변화되어 있는 정도를 나타내기도 한다.

금리평가설의 핵심은 선물환의 할증 또는 할인이 그 선물환기간 동안의 양국의 금리 차이와 같음을 보여주고 있는 것이다. 예컨대 자본이동을 제약하는 요소들이 없다면 양자에 대한 의사결정을 할 때 투자자로서는 이자율 차이뿐만 아니라 환율변동에서 오는 환위험도 함께 감안하기 때문이다. 이처럼 외국시장에 투자할 때, 환율변동위험을 선물환계약으로 커버하고 있는 경우를 "커버된 금리재정"이라고도 한다.

그러나 현실적으로는 금리평가설이 제대로 성립되지 않는 경우가 더 많다. 금리평가가 정상적으로 작용하지 않는 이유는 다음과 같다. 첫째, 금리평가관계는 외환시장의 효율성을 전제로 하고 있지만 현실적으로는 선물환 또는 현물환시장에는 비효율적인 요소들이 적지 않다. 둘째로, 서로 다른 국가의 시장 간에 정치적 위험(political risk)이 다를 경우에도 금리평가가 성립하지 않을 수 있다.

특히 정치적 위험의 유형으로는 외환시장에 대한 중앙은행의 개입가능성, 원금과 이자의 송금에 대한 제약 등의 자본 및 외환통제, 국내기업이 외국투자자들에게 지불하는 이자에 대한 세율변경의 가능성 등이 있겠다. 이와 같은 정치적 위험의 가능성이 있는 경우에는, 그에 대한 위험부담료 문제가 추가로 발생함으로써 금리평가설이 성립하지 않을 수도 있다.

6. 선물환율과 기대환율과의 관계

이제까지 고찰한 각종 이론들을 정리해보면 다음과 같다.

$$\text{구매력평가설 : } \frac{E(S_T)-S_t}{S_t} = \pi^e - \pi^{e*} \tag{5.19}$$

$$피셔효과 : R - R^* = \pi^e - \pi^{e*} \quad (5.20)$$

$$국제피셔효과 : \frac{E(S_T) - S_t}{S_t} = R - R^* \quad (5.21)$$

$$금리평가설 : \frac{F_{t,T} - S_t}{S_t} = R - R^* \quad (5.22)$$

식(5.19) ~ 식(5.22)을 종합하면 다음의 균형관계가 도출된다.

$$\frac{E(S_T) - S_t}{S_t} = \frac{F_{t,T} - S_t}{S_t} = R - R^* = \pi^e - \pi^{e*} \quad (5.23)$$

또한 식(5.23)에 의하면,

$$E(S_t) = F_{t,T} \quad (5.24)$$

여기서 앞에서의 가정처럼 완전경쟁시장을 전제하면 이러한 관계식은 성립하게 된다.

가령 T시점의 현물환율이 S_t(예컨대 ₩/U$=1250.00)가 될 것을 t시점에 확신하는 시장거래자로서는 T시점에 인도하는 선물환계약을 $F_{t,T}$(즉 ₩/U$ =1230.00)로 체결함으로써 환차익을 얻을 수 있는 기회를 갖게 될 것이다.

〈그림 5-3〉 국제평가이론의 요약

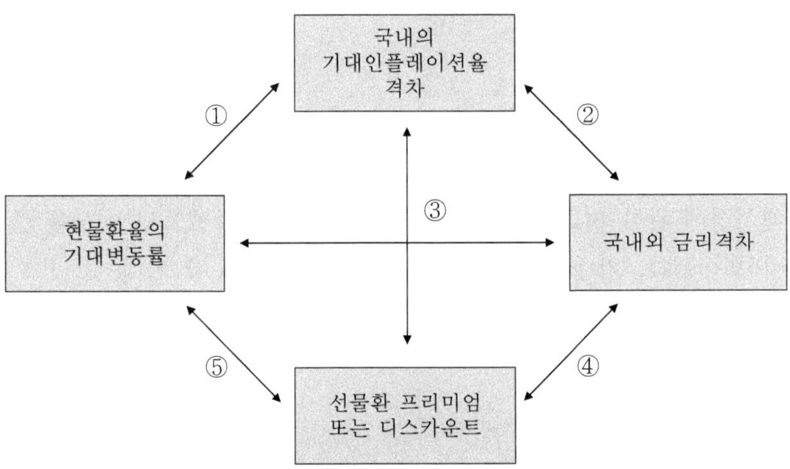

다시 말해 T시점에서 $F_{t,T}$의 환율로 달러를 매입하려는 계약을 T시점에 체결하여 두었다가, T시점이 되면 매입한 달러를 곧바로 현물환으로 매도하게 되면 달러당 20원(=1250.00-1230.00)의 이익을 취하게 된다. 이 거래는 t시점에 투자가 전혀 없고, 위험도 거의 없다. 이러한 재정거래가 계속될 경우 선물환율을 계속 상승시키게 되는데, 그 결과 선물환율$F_{t,T}$과 미래의 현물환율(S_T)이 같아지면, 더 이상의 재정거래가 발생하지 않게 된다. 이때 선물환율 $F_{t,T}$는 미래 현물환율의 불편예측치가 된다고 말한다.

이상에서 설명한 국제평가이론을 종합해 보면 <그림 5-3>과 같다. 그림에서 ①은 구매력평가설, ②는 피셔효과, ③은 국제피셔효과(커버되지 않은 재정거래), ④는 금리평가이론(커버된 재정거래), ⑤는 기대환율이론(선물환율이 미래현물환율의 불편예측치가 됨)을 나타내고 있다.

제2절 외환시장의 효율성

이 절에서는 경제주체들이 어떻게 미래에 대한 기대를 형성하는지를 이론적으로 고찰해 보고, 나아가 금융시장에서의 효율적 시장가설 외환시장의 안정성에 대해 살펴보기로 한다.

1. 기대의 형성

기대형성에 관한 이론은 인플레이션에 대한 경제주체들의 예상을 중심으로 논의되어왔다. 기대형성이론은 정태적 기대, 적응적 기대, 그리고 합리적 기대가설로 발전된다.

1) 정태적 기대

정태적 기대가설(static expectation hypothesis)은 기대형성에 관한 가장

간단한 모형으로서 경제주체들은 현재의 조건이 미래에도 계속 유지된다는 가정하에서 어떤 변수의 미래값은 현재값과 같을 것이라고 예상한다는 가설이다. 정태적 기대가설은 두 가지로 나누어 볼 수 있는데 하나는 어떤 변수의 절대수준, 예를 들면 물가나 생산수준의 현재값이 미래에도 지속된다고 가정하는 것이고, 다른 하나는 경제변수들의 증가율, 즉 현재의 인플레이션이나 소득증가율이 미래에도 지속된다고 가정하는 것이다. 두 경우 모두 경제가 균제상태균형[19]에 있다는 가정을 전제로 하고 있다.

고전학파이론은 정태적 기대를 전제로 하는 경우가 많을 뿐만 아니라 정태적 기대가 쉽사리 수정되거나 변동되지 않으며 상당히 안정적인 형태를 취하는 것으로 간주하였다. 이는 경제가 균형상태에 달하면 상당기간 또는 영구히 그러한 상태에 머물 것이라고 가정하기 때문이다. 정태적 기대가설은 다음과 같이 표현된다.

$$\pi^e_{t+1} = \pi_t \qquad (5.25)$$

즉, t기에 형성된 미래 t+1기의 기대인플레이션(π^e_{t+1})은 t기의 실제인플레이션(π_t)과 같다는 것이다.

2) 적응적 기대

적응적 기대가설(adaptive expectation hypothesis)은 경제주체들이 과거에 경험한 실제인플레이션을 근거로 산출한 인플레이션 기대오차를 다음 기의 기대형성에 반영한다는 것이다. 실제인플레이션이 예상했던 수준과 상이하게 나타나면 그 차이의 일정부분만큼 다음 기의 기대형성에 반영하여 수정해 나간다고 가정하는 것이다.

t기에 형성된 t+1기의 인플레이션에 대한 기대를 π^e_{t+1}라고 하고 t기의 실제인플레이션을 π_t라고 하면, 적응적 기대형성은 다음과 같이 나타낼 수 있다.

19) 균제상태균형(steady-state equilibrium)은 경제체계 내의 모든 변수들이 시간이 경과함에 따라 변동하되 그 변동률이 일정한 경우를 가리킨다.

$$\pi_{t+1}^e = \pi_t^e + \lambda(\pi_t - \pi_t^e), \quad 0 < \lambda < 1 \tag{5.26}$$

즉, 다음 기의 기대인플레이션은 금기의 기대인플레이션에다 금기의 인플레이션에 대한 기대오차의 λ배만큼을 더한 것이 된다. 여기서 조정계수 λ는 기대형성과정에서 생기는 오차를 수정해 가는 속도를 나타낸다. λ가 영에 가까울수록 조정이 아주 완만하게 이루어진다는 것을 의미하며 1에 가까울수록 조정속도가 빠름을 가리킨다. λ=1이면 $\pi_{t+1}^e = \pi_t$가 되어 정태적 기대형성과 같게 된다. 경제주체가 과거의 기대오차를 순간적으로 수정함에 따라 금기의 실제인플레이션이 다음 기에도 지속될 것으로 예상하게 된다는 것이다.

적응적 기대가설은 인플레이션이 계속적으로 상승하는 상황 하에서는 적응적 기대 형성과정은 항상 실제치보다 낮게 인플레이션을 예상한다는 문제점이 있다. 적응적 기대는 체계적 오차를 발생시킨다. 체계적 오차는 예측이 가능한 오차라고 할 수 있는데 합리적 경제주체가 경제적 비용을 발생시키는 체계적 오차를 계속적으로 범한다고 보는 것은 불합리하다. 그 밖에 λ의 크기가 특별한 기준 없이 자의적으로 결정된다는 것도 적응적 기대가설이 갖는 약점이다.

3) 합리적 기대

합리적 기대가설(rational expectations hypothesis)은 적응적 기대가설에 대한 반론으로 뮤스(J. Muth)에 의해서 처음으로 제시되었다. 합리적 기대는 1960년대 초 뮤스가 처음 제시한 이후 약 10여 년간 중요성을 인정받지 못하다가, 1970년대 초 루카스(R. Lucas)가 개념을 확장·정리하고 거시경제학의 중요한 문제에 적용시켜 나감으로써 합리적 기대혁명이 일어나게 되었다.

뮤스는 적응적 기대가설에 의한 기대형성과정은 오차의 반복에도 불구하고 이를 수정하지 않는 불합리성을 지니고 있다고 비판하고 경제주체의 기대는 이용가능한 모든 정보들을 반영한 조건부 기대치와 같다는 가설을 제시하였다. 합리적 기대가설에 따르면 경제주체들은 비록 완전한 정보를 갖고 있지는 않으나 모든 정보를 효율적으로 이용하여 어떤 변수의 미래값을 예측한다. 이 예측치는 경제주체의 주관적인 기대치이긴 하지만 그 변수의 조건부 기대치와 일치한다.

경제주체의 기대는 특정변수의 과거값에만 의존하는 것이 아니라 고려할 필요가 있는 관련 변수와 상황도 감안하여 형성된다. 합리적이라는 말이 모든 정보를 이용하거나 정보를 완벽하게 처리하여 이용한다는 것을 의미하는 것은 아니다. 왜냐하면 정보의 획득과 처리에는 비용이 따르기 때문이다. 합리적 기대가설은 경제주체가 정보처리에 수반되는 비용과 편익을 고려하여 최적수준의 정보를 획득하고 효율적인 방식으로 처리하여 기대형성에 반영한다고 설명한다.

제한된 정보를 이용하기 때문에 합리적 기대가 항상 진실이라고는 말할 수 없다. 합리적 기대가설은 다만 기대형성에 있어 체계적 오차가 생기지 않는다는 것뿐이다. 체계적 오차란 예측이 가능한 규칙적인 오류를 가리킨다. 따라서 합리적 기대 하에서 기대오차는 체계적인 것이 아닌 임의적인 것으로서 이용가능한 정보집합과 관계가 없는 오차라고 할 수 있다. 이러한 기대오차는 주어진 정보를 가지고서 줄인다는 것은 불가능하다.

예를 들어 예상하지 못한 높은 통화증가율에 직면한 어떤 경제주체가 인플레이션기대를 수정하지 않았다고 하자. 그러면 자신의 인플레이션기대가 옳지 않음을 알게 된다. 이러한 사태가 체계적으로 반복된다면 그는 당연히 기대형성모형을 수정하여 통화증가율의 영향을 기대에 반영하게 된다. 그렇게 하여도 기대에는 오차가 발생할 수 있지만 그러한 기대오차는 정보집합과 관계를 갖지 않기 때문에 더 이상의 축소는 불가능하다.

체계적 오차를 범하지 않는 합리적 기대를 어떻게 표현할 수 있을까? 합리적 기대는 수식으로 표시될 수 있는 것이 아니고 체계적 오차를 배제해야 한다는 조건으로 표시될 수 있다. 이러한 조건을 나타내는 방법은 어떤 변수에 대한 경제주체의 주관적 기대가 주어진 정보 하에서 그 변수의 확률분포의 수학적 기대치와 같다고 가정하는 것이다. t기에 이용가능한 정보집합을 ϕ_t라고 할 경우 t+1기의 인플레이션에 대한 경제주체의 합리적 기대치는 다음과 같이 표시될 수 있다.

$$\pi^e_{t+1} = E(\pi_{t+1} | \phi_t) \tag{5.27}$$

t기에 형성된 t+1기의 기대인플레이션 π^e_{t+1}는 ϕ_t가 주어진 상황 하에서 π_{t+1}의 수학적 기대치와 같다. 적응적 기대가설이 과거지향적이라면 합리적 기대가설은 미래지향적이라고 말할 수 있다.

2. 효율적 시장가설

효율적 시장가설(efficient market hypothesis)에 따르면 자본시장에서 결정되는 증권가격은 모든 투자자의 지식과 기대를 반영하고 있다. 증권시장에는 이익을 추구하는 수많은 독자적인 투자가가 있고 증권에 관련된 새로운 정보가 무작위적으로 유입된다고 가정한다. 증권시장에서 투자자는 새로운 정보에 즉각 반응하며 증권가격에 새로운 정보가 정확히 반영되어 있다고 판단될 때까지 증권을 사고판다. 시장가격은 투자자가 어떤 정보를 이용하여 비정상적으로 높은 이익을 얻는 것이 불가능할 정도로 공정한 과정을 거쳐 결정된다.

이와 같이 어떤 정보집합(ϕ)도 증권가격에 신속히 반영되기 때문에 투자자가 정보집합 ϕ를 이용하여 경제적 이익을 얻을 수 없다. 그리고 정보가 기대수익에 영향을 미치지 않는다면 정보집합 ϕ를 반영한 기대수익률 $E(R_{t+1}|\phi_t)$과 정보집합 ϕ와 관계없이 이루어진 기대수익률 $E(R_{t+1})$은 같게 된다.

$$E(R_{t+1}|\phi_t) = E(R_{t+1}) \tag{5.28}$$

위 식이 효율적 시장가설에 관한 파마(E. Fama)[20]의 기본식이다.

정보집합 ϕ가 시장참가자에게 공개되어도 증권가격에 아무런 영향을 미치지 않는다면 자본시장은 정보집합에 관하여 효율적이라고 한다. 효율적 시장은 정보집합에 따라 세 가지로 나누어 고찰할 수 있다.

---

20) Fama, E., "Efficient Capital Markets: A Review of Theory and Empirical Work", Journal of Finance, May 1970, pp.383~417.

1) 약형 효율적 시장

약형(weak form) 효율적 시장가설에 따르면 현재의 증권가격은 가격과 관련된 과거의 정보를 충분히 반영하고 있다. 과거의 가격패턴에 관한 정보는 이미 현재의 시장가격에 반영되어 있기 때문에 어떤 투자자도 기술적 분석(technical analysis)[21]과 같은 투자전략을 이용하여 초과수익을 실현할 수 없다. 약형의 정보집합에는 과거의 가격정보만 포함되고 수익전망, 합병 발표, 통화공급 등과 같은 정보와는 무관하다.

2) 준강형 효율적 시장

준강형(semi-strong form) 효율적 시장가설은 현재의 증권가격은 과거의 가격정보뿐 아니라 현재 일반이 이용 가능한 모든 공개된 정보를 신속 정확하게 반영하고 있다고 한다. 준강형의 시장에서는 어떤 투자자도 대차대조표, 손익계산서, 현금흐름표, 이익공시, 주식분할 등에 관한 기본적 분석(fundamental analysis)[22]에 의해서 얻은 정보를 이용하더라도 초과수익을 획득할 수 없다. 대다수의 실증분석은 준강형의 효율적 시장가설의 타당성을 인정하고 있으나 일부는 이견을 보이기도 한다.

3) 강형 효율적 시장

강형(strong form) 효율적 시장가설에 따르면 어떤 시장참가자에게 알려진 기업에 관한 모든 정보는 시장가격에 완전히 반영되어 있다. 현재의 증권가격은 공개된 정보는 물론 기업내부정보 등 아직 공개되지 않은 사적 정보까지도 반영하고 있다. 증권과 관련된 특수한 정보가 있다 하더라도 소수에 의해 독점되지 못하고 많은 사람에게 전파되어 결국 주가에 즉시 반영되므로 어떤 투자자도 남보다 더 우월한 투자결과를 얻을 수 없다. 실증

---

21) 증권가격분석에서 기술적 분석은 주가가 어떤 특정형태를 취하면서 움직인다는 것을 전제하여 차트분석 등을 통해서 과거 시계열상의 주가 움직임을 관찰함으로써 향후 주가를 예측하는 방법을 말한다.

22) 증권가격의 기본적 분석은 주식의 내재가치에 영향을 미치는 기업의 이익, 배당, 재무구조, 사업전망 등의 요인을 분석하여 과소평가 또는 과대평가된 주식을 식별해 냄으로써 초과수익을 얻으려는데 그 목적이 있다.

분석 결과 예를 들면 내부거래자의 수익률이 일반투자자에 비해 높은 것으로 나타나고 있어 강형의 효율적 시장가설은 타당성이 비교적 낮은 것으로 간주되고 있다.

3. 외환시장의 효율성

1) 외환시장 효율성의 의의

외환시장의 효율성(foreign exchange market efficiency) 문제는 선물환율에 의한 미래 현물환율의 예측력에 관한 문제로서 현재(t시점)의 선물환율($F_{t,T}$: t시점에서 만기시점 T인 선물환율)이 미래(T시점) 현물환율(ST)의 불편예측치(unbiased predictor)가 되는지의 여부를 규명하는 것이다. 즉 외환시장의 효율성은 다음과 같이 표현된다.

$$E_t(S_T) = F_{t,\,T} \tag{5.29}$$

여기서 $E_t(S_T)$은 t시점에서 미래(T시점)의 현물환율에 대한 예상, 즉 기대치를 말한다. 그러나 일반적으로 기대현물환율에 대한 실제 관측치를 구하는 것은 어려우므로 우리는 외환시장의 효율성을 다음과 같이 합리적 기대가설(rational expectations hypothesis)과 불편성 가설(unbiased hypothesis)로 나누어 살펴볼 수 있다.

$$E_t(S_T) = E_t(S_T|\phi_t) \text{ : 합리적 기대가설} \tag{5.30}$$

$$E_t(S_T|\phi_t) = F_{t,\,T} \text{ : 불편성 가설} \tag{5.31}$$

여기서 합리적 기대가설은 시장참가자들이 현재(t기) 시점에서 사용가능한 모든 정보 집합(ϕ)을 이용하여 미래(T기)의 현물환율을 합리적으로 예상하는 것을 말한다. 또한 불편성 가설은 선물환율이 미래(T기)의 현물환율에 대한 불편예측치라는 것을 나타낸다. 따라서 외환시장의 효율성은 합리적 기대가설과 불편성 가설이 동시에 성립하는 것을 의미한다고 할 수 있다.

2) 외환시장 효율성과 금리평가이론

시장참가자들의 미래 현물환율에 대한 예상이 합리적으로 이루어지는 것을 전제로 할 경우 외환시장의 효율성은 불편성 가설이 성립하는 것을 의미한다. 여기서는 외환시장의 효율성이 금리평가이론과 관련하여 무엇을 의미하는 지에 대해 살펴보도록 하자.

먼저 불편성 가설에 의하면 선물환율 $F_{t,\,T}$은 미래 현물환율의 합리적 기대치 $E_t(S_T|\phi_t)$가 된다. 즉

$$E_t(S_T|\phi_t) = F_{t,\,T} \tag{5.32}$$

의 관계가 항상 성립한다. 이 경우 식(5.32)의 양변을 현재(t시점)의 현물환율 S_t로 빼준 다음 나누어 주면 다음과 같은 식(5.33)이 도출된다.

$$\frac{E_t(S_T|\phi_t) - S_t}{S_t} = \frac{F_{t,\,T} - S_t}{S_t} \tag{5.33}$$

여기서 왼편은 미래의 현물환율에 대한 예상변동률(expected spot exchange rate change)을 나타내고 오른편은 선물환 프리미엄(forward premium)을 의미한다.

커버된 금리평가(covered interest rate parity)가 성립할 경우에는 선물환 프리미엄이 양국간 금리 격차와 동일하게 되므로 식(5.33)으로부터 환율의 기대변동률과 양국간 금리 격차의 관계를 나타내주는 커버되지 않는 금리평가(uncovered interest rate parity), 즉 국제피셔효과가 다음과 같이 도출된다.

$$\frac{E_t(S_T|\phi_t) - S_t}{S_t} = R_t - R_t^* \tag{5.34}$$

따라서 커버된 금리평가와 외환시장의 효율성, 즉 불편성 가설이 성립하

게 될 경우에는 커버되지 않는 금리평가도 성립하게 된다. 그러나 커버된 금리평가가 성립하더라도 외환시장이 비효율적인 경우에는 식(5.26)의 등식관계가 유지되지 않으므로 커버되지 않는 금리평가는 성립하지 않게 된다. 이처럼 외환시장이 효율적이면 커버된 금리평가와 커버되지 않는 금리평가는 등가관계가 성립하게 된다. 반면에 외환시장의 효율성이 유지되지 못하면 커버된 금리평가와 커버되지 않는 금리평가의 성립은 동시에 달성될 수 없는 것이다.

3) 외환시장 효율성과 위험프리미엄

외환시장이 효율적이기 위해서는 합리적 기대가설과 불편성 가설이 동시에 성립되어야 한다고 앞에서 설명한 바 있다. 그러나 시장 참가자들이 외환시장에서 이용가능한 모든 정보를 바탕으로 합리적 기대를 형성하더라도 불편성 가설이 항상 성립될 수는 없다. 불편성 가설이 성립하는 것은 시장참가자들이 위험에 대하여 중립적인(risk neutral) 경우로 한정되기 때문이다.

불편성 가설이 성립하지 않으면 식(5.33)의 등식관계는 유지될 수 없으므로 우리는 등식관계가 유지될 수 있도록 식(5.33)을 변형하여 다음과 같이 표시할 수 있을 것이다.

$$\frac{E_t(S_T|\phi_t)-S_t}{S_t}=\frac{F_{t,T}-S_t}{S_t}+\rho_t \tag{5.35}$$

여기서 ρ_t는 식(5.35)의 양변을 같게 유지시키기 위해 추가된 변수를 표시한다.

이제 식(5.35)이 외환시장의 효율성과 관련하여 의미하는 것을 알아보도록 하자. 위 식의 왼편은 미래의 현물환율에 대한 기대변동률이다. 그런데 미래의 현물환율은 변동이 가능하기 때문에 항상 위험을 내포하고 있으나 선물환율은 그러한 위험이 제거된 상태에 있다고 할 수 있다. 따라서 미래의 환율변동 위험이 제거되는 경우에는 이에 대한 기회비용의 측면에서 일정의 프리미엄이 고려되어야 할 것이다. 이에 비추어 볼 때 식(5.35)에서 ρ_t는 미래의 현물환율변동 위험에 대한 프리미엄, 즉 위험 프리미엄(risk premium)을 의미하게 된다.

이러한 현상은 외환시장에 위험 회피적인(risk averse) 투자가가 존재하는 경우 나타나게 되는데, 위험프리미엄의 존재로 기대현물환율과 선물환율이 일치한다는 불편성 가설은 성립하지 않게 된다. 즉 위험프리미엄이 존재한다면 불편성 가설은 성립하지 않으며 위험프리미엄이 존재하지 않는 경우에만 불편성 가설이 성립하게 된다. 이처럼 위험프리미엄의 존재로 불편성 가설의 성립이 기각되면 불편성 가설의 성립을 전제로 하고 있는 외환시장의 효율성도 성립하지 않는 것으로 생각할 수 있다. 그러나 위험프리미엄의 존재와 외환시장의 효율성이 서로 양립할 수 있는지에 대한 검증은 오늘날에도 계속 진행되고 있다.

4) 외환시장의 효율성에 대한 실증분석

외환시장의 효율성에 대한 기존 실증적 연구의 흐름은 외환시장이 비효율적 시장이라는 견해와 불편성 가설이 성립하지 않는다 하더라도 외환시장이 효율적 시장이라는 견해 등 두 가지 방향으로 나누어 요약해 볼 수 있다.

우선 외환시장의 효율성을 기각하는 주장은 Levich(1979), Bilson(1981) 등에 의해 제기되었다. 이들 학자들은 외환시장에서의 불편성 가설이 성립하지 않는다는 결과를 도출하고 동 결과를 토대로 외환시장이 비효율적인 시장임을 주장하였다. 이들은 또한 외환시장이 효율적이지 못한 이유로 시장참가자들 사이에 정보가 비대칭적인 점을 지적하였다.

반면에 Hansen과 Hodrick(1980), Fama(1984), Mark(1985), Hodrick(1989) 등은 선물환율이 미래에 실현될 현물환율의 불편추정치라는 불편성 가설이 성립하지 않는다 하더라도 외환시장이 비효율적인 시장은 아니라는 견해를 제시하였다. 즉, 이들에 의하면 불편성 가설이 성립하지 않는 것은 외환거래에 수반된 위험프리미엄에 기인하는 것이지 외환시장의 비효율성 때문이 아니라는 것이다. 이러한 주장을 보다 자세히 살펴보면 다음과 같다.

위험프리미엄이 존재하는 경우에는 앞의 식(5.35)에서 알 수 있는 바와 같이 불편성 가설은 항상 성립될 수 없다. 그런데 위험프리미엄이 어느 시점에서는 양(+)의 값을 가지는 반면 또 다른 시점에서는 음(−)의 값을 가지게 됨으로써 시간의 경과에 따라 변동하는 경우를 상정해 볼 수 있다. 이 경우 위험프리미엄이 매 시점마다 0의 값을 가지지 않기 때문에 불편성 가설은 성립하지 않는다. 그러나 매 시점의 위험프리미엄에 대한 평균이 0의 값을 가진다면 장기적으로 볼 때 위험프리미엄은 0의 값에 근접하는 것으로 판단할 수 있다. 따라서 이 경우에는 불편성 가설이 성립하지 않더라도 외환시장은 효율적인 시장이라고 할 수 있을 것이다.

이러한 관점에서 이들 학자들은 다양한 모형의 설정을 통해 외환시장에서의 위험프리미엄을 실증적으로 분석함으로써 사후적으로 관측한 위험프리미엄이 매 시점 0의 값을 가지지 않으면서 0의 값을 중심으로 움직인다는 사실을 도출하였다.

제6장
환율의 결정과 환위험

제1절 환율의 결정이론
제2절 환율변동과 예측
제3절 환노출

제1절 환율의 결정이론

1. 외환의 수요곡선도출

어느 특정 상품에 대한 국내수입수요는 그 상품에 대한 국내수요와 국내공급 간의 차이인 초과수요로 나타난다. 예를 들어 기계설비의 국내생산량이 국내 수요량에 비해 부족할 때 그 부족분에 해당되는 초과수요량만큼 해외시장으로부터 수입하기를 원하는 수입수요량이 된다. 그런데 수입수요함수는 그 상품의 가격에 대한 감소함수이므로 수입수요곡선은 가격에 대해 우하향의 형태를 취하게 된다. 마찬가지 원리로 수출은 국내생산량이 국내수요량보다 많은 경우에 이루어지므로 국내의 초과공급량으로 나타나며 수출 공급 곡선은 가격에 대해 우상향의 곡선이 된다.

지금 문제를 단순화하기 위해 외환수급에 영향을 미치는 요인들 중 상품가격 외의 소득이나 환율 등 다른 조건이 일정 불변(ceteris paribus)하다고 가정하고 상품의 수출입시장으로 국내(한국) 및 외국(미국)에 대한 4개의 시장을 각각 상정하기로 하자. 그리고 분석을 간단히 하기 위해 관련된 상품가격들을 다음과 같이 정의하기로 한다.

P_X = 수출상품의 국내가격(원화표시가격)

P_X^* = 수출상품의 외국통화표시가격(달러화표시가격)

P_M = 수입상품의 국내가격(원화표시가격)

P_M^* = 수입상품의 외국통화표시가격(달러화표시가격)

지금 한국과 미국 간에 무역거래가 이루어진다고 하면 P_X^* 는 한국수출상품인 X재의 달러화표시가격(예 $P_X^* = 10$)이고 P_M^* 는 한국이 수입하는 미국상품 M재의 달러화표시가격이 된다. 미국상품에 대한 한국의 수입시장은 다음 그림과 같이 원화표시가격 시장과 달러표시가격 시장으로 나눌 수 있다. 각 그림에서 D_M^{KOR}는 M재에 대한 한국의 초과수요곡선이고 S_M^{US}는 미국의 초과공급곡선을 나타낸다.

〈그림 6-1〉 한국의 수입시장

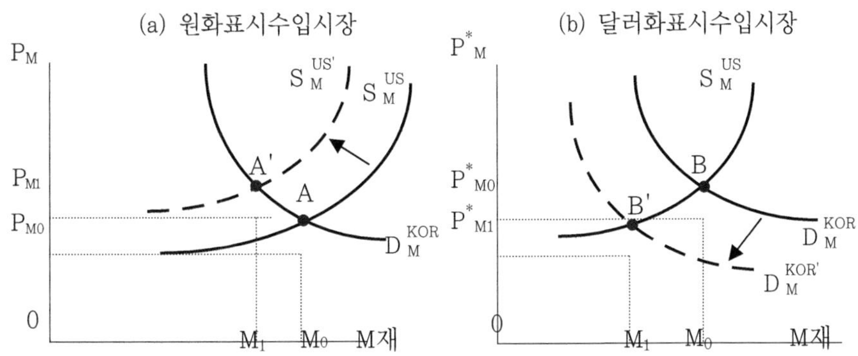

위의 <그림 6-1(a)>에서 한국의 원화표시가격 수입시장이 최초에 점 A에서 균형을 이루고 있었다고 가정하자. 이제 평가절하가 이루어졌다고 하면 수입상품 M재화의 원화표시가격($P_M = E \cdot P_M^*$)은 상승하므로 미국 수출상은 종전과 동일한 원화 표시가격(P_{M0})으로 보다 적은 양을 공급하든가 아니면 종전과 동일한 양을 공급하기 위해서 원화 표기가격을 높여야 한다. 이는 곧 평가절하율과 동일 비율로 미국의 공급곡선이 좌측으로 이동해야 함을 의미한다.

이를 달리 표현하면 주어진 종전의 원화표시가격에서 평가절하는 미국인이 수취하기를 원하는 달러화표시가격의 하락($\downarrow P_M^* = P_{M0} / E$)을 초래하므로 미국 수출상이 공급을 줄임을 의미한다.[23] 그 결과 미국의 공급곡선

23) 독자는 경제원론이나 미시경제학에서 수요·공급이론을 배울 때 외생적 요인에 의해 수요나 공급이 변하는 경우에는 곡선자체가 이동함을 기억할 것이다. 여기서도 마찬가지로 종축의 원화표시가격(P_M) 이외의 요인인 평가절하가 달러표시가격에 영향을 미쳐 공급곡선 자체를 이동시키는 효과를 갖는다.

은 평가절하율만큼 S_M^{US}에서 $S_M^{US'}$으로 좌측 이동하게 된다.

그러나 한국 수입상은 종축에 표시된 원화표시가격에 대응하여 수입하기를 원하기 때문에 한국의 수입수요곡선(D_M^{KOR})은 이동하지 않는다. 그렇다고 하면 평가절하 후의 원화 표시가격의 수입액은 어떻게 변동하겠는가? 이는 그림(a)에서 알 수 있는 바와 같이 기본적으로 한국의 수입수요는 가격탄력성에 의존한다.

지금 수입수요의 가격탄력성을 $\eta_M = -\frac{dM}{dP_M} \cdot \frac{P_M}{M}$이라고 하면 수입 수요의 가격탄력성이 탄력적($\eta_n > 1$)일 때에 원화표시수입액($V_M = P_M \cdot M$)은 감소한다. 왜냐하면 평가절하로 인한 수입가격의 상승률($P_M \downarrow$)보다 수입량의 감소율($P_M \uparrow$)이 크기 때문이다.[24] 만약 수입수요의 가격탄력성이 비탄력적($\eta_n < 1$)이라고 하면 원화표시 수입액은 오히려 증가하게 된다.

한편, <그림 6-1(b)>는 달러화표시가격의 한국수입시장을 나타내고 있다. 최초에 점 B에서 시장균형을 이루고 있을 때 평가절하가 이루어졌다고 하면 한국수입업자는 종전의 달러화표시가격(P_{M0}^*)으로는 더 적은 양의 수입을 할 수밖에 없다. 즉 주어진 달러화표시가격(P_{M0}^*)하에서의 평가절하는 원화표시가격의 상승($\uparrow P_M = E \cdot P_M^*$)을 초래하기 때문에 한국의 수입수요곡선은 평가절하율과 동일 비율로 좌측 이동하여 새로운 점 B'에서 균형을 이룬다. 물론 종축이 P_M^*로 표시되고 있으므로 미국의 공급곡선은 이동하지 않는다.

그러면 외국통화인 달러화 표시 수입액은 평가절하에 어떠한 결과를 가져오겠는가? 그림(b)에서 알 수 있는 바와 같이 평가절하는 한국의 수입수요곡선을 좌측으로 이동시켜 외화표시 수입액(V_M^*)을 분명히 감소시킨다. 외화표시 수입액은 $V_M^* = P_M^* \cdot M$이므로 평가절하로 인해 국내수요가 감소하고 그 결과 P_M^*와 M이 모두 감소하기 때문이다.

24) 이하에서 사용되는 변수 위의 ·(dot이라고 읽음)표시는 그 변수의 변동률(예, $M = \Delta M$)을 나타낸다.

〈그림 6-2〉 외환의 수요곡선

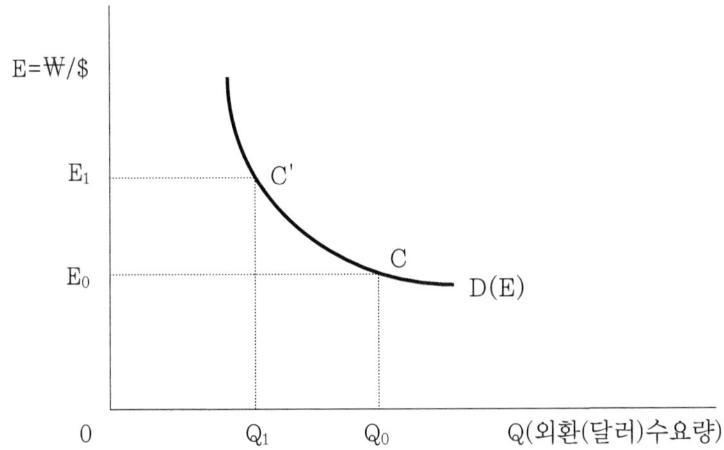

극단적으로 외국의 공급곡선이 가격에 대해 완전 탄력적이 되어 횡축과 수평선을 이루는 경우에는 달러화표시가격은 그대로 있으나 수입량이 감소함으로써 달러화표시 수입액 V_M^*은 감소할 것이고, 만약 외국의 공급곡선이 완전 비탄력적이 되어 수직선(종축과 수평선)이 된다고 하면 수입량은 불변이나 달러화표시가격(P_M^*)은 하락하여 V_M^*도 역시 감소하므로 평가절하는 항상 외화표시 수입액을 감소시킨다. 다만 수입액의 크기(면적)만이 탄력성에 따라 달라질 뿐이다. 이들 극단적인 경우에 대한 분석은 독자들에게 맡긴다.[25] 따라서 외환에 대한 수요곡선은 <그림 6-1>로부터 <그림 6-2>와 같이 환율의 함수로서 우하향 곡선으로 나타난다.

다음의 <그림 6-2>에서 환율이 E_0에서 E_1으로 상승함에 따라 외환수요량인 달러화는 Q_0에서 Q_1으로 감소하는데 Q_0는 <그림 6-1>에서 면적□ $OP_{M0}^*BM_0$에 해당된다.

25) 완전탄력적인 공급곡선 또는 수요곡선의 경우는 다음을 참조할 것. H.R. Heller, International Monetary Economics, Prentice-Hall, Inc., 1974, pp.92-102.

2. 외환의 공급곡선도출

외환의 공급곡선은 다른 조건이 일정불변할 때 상품수출시장으로부터 도출할 수 있다. 다음의 <그림 6-3>은 한국의 수출상품 X재에 대한 원화표시가격(P_X)과 달러화표시가격(P_X^*) 수출액이 평가절하에 따라 변동되는 양상(P_X)을 보여 주고 있다.

〈그림 6-3〉 한국의 수출시장

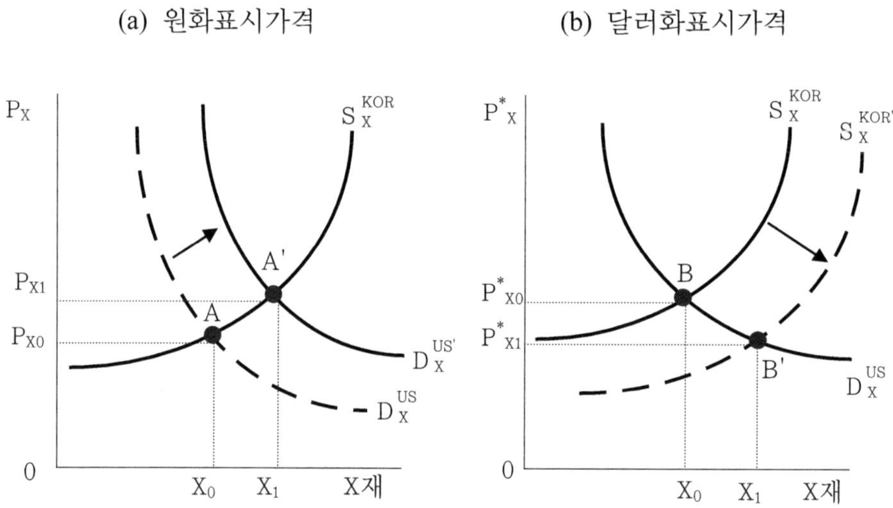

<그림 6-3(a)>에서 최초의 점 A에서 원화표시가격 수출시장이 균형을 이루고 있을 때 평가절하가 이루어지면 미국 수입업자는 종전의 원화표시가격으로 더 많은 X재를 살 수 있게 된다. 왜냐하면 주어진 원화표시가격을 달러화표시가격으로 환산하면 달러화표시가격은 하락($\downarrow P_X^* = P_X E$)하기 때문이다. 예를 들어 10,000원으로 X재 한 단위를 구매하고 있었는데 환율이 1$=1000원에서 1$=1200원으로 16.7% 평가절하가 되었다고 하면 10,000원이었던 X재는 종전에 10달러에서 8.33달러로 하락하여 미국인의 입장에서 평가절하 후 1.67달러만큼을 더 구매할 수 있게 되었다. 따라서 미국 수

입수요곡선(D_X^{US})은 평가절하율과 동일 비율로 우측으로 이동한다. 한국 수출상은 원화표시 수출가격에 대응하여 수출하면 되므로 한국 수출 공급곡선(S_X^{KOR})은 이동하지 않는다. 그 결과 새로운 균형은 점 A'에서 이루어져 평가절하 후의 원화표시 수출액($V_X = P_X \cdot X$)은 분명하게 증가된다.

그러나 달러화표시가격의 경우에는 달러화표시 수출액이 증가할 것인지 감소할 것인지는 불분명하다. <그림 6-3(b)>에서 종전의 달러화표시가격에서의 평가절하는 한국수출상의 원화 표시 가격의 상승($\uparrow P_X = E \cdot P_X^*$)을 의미하므로 종전보다 더 많이 공급을 할 수 있음을 의미한다. 따라서 한국의 수출 공급곡선은 S_X^{KOR}에서 $S_X^{KOR'}$으로 우측 이동을 하게 되어 새로운 균형점은 B'이 된다. 따라서 달러화표시 수출가격은 P_{X0}^*에서 P_{X1}^*로 하락하나 수출량은 X_0에서 X_1으로 증가하여 달러화표시 수출액($V_X^* = P_X^* \cdot X$)이 증가할 것인지 감소할 것인지는 미국의 수입수요의 가격탄력성에 의존하게 된다.

지금 미국의 수입수요탄력성을 $\eta_X = \frac{dX}{dP_X^*} \cdot \frac{P_X^*}{M}$라고 하면 이는 한국의 수출공급 탄력성과 같게 된다. 만약 $\eta > 1$이어서 탄력적이면 가격하락에도 불구하고 달러화표시 수출액은 증가하게 된다. 달러화표시 수출액이 $V_X^* = P_X^* \cdot X$이므로 $\eta_X > 1$이면 평가절하로 인한 달러화표시 수출가격하락률이 수출량의 증가율보다 작기 때문이다($X \uparrow = P_X^* \downarrow$). 만약 $\eta_X < 1$이면 달러화표시 수출액은 감소하게 된다.

이제 우리는 <그림 6-3(b)>로부터 외환의 공급곡선을 도출할 수가 있다. 미국의 수입수요의 가격탄력성이 탄력적이면 평가절하는 달러표시수출액을 증가시키므로 한국외환시장에 외환의 공급이 증가하고 탄력성이 비탄력적이면 외환공급은 감소한다. 다음의 <그림 6-4>는 미국의 수입수요의 가격탄력성이 탄력적($\eta_X > 1$)인 경우 환율의 증가함수로서의 우상향의 외환공급곡선을 그린 것이다.

〈그림 6-4〉 외환의 공급곡선

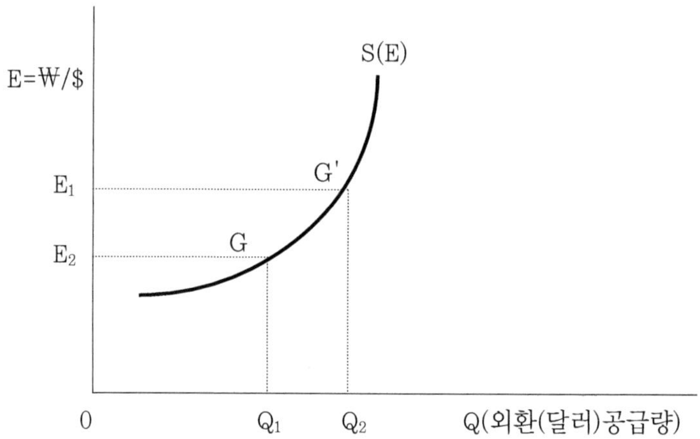

<그림 6-3>에서 수출로 인한 최초의 달러화표시 외환 공급액(달러 공급액)의 면적은 $\square OP^*_{X0}BX_0$로써 <그림 6-4>의 Q_1이 된다. 따라서 평가절하는 외국의 수입수요의 탄력성이 탄력적이면 외환 공급액의 증가를 가져와 우상향의 곡선이 된다. 물론 만약 외국의 수입수요탄력성이 처음에는 탄력적이다가 비탄력적이 되면 그에 따른 외환공급곡선은 후방굴절공급곡선(backward-bending supply curve)의 형태가 된다.

위의 결과로부터 우리는 다음과 같은 사실을 알 수 있다.

먼저 외화 표시 수출의 극단적인 경우로서 첫째, 상대국의 수입수요탄력성이 0($\eta_X = 0$)이고 평가절하국의 수입수요탄력성이 1보다 큰 경우($\eta_M > 1$)에 평가절하는 무역수지를 개선시킨다. 왜냐하면 수출의 경우 수출량은 불변이나 수출단가의 하락만을 초래하며 수입의 경우에는 수입수요탄력성이 1보다 크기 때문에 수입가격 상승폭보다 수입량의 감소폭이 더 크게 되어 수출가격 하락을 상쇄하고도 남을 만큼 수입액이 감소하기 때문이다. 이는 평가절하가 무역수지를 개선시킴을 의미하여 외환의 초과공급을 가져온다.

둘째, 평가절하국의 수입수요탄력성이 완전 비탄력적($\eta_M = 0$)이지만 상대국의 수입수요탄력성이 1보다 큰 경우($\eta_X > 1$)를 들 수 있는데 이 경우에도 위와 같은 논리로 평가절하는 무역수지를 개선시킨다.

셋째, 위의 두 사례의 중간 경우로써 평가절하국이나 상대국 모두 수입수요 탄력성이 비탄력적(예, $\eta_M = 0.6$, $\eta_X = 0.5$)이지만 양국의 수입수요탄력성의 합이 1보다 큰 경우에도 평가절하는 무역수지를 개선시킨다.

위의 세 경우를 요약하면 평가절하가 무역수지를 개선시키기 위해서는 양국의 수입수요탄력성의 합이 1보다 커야 됨을 알 수 있다. 이와 같이 평가절하가 무역수지를 개선시킬 조건인 $\eta_X + \eta_M > 1$을 마샬-러너조건(Marshall-Lerner condition)이라고 한다.

마샬-러너조건이 갖는 의미를 보면 다음과 같다.

① 마샬-러너조건은 평가절하에 의한 무역수지 개선조건을 나타내 주고 있다.

② 이 조건은 무역수지를 자국통화로 표시하든 외국통화로 표시하든 어느 경우에도 해당된다.

③ 엄밀하게는 마샬-러너조건은 양국의 수출공급 탄력성이 완전 탄력적인 경우를 설정하고 있다.

우선 ①의 경우는 앞의 설명으로 분명해졌으므로 설명을 생략한다. ②의 경우 자국통화표시 경우에도 외화표시가격의 경우와 같으므로 앞의 <그림 6-1b>와 <그림 6-3a>에서 유추할 수 있다. ③에 대해서는 수평선의 공급탄력성을 상정하면 쉽게 유추된다.

3. 균형환율의 결정

외환에 대한 수요와 공급곡선을 함께 고려하여 균형환율이 어떻게 결정되는가를 살펴보자. <그림 6-5>에서 DD곡선은 환율변화에 따라 한국의 달러화 수요량이 어떻게 변화하는가를 보여준다.

SS곡선은 환율이 변함에 따라 미국이 공급하는 달러화의 변화량을 나타내고 있다. 외환의 수요곡선과 공급곡선이 교차하는 P점에서 균형환율 E_1, 외환에 대한 균형수급량 OQ_1이 된다. 즉 환율이 E_1일 때 한국의 달러화에 대한 수요와 미국의 달러화 공급량이 OQ_1으로 일치하여 시장은 균형을 이루게 된다.

〈그림 6-5〉 균형환율의 결정

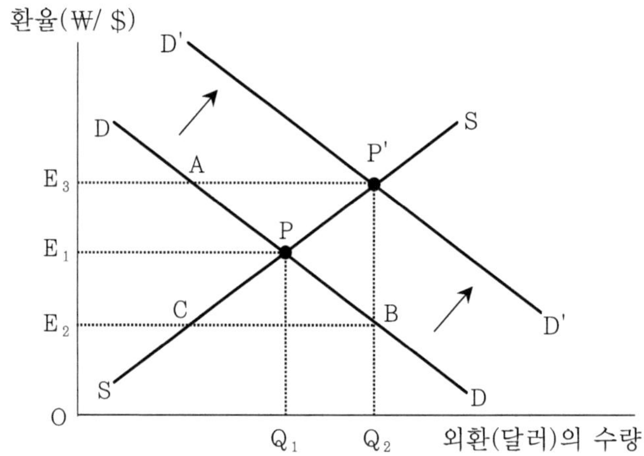

여기서 만약 한국의 외환수요가 환율 이외의 요인 때문에 변하여 외환의 수요곡선이 *DD*에서 *D'D'* 로 이동하였다고 하자.

이와 같이 수요곡선이 우상향으로 이동하는 데는 여러 가지 이유가 있을 수 있는데 한국의 국민소득이 증가해서 수입수요가 증가하는 경우를 비롯해서 국내물가수준의 상승, 자본이동 등을 들 수 있다. 아무튼 외환의 수요곡선이 *D'D'* 로 이동하게 되면 공급곡선과 새로이 교차하게 되는 *P'* 에서 새로운 균형이 성립하게 되고 균형 환율은 E_3로 상승하고 외환의 균형 수급량은 OQ_2로 바뀌게 된다.

4. 균형환율의 안정성

외환의 수요와 공급에 의한 환율이 균형환율에서 이탈하는 경우, 이탈된 환율이 다시 균형환율에 접근하려는 경우와 반대로 균형환율에서 더욱 이탈하려는 경우가 있다. 예컨대 안정적 균형환율(stable exchange equilibrium)과 불안정한 균형환율(unstable exchange equilibrium)이 그것이다.

그런데 균형환율의 안정성 여부는 외환의 수요곡선과 공급곡선의 형태에 따라 결정된다. 가령 <그림 6-6>에서와 같은 달러화의 수요곡선(*DD*)과 공급곡선(SS)이 주어져 있을 때에 원화에 대한 달러화의 환율이 균형환율 E_e에서 E_1으로 이탈한 경우 달러화의 초과공급 ($\overline{AB}$)이 환율을 하락시킴으로써 다시 균형점 E에 접근하게 되며, 또한 달러화의 환율이 균형환율 E_e에서 E_2로 이탈한 경우에는 달러화의 초과수요($\overline{CF}$)가 환율을 상승시킴으로써 환율은 다시 균형점 E에 접근하게 된다. 이와 같이 환율이 균형환율에서 이탈한 경우 이탈된 환율이 다시 균형환율에 접근하는 시장을 안정적 외환시장이라 한다.

〈그림 6-6〉 안정적 외환시장의 균형환율

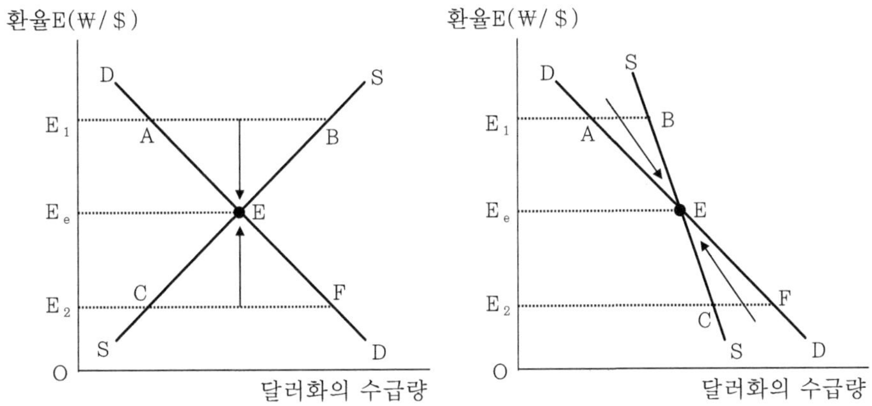

〈그림 6-7〉 불안정한 외환시장의 균형환율

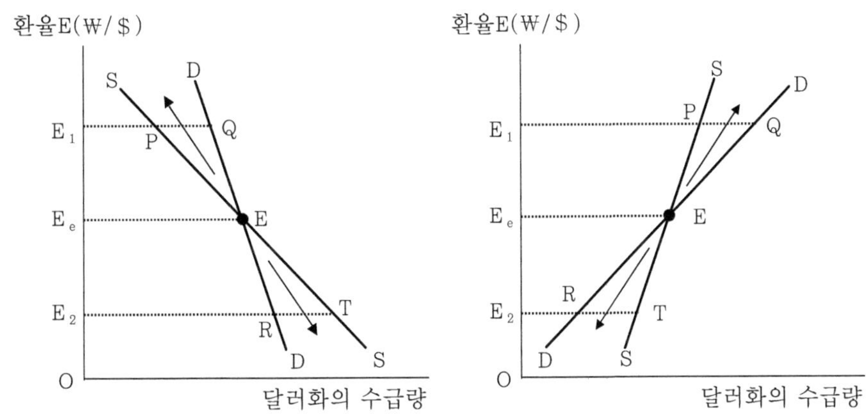

또한, <그림 6-7>에서는 환율이 균형환율 E_e로부터 E_1으로 이탈할 경우에 달러화의 초과수요($\overline{PQ}$)가 발생하여 이탈한 환율이 균형환율로부터 더욱 이탈하게 되며, 또 환율이 균형점 E_e에서 E_1로 하락하였을 경우에 달러화의 초과공급($\overline{RT}$)이 발생하여 환율이 균형환율에서 더욱 이탈하게 되는데 이러한 외환시장을 불안정한 외환시장이라고 한다.

이상 설명한 외환시장의 안정조건을 관계식으로 표시해 보면 다음과 같다.

지금 앞의 <그림 6-7>에서와 같은 안정적 외환시장에서는 환율변동과 외환이 초과수요(초과공급)의 변동이

$$\frac{d}{dE}(D-S)<0 \tag{6.1}$$

의 관계에 있게 되며 <그림 6-7>의 불안정한 외환시장에서는

$$\frac{d}{dE}(D-S)>0 \tag{6.2}$$

의 관계에 있게 된다.

이제 외환수급의 균형상태에서 위의 두 식을 환율변동에 대한 외환수급의 탄력성을 나타내기 위하여 상기 부등식의 양변에 E/D와 E/S를 곱해주면 안정적 외환시장의 조건은 다음과 같은 (6.3)식이 되고 불안정한 외환시장조건은 (6.4)식이 된다.[26]

$$\text{안정적 외환시장 조건: } \left(\frac{E}{D}\frac{dD}{dE}\right)-\left(\frac{E}{S}\frac{dS}{dE}\right)<0 \tag{6.3}$$

$$\text{불안정적 외환시장 조건: } \left(\frac{E}{D}\frac{dD}{dE}\right)-\left(\frac{E}{S}\frac{dS}{dE}\right)>0 \tag{6.4}$$

여기서 볼 때 부등식에서 첫째 항은 환율변동에 대한 외환의 수요탄력성 $(-E)^F_D$이며, 둘째 항은 환율변동에 대한 외환의 공급탄력성$(E)^F_S$이 되어 결국 외환시장의 안정조건은 $-E^F_D - E^F_s < 0$의 관계에 있음을 알 수 있는데, 이를 로빈슨-메츨러(Robinson-Metzler)의 안정조건이라고 한다.

---

26) 이강남, 「국제금융론」, 법문사, 2006, pp.217-223.

제2절 환율변동과 예측

1. 환율변동요인

1) 장기 환율에 영향을 미치는 요인

외국 재화에 비해 국내 재화에 대한 수요를 상대적으로 증가시키는 요인은 국내 화폐를 절상시키는 효과가 있다. 또한 국내 재화에 비해 외국 재화에 대한 수요를 상대적으로 증가시키는 요인은 국내 화폐를 절하시키는 경향이 있다. 따라서 상대적인 물가수준, 관세와 쿼터, 국내 재화와 외국 재화 간의 선호, 생산성 등 4가지 주요한 요인들이 장기적으로 환율에 영향을 준다. 다른 요인들이 일정하다고 가정하고, 각 4가지 요소가 환율에 어떻게 영향을 주는지 살펴보자.

(1) 상대 물가수준

상대국 물가수준 변동이 환율을 결정하는 가장 근본적인 요인이다. 통화가치는 재화, 서비스, 자본 등에 의한 구매력의 척도이다. 즉, 구매력평가이론(PPP)에 따르면, 한국의 물가상승률이 타국에 비하여 높은 상승세를 나타낼 경우 원화의 구매력이 하락하므로 환율은 상승하여 한국의 수출경쟁력은 약화된다. 수입경쟁력은 증가한다. 즉, 한국 재화들의 가격이 상승할 때(외국 재화들의 가격은 일정하다고 가정할 때) 한국 재화들에 대한 수요는 감소하고, 한국 재화들이 계속해서 잘 팔릴 수 있도록 원화는 절하하는 경향이 있다. 이와 대조적으로, 미국 재화들의 가격이 상승하여 한국 재화의 상대가격이 하락하면, 한국 재화들에 대한 수요는 증가하고 원화는 절상하는 경향이 있다.

이처럼 상대적인 물가변동효과에 의한 환율변동효과는 수출입상품의 상대가격변동과 이에 따른 경상수지의 변동을 통하여 나타난다.

(2) 무역장벽

관세장벽(tariff: 수입되는 재화에 부과되는 세금)과 쿼터(quotas: 수입될 수 있는 외국 재화의 양에 대한 제한)와 같은 비관세장벽은 환율에 영향을 줄 수 있다. 한국이 미국산 자동차에 대한 관세를 인상하거나 쿼터를 줄일 경우 한국산 자동차에 대한 한국내 수요를 증가시킨다. 한국산 자동차는 원화의 가치가 상승할지라도 잘 팔릴 것이기 때문에 원화는 절상하는 경향이 있다. 무역장벽을 높이는 것은 한 국가의 화폐를 장기적으로 절상시킨다.

(3) 국내 재화와 외국 재화간의 선호

만약 미국인들이 한국산 인삼과 한국 영화와 같은 한국 재화를 선호하게 되면, 이에 따른 한국 재화들에 대한 수요 증가는 원화를 절상시키는 경향이 있다. 왜냐하면 원화의 가치가 상승하더라도 한국 재화들은 계속해서 잘 팔릴 것이기 때문이다. 이와 유사하게, 만약 한국인들이 한국산 자동차보다 미국산 자동차를 선호하면, 이에 따른 한국 재화의 수요 증가는 원화를 절하시키는 경향이 있다. 한 국가 재화에 대한 수출 수요의 증가는 이 국가의 화폐를 장기적으로 절상시킨다. 이와 반대로, 외국 재화에 대한 수입 수요의 증가는 이 국가의 화폐를 장기적으로 절하시킨다.

(4) 생산성

한 국가의 생산성이 다른 국가의 생산성보다 더 빠른 속도로 향상될 경우 자국통화는 절상된다. 예를 들면, 보다 더 생산적인 국가의 기업들은 덜 생산적인 외국 재화에 비해 국내 재화의 상대가격을 인하시키고도 여전히 이윤을 얻을 수 있다. 따라서 국내 재화에 대한 수요는 증가하고, 국내 화폐는 절상하는 경향이 있다. 그러나 만약 이 국가의 생산성이 다른 국가들의 생산성보다 낮으면, 이 국가의 재화들은 상대적으로 더 비싸게 되고 이 국가의 화폐는 절하하는 경향이 있다. 장기적으로, 한 국가가 다른 국가들에 비해 상대적으로 더 생산적이 되면, 이 국가의 화폐는 절상한다.[27)]

---

27) 규모가 작은 국가의 경우, 생산성의 변화 또는 국내 재화나 외국 재화에 대한 선호의 변화가 외국 재화와 비교한 국내 재화의 상대가격에 영향을 주지 않을 수 있다. 이 경우,

(5) 국제수지

상품·서비스거래, 자본거래 등 대외거래결과 국제수지가 흑자를 시현하면 외화공급이 증가하여 환율은 하락하게 된다. 반대로 국제수지가 적자를 시현하면 외화의 초과 수요가 발생하여 환율은 상승하게 된다.

2) 단기 환율에 영향을 미치는 요인

지금까지 장기 환율 이론을 살펴보았다. 그러나 환율이 왜 매일매일 크게 변화하는지를 이해하려면, 현재 환율(현물환율)이 단기에서 어떻게 결정되는지에 관한 이론을 개발해야 한다.

환율의 단기적 움직임을 이해하기 위한 열쇠는 환율이 외국 은행예금(외국 화폐로 표시된 예금) 기준으로 나타낸 국내 은행예금(국내 화폐로 표시된 예금)의 가격이라는 사실을 인식할 필요가 있다. 환율은 다른 자산의 가격을 기준으로 나타낸 한 자산의 가격이기 때문에, 단기에서 환율의 결정과정을 살펴보는 자연스러운 방법 중 하나는 자산시장 접근법(asset market approach)을 이용하는 것이다. 그러나 곧 알게 되겠지만 환율의 장기적 결정 요인들은 또한 단기적 자산시장 접근법에서도 중요한 역할을 한다.[28)]

환율 결정에 대한 초기의 접근법들은 수입 수요와 수출 수요의 역할을 강조했다. 최근의 자산시장 접근법은 짧은 기간 동안에 발생하는 수출과 수입을 강조하지 않는다. 왜냐하면 수출과 수입의 거래는 어느 주어진 시점에 국내 은행예금과 외국 은행예금의 거래규모에 비해 상대적으로 매우 적기 때문이다. 예를 들어, 매년 미국의 외환거래는 미국의 수출과 수입 금액의 25배 이상 크다. 따라서 1년과 같은 짧은 기간 동안, 국내 자산 또는 외국 자산을 보유하기 위한 의사결정이 수출과 수입 수요보다 환율을 결정하는 데 있어 훨씬 더 큰 역할을 한다.

생산성의 변화 또는 국내 재화나 외국 재화에 대한 선호의 변화는 이 국가의 소득에 영향을 주나 반드시 이 국가의 화폐 가치에 영향을 주지 않을 수 있다. 그러나 본문에서는 이와 같은 요인들은 상대가격에 영향을 줄 수 있고, 결과적으로 환율에 영향을 줄 수 있다고 가정한다.

28) 환율 결정의 자산시장 접근법에 관한 보다 상세한 설명을 위해서는 Paul Krugman and Maurice Obstfeld, International Economics, 6th ed.(Reading, Mass.: Addison Wesley Longman, 2003)

(1) 거시경제 정책

통화정책과 같은 거시경제 정책이 환율에 영향을 미칠 수 있다. 긴축통화정책을 시행하게 되면 통화 공급이 감소되고 국내금리는 상승한다. 국내금리의 상승은 국내·외 금리 차이를 확대시켜 채권투자자금을 중심으로 자본의 유입을 증가시켜 환율을 하락시키는 요인으로 작용한다.[29]

그러나 금리에는 명목금리와 실질금리가 있으며 명목금리는 실질금리와 인플레이션으로 구성되기 때문에 명목금리 상승이 이들 두 요인 중 어느 쪽의 영향을 받아 결정되는 지에 따라 환율에 미치는 영향은 달라질 수 있다. 먼저 실질금리는 소비시장과 투자시장을 청산하는데 시간이 걸리기 때문에 느리게 반영한다는 완전시장이론이다. 즉, 명목금리의 갑작스런 상승은 기대물가상승률이 증가하였음을 의미하는 것이고 이는 국내통화가치가 하락하는 결과를 가져온다는 견해이다.

다음으로 금리변동이 물가와 기대상승률을 느리게 조정시킨다는 견해로써 케인즈 학파가 주장하는 이론이다. 즉, 금리의 단기적인 변동은 실질금리에 통화적인 충격을 주어 실질금리 상승을 가져오고 이는 국내통화가치를 상승시킨다는 것이다. 따라서 금리의 상승이 기대인플레이션에 기인하는 것이면 국내통화가치는 하락하고 실질금리의 상승을 반영한다면 국내통화가치는 상승하게 될 것이다.

(2) 중앙은행의 외환시장 개입

중앙은행이 외환시장에 개입하면 단기적으로는 외환시장효과와 통화효과를 통하여 환율에 영향을 미친다. 외환시장효과와 통화효과도 태화시장과 불 태화 외환시장에 따라 다르게 나타날 수 있다. 먼저 태화 외환시장에서는 중앙은행이 외환시장에 개입하여 외환수급에 직접적인 변동을 줄 경우 환율에 영향을 미칠 수 있다. 즉, 중앙은행이 환율이 하락하는 것을 방지하기 위하여 외환을 매입한다면 외환수요를 증가시켜 원화환율을 상승시킨다. 외환수급의 변동은 통화량을 변동시켜 국내금리의 변동을 가져와 환율에 영향을 미치는 통화효과를 가져올 수 있다. 즉, 통화량을 증가시켜 국

29) 한국은행, 「한국의 외환제도와 외환시장」, 2016, pp.128~136.

내금리를 하락시키면서 자본유출을 가져와 외환수요를 증가시켜 원화환율을 상승시킨다.[30)]

불 태화 외환시장에서는 외환수급변동으로 발생하는 본원통화의 변동을 공개시장조작을 통하여 상쇄시키기 때문에 통화량변동은 발생하지 않는다. 따라서 중앙은행이 외환시장에 개입하여 외환수급을 변동시키면 환율변동에 영향을 미치는 외환시장효과만 발생시키고 통화효과나 기대인플레이션효과는 나타나지 않는다. 따라서 불태화 외환시장 개입효과가 태화 외환시장 개입효과보다 단기적이고 미미하다고 할 수 있다.

(3) 정치상황 및 투기

일국의 정치적 안정성과 경제정책에 대한 일반국민의 신뢰가 환율변동에 영향을 미칠 수 있다. 특히 대부분의 개방경제를 지향하거나 선진국일수록 변동환율제도를 시행하고 있는 현실에 비추어보면 투자가들의 시장참여 정도는 시장에 대한 신뢰에 깊은 영향을 받을 수밖에 없다. 즉, 일국에 정치적 불안이 야기되거나 미국의 대외무역정책의 변화와 같은 국제무역환경의 급격한 변화는 외환시장에서 환율에 즉각적인 영향을 미친다.

또한 투기는 자국통화가치가 하락할 것으로 예상할 때 이익을 획득할 목적으로 외환을 매입하거나 자국통화가치가 상승할 때 외환을 매도함으로써 환율을 불안정하게 만드는 중요한 요인이 되고 있다. 투기자들이 외환거래를 이와 같은 방향으로 하는 이유는 환율이 하락할 때 더 하락할 것이라고 믿거나 환율이 상승할 때 더 상승할 것이라고 믿기 때문이다. 이는 외환시장에서 외환의 매입 및 매도를 촉진시켜 환율의 하락이나 상승을 더욱 부채질할 것이다.[31)] 반대로 투기를 안정에 기여하는 원인으로 보는 견해도 있다. 이윤을 얻기 위해서 투기자들은 환율이 균형수준 이하로 떨어지면 매입하게 되고 균형점 이상으로 상승하면 매도한다. 따라서 투기자들의 행동은 환율을 균형점에 더 가까이 움직이게 만든다는 견해이다.

---

30) 외환시장효과와 통화효과는 공개시장조작을 통해서도 발생할 수 있다. 즉, 중앙은행이 원화표시 국내채권을 매입하여 통화량을 증가시킨다면 국내금리가 하락하여 자본유출을 통한 외환수요를 증가시켜 원화환율을 상승시킨다.

31) 최생림, 「외환론」, 박영사, 2016, pp.222-227.

(4) 주변국의 환율변동

주변국의 환률변동도 자국통화의 가치에 많은 영향을 미칠 수 있다. 즉, 수출경쟁국의 통화가 평가절하될 경우 자국의 수출경쟁력이 약화되고 이로 인해 외환공급이 감소될 것이라는 시장기대가 형성되어 자국의 통화가 절하된다. 한국의 원화는 일본의 엔화의 가치변동과 유사한 추세를 보이기도 하였다.

(5) 은행의 외환포지션 변동

은행의 외환포지션(외화자산 - 외화부채)이 매도초과 혹은 매입초과 중 어떤 한 방향으로 크게 노출될 경우 포지션 조정을 위한 거래가 발생한다. 이와 같은 포지션 조정거래는 환율을 변동시킨다. 예를 들어 은행의 선물환 포지션이 큰 폭의 매도초과를 보일 경우 환율 변동에 따른 위험에 노출되지 않기 위해서 현물환 매입수요를 증가시킴으로써 환율이 상승하게 된다.

2. 환율변동 측정과 예측

1) 기본적 분석과 기술적 분석

환율예측방법은 크게 기본적 분석(fundamental analysis)과 기술적 분석(technical analysis) 방법으로 나누어진다. 기본적 분석방법은 환율변동에 영향을 미치는 기본적 경제변수들을 선택하여 이들 변수와 환율과의 관계를 계량모형화하거나 체계화함으로써 미래의 환율을 예측하는 것이다. 앞 절의 수요와 공급에 의한 환율결정이론은 기본적 분석방법에 속한다고 할 수 있다.

반면에 기술적 분석방법은 과거의 환율 및 이자율의 변동형태의 추세적인 특징을 시각적·통계적으로 분석함으로써 장래의 환율을 예측하는 방법이다.

기본적 분석방법은 계량모형을 이용하여 장기적인 환율변동의 방향을 수식적으로 제시할 수 있다는 이점이 있으나 방대한 자료를 수집하고 이를 처리하는 과정에서 상당한 비용과 시간이 소요된다. 또한 환율변동에 영향을 주는 예측치 못한 사태발전을 환율예측에 즉시 반영할 수 없다는 문제점이 있다.

따라서 이와 같은 문제점을 보완하기 위해서 기술적 분석에 의한 환율예측방법이 광범위하게 이용되고 있다. 기술적 분석방법에서는 환율전망에 직접 관련되는 현물환율, 선물환율 및 이자율 등을 이용하여 이들의 변동형태를 차트기법이나 이동평균법 등 통계적 기법을 활용하여 분석함으로써 향후의 환율을 예측한다.

기본적 분석방법이 환율변동의 경제적 원인을 분석함으로써 환율변동을 예측한다면 기술적 분석은 시장에 나타난 결과 자체를 중시하여 환율변동을 예측한다. 최근 환율 및 이자율의 가변성이 높아지면서 단기예측에 있어서는 기술적 분석방법이, 장기예측에 있어서는 기본적 분석방법이 우세하기 때문에 상호보완적으로 사용된다.

환율결정이론에 근거한 기본적 분석방법은 대학교 저학년 수준에서는 이해하기 어려우므로 생략하기로 하고, 본 절에서는 기술적 분석방법을 중심으로 환율예측기법을 논하고자 한다.

2) 차트분석

(1) 차트의 종류

① 선 차트

선 차트(line chart)는 시간단위를 기준으로 어느 하나의 가격만을 선택해서 연결한 선을 나타낸 차트를 말한다. 주로 종가가 선택되어 꺾은 선 그래프처럼 그리기 때문에 종가차트(closing only chart)라고 불리기도 한다.

선 차트는 중장기적인 추세를 분석하는데 큰 도움이 될 수도 있다. 하지만 내포하고 있는 정보의 양이 그리 많지 않기 때문에 분석용으로보다는 단순한 보고용이나 고시용으로 주로 사용된다. 신문이나 잡지 등에서 전체적인 동향을 설명하는데 쓰이는 차트가 바로 선 차트이다.

이러한 선 차트는 시간에 따라서 일간(daily), 주간(weekly), 월간(monthly) 차트 등으로 구분된다. 또한 스케일에 따라서 산술차트(arithmetic chart)와 로그차트(log chart)로 분류하기도 한다.

〈그림 6-8〉 선 차트의 예

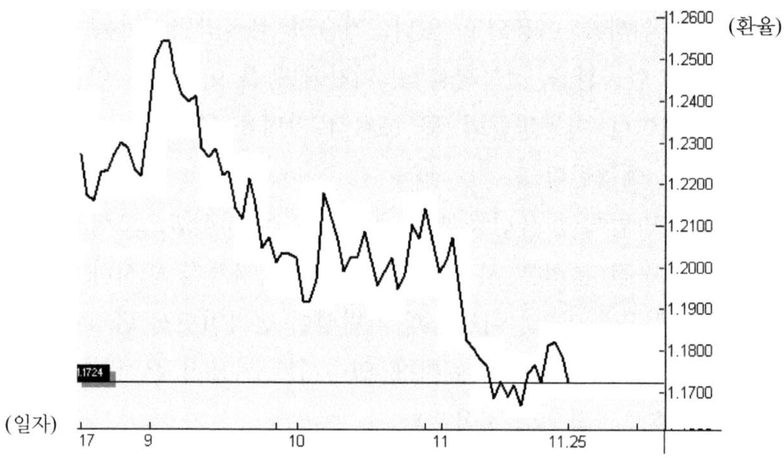

② 봉차트

봉차트(bar chart)는 각 봉들에 표시된 시가, 고가, 저가, 종가들의 위치를 통해 특정기간의 시장움직임을 한눈에 파악할 수 있도록 그린 것이다. 시가와 종가의 위치나 가격 등락폭에 따라 시장흐름 및 추세를 예측할 수 있다.

가. 미국식 봉차트

하루 중의 최고가와 최저가를 한 줄에 표시하여 상하로 이어 봉으로 표현하고 왼쪽에는 시가, 오른쪽에는 종가를 표시한다. 이 봉들을 시간의 흐름에 따라 옆으로 늘어놓은 것이 미국식 봉차트이다. 일반적으로 거래일 순서로 왼쪽에서 오른쪽으로 그려나가며 하루에 한 개의 봉이 그려진다.

봉 하나 하나에는 하루의 가격 움직임이 아주 간단한 방법으로 함축되어 있다. 봉의 왼쪽은 시가(open), 오른쪽은 종가(close), 상단은 고가(high), 하단은 저가(low)를 표시하며 봉의 길이는 시장 움직임의 폭을 나타낸다.

〈그림 6-9〉 미국식 봉차트의 예

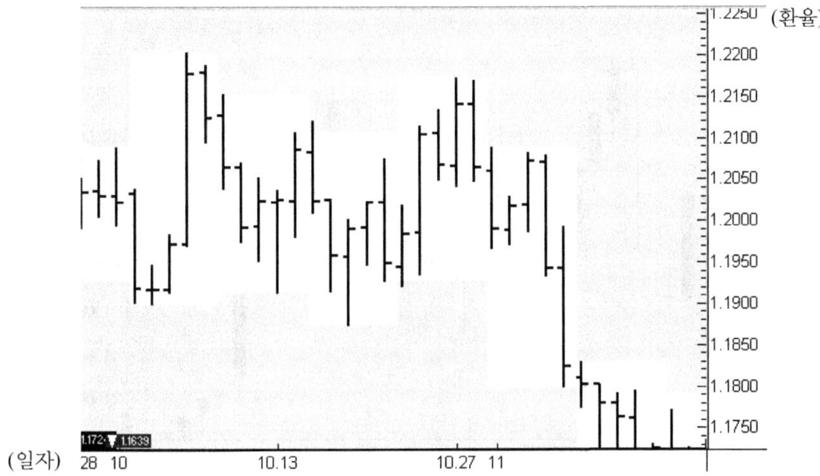

나. 일본식 봉차트

시가, 고가, 저가, 종가를 모두 표시하되 시가에 비해 종가가 하락한 경우를 청색 또는 흑색의 음선형으로, 시가에 비해 종가가 상승한 경우는 적색 또는 백색의 양선형으로 표시한다.

봉의 몸은 하루 중에 형성되는 가격의 움직임과 상승·하락 및 그 폭을 나타내 준다. 따라서 몸의 길이가 길면 길수록 상승 또는 하락의 폭이 크다는 것을 나타낸다.

고가선과 저가선은 가격의 변동범위를 나타낸다. 따라서 고가와 저가 사이의 간격이 멀면 멀수록 가격변동폭이 크다는 것을 나타낸다.

〈그림 6-10〉 일본식 봉차트의 예

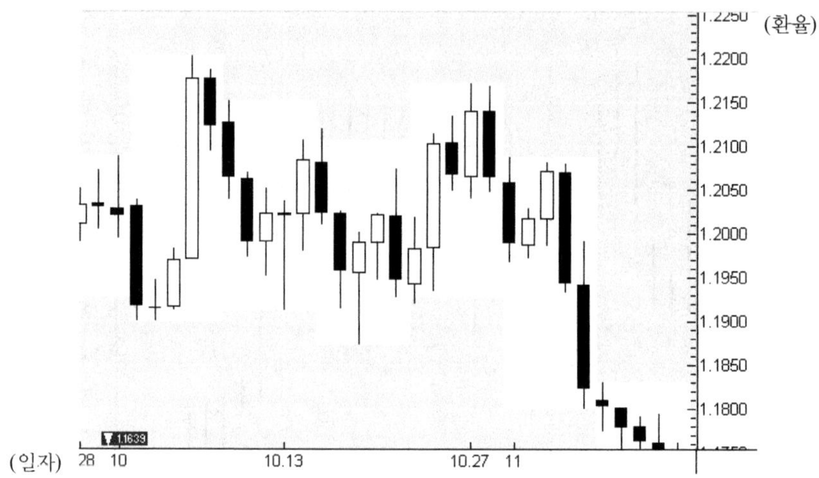

③ 점도차트

점도차트(point and figure chart: P&F)는 모든 거래를 시간에 상관없이 단위가격의 움직임이 상승인지 아니면 하락인지에만 중점을 두고 연속적으로 표시한 차트를 말한다. 점도차트에는 모눈종이 위에 미리 임의로 설정한 가격변동이 기준 이상으로 오를 때마다 ×를 표시하고 내릴 때마다 ○를 표시하기 때문에 가로축의 시간기준은 없다. 그리고 가격변동의 기준 이상으로 계속 상승하거나 하락하면 모눈종이의 칸을 오른쪽으로 옮기지 않으며 오직 그 줄에서만 ×표나 ○표를 계속해서 표시하게 된다.

따라서 시장가격이 며칠 동안 계속 상승한다면 한 줄에서 ×표만 나타나게 될 것이다. 이런 점에서 하루가 지날 때마다 차트를 한 칸씩 옮겨 시간의 경과를 표시하는 봉차트와는 다르다.

〈그림 6-11〉 점도차트의 예

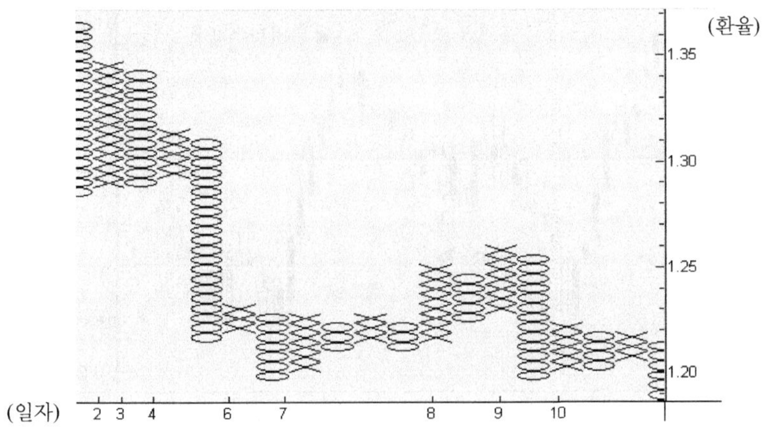

점도차트는 다음과 같은 특징을 가지고 있다.

첫째, 점도차트에서는 시간요소 및 거래량은 고려되지 않고, 가격의 상승과 하락만이 고려대상이다.

둘째, 차트상의 상승 및 하락은 사전에 정해진 가격 이상으로 환율이 변화할 때만 표시된다. 즉, 사소한 가격의 변화는 무시된다.

셋째, 시계열이 무시되기 때문에 좁은 지면에 장기간의 기록이 가능하며, 차트 자체로서 가격의 장기추세를 파악할 수 있다.

넷째, 향후 가격의 상승 폭 또는 하락 폭을 사전에 예측할 수 있다. 즉, 목표치 계산이 가능하다.

(2) 추세선과 채널

가격의 움직임을 차트 상에 나타내면 무수히 많은 고점과 저점을 발견하게 되는데, 이들 중 의미있는 두 고점 또는 저점을 연결한 직선을 추세선(trend line)이라 한다. 일반적으로 상승추세선은 저점끼리 연결하고 하락추세선은 고점끼리 연결한다.

〈그림 6-12〉 추세선의 예

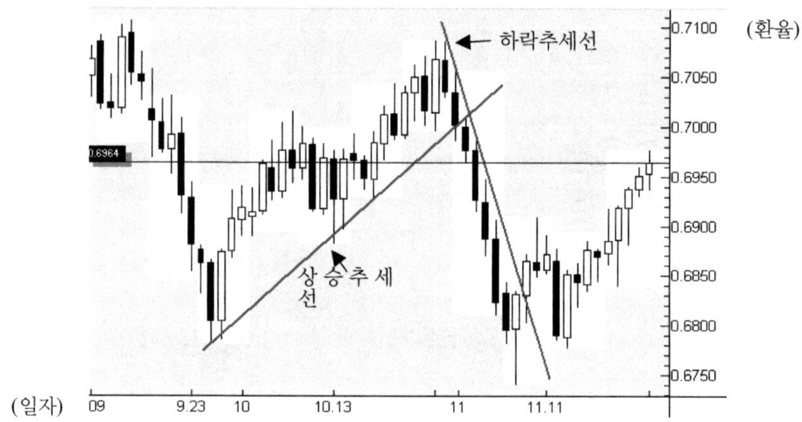

추세선의 길이가 길면 길수록, 또 기울기가 완만하면 완만할수록 추세선의 신뢰도가 높다. 추세선 반대편에 바깥선을 그어 추세선과 바깥선 사이를 채널(channel)이라고 하는데, 이러한 채널이 분명이 나타나는 가격의 움직임은 추세선만 나타나는 모형보다 훨씬 신뢰할 수 있는 기준이 된다.

〈그림 6-13〉 채널의 예

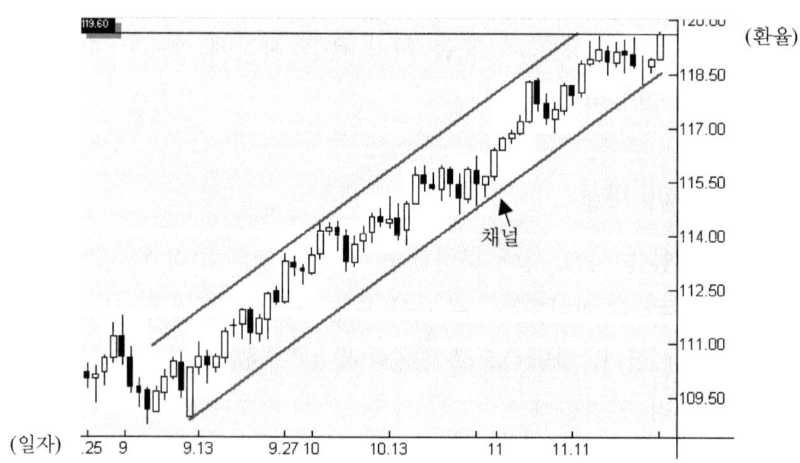

(3) 저항선과 지지선

지지란 가격의 하락을 정지시키는데 필요한 실제적 혹은 잠재적 매입세력이 형성되는 것을 말하며, 저항이란 지지의 반대개념으로서 가격의 상승을 억제시키는 실제적 또는 잠재적 매도세력의 형성을 일컫는다. 따라서 지지선이란 가격이 그 이하로 하락하는 것을 저지시키는 최저의 가격수준을 의미하며, 저항선이란 가격이 그 이상으로 상승하는 것을 저지시키는 최고의 가격수준을 말한다.

지지선에서는 매입자가 많아서 가격이 그 이하로 하락하지 않으며, 저항선에서는 매도세력이 많아서 가격이 그 수준을 초과하여 상승하는 것이 억제된다.

그러나 일정한 지지수준과 저항수준이 끝없이 지속되지는 않는다. 시장상황이 변하면 가격은 언제든지 이 두 수준을 돌파할 수 있기 때문이다. 어느 시점에서 가격이 저항선을 돌파하여 그 이상으로 상승하면 그때까지 저항선으로 작용하던 가격수준이 새롭게 지지수준으로 되는 것이 일반적이다.

〈그림 6-14〉 저항선과 지지선

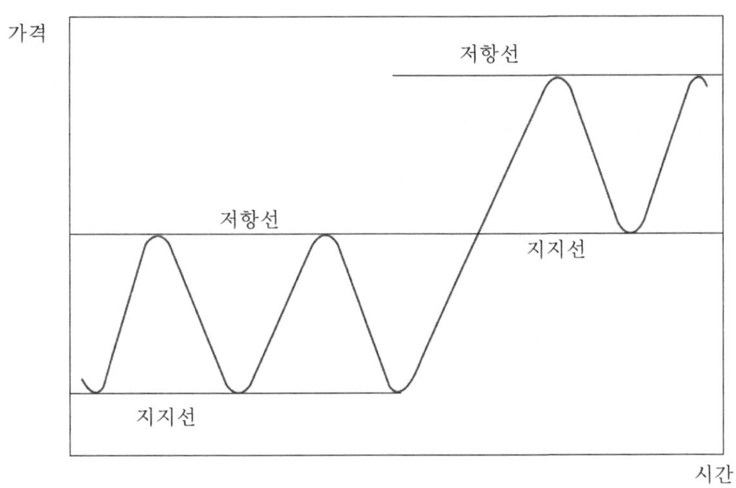

3) 시장특성분석

(1) RSI이용분석

RSI(relative strenth index)란 시장가격이 상승추세라면 얼마나 강력한 상승추세인지, 또한 하락추세라면 얼마나 강력한 하락추세인지를 백분율로 나타내는 지표이다. 1978년 와일더(J. Welles Wilder, Jr.)는 추세의 강도를 객관적으로 파악하기 위해 RSI를 개발하였다.

상대강도지수라고 불리는 RSI는 환율이 상승추세이면 얼마나 강력한 상승추세인지 또는 하락추세이면 얼마나 강력한 하락추세인지를 퍼센트로 표시해 준다. 이를 토대로 과다한 상승추세라면 매입을 자제하거나 아니면 오히려 매도를 하는 등 유용하게 사용할 수 있을 것이다.

RSI를 계산하는 식을 표현하면 다음과 같다.

$$RSI = \frac{14\text{일간 상승폭 합계}}{14\text{일간 상승폭 합계} + 14\text{일간 하락폭 합계}} \times 100 \qquad (6.5)$$

여기서 14일 동안의 움직임을 기준으로 한 것은 RSI를 개발한 와일더의 실증분석 결과 가장 효과적인 기간으로 나타났기 때문이다.

RSI는 전체 환율변동(14일간의 상승폭 합계 + 14일간의 하락폭 합계) 중에서 상대적으로(relatively) 환율의 상승폭(strength)이 어느 정도인지를 지표(index)로 나타낸 값이다. 이때 RSI의 값은 0에서 100 사이에서 결정되도록 되어 있으며, 보통의 RSI값은 30과 70 사이에서 형성된다. RSI의 값이 30 이하나 70 이상으로 넘어서게 되면 현재의 시장가격 추세가 거의 막바지에 이르렀다고 판단할 수 있는 것이다.

그러므로 RSI를 이용할 때 RSI의 값이 70을 넘어서면 매도기회를 포착하고, RSI의 값이 30 이하로 결정되면 매입기회를 포착하는 것이 중요하다. 하지만 환율변동에 심각한 영향을 미치는 사건이 발생하거나, 시장에서 예상치 못한 상황이 발생하게 되면 일반적인 상대강도가 달라질 수 있다. 따라서 단순히 RSI가 70 이상이거나 30 이하라고 해서 매도하거나 매입하는 것은 위험하다고 할 수 있다.

〈그림 6-15〉 RSI차트의 예

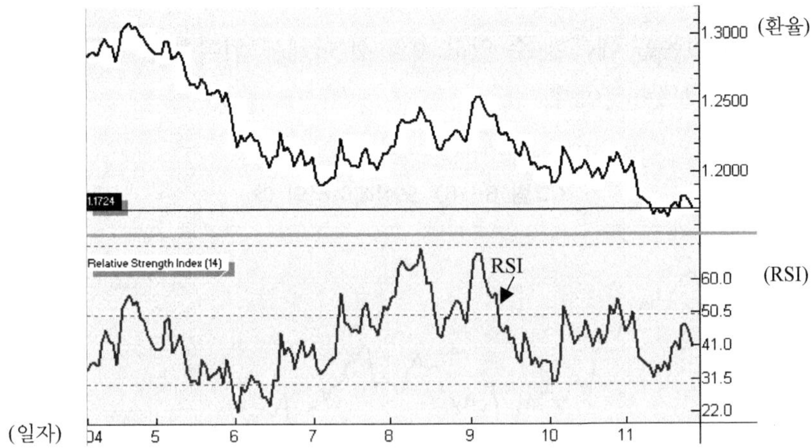

한편 RSI는 분석기간이 길수록 RSI의 움직임이 둔해지지만 잘못된 신호를 나타낼 확률은 줄어든다. 반면에 RSI 기간이 짧을수록 RSI는 시장가격변동에 예민하게 움직이지만 잘못된 신호를 나타낼 수도 있다.

(2) 오실레이터

환율변동추세가 일정한 방향을 가리키지 않고 보합국면에 있을 때에 환율의 전환점을 파악하기 위해 사용되는 기법이 오실레이터(oscilator)이다. 오실레이터란 현재의 환율이 이동평균을 돌파하는지를 눈으로 확인하기 위해 단기이동평균에서 장기이동평균을 뺀 값을 차트 상에 별도의 구획을 만들어 선이나 막대그래프로 표시한 것이다.

오실레이터는 이동평균선의 교차를 달리 표현한 것에 지나지 않을 수도 있다. 그러나 오실레이터는 그 환율변동의 전환점을 찾는 방법으로 좀 더 빠른 매매 타이밍을 포착할 수 있게 해준다는 장점을 갖고 있다.

여기서 전환점(turning point)이란 오실레이터가 정점(peak)과 저점(trough)을 형성하는 시점을 말한다. 오실레이터의 특성상 전환점은 완만하게 형성되기 때문에 환율의 정점과 저점에 비해 형성된 후 곧바로 확인하기가 쉽다는 장점이 있다.

오실레이터는 단기이동평균치에서 장기이동평균치를 뺀 차이를 모멘텀 지표(momentum indicator)[32]로 하여 이것이 0의 선 위에 위치하면 환율이 상승추세에 있음을 예측할 수 있고, 0의 선 아래에 위치하면 환율이 하락추세에 있다고 보는 것이다.

〈그림 6-16〉 오실레이터의 예

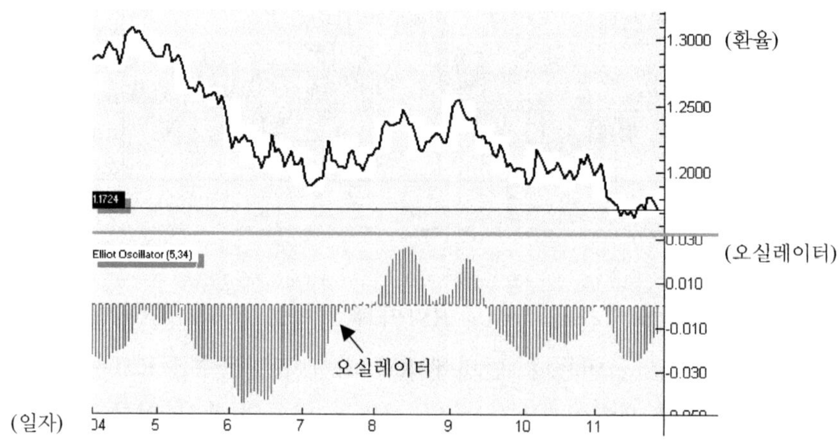

또한 오실레이터의 움직임이 지속적인 상승추세에 있다가 움직임을 멈추었다면 앞으로 환율이 하락할 가능성이 있는 것으로 예측할 수 있어서 환율변동의 경고신호로 인식하여야 한다. 반대로 오실레이터의 움직임이 하락추세를 일단 멈추었다면 현재의 환율의 하락이 멈추고 환율이 상승할 가능성이 있다는 신호로 받아들여야 한다.

하지만 오실레이터의 움직임만을 분석하여 환율의 변동을 예측하고 매입이나 매도거래를 실행하는 것은 위험하다고 볼 수 있다. 특히 오실레이터의 움직임이 한풀 꺾이고 있다면 뒤늦게 진행되는 환율의 추세방향과 같은 방향의 포지션을 만드는 것은 주의해야 할 것이다.

32) 모멘텀이란 추진력, 타성, 여세 등으로 번역되는데 어떤 움직임을 지속시키는 힘을 말한다. 가격이 상승하면 계속해서 상승하리라는 의식을 가진 매입세력 및 가격이 하락하면 계속 하락할 것이라고 생각하는 매도세력에 의해 형성된다. 그러나 넓은 의미로 오실레이터와 같은 지표들의 움직임을 통틀어 모멘텀이라고 부르기도 한다.

제3절 환노출

1. 환위험과 환노출

환위험(foreign exchange risk)이란 미래 예상하지 못한 환율변동으로 개인, 기업 및 정부 등 경제주체가 소유한 자산의 가치가 변동할 가능성의 정도를 의미한다. 일반적으로 자산가치의 변동은 경제주체가 외환거래를 하는 과정에서 예상하지 못한 환율변동으로 발생할 수 있다. 따라서 환위험은 환율변동과 환노출에 의해서 결정된다. 환노출(foreign exchange exposure)은 환율변동성과 함께 환위험(foreign exchange risk)을 발생시키는 원인으로써 외화로 표시된 자산, 부채 및 현금의 유입 및 유출에 의해 결정된다. 즉, 외화표시자산, 부채, 수익 및 비용을 보유하고 있는 경제주체의 가치가 환율변동으로 얼마나 민감하게 영향을 받는 상태 및 범위를 의미한다. 결국 환위험, 환율변동 그리고 환노출은 상호 밀접한 관련성을 가지고 있다. 환위험은 환율변동성과 완노출의 크기에 의해 결정된다. 그러나 환율변동은 경제주체가 통제할 수 없으나 환노출은 개별경제 주체가 통제할 수 있다는 차이점이 있다. 따라서 환위험을 감소시키기 위해서는 환노출을 정확히 파악하여 적절히 관리할 필요가 있다. 환노출은 크게 경제적 노출(translation exposure)과 회계적 노출(accounting exposure)로 구분할 수 있으며 회계적 노출은 다시 환산노출(translation exposure)과 거래적 노출(transaction exposure)로 구분할 수 있다. 이를 구체적으로 살펴보면, 경제적 노출은 예상치 못한 환율의 변동으로 기업의 미래현금흐름이 변화할 가능성, 따라서 기업의 자산가치가 변화할 가능성을 말한다.[33] 즉, 경제적 노출은 환율변동이 기업이 생산하는 제품의 매출액, 판매가격 그리고 생산원가 등에 실질적으로 영향을 미침으로써 장래에 현금의 흐름을 변화시키고 기업의 장래수익에까지

33) 일반적으로 자산(asset)의 가치는 순 현재가치(NPV: Net Present Value)방법을 이용하여 그 자산으로부터 얻게 되는 장래의 현금흐름을 순 현재가치로 할인함으로써 구할 수 있다.

영향을 미치기 때문에 발생한다.[34] 따라서 거래 노출이 환율변동의 단기적 영향을 측정한다면 경제적 환위험은 환율변동의 장기적 효과를 측정하는 것이라고 말할 수 있다.

환산노출은 연결재무제표를 작성하는 과정에서 외화로 표시된 자산, 부채, 수익 및 비용 등을 자국 통화로 환산할 때 환율이 변동함으로써 기업의 재무상태 및 성과가 변동할 가능성을 의미한다.

즉, 환산노출은 해외자회사의 재무제표를 모 기업국의 통화를 이용하여 모기업의 재무제표와 연결시킬 때 발생하는 환위험을 말한다. 해외 자회사의 재무제표가 모기업의 재무제표 작성통화인 보고통화로 작성되어 있으면 별문제가 없다. 하지만 다른 통화로 작성되어 있다면 본사와 자회사 간 연결재무제표를 작성하기 위해서는 이를 모기업의 기준통화로 환산하는데 이 과정에서 환산손익이 발생할 수 있는데 이를 환산노출이라 한다.

환산(translation)이란 외국통화로 표시된 금액을 그 기업의 기준통화 화폐단위로 통일하는 과정으로 볼 수 있다. 환산은 특정 통화를 다른 통화로 바꾸는 환전(exchange of money)과는 다르며 단지 화폐적 표현만을 달리할 뿐이다. 예컨대 달러로 표시되어 있는 재무제표의 각 계정들을 원화로 바꾸어 표시하는 것이 환산이다. 그러나 환전은 달러를 현재의 환율에 맞게 일정금액의 원화로 바꾸는 것이다.

거래 노출은 외화로 표시된 거래의 결제에서 환율변동으로 인한 이익이나 손실이 생길 가능성을 의미한다. 즉, 거래노출은 거래시점과 결제시점 간의 시차로 환율이 변동됨으로써 외화표시거래에 발생되는 환차손 또는 환차익을 말한다. 이는 예상하지 못한 환율변동이 판매량, 판매가격, 생산원가 등의 변동을 통해 장래의 현금흐름과 수익에 영향을 미침으로써 기업이 입게 되는 환위험으로써 기업의 영업성과에 미치는 효과는 상당부분 주관적 평가에 의존하게 된다. 거래 노출은 외국통화로 실질적인 거래를 할 때 관련되는 것으로서 가장 일반적인 환위험이며, 해외영업 결과만을 평가하는 환산위험과 비교된다.

34) 이환호, 「외환론」, 경문사, 2014, pp.238-256.

2. 환노출의 측정

1) 경제적 노출측정

경제적 노출의 측정은 환율변동으로 기업의 매출액, 판매가격, 생산원가 등이 변동되어 기업의 미래 영업성과에 미치는 영향을 평가하는 것을 의미한다. 경제적 노출을 측정함에 있어서 고려할 문제는 정확도이다. 왜냐하면 경제적 노출은 환산노출 및 거래 노출보다 내용과 규모가 실제로 훨씬 큼에도 불구하고 회계장부에서 바로 측정될 수 없으며, 상당부분 주관적 분석의 성격이 강하기 때문이다.

경제적 노출을 측정하기 위해서는 우선 경제적 노출을 발생시키는 원인을 알아야 한다. 경제적 노출을 결정하는 요인으로는 수출 및 내수시장구조, 국내 및 수입원자재 시장구조, 노동시장구조, 기업의 재무구조, 환율의 변동이 국민경제활동에 미치는 영향 등을 들 수 있다. 예를 들면, 환율의 상승은 수출가격을 인하시켜 수출량을 증가시키는 반면, 수입원자재가격을 상승시켜 생산원가를 인상시켜서 결국 국내인플레이션의 유발 및 임금인상으로 이어져 기업의 현금흐름에 영향을 미치게 된다.

이처럼 환율변동은 여러 과정을 거쳐 기업의 현금흐름 및 경영성과에 영향을 미치지만 영향의 크기는 수출수요의 가격탄력성에 따라 달라질 수 있다. 또한 현실적인 문제로써 기업들은 국제시장에서 치열한 경쟁에서 생존하기 위하여 환율변동분을 외화표시 수출가격이나 자국표시 수입가격에 그대로 반영하지 않는다. 즉, 환율변동이 일시적인 경우 수출상들은 가격에 100% 반영하기보다는 가격안정화 정책에 무게를 두고 일시적 손실을 감수하더라도 시장점유율을 유지하는 방향으로 갈 수 있다.

2) 거래노출의 측정

거래노출은 상품/서비스 수출입의 계약시점과 결제시점, 외화자금의 대차거래 등의 발생시점과 상환(회수)시점 간 환율변동으로 발생된다. 거래노출에는 외상매출금, 외상매입금, 외화차입금 및 외화대출금처럼 재무제표상에 기재되는 항목이 있고 선물환 계약과 같이 외화로 수취 또는 지급이 예상되지만 기재되지 않는 항목이 있다. 일반적으로 거래노출은 다음의 두 가지 거래에서 많이 발생한다.

(1) 수출입거래의 거래위험 측정

수출입 거래는 격지간(국가 간) 거래이기 때문에 자국통화 이외의 통화표시로 결제하는 과정에서 매매 계약체결시점과 대금결제시점 간의 시차가 존재한다는 특징이 있다. 따라서 외화로 영수하는 수출상은 결제시점에 적용되는 환율이 매매계약체결시점에서 예상한 환율과 비교하여 높으면(자국통화의 가치가 평가절하 되면) 환차익을 실현하게 되고 반대로 낮으면 환차손을 실현하게 된다. 물론 수입상은 결제시점의 환율이 계약시점에 예상한 환율보다 낮으면 환차익을 실현하게 되고 높으면 환차손을 실현하게 되기 때문에 거래노출이 발생할 수 있다.

수출입거래와 관련된 거래환위험에는 두 가지 종류가 있을 수 있다.

첫째는 최초 거래계약일로부터 수출허가 획득일까지의 거래환위험이다. 이는 회계적 관점에서는 노출되지 않아 장부에 기록되지 않는 거래환위험이며 이를 계약환위험이라고 부르기도 한다.

둘째는 회계적 장부에 나타나는 수출허가 획득일로부터 최종 수출대금 회수일까지의 거래환위험이라 할 수 있다. 따라서 본질적인 의미에서의 거래환위험은 최초 계약일로부터 최종 수출대금 회수일까지 발생하는 환위험이므로, 첫째와 둘째 모두를 포함한다고 할 수 있다.

〈그림 6-17〉 기간에 따른 거래환위험

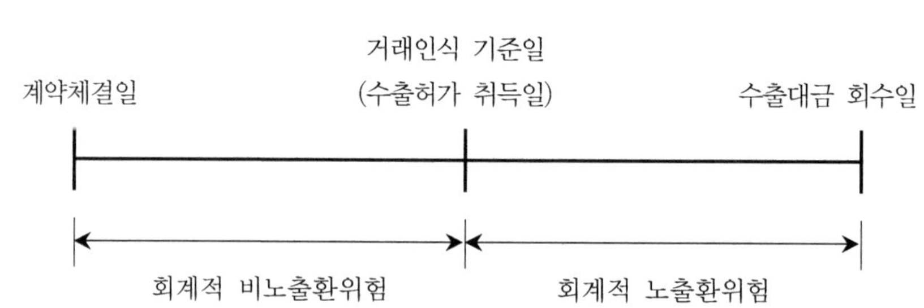

(2) 외화자금거래의 거래노출 측정

거래노출은 기업이 자국통화 이외의 통화표시 형태로 투자재원 또는 운전자본을 차입하고 상환하는 과정에서도 발생한다. 이는 외화자금의 차입시기와 상환시기 간에도 시차가 존재함으로써 환율이 변동되기 때문이다. 거래노출은 일반적으로 본사와 지사 간 혹은 은행과 기업 간의 외화자금거래에서 많이 발생한다.

예를 들면, 외화자금을 차입한 기업의 경우에 상환시점에서 차입통화의 환율이 예상 외로 평가절상이 되었다면 차입기업에게는 절상 폭만큼 자국통화표시 상환부담이 증가하게 된다. 다시 말해 환차손이 발생할 가능성이 커진다. 반대로 평가절하가 되었다면 상환부담이 감소하게 되어 환차익이 발생할 수도 있다.

또는 해외증권투자 및 외화대출의 경우에 달러화 자금을 대출해 준 국내은행은 원화절상이 이루어지면 환차손이 발생하게 되고, 원화절하가 이루어지면 환차익이 초래된다. 거래노출을 회피하기 위한 다양한 헷징전략이 마련되어 있다. 예를 들면 선물환거래를 통해 대금결제일에 맞추어 결제 통화 선물환 매도계약 또는 선물환 매입계약을 체결해 둔다면 매매계약시점과 대금 결제시점 간의 시차로 인하여 발생하는 (환율변동) 위험을 줄일 수 있다.

3) 환산노출의 측정

(1) 적용되는 환율

환산 노출의 크기는 환율변동으로 인한 가치변동이 발생된 외화로 표시된 자산과 부채의 차이로써 측정한다. 이때 노출을 측정하기 위하여 고려해야 할 문제는 환율이 변동하였을 때 대차대조표 및 손익계산서 각 항목에 어떤 환율을 적용하느냐가 관건이다. 적용되는 환율에 따라 서로 다른 결과가 나타나기 때문이다.

첫째, 재무제표일 현재의 환율로 결산일 환율이라고도 하는 현행환율(current rate)로 적용한다. 따라서 현행 환율은 환위험에 노출된 항목에 적용한다.

둘째, 환위험에 노출되지 않는 항목에 적용하는 역사적 환율(historical

rate)이 있다. 역사적 환율은 외화로 표시된 자산 또는 자본을 처음 취득했거나 외화표시 부채가 처음 발생했던 시점의 환율을 의미한다. 따라서 하나의 재무제표에서도 항목에 따라 역사적 환율이 다를 뿐더러, 하나의 계정 속에서도 여러 개의 역사적 환율이 존재할 수 있다. 여러 개의 역사적 환율이 적용될 경우 각 환율별로 금액을 따로 계산하여 그 합계를 연결재무제표에 기재하면 된다.

셋째로는 평균 환율(average rate)을 환산환율로 적용할 때도 있다. 이는 환산의 목적에 따라 현행환율 또는 역사적 환율을 기간별로 가중 평균한 값을 적용하는 것으로, 주로 손익계산서 계정의 환산에 사용되는 환율이다. 일반적으로는 회계기간의 매월 말 또는 매일의 환율을 합산하여 단순 평균한 값을 사용하고 있다. 평균 환율도 환위험에 노출된 항목에 적용한다.

(2) 환산노출 측정방법

환산노출의 측정방법은 환율이 변동했을 때 상기에 설명한 환율 중 어떤 환율을 적용할 것인가에 따라 다음과 같이 구분이 가능하다. 이를 크게 복수환율방법과 현행환율방법으로 구분할 수 있고 복수환율방법은 다시 유동성－비유동성법, 화폐성－비화폐성법 및 시제법으로 구분할 수 있다. 복수환율방법은 역사적 환율과 현행환율을 모두 사용한다. 다음 현행환율법은 현행환율만 사용하는 단일환율방법이라고 할 수 있다. 문제는 네 가지 방법 가운데 어느 특정 방법이 절대적으로 우월한 방법이라고는 주장하기 어렵다. 뿐만 아니라 비록 같은 환산방법을 채택하더라도 실제의 운용에서는 차이점이 많이 나타난다.

① 유동성－비유동성법(current/non-current method)

역사적으로 가장 오래된 환산방법이다. 만기 및 보유기간에 따라 유동성항목과 비유동성항목으로 구분하여 유동자산과 유동부채 등 유동항목(current items)은 현행환율로 평가하고, 만기 1년 이상의 고정자산과 고정부채 등 비유동항목(non-current items)은 역사적 환율을 적용하는 방법이다.[35] 따라서 이 방법에 의하면 환산위험은 자회사의 유동자산과 유동부채

---

35) 재무제표 상 유동성자산이란, 현금, 예금, 시장성 있는 유가증권, 외상매출금, 재고자

의 차이, 즉 순유동자산(net current assets) 또는 운전자산(working capital)으로 정의된다. 유동성－비유동성법은 계산이 비교적 쉽고, 해외자회사의 유동성 분석에 효과적이지만 유동성과 비유동성 항목의 구분이 기업의 자의적인 판단에 따라 구분될 수 있다는 문제가 있다. 또한 모회사와 자회사의 현금흐름을 동일한 것으로 인정하기 때문에 현재는 많이 이용하지 않고 있다.

② 화폐성－비화폐성법(monetary/non-monetary method)

환위험 노출 여부를 항목의 속성상 화폐성 여부[36]에 따라 화폐성-비화폐성으로 구분한다. 화폐성 항목은 환율변동에 노출되어 있다고 판단하여 현행환율로 환산하고, 비화폐성 항목은 역사적 환율로 환산하는 방법이다. 여기서 화폐성 항목이란 항상 현금화가 가능한 항목으로써 현금과 예금, 외상매출금, 받을 어음 및 시장성 있는 유가증권 등 일정 통화로 표시된 일정액을 수취하거나 지급해야 할 계약상의 권리와 의무를 나타내고 있는 자산과 부채를 말한다. 반면에 재고자산이나 장비, 건물, 토지 등 즉시 현금화가 불가능한 실물고정자산은 비화폐성 자산에 속한다.

화폐성－비화폐성법이 유동성－비유동성법과 다른 점은 재고자산과 장기부채의 취급에 있다. 즉, 유동성－비유동성법에서는 재고자산을 유동성 자산으로 취급하여 현행환율로 환산하고 있다. 이에 반해 화폐성－비화폐성법에서는 재고자산을 비화폐성 자산으로 취급하여 역사적 환율을 적용하여 당기순이익을 왜곡시킬 우려가 있고 상장된 유가증권과 같은 항목은 화폐성－비화폐성법의 양쪽 모두를 가지고 있어 구분이 곤란한 문제점을 안고 있다.

오늘날 화폐성－비화폐성법은 대만, 필리핀, 스웨덴, 핀란드와 일부 남미국가에서 활용하고 있으며, 우리나라의 경우도 기업회계기준에서 원칙적으로 이 방법을 선택하도록 하고 있다.

③ 시제법(temporal method)

시제법은 화폐성－비화폐성법과 유사하며, 속성유지법이라고도 한다. 화

산 등을 의미한다. 유동성 부채에는 외상매입금 및 단기차입금 등이 포함된다. 비유동성자산에는 토지 및 건물과 같은 부동산, 기계, 설비 등 고정자산, 그리고 장기채권이 포함된다.

36) 환율변동의 가치를 변동시키느냐의 여부에 따라 구분한다.

폐성－비화폐성법이 자산, 부채항목의 속성상 화폐성 여부에 따라 선택한다면 시제법은 원가산정의 방법에 초점을 맞춘다는 점이 다르다. 즉 재무제표의 모든 항목을 과거, 현재 또는 미래가격으로 구분하고 그 항목들을 측정하고자 채택되었던 회계원칙이다. 따라서 발생시점의 취득원가로 산정한 항목은 역사적 환율을 적용한다. 반면 현재의 시장가치로 산정된 항목은 대차대조표 작성 기준일의 현재 환율로 환산한다.37)

예컨대 현금, 매출채권, 매입채권 등 현재 또는 미래가격으로 측정되어 있는 자산, 부채항목은 현행환율을 그리고 역사적 가격으로 측정되어 있는 자산, 부채항목은 역사적 환율로 환산한다. 재고자산에 있어서는 당초의 재무제표에서 과거의 역사적 가격에 의해 평가되고 있으면 역사적 환율이, 현재 원가 또는 판매가격으로 평가되고 있으면 현행환율이 적용된다.

손익계산서를 작성할 때도 일반적인 항목들은 평균환율을 적용하되, 역사적 환율이 적용되는 대차대조표 항목에 관련되는 수익·비용에 대하여는 해당 역사적 환율을 적용한다.

시제법은 환차손익을 포괄손익계산서에 바로 기재하기 때문에 외환손익이 영업손익보다 오히려 큰 영향을 미치는 경우가 많다는 점이 단점이다.

④ 현행환율법(all-current rate method)

현행환율법은 재무제표 상 모든 자산 및 부채항목에 환산일자의 현행환율로 환산하여 평가하는 방법이다. 다만 자본항목은 예외적으로 역사적 환율을 적용한다. 따라서 자회사의 자산과 부채가 모두 똑같이 환위험에 노출되며, 환산노출은 단순히 자회사의 대차대조표상의 자본계정(net equity)과 같게 된다. 현행환율법은 선진국에서 일반적으로 사용하고 있는 방법이며 해외자회사는 모기업과 독립된 별개의 법인체로서 자회사 자체의 재무제표 상상에 재무상태와 경영성과가 평가되어야 한다는 데 근거를 두고 있다. 그러나 외화환산손익을 해당 자산이나 부채의 소멸시기의 손익에 반영하도록 하지 않고 누적 환산 조정항목으로 처리하여 해외사업을 정리할 때까지 이연시켜 기간손익을 왜곡시킨다는 점이 단점이다.

37) 최해범, 「국제금융론」, 도서출판 두남, 2013, pp.301-332.

⑤ 한국의 환위험 환산제도

한국의 '기업회계기준'은 2010년 12월에 개정되었는데 환위험과 관련된 조항은 환율 변동효과에 관한 내용을 담고 있는데 그 목적은 기업의 재정 상태 및 경영성적을 적정하게 보고하는 자료를 작성하는 데 있다. 특히 환율 변동 관련 구체적인 내용은 외화자산 및 부채의 환산방법을 명시하고 있는 데서 알 수 있다. 동 규정에 따르면 화폐성 외화자산 및 화폐성 외화부채는 대차대조표일 현재의 적절한 환율(현행환율)로 환산한 가액을 기록하도록 규정하고 있다. 그리고 비화폐성 외화자산 및 비화폐성 외화부채는 원칙적으로 해당 자산 또는 부채가 발생할 당시의 적절한 환율(역사적 환율)로 환산하도록 되어 있다.

그리고 화폐성 자산과 부채를 환산하여 발생한 손익을 외화환산 손익이라는 과목으로 기타 포괄손익으로 기록하도록 하고 있다. 이 경우에도 화폐성 자산 및 부채는 일정액의 화폐액으로 고정되어 있는 경우로 규정하면서 유가증권과 같이 화폐성, 비화폐성의 양면적인 성격을 갖고 있을 때는 보유목적 또는 성격에 따라 구분할 수 있도록 하였다.

그리고 기업회계기준에서는 해외지사나 사업소의 외화자산, 부채를 원화로 환산하는 경우에는 화폐성－비화폐성법에 따르도록 규정하고 있다. 다만 외화표시 자산·부채 및 손익항목을 일괄하여 원화로 환산하는 경우에는 해당 자산·부채는 대차대조표 현재의 환율을, 손익항목은 평균환율을 적용할 수 있도록 하고 있다.

이처럼 한국의 기업회계기준은 원칙적으로 화폐성－비화폐성법을 적용하도록 규정하고 있지만 미래에 미국, 일본 등 선진국에서 사용하고 있는 현행환율법으로의 이행을 고려하여 양면적 성격을 가지고 있다고 볼 수 있다.

3. 환위험관리

치열한 국제경제환경 속에서 기업들은 국제 경쟁력 강화를 위한 기업의 핵심역량을 높히기 위해 최선의 노력을 다하고 있다. 특히, 21세기에 진입하면서 기업들은 생산공정의 혁신, 연구개발, 마케팅능력의 제고 등 전통적 분야 외에 기업의 유동성과 수익성을 증가시키기 위해 환율변화에 따른 현금흐름 관리의 중요성을 인식하고 있다. 환율변동은 기업의 현금흐름에 큰 영향을 미치며 환위험 관리가 기업의 수익성과 경쟁력에 영향을 미침을 인식하고 적절한 대응이 필요하다.

1) 경제적 노출관리

환율의 변동은 기업활동 전반에 영향을 미치기 때문에 기업의 경쟁력을 좌우하는 중요한 요소 중 하나이다. 그러나 환율변동이 모든 기업에 동일한 영향과 효과를 가져오는 것은 아니다. 즉, 해당 기업의 노동, 판매, 원자재 시장, 생산입지, 기술, 경영수준 및 인적 자본의 구축 여부 등에 따라 미치는 영향력은 차이가 있다. 따라서 경제적 노출을 관리하는 목적은 예상치 못한 환율변동으로 기업의 미래현금흐름에 미치는 효과를 예측하여 기업에 유리한 방향으로 경영전략을 수립하여 경쟁력을 강화시키기 위함이다. 이와 같은 목적을 달성하기 위하여 첫째, 기업의 경영활동의 국제화 둘째, 자금조달원천 및 운영의 다변화 마지막으로 인사 및 조직관리의 체계적인 구축이 필요하다.

(1) 기업경영활동의 국제화

환율이 변동하면 수입원자재 및 부품의 조달비용이 달라져 생산비에 영향을 미친다. 따라서 원료 및 부품을 보다 저렴한 공급원으로부터 조달한다면 기업의 가격경쟁력은 강화되어 보다 유리한 시장 선점이 가능하다. 특히 자국통화가 상대적으로 평가 절상이 될 때, 보다 저렴한 통화약세국에서 부품 및 원자재를 공급받는 것이 유리하고 평가절하될 경우에는 수입품의 가격이 상승하기 때문에 부품 및 원자재를 국내에서 조달하는 것이 유리하다.

또한 환율변동이 일시적인 현상보다는 구조적인 것이라면 환율변동으로 생산비가 상대적으로 낮아진 지역에서 생산을 증대시키는 것이 효과적이다. 통화약세국에서 원자재 및 부품을 조달하고 현지노동력까지 이용하게 되면 생산비 부분에서 해당 기업은 보다 가격경쟁력을 확보하여 보다 강화된 수출시장에서 판매 증대를 위한 이익을 실현할 수 있다. 선진국의 제조기업들이 신흥국 및 저개발국으로 공장을 이전하는 것도 자국의 임금인상

요인 외에 통화강세의 영향을 상쇄시키고자 하는 전략의 일종이다.

(2) 자금조달원천의 국제적 다변화

일반적으로 포토폴리오를 구성할 때 통화를 다양하게 구성함으로써 예측하지 못한 환율변동에서 오는 경제적 노출을 상당히 중화시킬 수 있다. 또한 양국 사이에 금리의 차이가 환율의 예상변화율과 일치하지 않을 때는 자금조달비용을 감소시킬 수 있는 기회가 있다. 그리고 차입통화의 구성과 영업활동의 결과 받게 되는 수취통화의 구성을 맷칭시킴으로써 차입금에 대한 원리금 상환의무를 제대로 이행하지 못하는 위험을 감소시켜 통화불일치에 따른 경제적 노출을 줄일 수 있다.

그리고 수출시장을 안정적으로 이미 확보한 다국적 기업들은 해당 수출대상국 통화표시 부채를 보유함으로써 환리스크를 관리할 수 있다. 예를 들면, 독일의 폭스바겐사는 운용자금의 환노출을 회피하기 위하여 유로화를 매입대가로 미 달러화를 선물환 매각함으로써 환리스크를 효율적으로 관리해왔다. 그러나 일방적인 자금조달원천의 국제적 다변화전략은 환율 예측을 통한 차익거래 및 투기거래에서 발생하는 이익을 포기해야 하며 거액자금을 조달 및 운용을 함으로써 발생되는 비용절감효과를 상실할 수도 있는 단점이 있다.

(3) 인사 및 조직관리의 체계적인 구축

환율변동은 해외진출기업들의 인력관리에도 영향을 미친다. 예를 들면, 본국의 인력을 해외영업현지에 파견할 경우, 파견된 인력들에게 어떤 통화로 임금을 지급하느냐에 따라 현지인력들에게 환율 변동위험이 발생할 수 있다. 만약 파견된 인력들의 임금을 현지통화로 지급한 후 환율이 변동되었다면 파견 인력들이 임금의 일부를 본국으로 송금하는 금액에게 영향을 미칠 것이다. 이와 같은 환노출위험을 해결하기 위해서는 지급통화의 포토폴리오를 구성하여 일부는 현지통화로, 일부는 본국통화로 지급한다면 어느정도 해결할 수 있을 것이다. 따라서 환위험은 생산비, 임금, 결제통화 등 다양한 통로를 통하여 발생할 수 있기 때문에 이를 담당하는 특정 조직을 설치 및 운영하여 경제적 노출을 체계적으로 관리하는 것이 필요하다.

2) 환산 및 거래노출관리

(1) 대내적 관리방법

대내적 관리기법이란 환노출을 본원적·사전적으로 예방, 감소 및 제거시키기 위해 기업 내부적으로 사용하는 방법이다. 동 관리기법에는 ① Netting & Matching ② Leading & Lagging ③ 가격정책(Pricing Policy) ④ 자산·부채 관리(Asset & Liability Management) ⑤ 재 송장전략 ⑥ 환차손준비금전략 등이 있는 바, 아래에서 각각에 대해서 간략히 살펴보고자 한다.

① Netting & Matching

넷팅(netting)과 매칭(matching)의 개념은 흔히 상호 교환적으로 사용되기도 하지만 다음과 같은 점에서 구분된다. 즉 넷팅(상계)은 동일 그룹 내 기업간, 다국적기업의 본사 및 현지 자회사들 간에 발생하는 채권과 채무를 건별로 결제하지 않고 일정 기간 경과 후 지급할 금액과 수취할 금액을 서로 상계하여 순 차액만을 정기적으로 결제하는 제도이다.

넷팅은 다국적 기업 입장에서는 관금관리비용을 절감하고 기업내부결제기능을 강화시켜줄 뿐 아니라 환노출금액까지 감소시켜줌으로써 불필요한 환차손을 줄여주는 장점을 가지고 있다.

차액을 송금할 통화와 중앙집중상계센터의 설치 여부에 따라 상계방법이 다를 수 있다. 모회사와 자회사 또는 두 개의 자회사 간의 양자 간 넷팅(bilateral netting)에는 중앙집중상계센터가 필요 없고 양 당사자가 합의하여 결정한다. 그러나 모회사와 2개 이상의 자회사간에 이루어지는 다자간 넷팅(multilateral netting)에서는 기업 내 중앙집중적 상계센터가 본사 및 지사간의 채권 채무관계를 총괄적으로 관리하고 다각적으로 네팅시켜 주는 역할을 수행한다.

매칭은 외화자금의 수취와 지급을 통화별, 만기별로 현금흐름의 수급금액 및 시기를 의도적으로 일치시켜 외화자금의 불일치에서 오는 환위험을 원천적으로 제거시키는 방법이다. 외화표시의 수출과 수입을 대량으로 하는 기업은 수출과 수입금액을 통화별로, 시기별로 의도적으로 조정한다.

매칭의 기본적인 요건은 동일 통화 표시의 수입과 지급이 쌍방으로 이루어지고 있어야 한다는 것인데, 이를 자연적 매칭(natural matching)이라고 부른다. 그러나 환율이 대부분 같은 방향으로 움직이는 두 통화(예를 들어, 유로화와 스위스프랑화)로 각각 수입과 지급이 표시되는 경우에도 매칭의 효과가 나타날 수 있는데, 이를 평행적 매칭(parallel matching)이라고 부른다. 이때에는 한 통화의 평가절상으로부터 얻는 이익(유로화표시 받을 어음)은 다른 통화의 평가절상으로부터 발생하는 손실(스위스 프랑표시 지급어음)에 의해 상쇄된다.

매칭은 외환의 수취와 지급이 제때에 이루어지지 않아서 어느 한쪽이 지연된다면 예정된 외환의 수취와 지급 양쪽이 환위험에 노출되는 한계를 가지고 있다.

② Leading & Lagging

리딩(leading)과 래깅(lagging)이란 국제거래를 행하는 기업이 지급(payment)의 시기를 조정함으로써 환노출을 감소시키는 기법을 말한다. 이때 지급의 시기를 앞당기는 것을 리딩이라 하고, 지급의 시기를 늦추는 것을 래깅이라고 한다. 리딩과 래깅은 다국적기업의 동일 그룹 간에 행해질 수도 있고 또는 독립된 기업인 수출상이나 외화자금관리자들도 이용할 수 있다.

리딩과 래깅은 두 해당 기업의 대차대조표를 반대방향으로 변화시킨다. 따라서 독립된 기업 간에 이루어지는 리딩과 래깅에 있어서는 두 기업의 이해가 상충된다. 그러나 다국적기업의 경우에는 그룹 전체가 공동의 목표를 추구하고 있으므로 이와 같은 문제가 없다. 또 동일그룹 간에 주기적으로 각종 지급이 이루어지고 있으므로 리딩과 래깅의 기회도 훨씬 많다.

넷팅과 매칭이 환위험을 감소시키기 위한 소극적인 전략인 반면 리딩과 래깅은 기업의 외환이익을 최대화시키려는 적극적인 전략의 일종일 수도 있다.

리딩과 래깅의 실제 이용되는 실례를 살펴보면 한국의 수출상이 미국으로 장난감을 수출하여 대금을 미 달러화로 수취하기로 하자. 환율이 상승할 경우 한국의 수출상은 선적을 적절히 지연시켜 수출대금의 결제일을 늦추어서 강세인 달러를 지급받아 원화로 교환하면 환차익이 발생할 것이다. 반면 미국의 수입상은 대금지급을 앞당긴다면 환차손을 감소시킬 수 있다.

리딩과 래깅은 수출상과 수입상간에 이해가 상충되기 때문에 제3자와의 거래에 활용하기보다는 본사와 지사 간에 결제에서 자금의 효율적 관리수단으로 이용된다. 이 경우에는 상대방에 대한 보상은 없다. 또한 예상한 환율변동과 결제시점에서 실현된 환율이 서로 다를 경우 환차손이 발생한다는 문제가 있다.

③ 가격정책

가격정책은 수출입거래과정에서 발생하는 환위험을 수출상과 수입상이 나누어 분담하는 방법이다. 즉, 환율변동으로 발생한 가격인상위험을 상대방에게 전가시킬 수 있다. 예를 들면, 환율변동으로 환차손이 발생하면 거래상대방에게 물품대금의 인상이나 원재료구매가격의 인하 등 가격조정을 요구하여 환차손 전액 또는 일부 금액을 보전받을 수 있다. 따라서 가격정책은 환위험으로부터 발생되는 손실을 회복하기 위한 가장 확실한 방법이다.

즉, 가격조정은 자국통화가 평가절상이 될 때는 상품수출대금의 양이 감소하기 때문에 이를 만회하기 위하여 상품가격을 상향시켜 조정해야 한다. 그러나 가격의 상향조정은 수출시장의 환경, 상품의 가격경쟁력 및 가격탄력성 등을 고려하여 신중히 결정해야 한다. 또 거래통화 결정은 상품대금의 거래를 특정통화로 결정함으로써 환위험을 관리하는 방법으로 수출상품에 대해서는 강세에 있는 통화를 거래통화로 결정하고 수입을 할 경우에는 그 반대로 결정할 수 있다.

④ 자산·부채관리(Asset & Liability Management)

자산·부채관리는 대차대조표상에 노출된 자산과 부채를 일치시킴으로써 환율전망에 따른 환위험을 회피하려는 방법을 말한다. 대차대조표 헷지(balance sheet hedge)라고도 불리는 자산과 부채의 관리(asset and liability management)는 주로 환산노출과 거래노출을 관리하여 환위험을 감소시키기 위해 이용된다. 이 기법은 자산과 부채의 표시통화를 전략적으로 선택함으로써 환율변화가 기업에 미치는 영향을 최소화하려는 것이다.

이 방법도 소극적 자산·부채관리기법과 적극적 자산·부채관리기법으로 구분할 수 있다. 소극적인 방법은 환차손을 극소화시키기 위하여 환위험에 노출된 자산금액과 부채금액을 일치시켜 순 노출이 제로(zero)가 되게 하는 방법이다. 적극적인 방법은 강세통화표시자산 및 현금 증가, 부채 조기 상환, 가능한 신속한 약세통화표시자산 및 채권 회수, 그리고 채무는 결제를 지연시켜 환차익을 극대화하는 전략이다. 그러나 환율이 반대방향으로 변동된다면 환차손이 발생할 수 있다.

⑤ 재송장전략

송장(invoice)이란 국제매매계약에서 선화증권, 보험증권 등과 함께 3대 주요선적 서류에 해당된다. 즉 판매자가 자재와 관련 계약의 조건을 정당하게 이행했다는 의미로 구매자에게 보내는 문서가 곧 송장이다. 일반적으로 수출상이 작성하여 수입상에게 보낸다. 여기서 재송장전략(re-invoicing)이란 생산자가 송장을 직접 판매자회사로 발송하지 않고 환위험의 관리를 위해서 별도 설립된 법인의 센터인 재송장센터(re-invoicing center)로 보낸다. 그러면 재송장센터는 이 송장을 판매자회사가 원하는 통화표시로 재발송하게 된다. 이와 같은 과정을 통하면 판매자회사는 통화전환에 따른 환위험을 벗어날 수 있으며 모든 환위험은 재송장센터로 집중된다.

대부분의 재송장발행회사는 별도의 법인체로 일반적으로 저세율 지역에서 활동한다. 재송장발행회사의 기능은 기업의 판매자회사 중의 하나가 담당하기도 하지만 때로는 모기업 자체가 그 기능을 수행할 수도 있다.

⑥ 환차손준비금전략

환차손준비금(foreign exchange loss reserve)은 미래의 환차손 발생에 대비하여 영업이익의 일부를 적립해 둔 적립금이다. 따라서 환차손준비금제도는 환위험을 제거 또는 축소시킬 수 있는 사전적인 환위험 관리방법이라기보다는 사후적인 관리방법에 속한다.

즉, 환차손이 발생한 경우에 사후적으로 이를 일정 기간에 걸쳐 이연분산시킴으로써 특정기간에 발생한 환차손 때문에 왜곡될 수 있는 경영성과를 평준화할 수 있는 회계제도이다. 이 제도는 환위험의 회피를 위한 별도의 현금비용을 부담하지 않아도 되는 장점이 있다. 그러나 실제 부담한 환차손이 현재화되지 않는 단점도 있다.

환차손준비금은 환율변동보험(foreign exchange fluctuation insurance)과 종종 비교된다.[38] 환차손준비금은 환차손의 발생에 대비한 보험금 성격의 준비금이라면 환율변동보험은 환차손 발생에 대비한 보험료를 부담하다가 일정한 비율 또는 일정한 금액 이상의 환차손이 발생한 경우 이를 보전하기 위해 보험금을 받는 제도이다. 따라서 같은 성격의 전략으로서 환차손준비금은 내부적 전략의 일환이며 환율변동보험은 외부적 전략의 하나라고 볼 수 있다.

(2) 대외적 관리기법

대외적 관리법이란 환위험으로부터 발생될지도 모를 손실의 가능성을 배제하기 위해서 기업체 외부에서 특수한 계약 조치를 행하는 것을 총칭한다. 즉, 외환시장 및 국제금융시장을 통한 금융거래를 행함으로써 환위험을 제거시키는 방법을 말하며 그 대표적인 예로서 ① 선물환시장 ② 금융시장 또는 옵션시장을 통한 헷징 ③ 옵션시장 헷징방법 등이 있다.

① 선물환시장

선물환시장(forward exchange market)을 이용한 헷징은 미리 정해진 환율로 한 통화를 다른 통화로 교환하기로 하는 선물환계약을 체결함으로써 미래 환율변동으로 인한 위험을 미리 제거하는 방법이다. 즉, 환위험이 발생할 가능성이 있는 미래의 일정시점(결제시점)에 대한 두 통화의 교환비율(선물환율)을 현재시점에 거래액과 함께 미리 결정해 두고 실제 외환의 인수·인도는 미래 결제시점에서 이루어지도록 하는 거래를 말한다.

선물환시장 헷징은 선물환계약의 체결과 함께 계약을 이행할 수 있는 자금의 공급원의 확보 여부에 따라 covered(perfect or square) 헷징과 uncovered (open)헷징으로 구별할 수 있다. covered 헷징은 선물환계약을 이행하는 데 있어서 필요한 자금이 확보되어 있는 경우를 의미하고 uncovered 헷징은 선물환계약을 체결하였지만 이행하는 데 필요한 자금이 확보되지 않았거나

---

38) 환율변동보험(foreign exchange fluctuation insurance)은 결제기간이 1년 미만인 단기수출입거래에 수반된 환위험은 선물환거래를 이용하여 쉽게 헷지할 수 있으나 중장기 수출거래에서는 환율예측의 불확실성이 증대됨으로써 단기선물환거래로는 환위험을 방지하기 어렵게 된다는 점을 제도적으로 뒷받침하기 위하여 만들어진 보험이다. 따라서 환율변동보험은 환율의 변동에 의한 환차손을 보상하고 플랜트 수출과 같은 장기수출의 안정화를 꾀하는 보험을 의미한다.

앞으로도 확보할 계획이 없는 경우를 의미한다. uncovered 헷징은 계약이행 시점에 가서 현물환시장에서 자금을 구입하여 계약을 이행하여야 한다. 선물환시장 헷징은 단기자금시장(money market) 헷징과 유사하다. 단기자금시장 헷징은 양국의 이자율 차이에 의해 비용이 결정된다면 선물환시장 헷징은 선물환율에 따라 비용이 결정된다는 점은 다르다.

② 금융시장 헷징

금융시장을 이용한 헷징이란 노출된 외화자산에 대해서는 외화부채를, 노출된 외화부채에 대해서는 외화자산을 발생시킴으로써 순노출 포지션을 제로(zero)로 만들어 환위험상태를 제거시키려는 방법이다.[39]

〈그림 6-18〉 선물환시장과 금융시장을 이용한 헷징의 비교

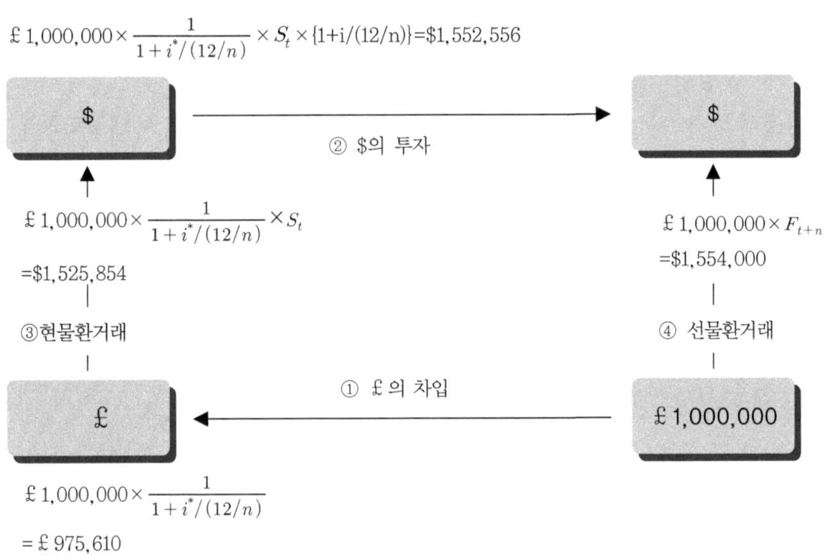

즉, 위의 예에서 볼 때 그림과 같이 미국의 프레이저사는 3개월 후 영국의 후커사로부터 받게 될 수출대금 £1,000,000를 상환한다는 계획 하에 환위험이 발생한 시점에서 파운드화 금융시장에서 파운드화 자금을 3개월간 차입한다. 그러면 이때 차입하는 금액은 £1,000,000를 2.5%의 이자율로 할

39) 강호상, 「외환론」, 법문사, 2016, pp.220~226.

인한 금액인 ￡975,610가 된다. 이 금액을 현물환시장에서 달러화로 바꾸면 $1,525,854(=$1.5640/￡×￡975,610)가 될 것이고 다시 이 금액을 달러화 금융시장에서 투자하면 3개월 후에는 $1,552,556 (=$1,525,854×1.0175)를 확보하게 될 것이다.

이제 프레이저사는 3개월 후 영국의 후커사로부터 받게 되는 수출대금 ￡1,000,000로 파운드화 금융시장에서 차입금에 대한 원리금을 상환함으로써 모든 거래는 청산된다.

<그림 16-18>에서 볼 수 있는 바와 같이 프레이저사가 현재시점으로부터 3개월 후 수출대금 ￡1,000,000를 수취하기로 되어 있으므로 프레이저사는 3개월 후 받게 되는 ￡화를 $화로 전환시켜 확실한 $ 금액을 확보하고자 한다고 볼 수 있다. 이러한 목적을 달성하기 위하여 그림에서 ①+②+③의 경로를 택하는 것이 금융시장을 이용한 헷징이라고 할 수 있으며 그러한 목적은 ④의 경로를 통한 직접적인 방법으로도 이루어질 수 있는데 이것이 앞에서 설명한 선물환시장을 이용한 헷징방법이다.

외국통화를 차입하여 자국통화로 바꾸어 자국의 금융자산에 투자를 함으로써 환율변동에 따르는 위험을 피하는 금융시장을 통한 헷징은 종종 선물환시장을 통한 헷징과 비교된다. 선물환시장을 통한 헷징의 비용은 forward premium 또는 discount에 의하여 결정되는 데 비해 금융시장을 통한 헷징의 비용은 두 국가 간의 이자율 차이에 의해서 결정된다는 점이 차이가 있다.

③ 옵션시장 헷징

통화옵션(currency option)시장을 통한 헷징이란 일정기간 내에(혹은 계약만기일에) 일정량의 통화를 일정가격으로 사거나 팔 수 있는 계약상의 권리를 부여하여 환율변동에 따르는 위험을 제거하는 방법이다. 즉, 헷징의 비용은 옵션가격에 의해 결정된다. 옵션계약에서 옵션 매입자는 프리미엄을 지급함으로써 만기일 이내에 언제라도 옵션을 행사할 수 있는 권리를 취득하게 되며 옵션 매도자는 프리미엄을 받는 대가로 계약기간 중 언제라도 옵션 매입자의 옵션행사에 응해야 하는 의무를 지게 된다. 통화옵션은 다양한 방법으로 구분할 수 있다. 첫째, 거래되는 장소에 따라 장내옵션(floor option)과 장외옵션(over-the-counter option)으로 구분할 수 있다. 장내

옵션(floor option)은 미국의 Philadelphia Stock Exchange 및 암스테르담의 European Options Exchange 등과 같은 거래소에서 거래되는 표준화된 옵션을 의미한다. 반면 장외옵션(over-the-counter option)은 은행 간 및 은행·고객 간 시장 등 거래소 이외의 장소에서 거래되는 옵션을 말한다.

둘째, 옵션의 행사시기에 따라 미국식 옵션과 유럽식 옵션으로 구분할 수 있다. 미국식 옵션(American option)은 옵션계약 만기일 이전에 옵션의 행사가 가능한 옵션을 의미하고 유럽식 옵션(European option)은 옵션계약 만기일에 한하여 옵션을 행사할 수 있는 옵션을 말한다.

셋째, 특정 통화의 매입 및 매도에 따라 콜(call) 옵션과 풋(put) 옵션으로 구분할 수 있다. 콜 옵션은 일정기간 이내에(또는 계약만기일에) 일정가격으로 일정량의 특정 통화를 살 수 있는 권리를 뜻하며 풋 옵션은 일정기간 내에 특정 통화를 팔 수 있는 권리를 뜻한다. 옵션을 산다는 것은 권리를 산다는 것이므로 매입한 권리를 행사할 것인지 아니할 것인지는 항상 행사가격과 행사하려는 시점에서의 현물환율간의 차이에 따라 결정된다.

즉, 옵션행사시의 현물환율이 행사가격보다 높으면 콜 옵션 매입자는 옵션을 행사하여 현물환율보다 낮은 행사가격으로 특정 통화를 확보할 수 있다. 따라서 콜 옵션을 매입하지 않았을 경우에 비해 보다 유리한 입장에 설 수 있게 된다. 반면 풋 옵션 매입자는 현물환율로 특정 통화를 매도하는 것이 보다 유리해짐에 따라 옵션의 행사를 포기할 것이며 옵션행사의 포기에 대해서는 프리미엄만큼만 손해를 감수하면 된다.

이제 우리는 앞의 예에서 미국의 프레이저사가 환위험을 제거하기 위해 옵션을 이용하는 경우를 생각하기로 한다. 미국의 프레이저사는 파운드화 풋 옵션을 매입함으로써 ￡1,000,000의 환위험을 제거할 수 있으며 ￡화가 평가절상할 경우에는 이익을 누릴 수도 있게 된다.

즉, 프레이저사는 ￡1,000,000의 환위험이 발생한 시점에서 3개월 만기 풋 옵션을 매입하여 두었다가 3개월 후 현물환율이 행사가격보다 유리하면 현물환율로 ￡화 자금을 $화로 교환하고 반대로 행사가격이 현물환율보다 유리하면 풋 옵션을 행사함으로써 일정한 수준의 $화 금액을 확보할 수 있게 된다. 프레이저사가 Philadelphia Stock Exchange에서 3개월 만기 풋 옵션을 매입할 경우 그 비용은 다음과 같다.

옵션계약 1건당 프리미엄 = 파운드당 옵션프리미엄 × 옵션 1계약단위
= \$0.025 × £12,500
= \$312.50
옵션계약 1건당 수수료 = \$25
옵션계약 1건당 총비용 = \$337.50
필요한 옵션계약수 : £1,000,000/£12,500 = 80계약
옵션 80계약에 대한 총비용 : 80 × \$337.50 = \$27,000

한편 3개월 만기 파운드화 put 옵션을 은행으로부터 구입할 경우에는 '옵션비용=옵션거래규모×프리미엄×현물환율'이므로 \$26,588(=£1,000,000×0.017×\$1.5640)가 된다.

따라서 Philadelphia Stock Exchange를 이용하는 경우와 장외옵션을 이용하는 경우를 비교해 보면 우리는 프레이저사가 \$412(=\$27,000－\$26,588)가 덜 드는 장외옵션을 이용하는 것이 더 유리하다는 것을 알 수 있다.

이제 결제가 이루어지는 3개월 후 시점을 생각해 보자. 미국의 90일 차입이자율은 연간 8%이므로 3개월 후 시점에서의 put 옵션비용은 \$27,120(\$26,588×1.02)가 된다. 여기서 3개월 후의 현물환율이 행사가격인 \$1.55/£보다 높다면 옵션을 행사하지 않고 현물환시장에서 £1,000,000를 \$화로 바꿀 것이다. 가령 현물환율이 \$1.56/£가 된다면 프레이저사는 현물환시장에서 £1,000,000를 \$1,560,000로 바꾸어 여기에서 옵션비용을 차감하면 \$1,532,880(=\$1,560,000－\$27,120)의 자금을 확보할 수 있다.

이러한 옵션시장 헷징의 특징은 환율이 유리한 방향으로 크게 변할 경우에는 높은 수준의 이익도 얻을 수 있는 기회가 존재한다는 것인데 put 옵션의 행사로 인해 최저 \$1,522,880(=\$1,550,000－\$27,120)가 확보될 경우 이는 선물환시장 헷징이나 금융시장 헷징의 경우보다는 확보되는 달러 금액이 적지만 환율의 변화에 따라 금액의 상한선에 한계가 없다는 장점이 있다. 그러므로 옵션시장 헷징과 선물환시장 헷징 및 금융시장 헷징 간의 상대적 선호도는 경영자의 위험회피도에 달려 있다고 할 수 있다.

④ 헷징전략의 비교

지금까지 3가지 전략에 의한 헷징방법을 살펴보았다 환노출을 관리하기 위한 세 가지 대외관리기법을 통한 결과를 비교하면 <그림 6-19>와 같다.

〈그림 6-19〉 헷징전략의 비교

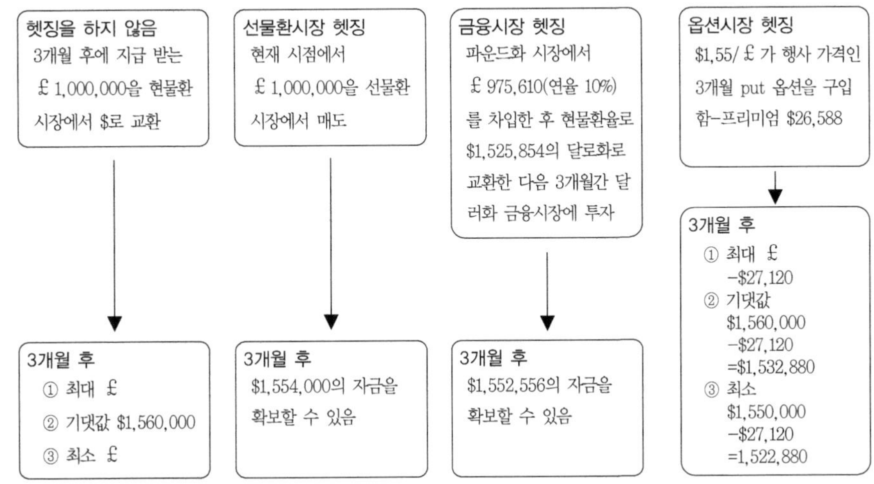

먼저 선물환시장을 이용한 헷징과 금융시장을 이용한 헷징을 비교해 보면 선물환시장을 이용한 헷징의 경우($1,554,000 확보)가 금융시장을 이용한 헷징의 경우($1,552,556 확보)에 비해 $1,444가 더 확보되므로 선물환시장을 이용하는 것이 더 유리할 것이다.

다음 옵션시장 헷징과 기타 전략을 비교해 보기로 하자. 옵션시장 헷징은 put 옵션 매입에 따른 비용 $0.0271/£(=$27,120/£1,000,000)를 충당하여야 하므로 선물환율 $1.5540/£보다 파운더화가 더 절상되어 최소한 $1.5811(=$1.5540+$0.0271)가 되거나 그 이상이 되어야 선물환시장을 이용하는 것보다는 옵션시장을 이용하는 것이 더 유리하게 될 것이다

만약 현물환율이 $1.55 이하가 되면 프레이저사는 put 옵션을 행사할 것이므로 $1.55의 행사가격으로 £1,000,000를 매도할 것이다. 그러나 옵션의 매입비용 $0.0271/£를 차감해야 하므로 £당 순 수취액은 $1.5229가 된다. 만약 3개월 후의 현물환율이 $1.5229 이하가 된다면 옵션을 행사하는 것이 헤징을 하지 않은 경우보다 낮게 된다. 하지만 현물환율이 $1.5229 이상이 된다면 헤징을 하지 않은 경우가 보다 유리하게 된다.

제7장
환위험회피와 파생금융상품

제1절 파생금융상품의 개요
제2절 통화선물거래
제3절 통화스왑거래
제4절 통화옵션거래

제1절 파생금융상품의 개요

1. 파생금융상품의 개념과 발전

1) 파생금융상품의 의의

파생상품이란 기초자산(underlying assets)에서 그 미래가치가 파생된 상품으로 크게 두 가지로 구분할 수 있다. 즉, 농산물, 금속, 원유 등 1차산품에서 파생된 일반파생상품과 주식, 채권, 통화 등 금융자산에서 파생된 파생금융상품이다. 파생상품은 기본적으로 기초자산의 가치변동－즉 가격변동에 따르는 위험을 회피하기 위하여 고안되었기 때문에 파생상품은 항상 가격변동에 따른 위험을 안고 있다.

따라서 파생상품거래는 헤지수단 또는 투기수단으로 이용되면서 리스크를 회피하려는 투자가들뿐 아니라 오히려 리스크를 부담하고 큰 이익을 획득하려는 투기자들도 참여하면서 현물환시장의 유동성과 가격적정성을 높여주어 자원배분의 효율성을 촉진하는 기능을 한다. 그러나 선물환시장과 현물환시장, 장내시장과 장외시장, 또는 지역별 금융시장간 연계가 강화되어 특정시장에서 금융위기가 발생할 경우 충격과 영향이 다른 금융시장에까지 파급될 수도 있다.

파생상품거래는 제2차 대전 이후 국제자본이동이 증가하면서 런던을 중심으로 선물환거래가 활발해지면서 본격화되었다고 할 수 있다.[40)]

특히 1970년대 초 주요 선진국이 변동환율제도로 이행하면서 환율의 변동폭이 심해짐에 따라 환위험 관리수단이 필요성에 따라 발전하였다. 미국의 경우는 1972년 시카고선물거래소(Chicago Mercantile Exchange: CME) 내에 국제통화시장(Int'l Money Market: IMM)을 설립하고 영국 파운드화

40) 대공황직전 미국 뉴욕증권시장에 등장하였던 옵션의 일종인 신주인수권부 거래를 시초로 보는 견해도 있고 19세기 중반 미국의 시카고 지역에서 농산물을 중심으로 시작되었다고 보는 견해도 있다.

등 7개국 통화를 대상으로 통화선물거래를 개시한 것이 시초라 할 수 있다. 그리고 주식 관련 파생상품거래는 이보다 1년 늦은 1973년 시카고옵션거래소(Chicago Board Options Exchange: CBOE)가 설립되면서 주식옵션거래가 처음 도입되었고 이후 1975년 10월에 저당권부 담보부채권인 GNMA-CDR (Government National Mortgage Association-Collateralized Depository Receipt: GNMA-CDR)을 대상으로 하는 최초의 금리선물거래를 시작하였다. 이어 1976년 1월에 시카고상품거래소(Chicago Board of Trade: CBOT) 내의 IMM에서 단기재정증권(Treasury Bill)에 대한 선물거래가 시작되면서 단기금융시장과 관련된 본격적인 금융선물시장이 출범하였다. 한편 1982년에 캔자스시티 상품거래소(Kansas City Board of Trade)에 주가지수선물이 도입되었고 1983년 시카고 옵션거래소에 주가지수옵션도 등장하였다. 이에 발맞추어 금리스왑을 시작으로 하는 선도금리계약(Forward Rate Agreement), 금리상한계약(Caps), 금리하한계약(Floors), 금리상하한계약(Collars) 등과 같은 금리옵션이 장외거래에 등장하기 시작하였다. 또한 장내거래에서는 1980년대 후반 주요국 장기국채, 유로달러채권 등의 금리를 대상으로 금리선물상품인 신종옵션(Exotic Options), 구조화채권(Structured Notes), 신용파생상품(Credit Derivatives) 등이 출시되면서 파생금융상품은 더욱 다양하게 발전하게 되었다.

한편 유럽지역에서는 미국보다 10년 늦은 1982년 런던국제금융선물거래소(London International Financial Futures Exchange: LIFFE)를 설립되었다. 그리고 아시아지역에서는 이 지역의 금융허브국이라 할 수 있는 싱가포르가 1984년 국제통화거래소(Singapore International Monetary Futures Exchange: SIMEX)를 설립하였으며 일본은 1985년 10년 만기 일본국채선물계약을 도입하였다. 1988년에 도쿄증권거래소가 종합주가지수(Tokyo Stock Exchange Price Index: TOPIX)선물, 오사카증권거래소가 니케이(Nikkei)주가지수선물을 차례로 도입하였다. 그리고 1989년에 도쿄금융선물거래소(Tokyo Int'l Financial Futures Exchange: TIFFE)를 설립하였고 도쿄증권거래소와 오사카증권거래소에서는 주가지수옵션을 도입하였다. 한국은 국내금융시장의 미성숙, 기초금융자산의 가격 경직성 때문에 파생금융상품거래에 잠재된 위험을 고려하여 실수요자원칙을 적용함에 따라 1990년대 중반까지는 크게 활성화되지 못하였다. 1999년 4월 실수요자원칙이 폐지되면서 주식, 채권과 같은 기초자산의 파생거래가 크게 증가하기 시작하였다. 그리고 2012년부터는 일반상품, 자연적·환경적·경제적 현상을 기초자산으로 하는 파생상품거래가 허용되면서 다양하게 발전하고 있다.

2) 발전배경

20세기 중후반부터 파생상품거래가 크게 발전한 배경으로는 다음을 들 수 있다.

첫째, 환율 및 금리의 변동성이 확대되었다. 1970년대 초 선진국들의 변동환율제도로 이행함과 동시에 석유파동으로 인한 극심한 인플레이션으로 금리와 환율의 불안정성이 증대되었다.

둘째, 금융 및 자본자유화가 확대되었다. 선진국을 중심으로 금융산업의 경쟁력을 높이기 위하여 금융 및 외환규제가 철폐 내지 완화되었다.

셋째, 정보처리 및 통신기술의 발달하였다. 정보처리기술의 발달하여 새로운 금융상품 및 금융기법의 등장으로 금융상품 개발비용이 절감되었다. 또한 정보통신기술이 발달하여 시장정보의 신속·정확한 입수로 중소금융기관 및 비금융기관도 파생금융상품거래에 대한 참여가 용이하면서 시장은 크게 확대되었다.

넷째, 금융기관 간 경쟁의 격화를 들 수 있다. 금융기관 간 경쟁 격화로 전통적 금융상품의 수익률 하락과 자기자본비율에 대한 규제 강화로 부외거래인 파생금융상품거래의 취급이 확대되었다.

마지막으로 금융공학의 발달을 들 수 있다. 투자자의 요구에 맞추어 복잡·다양한 형태의 파생금융상품을 개발함으로써 거래규모가 확대되었다.

2. 파생금융상품의 종류

파생금융상품도 계약형태, 시장형태 및 기초자산의 종류에 따라 다양한 방법으로 구분할 수 있다.

첫째, 파생금융상품은 외환, 채권, 주식 등 기초자산의 미래가치를 계약

형태에 따라 선도(forwards)거래, 선물(futures)거래, 옵션거래 및 스왑거래 등으로 구분할 수 있다.

기초자산을 미래의 특정 시점에서 특정 가격으로 매매하기로 한 거래라는 점에서 선도거래와 선물거래는 유사점이 있지만 선도거래는 장외시장에서 매매당사자간 직접거래나 딜러 또는 브로커를 통해 거래되고 선물거래는 거래소를 통해 정형화된 형태로 장내에서 거래된다는 점이 다르다. 장외에서 거래되는 선도거래(forward contracts)와 장내에서 거래되는 금융선물거래(financial futures)로 구분할 수 있다.

그리고 옵션(option)거래는 기초자산을 미래의 특정 시점 또는 특정 기간 내에서 특정 행사가격으로 매입(call)하거나 매각(put)할 수 있는 권리를 매매하는 계약이다. 옵션은 계약내용을 실행하여야 하는 권리에 해당되기 때문에 옵션매입자는 미래 특정시점이 도래하였을 경우 시장상황을 판단하여 유리할 경우에만 계약내용을 이행하면 되는 시장 선택권을 취득하는 대신 옵션매도자에게는 그 대가로 프리미엄(premium)을 지급하여야 한다.

스왑(swap)거래는 두 개의 금융자산 또는 채무에서 파생되는 미래의 현금흐름(cash flow)을 교환하기로 약정하는 거래라 할 수 있다. 여기에도 금리스왑(interest rate swap)과 통화스왑거래(currency swap)로 구분할 수 있다. 금리스왑은 거래쌍방이 보유하고 있는 외화자산(또는 부채)의 이자지급조건(고정금리 또는 변동금리)이 서로 다를 경우 금리조건을 서로 교환하여 이자를 수취하기로 약정하는 상품이다. 이종통화 간 금리스왑은 거래쌍방이 보유하고 있는 외화자산 및 부채의 표시통화가 서로 상이한 경우의 금리스왑을 의미한다.

둘째, 시장형태에 따라 장내파생상품거래와 장외파생상품거래로 구분할 수 있다.

양 거래 모두 계약시점에 약정한 가격으로 장래 특정한 시점에 금융자산을 인수 및 인도한다는 점에서 동일하나 거래형식과 내용면에서는 다음과 같은 점이 상이하다. 장내파생상품거래는 거래소에 상장된 파생금융상품으로서 선물 및 옵션 등과 같이 거래단위, 결제시기 등이 표준화되어 있는 상품을 의미한다. 거래비용이 저렴하고 거래단위가 소량이며 투자자의 시장참여가 용이하다. 공개입찰방식을 통하여 개인투자가가 아닌 거래소(clearing house)를 거래상대방으로 거래하기 때문에 거래소에 거래이행보증금성격인 증거금을 예치하여 일일정산하는 결제방법을 선택하고 있다. 따라서 상대방의 계약불이행에 따른 신용리스크가 없다.

반면 장외파생금융상품거래는 거래소 외부에서 거래당사간의 필요에 따라 상호협의 하에 거래금액 및 기간 등을 거래조건을 결정하는 상품이다. 점두시장에서 만기에 현물의 인수도와 대금결제를 하는 결제방법을 택하고 있는 장외파생상품거래에는 선도환(선물환), 스왑 그리고 옵션의 일부가 여기에 해당된다.

셋째, 파생금융상품거래는 기초자산으로부터 파생된 것이므로 기초자산의 종류에 따라 통화(환율) 관련 상품, 채권(금리) 관련 상품 및 주식 관련 상품으로 구분할 수 있다. 통화 관련 상품은 환리스크 헷징이나 환차익실현을 위하여 일정 통화를 미래 일정 시점에 당초의 약정가격으로 매입 또는 매도하기 위한 거래이다. 통화 관련 상품도 통화선물(currency futures), 통화선물옵션(currency futures options), 통화옵션(currency options) 등의 장내거래와 선물환(forward exchange), 통화스왑(currency swaps) 등의 장외거래로 구분할 수 있다. 채권 관련 상품은 시장금리변동에 의한 금융자산의 가격변동위험을 헤징하거나 투자수익을 높이기 위하여 미래 일정 시점에서 예상금리를 매매하는 거래이다. 그러나 실제 금리 자체를 매매하기보다는 이자를 발생시키는 채권이나 예금과 같은 금융자산을 매매한다. 여기에도 금리선물(interest rate futures), 금리선물옵션(interest rate futures options) 등과 같은 장내거래와 선도금리계약(forward rate agreements: FRA), 금리스왑(interest rate swaps), 금리옵션(interest rate options)-caps, floors, collars 스왑션(swaptions) 등과 같은 장외거래로 구분할 수 있다.

주식 관련 상품은 주식 또는 주가지수를 대상으로 하는 파생금융상품으로서 주식옵션(options on stocks), 주가지수선물(index futures), 주가지수옵션(index options), 주가지수선물옵션(index futures options) 등의 장내거래와 장외거래로서는 주식옵션(options on stocks), 지분스왑(equity swaps) 등이 포함된다.

주가지수는 미국의 5대 주요 국제신용평가사인 스텐다드 푸어종합지수(S & P 500), 일본의 니케이지수(NIKKEI 225) 등을 대상으로 거래하고 있다.

한국도 1996년 5월부터 한국주가지수(Korea Stock Price Index 200, KOSPI 200)를 대상으로 한 주가지수선물거래 등이 이루어지고 있다.

3. 파생금융상품의 특징

파생금융상품은 기초금융자산과 비교하여 다음과 같은 특징이 있다.

첫째, 효과적 헤지 또는 투기수단이 된다. 파생금융상품거래는 소액의 증거금만 있으면 증거금의 몇 배에 달하는 금융상품거래가 가능하다. 즉, 당장의 자금부담이 없이도 실행 가능한 거래이다. 따라서 현물포지션의 금리, 환율리스크를 헷징하는 것은 물론 투기거래에서도 매우 편리하게 이용할 수 있다.

둘째, 부외거래(off-balance transaction)의 성격이 강하다. 계약시점에서 투자원금을 교환하지 않기 때문에 자금흐름을 변화시키지 않고도 수익 및 위험구조를 변화시킬 수 있어 탄력적 자금관리가 가능하다. 즉, 기업의 재무상태를 경쟁기업이나 고객에게 노출시키지 않고 자금조달 및 투자를 실행할 수 있다는 장점이 있다. 금융기관은 국제결제은행(BIS)에서 요구하는 자기자본비율 규제 이후 중개 업무를 확대하여 수수료 수입을 증대시킬 수 있다.

셋째, 파생금융상품거래는 거래조건이 표준화되어 있어 거래비용이 저렴하고 거래가 신속히 이루어진다는 특징이 있다. 또한 소액증거금만으로도 거래가 성립하기 때문에 만기일에도 기초자산은 교환하지 않고 기초자산의 가격변동에 따른 차액만을 결제한다.[41)]

넷째, 현물상품거래와 기초금융자산만으로는 불가능한 다양한 헤지 및 투자전략을 구사할 수 있다. 예를 들면, 옵션매입자는 금리와 환율여건에 따라 옵션의 실행 여부를 결정할 수 있고 옵션거래에 따른 손익은 현물거래상품거래와는 다르다.

다섯째, 신용위험을 감소시킬 수 있다. 기초금융자산거래는 거래대금 전액이 신용위험에 노출되지만 파생금융상품거래는 만기 시 차액만 결제하기 때문에 차액만이 신용위험에 노출되어 신용위험이 현저히 줄어든다.

---

41) 이강남, 「국제금융론」, 법문사, 2006, pp.445-461.

여섯째, 파생금융상품은 위험을 전가시키는 기능이 있다. 즉, 파생금융상품은 리스크를 회피하고자 하는 투자가가 높은 수익을 얻기 위하여 고위험을 기꺼이 감수하고자 하는 투기자에게 리스크를 전가시키는 통로가 될 수 있다. 예를 들면, 선물포지션을 현물포지션과 반대방향으로 보유하면 금리와 환율 변동에 따른 손익이 상쇄될 수 있다. 또한 옵션의 경우 옵션매입자는 시장상황이 유리하게 전개된다면 옵션을 행사하여 기대수익을 실현할 수 있고 불리하면 일정 수준에서 리스크를 헤징할 수 있는 장점이 있고 옵션매도자는 리스크를 부담한 반면 옵션프리미엄을 취할 수 있는 장점이 있기 때문에 현물포지션의 리스크를 보다 다양한 방법으로 전가시킬 수 있다.

마지막으로 가격선도 및 가격정보를 수집하는 기능이 있다. 파생금융상품은 소액의 증거금만으로도 거래가 실제 성사될 수 있을 뿐 아니라 현물금융상품의 가격보다 선행하여 가격이 결정될 수 있어 가격을 선도하는 기능을 한다. 또한 현물금융상품과 파생금융상품의 가격변동은 공히 상대에게 직접적인 영향을 미침으로 파생금융상품의 가격변동추세를 살펴보면 현물금융상품의 가격변동추이를 예측할 수 있다. 그리고 전 세계에서 거래되는 파생금융상품이 거래소로 다 집중되기 때문에 새롭게 형성되는 정보를 수집하기가 용이할 수 있다.

파생금융상품의 이용목적은 다음과 같다.

첫째, 파생금융상품거래는 헷징의 수단으로 활용될 수 있다. 즉, 파생금융상품은 현재 보유하고 있는 금융자산의 가격변동에 대비하기 위해 거래한다. 따라서 현물금융상품의 시장가격변동에 직접적인 영향을 받는다. 일반적으로 선물포지션을 현물포지션과 반대방향으로 거래하면 현물포지션에서 손실이 발생하더라도 선물포지션에서 이에 상응하는 이익이 발생하기 때문에 손실과 이익은 상호 상쇄될 수 있다.

그러나 단순히 현물포지션과 선물포지션간의 반대거래를 행한다고 해서 반드시 가격변동에 따른 리스크가 사라지는 것은 아니다. 왜냐하면 선물금융상품과 현물금융상품 간에는 현물자산을 보유함에 따라 발생하는 경상수익률과 현물자산의 조달금리가 서로 상이하기 때문에 발생하는 가격차이(basis)가 존재한다. 따라서 이 가격 차이를 완전히 제거해주지 않으면 시장리스크는 언제나 존재하고 완벽한 헷징은 달성하기 어렵다.

둘째, 파생금융상품은 높은 수익을 실현하기 위하여 기꺼이 고위험을 부담하려는 투기거래자에게 좋은 투기대상이 될 수 있다. 즉, 투기거래자들은 실현되지 않은 미래가격을 예측하여 위험을 감수하고 적극적으로 파생금융상품을 매입하거나 매도하는 포지션 전략을 구사한다. 만약 예측한 방향대로 가격이 변동된다면 소액의 증거금만 있으면 높은 수익을 얻지만 오차가 클 경우에는 막대한 손실을 실현할 수 있다.

파생금융상품거래에서 투기거래는 헷징거래를 하고자 하는 투자가들이 자신과 반대되는 포지션을 가지고 있는 헷징거래자를 찾는데 필요한 시간과 비용을 감소시켜 주는 역할을 할 수 있다는 측면에서 상호보완적인 기능을 한다고 할 수 있다. 또한 금융시장에 유동성을 제공하는 기능도 있다.

4. 파생금융상품의 리스크관리

1) 시장리스크

파생금융상품거래에서 시장리스크가 발생하는 이유는 현물금융상품의 가격에 영향을 미치는 금리와 환율의 변동으로 파생금융상품의 가격도 변동하기 때문이다. 시장리스크는 파생금융상품의 종류와 성격에 따라 다르게 나타나기 때문에 현물금융상품의 리스크를 관리하는 것보다 복잡하다. 따라서 파생금융상품에 따라 시장리스크도 각각 다르게 관리해야 한다. 즉, 파생금융상품거래는 인도시기, 인도방법 및 기초자산의 질 등에 따라 가격이 다르고 특히 장외거래는 선물거래소처럼 정보가 집중되는 장소가 없어 가격변동을 정확히 산정하기 어렵다. 예를 들면 선도거래, 선물거래 및 스왑거래 등 선물 관련 파생상품가격변동은 현물금융상품과 같은 기초자산의 가격변동폭과 비례하여 변동되기 때문에 시장리스크를 감소시키는 방법은 현물금융상품의 일정비율 만큼 파생금융상품에 투자하면 된다.

예를 들면, 옵션은 옵션의 가격이 기초자산가격, 옵션의 행사가격, 옵션의 만기, 기초자산의 가격변동성, 시장금리 등 복잡한 원인에 의해 결정되기 때문에 이와 같은 여러 요소들의 변화를 반영하여 수시로 옵션투자금액을 조정함으로써 리스크를 줄일 수 있다.

2) 운영리스크

운영리스크는 파생금융상품을 자기 포지션을 보유한 딜러들의 거래에 대한 적절한 통제방법을 갖추지 못하였거나 이들에 대한 관리를 소홀히 함으로써 발생할 수 있는 위험을 의미한다. 딜러들은 자기포지션을 가지고 있기 때문에 고의 및 과실로 거래의 손실이 발생할 경우, 이는 기업들에게 직접적인 손실로 연결될 수 있다. 운영리스크는 현물금융상품거래에서도 발생할 수 있지만 거래과정과 가격결정 메커니즘이 복잡한 파생금융상품거래에서 훨씬 크게 나타날 수 있다. 따라서 파생금융상품거래에서 운영리스크를 예방하기 위해서는 거래절차, 거래한도 및 신용한도를 명확히 하여 위반사례 및 관련 정보들을 체계적으로 수집할 수 있는 전산시스템을 갖추어야 한다. 또한 관련 리스크를 정확히 분석할 수 있는 전문인력을 확보하고 이를 통하여 독립적인 위험관리전담부서를 설립하여 체계적인 관리시스템을 구축할 필요가 있다.

3) 신용리스크

신용리스크는 파생상품거래계약을 체결한 거래상대방이 계약에 따른 인수 및 인도(결제)의무를 이행하지 않음으로써 발생할 수 있는 손실을 의미한다. 신용리스크는 거래소가 계약 당사자 간의 지급결제의무를 보증하는 장내거래보다는 장외거래에서 많이 발생한다. 신용리스크를 관리하기 위해서는 첫째, 거래상대기관과 파생금융상품거래에서 파산 등과 같은 예기치 못한 사건이 발생할 경우 이를 효율적으로 관리하기 위하여 상계(netting)와 같은 내용이 포함된 사전약정을 체결할 필요가 있다. 왜냐하면 사전약정이 체결되어 있다면 계약위반이나 파기 등의 경우 권리의무 등을 서로 상계시켜 신용위험을 최소화시킬 수 있다.

둘째, 별도의 신용리스크관리 부서를 설치하여 거래상대기관별 신용한도, 신용관리 기준을 설정하여 이를 준수하는지 확인하여야 한다.

4) 법적 리스크

법적 리스크는 파생금융상품거래를 감독할 국가기관 및 금융감독기관이

거래상대방과 체결한 파생상품금융계약을 합당한 이유 없이 무효화시키거나 계약당사자간의 권리와 의무를 규율할 제도적 장치가 미비한 경우에 발생한다. 일반적으로 장내거래는 법적 장치가 잘 구축되어 있기 때문에 법적 리스크가 발생할 가능성은 적지만 장외거래에서는 사정이 다르다. 법적 리스크의 대표적인 사례로서는 파생금융상품을 거래할 자격 유무, 파생금융상품거래자체의 적법성 유무, 계약위반이 발생하였을 경우, 이에 대한 법적 구속력 유무 등이다.

제2절 통화선물거래

1. 통화선물의 의의

통화선물(currency futures)은 조직화된 거래소에 거래단위, 결제시기 등 계약조건이 표준화된 특정 통화에 대하여 시장 참가자간 호가방식에 의해 결정되는 선물환율로 일정 기간이 지난 후에 약정한 환율로 해당 통화의 인수도와 결제가 이루어지는 거래를 의미한다. 즉, 통화선물의 매입은 기본적으로 매입자가 일정시점에서 인도와 결제를 하기 위한 거래라기보다는 오히려 인도결제일 이전에 나타날 환율 변동에 대한 베팅 또는 헤징수단으로 이용되고 있다는 점이다. 통화선물거래는 선물환 거래와 비교되지만 다음과 같은 점이 다르다. 첫째, 일정 시점 또는 일정 기간에 특정 통화를 약정한 환율로 매매한다는 점이 유사하지만 거래단위, 결제시기 및 최소가격 변동폭 등 계약내용이 표준화되어 있다는 점, 둘째, 거래소의 청산소(clearing house)가 거래계약의 이행을 보증하다는 점, 셋째, 매일 거래대상 통화의 가격변동에 따라 손익을 정산하는 일일정산제도, 계약불이행 위험에 대비하기 위한 이행보증금 성격의 증거금예치제 등이 있다는 점 등이 다르다.

통화선물시장의 호가는 해당 통화 1단위의 달러화표시가격으로 행해지므로 통화선물 1단위 계약의 가치는 해당 통화 1단위의 달러화 표시가격에 통화선물 1단위 계약이 포함하는 해당 통화의 단위수를 곱하여 산출할 수 있다.[42)]

예를 들면, 스위스 프랑 통화선물의 계약단위는 125,000프랑인데 통화선물의 가격이 0.6813$/SF라면 통화선물 1단위 계약가치는 (SF 125,000)·($0.6813/SF) = $85,162.50이 된다.

거래자가 통화선물을 매입(long 포지션)한다는 의미는 만기일에 달러화를 대가로 지급하고 특정 통화를 매입하기로 약속하는 것이며 통화선물계약을 매도(short 포지션)한다는 것은 만기일에 달러화를 대가로 지급받고 특정통화를 매도하기로 약속한다는 의미이다. 통화선물거래의 청산방법은 반대매매(reversing trade)를 통하여 이루어지는데 매입자가 롱 포지션을 청산하기 위해서는 매입한 통화선물계약과 같은 수도 결제월을 가지는 통화선물계약을 매도하여야 한다. 또한 통화선물계약의 매도자가 숏 포지션을 청산하기 위해서는 자기가 매도한 통화선물계약과 같은 수도 결제월을 가지는 통화선물계약을 매입하여야 한다.

통화선물거래는 시장환율의 변동에 따라 손익이 달라진다. 즉, 시장환율이 계약환율을 상회하면 매입자가 이익을 얻게 된다. 하회하게 되면 매입자가 손실을 입게 된다. 또한 거래자가 자기포지션을 청산할 때까지 통화선물계약의 매일의 종가에 따라 당일의 이익 또는 손실이 거래자 계정잔고의 변화를 초래하게 된다. 만약 이익이 발생하여 거래자의 계정잔고가 개시증거금 수준 이상이 되면 초과분은 인출이 가능하다. 반면 손실이 발생한다면 계정잔고가 감소하여 통화선물거래자가 유지하여야 하는 최소한의 계정잔고인 유지증거금(maintenance margin) 수준 이하로 하락하면 추가로 증거금을 납입하여 계정잔고를 개시증거금 수준만큼 만들어야 한다. 만약 거래자가 중도에 반대매매를 통하여 자기의 포지셔을 청산하지 않고 최종 거래일까지 계속 유지하게 되면 해당 통화선물계약의 최종거래일 종가가 수도결제일에 특정통화를 인수받는 대가로 지급 또는 특정 통화를 인도하는 대가로 수취하게 되는 달러금액을 결정하게 된다. 그러나 대부분 실제통화의 수도결제가 이루어지는 선도환계약과는 달리 실제통화의 수도가 이루어지는 통화선

42) 강호상, 「외환론」, 법문사, 2016, pp.74-98.

물거래는 전체 1% 미만으로 아주 적은 비중을 차지한다.

통화선물시장은 1972년 5월에 개설된 시카고상업거래소(Chicago Mercantile Exchange: CME) 산하의 국제통화시장(International Monetary Market: IMM)에서 최초로 개시되었다. 이후 영국(1982년 9월), 호주(1983년 10월), 캐나다(1984년 6월), 싱가포르(1984년 9월), 일본(1989년 6월)이 통화선물시장을 개장하였다. 시카코 상품거래소에서는 호주 달러, 영국 파운드, 캐나다 달러, 일본 엔, 스위스 프랑, 멕시코 패소 등의 통화를 비롯하여 선진국, 신흥개도국 등 21개국 통화에 대한 60개 조합의 통화선물(2개의 E-mini와 12개의 E-micro 통화선물 포함)이 거래되고 있다. CME그룹을 통해 일평균 1,000억 달러가 거래되어 전체 통화선물거래액 중 75%를 차지한다. 한국은 1999년 4월에 한국선물거래소(현 한국거래소)에 미 달러선물이 처음 상장되었다. 이후 엔선물과 유로선물(2006년 5월), 위안화선물(2015년 10월)이 상장되었다. 2014년 12월에는 미 달러선물 야간시장이 개설되기도 하였다.

2. 통화선물의 특징

통화선물거래는 점두거래로 이루어지는 일반외환거래와는 달리 구체적인 거래소에서 고객의 주문을 받은 선물 중개업자(FCM)의 장내 중개인들의 공개 호가방식을 통하여 이루어지고 있다. 통화선물거래는 다음과 같은 특징을 가지고 있다.

첫째, 계약단위규모와 수도결제일이 표준화되어 있는 동질 계약의 거래로서 유동성이 높다.

둘째, 거래방법에 있어서 거래소의 지정된 장소에서 다수의 경쟁적인 매입자와 매도자들 간에 공개호가방식을 통하여 거래한다.

셋째, 선도환 시장거래자들은 은행, 브로커, 다국적 기업들처럼 집단화 및 조직화되어 있는 참여자들로 구성되지만 통화선물거래의 시장참여자들은 소액거래자인 개인투기자들도 참여가 가능하다.

넷째, 선물매매계약을 위한 증거금을 은행 간 거래뿐 아니라 개인 간 거래에서도 납부하여야 한다. 또한 현금수지에 있어서는 통화선물계약의 시장가격 변동에 따라 선물증거금계정에 일일현금수지가 발생한다. 즉, 통화선물매입초과포지션을 보유한 경우 금일의 최종선물결제가격이 전일의 최종선물결제가격을 상회하게 되면 통화선물증거금계정에 현금수입이 발생하게 되고 반대로 하회하게 되면 현금지급이 발생한다.[43)]

다섯째, 개별은행 및 브로커들이 청산하는 것이 아니라 별도의 청산기관이 있어 여기서 시장가격의 변동에 따라 매일의 결제(daily resettlement)가 이루어지고 있어 계약불이행에 따른 신용위험이 발생할 가능성이 거의 없다고 할 수 있다.

여섯째, 대부분의 경우 실제 수도결제보다는 반대매매를 통하여 자기의 포지션을 청산하고 있다.

일곱째, 매입률과 매도율 차이인 스프레드를 지급하기보다는 일정액의 수수료(brokerage fee)를 브로커에게 지급하여야 한다.

마지막으로 선도환 시장거래가 british pound 등 일부 통화를 제외하고는 european terms를 사용하고 있는 데 반하여 통화선물시장에서는 American terms를 사용한다.

3. 통화선물의 거래구조

통화선물거래는 선물환 거래와 다르게 은행이 개입하지 않고 고객은 선물중개업자를 통하여 거래소(장내시장)를 통한 공개호가 또는 전자경매방식을 택한다. 따라서 통화선물계약은 매매당사자가 상대방의 신용상태를 조사할 필요 없이 거래소의 보증에 의하여 계약이 체결된다. 주문형식은 지정가 주문과 시장가 주문 등 2가지가 있다. 지정가 주문은 투자가가 "buy 3 eur futures at 0.941$/유로 or lower"처럼 지정가격 또는 일정 가격 범위 내

43) 통화선물거래는 환리스크 관리, 투기적 및 차익거래 목적 등으로 이용된다. 환리스크 관리 목적거래는 현재 보유중이거나 앞으로 발생할 현물포지션과 반대방향으로 통화선물을 매입 또는 매도함으로써 환율변동에 따른 리스크를 회피하는 것을 의미한다.
투기적 목적거래는 환율상승 예상시 통화선물을 매입하고 환률하락 예상시 통화선물을 매도함으로써 시세차익을 추구한다. 차익거래, 목적거래는 환율변동 방향과 상관없이 선물가격과 현물가격의 일시적 불균형을 이용하여 선물환과 현물환 중 상대적으로 저 평가된 것을 매입하고 고 평가된 것을 매도한 후 현물환율과 선물환율의 차이가 축소된 시점에서 반대거래를 통하여 위험을 부담하지 않고 이익을 실현한다; 한국은행, 「한국의 외환제도와 외환시장」, 2016, pp.182-183.

에서 선물계약을 주문하는 방식이다. 시장가 주문은 단순히 “buy 3 eur futures at the market”와 같이 주문시점의 시장가격으로 선물계약을 매입하는 방식이다.

한편 통화선물 거래방식에서는 일일정산제도와 증거금 적립제도를 이용한다. 일일정산제도란 선물가격의 변동에 따라 선물거래자는 매일 손익이 발생하고 선물거래에서는 일일정산제도에 의해 매일 손익을 정산한다. 증거금 적립제도에는 거래증거금과 위탁증거금으로 구분할 수 있다. 거래증거금이란 선물회사가 거래소에 예치하는 증거금이며 위탁증거금은 투자가가 선물회사에 예치하는 증거금을 의미한다. 또한 개시증거금과 유지증거금으로도 구분이 가능한데 개시증거금은 고객이 선물거래를 처음 시작할 때 중개회사에 예치하는 증거금을 말하며 유지증거금은 고객이 중개회사와 선물거래를 계속하기 위하여 유지하여야 하는 증거금을 의미한다.

증거금 잔고가 유지증거금 이하로 떨어지면 중개회사는 개시증가금 수준까지 추가 예치를 요구할 수 있다.

[그림 7-1] 통화선물의 거래과정

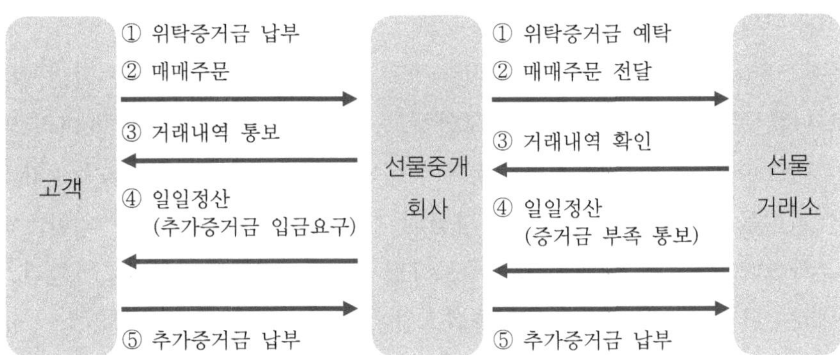

자료 : 한국은행, 2016.

제3절 통화스왑거래

1. 통화스왑의 의의

스왑(swap)은 미래 일정 시점에 자금을 서로 교환하기로 하는 일련의 선물환계약의 하나이다. 즉, 거래쌍방 간 일정한 금융자산이나 금융부채를 서로 교환하고 일정 기간이 지난 후 이를 재 교환하기로 약정하는 거래를 의미한다.[44)]

스왑거래의 초창기에 은행은 거래쌍방 간 스왑거래만 연결시켜주는 브로커역할 즉, 스왑거래에 따른 위험은 부담하지 않았다. 그러나 오늘날 은행들은 거래쌍방 간 차입조건이 일치하지 않아도 거래를 연결시켜주면서 조건의 불일치로 발생하는 위험을 해지하고자 노력하는 시장조성자 역할까지 한다. 그리고 고객의 요구를 충족시켜주는 거래상대방을 찾을 수 없을 경우 거래상대방이 되어 딜러로서 거래를 하고 이에 대한 대가인 스왑 스프레드를 요구한다.

통화스왑(currency swap)이란 일반적으로 양 당사자가 처음에는 일정액의 서로 다른 통화로 표시된 원금을 교환하고 그 후 일정 기간에 걸쳐 미리 약정한 대로 이자와 원금을 지불하였다가 만기에 원금을 재교환 하기로 약정하는 거래를 말한다. 통화스왑도 자금의 대차거래라는 점에서는 외환스왑과 유사하다. 그러나 외환스왑이 주로 1년 이하의 단기자금조달 및 환리스크 헤지수단으로 이용되는 반면 통화스왑은 1년 이상 중·장기 환리스크 및 금리리스크 헤지 수단으로 이용된다는 점에서 차이가 있다. 초기 통화스왑의 형태는 선물환 스왑이었다. 즉 어느 한 시점에 한 통화를 다른 통화로

44) 스왑(swap)이란 전통적으로는 외환시장에서 매매방향이 서로 다른 두 개의 선물환 또는 현물환을 동시에 거래함으로써 환위험을 보다 완전하게 해지하는 수단으로 이용되어온 외환스왑의 형태였다. 그러나 오늘날 스왑은 금리지급조건으로 하는 금리스왑, 서로 다른 통화의 원리금상환을 교환하는 통화스왑, 그리고 이들 금리 및 통화스왑을 여러 가지형태로 혼합한 혼합스왑 등 다양한 방법으로 발전해오고 있다.

교환해주고 이후 만기시점에 그 통화를 되돌려주기로 하는 계약이었다. 통화스왑 초기 형태의 대표적인 사례는 1981년 8월 세계적인 투자은행 살로만 브라더스(Salomon Brothers)의 중개로 IBM과 IBRD(세계은행)간에 이루어진 스왑이었다. 세계은행 입장에서는 차입은 규모가 큰 달러시장에서 하는 것이 유리하고 대출은 스위스 프랑이나 독일 마르크 표시로 할 필요가 많았다. 세계은행은 달러가 필요하지만 차입을 유럽에서 하는 것이 유리한 기업들과 통화스왑을 하는 기회가 많게 되었다.[45] 한국은 1999년 9월 국내 중개회사에서 원/달러 통화스왑거래를 처음으로 중개하기 시작하였다. 중개회사를 통해 거래되는 원화와 미 달러화간의 통화스왑은 주로 원화 고정금리와 미 달러화 변동금리(6개월 리보)가 교환되는 cross currency swap방식으로 거래되고 있다. 통화스왑은 초기에는 통화담보부대출(currency collateralized loan), 상호융자(parallel loan) 및 상호직접대출(back-to-back- loan)형태로 출발하였지만 현재는 장기선물환계약(long term forward exchange contracts), 직접통화스왑(stright currency swap) 및 통화금리스왑 등으로 다양하게 발전해왔다.

2. 통화스왑의 종류

1) 상호융자 및 상호직접대출

통화스왑의 초기형태로 두 국가에 소재하는 서로 다른 모기업이나 상대국에 설립 운영하고 있는 자회사에 대하여 서로 교환하여 자국 통화표시로 자금을 동일 만기조건으로 융자해주는 파생금융상품이다.

상호 융자는 서로 독립된 융자협정을 체결함으로써 2개의 독립된 권리와 상환의무가 필요한 상품이다. 해당 모기업은 상대모기업에 대하여 각각 자회사의 대출금에 대한 상환을 보증해준다. 보통 금리는 기본적으로 계약을 체결하는 시점에서 각국의 국내시장금리를 기준으로 약정하며 상환은 만기일에 전액을 일시 상환하도록 되어 있다. 모기업이 자회사에 직접 융자해주는 경우에 발생할 수 있는 환노출을 방지할 수 있다.

45) 최생림, 「외환론」, 박영사, 2016, pp.186-213.

상호직접대출은 상호융자와 유사하지만 자회사가 개입되지 않고 모기업 간 자국통화로 직접 대출이 이루어지는 상품이다. 따라서 2개의 독립된 대출 약정이 필요하다.

2) 장기선물환계약

장기선물환계약은 장기적인 환리스크를 회피할 목적으로 거래 상대방과 계약 당시에 약정한 환율에 따라 일정 통화를 미래 일정 시점에 매입 또는 매도하기로 한 파생상품거래약정이다. 즉, 장기선물환계약은 현물환거래를 수반하지 않는 선물환일방거래(outright forward transaction)로서 전통적으로 단기선물환계약과 동일한 성격을 갖고 있지만 일반선물환시장에서 헤징하기 곤란한 이종통화표시자금의 장기 차입 및 대출 등과 같은 장기외화자금 거래로부터 발생되는 장기 환 리스크를 회피하는 수단으로 사용된다.[46]

따라서 장기선물환계약은 다음과 같은 특징이 있다.

첫째, 고객에게 보다 유용한 헤징기회를 제공할 수 있다.

둘째, 선물환계약이 갖는 고도의 탄력성과 만기 전까지는 환 리스크 부담 없이 자금을 확실히 활용할 수 있다는 장점 때문에 주로 장기적인 환리스크방어수단으로 사용할 수 있다.

셋째, 선물환계약이 장기이기 때문에 거래조건이나 현금흐름이 유사한 거래상대방을 시장에서 쉽게 찾기가 어렵다.

마지막으로 장기선물환계약은 만기에 거래상대방이 거래조건을 이행하지 못하는 신용위험이 발생할 수 있다. 이와 같은 위험을 회피하기 위하여 높은 신용도를 획득한 기업과 장기선물환계약을 체결하거나 공신력이 있는 은행을 중개기관으로 활용할 수 있다.

3) 직접통화스왑

직접통화스왑은 두 거래자가 스왑계약에 따라 상호간에 필요로 하는 통화표시자금을 현물환율을 적용하여 매입하고 만기일에는 계약기간 중에 환율의 변동 여부와 관계없이 계약 시와 동일한 현물환율을 적용하여 당초의

46) 이강남, 「국제금융론」, 법문사, 2006, pp.584-585.

금액과 동일한 금액을 상호간에 매각하는 방식이다.

직접통화스왑은 상기에서 설명한 상호융자 및 장기선물환계약과 몇 가지 점에서 비교된다. 첫째, 상품 이용목적이나 형태가 상호융자와 유사하다. 그러나 계약의 형태는 다르다. 즉, 직접통화스왑은 어느 일방이 채무를 이행하지 않으면 자동적으로 상계권을 행사할 수 있는 단일계약으로 이루어지지만 상호융자는 두 개의 독립된 계약으로 이루어진다는 특징이 있다.

둘째, 만기에 적용하는 환율이 다르다. 즉, 장기선물환계약에서는 선물환율이 두 통화간의 금리격차에 기초하되 조달자금이 복리로 재투자함을 가정하여 산정되었다. 그러나 직접통화스왑에서는 만기 시에 적용할 환율이 계약 체결시의 현물환율과 동일하다는 점에서 차이가 있다.[47] 따라서 직접통화스왑에서는 계약기간 중 금리비용은 두 통화 간 금리격차에 기초를 두고 있으나 거래당사자간 협의를 통해 결정된다.

4) 통화-금리 스왑

채무교환은 최근에 환율 및 금리변동폭이 확대됨에 따라 보유부채 및 신규부채의 가격변동위험을 적극적으로 방어하여 환리스크를 회피하고 차입비용을 경감시키기 위하여 통화스왑거래를 금리스왑거래에 혼합시킨 파생상품거래이다. 여기에는 고정금리간 스왑, 변동금리간 스왑, 고정금리와 변동금리간 통화스왑, 그리고 상기의 두 가지 이상의 스왑이 결합된 혼합스왑 등이 있지만 고정－변동금리간 통화스왑이 가장 일반적인 형태의 거래이다.

고정금리간 통화스왑(cross-currency fixed to debt swap)은 이종통화로 표시된 고정금리채무를 보유하고 있는 두 거래자가 스왑계약을 체결하여 상호간에 각자의 고정금리채무에 대한 원리금상환의무를 교환함으로써 양자가 모두 금리비용을 경감할 수 있는 파생금융상품이다. 고정－변동금리간 통화스왑(cross-currency floating debt swap)은 고정금리채무를 변동금리채무로 전환한다는 점에서 일반적인 금리스왑과 유사하나 만기시점에 원금도 상환해야 한다는 점에서 금리스왑과 차이가 있다. 이 형태는 비 달러화를 위주로 영업을 하는 은행(non- doller based banks)들이 중장기변동금리조건의 달러화

47) 직접통화 스왑계약의 만기는 상호융자처럼 5~10년은 물론 12년에서 18년짜리 장기스왑거래도 있다.

자금을 차입하여 이를 매칭거래의 일종인 중기변동금리대출자금으로 운용하고자 할 경우 주로 이용된다.

또한 변동금리간 스왑(cross-currency floating to floating debt swap)은 두 변동금리채무자가 스왑을 통해 쌍방간에 변동금리채무의 원리금상환의무를 교환하는 거래이다. 변동금리부 통화스왑은 고정금리부 통화스왑과 구조가 동일하지만 적용되는 금리가 변동이라는 점에서 차이가 있다.

3. 통화스왑의 거래구조

통화스왑은 당사자간의 직접거래 또는 중개회사를 통한 중개거래 방식으로 이루어진다. 직접거래는 해외채권 발행 등을 통한 외화조달이 많은 공기업, 카드회사나 보유 중인 원화자금을 외화채권으로 운용하는 보험사 등과 국내은행 또는 대형 외은지점간에 주로 일어나고 있다. 중개거래의 경우는 직접거래의 결과 발생한 포지션을 스왑은행간 조정하거나 보유자산의 해지 또는 투기적 목적으로 흔히 이용된다.

[그림 7-2] 통화스왑의 거래과정

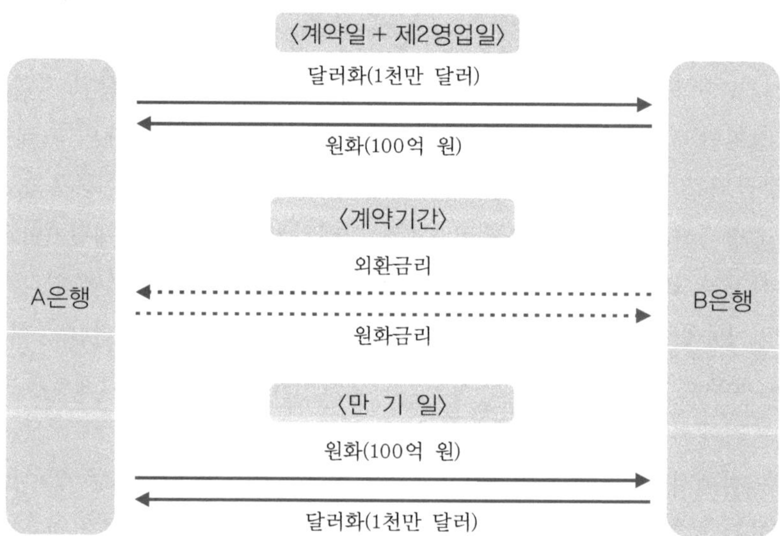

주: 1) 실선은 원금흐름, 점선은 이자흐름
자료 : 한국은행, 2016.

통화스왑은 장기 자금조달, 환리스크 관리, 금리차익 및 금리변동을 이용한 투기적 거래 등의 목적으로 거래한다. 이를 구체적으로 살펴보면,

첫째, 자금조달 목적의 거래는 외화자금이 필요한 국내은행과 원화자금이 필요한 외은지점이 장기자금을 조달하기 위해 통화스왑거래를 이용하는 경우이다.

둘째, 환리스크 관리 목적의 통화스왑거래는 특정 통화표시 자산이나 부채를 다른 통화표시 자산이나 부채로 전환함으로써 환리스크를 회피하는 경우이다.

셋째, 금리차익 목적의 거래는 통화스왑금리(Libor와 교환되는 원화고정금리)와 원화채권수익률 또는 외화채권수익률이 차이가 날 때 이루어진다. 즉 특정 통화로 자금을 조달하여 통화스왑거래를 통해 다른 통화로 전환한 후 채권에 투자함으로써 차익을 획득하는 경우이다.

마지막으로 투기적 목적의 통화스왑거래는 향후 금리전망에 따라 고정금리와 변동금리를 상호 교환하는 것을 의미한다. 원화금리 상승이 예상되면 원화 고정금리를 지급(달러 변동금리 수취)하고 원화금리 하락이 예상되면 원화 고정금리를 수취(달러 변동금리 지급)함으로써 이익을 볼 수 있다.

제4절 통화옵션거래

1. 통화옵션의 의의

옵션(option)은 환율변동이 불확실한 외환시장에서 외환거래에 수반되는 환리스크를 방어하거나 또는 재정거래를 통하여 추가이익을 실현할 수 있는 파생금융상품이다.[48] 사실 외환시장에 활력을 가져온 옵션은 1978년 암

48) 옵션을 기초증권의 종류에 따라 다음과 같이 구분할 수 있다. 즉, 기초자산이 금리이

스테르담의 '유럽옵션거래소'(European Options Exchange: EXO)에서 통화옵션을 도입하기 시작하였을 때에는 크게 주목받지 못하였다. 그러나 변동환율제도를 각국이 채택하면서 환율변동이 요동을 치자 환율 및 통화가치의 안정성이 위협을 받으면서 새로운 환위험관리기법으로 통화옵션이 이용되기 시작하였다. 1983년 미국의 '필라델피아 증권거래소'(Philadelphia Stock Exchange: PHLX)가 마르크, 파운드, 스위스 프랑, 엔, 캐나다 달러 등 5개 외국 통화에 대한 옵션을 공식적으로 상장시키면서 본격적으로 거래되기 시작하였다.

〈표 7-1〉 전 세계 주요 통화옵션

국 가	거래소	기초통화
미국	CME	AD, £, BR, CD, Euro, ¥, MP, NZD, FF, SF
	PHLX	AD, £, CD, Euro, ¥, £/Euro, Euro/¥
	NYCE	Euro, ¥, Euro/£, Euro/¥, Euro/SF
프랑스	MATIF	$, £
독일 · 스위스	EUREX	$
벨기에	BSX	$
네덜란드	AEX	$
헝가리	BCE	£, CC, Euro, ¥, SF, $
	BSE	$, Euro
한국	KOFEX	$
브라질	BM&F	$

미국의 CME는 1984년에 마르크 선물옵션을 도입한 데 이어, 1985년에는 영국 파운드, 스위스 프랑, 1986년에는 일본 엔, 캐나다 달러를 대상으로 하는 통화선물옵션을 도입하였다. 국내에서는 1999년 4월 한국선물거래소(현 한국거래소)에 미 달러 옵션이 처음 상장되었으며 선물회사들의 거래량 경쟁 때문에 거래가 활발하게 이루어지기도 하였으나 이후에는 높은 거

면 금리옵션, 통화이면 통화옵션, 주식이면 주식옵션, 그리고 기초자산이 주가지수이면 주가지수옵션으로 구분할 수 있다. 여기서 금리옵션은(interest rate option)은 금리상품을 대상으로 하는 옵션을 말한다. 일반적으로 금리옵션은 채권옵션과 같은 의미로 사용된다. 그러나 금리옵션은 기초자산의 양도 여부에 따라 양도가 가능한 채권을 대상으로 하는 채권옵션과 양도가 불가능한 예금상품이나 추상적인 금리 그 자체를 대상으로 하는 금리옵션으로 구분할 수 있다.

래비용 때문에 부진하였다. 2013년 9월 한국거래소가 최종결제방식을 실물인수도방식에서 현금차액결제방식으로 변경하고 기본 예탁금을 1,500만 원에서 50만 원으로 인하하여 거래 활성화를 도모하기도 하였다. 하지만 초기 반짝 거래가 증가하였을 뿐 이후에는 거래실적이 미미하였다. 반면 장외시장에서의 거래는 상대적으로 활발하였다.

통화옵션(currency option)은 특정한 통화를 대상으로 하는 옵션을 말하는 것으로 계약 당사자 간에 정하는 바에 따라 일정한 기간 내에 미리 정한 가격으로 특정 외국 통화를 사거나 팔 수 있는 권리(선택권)를 의미한다. 옵션의 매도자는 계약에서 정한 특정 외국통화를 사거나 팔 수 있는 권리를 매수자에게 부여하고, 옵션의 매수자는 계약 후 일정 기간 동안 특정 외국통화의 시장가격과 계약당시 정한 가격을 비교하여 상황이 자기에게 유리하면 권리를 행사하고 불리하면 권리를 포기한다.[49]

즉, 통화옵션은 매도자가 매수자에게 일정거래대상자산을 일정한 가격조건으로 선택적으로 매도 또는 매입할 수 있는 권리를 부여하는 계약으로 환율보험(exchange rate insurance) 또는 외국 통화보험(foreign currency market)의 성격을 갖는 금융자산이다. 따라서 옵션매수자는 보험료성격의 일정가격인 프리미엄(premium)을 지급한다.

통화옵션은 선물환이나 통화선물과 달리 시장환율이 옵션 매입자에게 유리한 경우에만 옵션을 선택적으로 행사할 수 있다. 따라서 옵션 매입자의 손실은 프리미엄에 국한되는 반면 이익은 환율변동에 따라 무제한이라는 비대칭적 구조를 가진다. 즉, 선물환이나 통화선물의 경우에는 매도자와 매입자가 모두 만기일에 반드시 의무를 이행해야 하는 반면에, 통화옵션에서 옵션매도자는 의무를 반드시 이행해야 하지만 옵션매입자는 그렇지 않다. 즉, 옵션매입자는 만기일에 옵션을 행사할 권리를 갖지만 반드시 행사할 의무는 없다. 즉, 선물환시장이나 통화선물시장이 제공하지 못하는 행사선택권을 부여함으로써 보다 안정적이고 거래비용이 적게 들며, 다양한 헤징 및 재정거래기회를 제공한다고 볼 수 있다.

---

49) 최해범, 「국제재무관리」, 도서출판 대명, 2002, pp.273-291.

2. 통화옵션의 종류

통화옵션은 행사권의 종류, 행사시기 및 통화대상에 따라 여러 가지로 구분할 수 있다.

첫째, 행사권의 종류에 따라 콜 옵션(call option)과 풋 옵션(put option)으로 구분할 수 있다. 콜옵션은 옵션매도자로부터 특정자산을 미리 정한 가격으로 약정기일 또는 그 이전에 매입할 수 있는 권리를 옵션매입자에게 부여한 계약을 의미한다. 따라서 콜옵션매입자는 만기일 또는 만기일 이전에 현물환율이 행사가격보다 높아지면 행사가격으로 매입하는 권리를 행사하지만 현물환율이 행사가격보다 낮아지면 이를 포기하면 된다.[50)]

풋옵션은 옵션매입자가 특정자산을 일정가격으로 약정기일 또는 그 이전에 옵션매도자에게 매도할 수 있는 권리를 보유하게 된다. 따라서 콜옵션매입자는 만기일 또는 만기일 이전에 현물환율이 행사가격보다 낮아지면 행사가격으로 매도하는 권리를 행사하지만 현물환율이 행사가격보다 높아지면 이를 포기하면 된다. 특정 통화의 콜옵션은 다른 통화입장에서는 풋옵션이 된다. 예를 들면, 달러를 지급하고 엔화를 사는 권리 즉, 엔 콜옵션은 동일한 환율에 엔화를 매입하고 달러를 매도할 수 있는 권리인 달러 풋옵션이 된다.

〈표 7-2〉 call 옵션과 put 옵션의 매입자와 매도자

매입자		매도자
만기일(또는 만기일 이전)에 특정 통화를 행사가격에 매입할 권리를 갖게 됨	call 옵션	만기일(또는 만기일 이전)에 특정 통화를 행사가격에 매도할 권리를 갖게 됨
만기일(또는 만기일 이전)에 특정 통화를 행사가격에 매도할 권리를 갖게 됨	put 옵션	만기일(또는 만기일 이전)에 특정 통화를 행사가격에 매입할 권리를 갖게 됨

자료 : 강호상, 「외환론」, 법문사, 2016, p.101.

50) 행사가격(exercise price)이란 기초자산(underlying assets)을 매수하거나 매도할 수 있는 가격을 의미한다. 그리고 만기일(expiration date)이란, 옵션소유자가 권리를 행사할 수 있는 마지막 날을 의미한다.

〈표 7-3〉 통화옵션거래의 손익구조

		시장(현물)환율 〉 행사가격	시장(현물)환율 〈 행사가격
call 옵션	매입자	〈권리 행사〉 이익 : (시장환율-행사가격)-프리미엄	〈권리 포기〉 손실 : 프리미엄
	매도자	〈의무 이행〉 손실 : (시장환율-행사가격)-프리미엄	〈의무 소멸〉 이익 : 프리미엄
put 옵션	매입자	〈권리 포기〉 손실 : 프리미엄	〈권리 행사〉 이익 : (시장환율-행사가격)-프리미엄
	매도자	〈의무 소멸〉 이익 : 프리미엄	〈의무 이행〉 손실 : (시장환율-행사가격)-프리미엄

자료 : 한국은행, 2016.

둘째, 통화옵션은 거래대상통화에 따라 현물옵션, 통화선물옵션, 선물식옵션으로 구분할 수 있다. 현물옵션은 현물통화를 거래대상으로 하고 통화선물옵션은 통화선물계약을 거래대상으로 한다. 현물옵션에서는 옵션이 행사되면 현물을 인수 또는 인도하지만 선물옵션에서는 옵션이 행사되면 선물포지션을 취득하게 된다. 선물식옵션은 옵션매입 후 옵션행사와 관계없이 옵션가격의 변동에 따라 일일결제가 이루어진다.

셋째, 옵션은 만기 전에 매입자가 권리를 행사할 수 있느냐의 여부에 따라 미국식옵션(American option)과 유럽식옵션(European option)으로 구분할 수 있다. 미국식옵션은 계약기간이 종료되는 만기일 또는 만기일 이전에 언제든지 권리를 행사할 수 있는데 주로 거래소에서 거래된다. 반면 유럽식옵션은 만기일에 한하여 옵션을 행사할 수 있으며 거래소 밖인 장외에서 거래된다. 장외옵션들은 거래소에서 거래되는 표준화된 옵션들보다 큰 금액이 거래될 뿐 아니라 만기도 계약의 양 당사자들이 합의에 달려 있으며 거래소에서 거래되지 않는 통화도 거래될 수 있다.

3. 통화옵션의 거래구조

통화옵션거래란 미래의 특정시점(만기일 또는 만기 이전)에 특정 통화(기초자산)를 미리 약정한 가격(행사가격)으로 사거나(call option) 팔 수 있는 권리(put option)를 매매하는 거래를 말한다. 통화옵션거래는 거래소나 장외시장에서 거래된다.

통화옵션 거래시 통화옵션 매입자는 대상통화를 매매할 수 있는 권리를 사는 대가로 통화옵션 매도자에게 프리미엄(옵션가격)을 지급하고 이후 환율변동에 따라 자유롭게 옵션을 행사하거나 또는 행사하지 않을(권리를 포기할) 수 있다. 반면 옵션 매도자는 옵션 매입자가 권리를 행사할 경우 반드시 계약을 이행해야 하는 의무를 부담한다.

〈그림 7-3〉 통화옵션의 거래과정

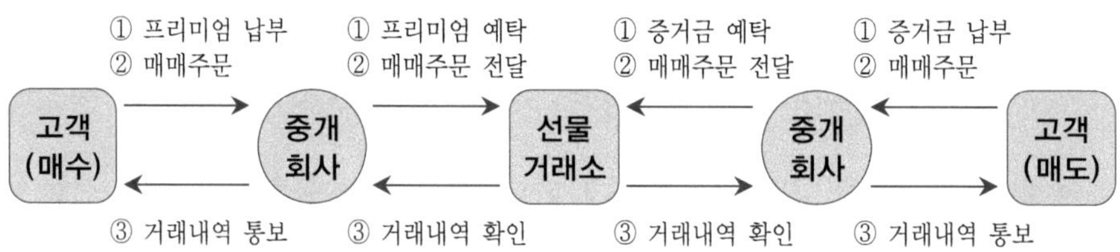

자료 : 한국은행, 2016.

일반적으로 거래되는 통화옵션은 <그림 7-3>에서 보는 것처럼 첫째, 고객이 옵션증거금(또는 프리미엄)을 중개회사에 납입한다. 둘째, 선물중개회사에 매매주문을 한다. 셋째, 선물중개회사는 선물거래소에 매매주문을 전달한다. 선물거래소는 매매가 체결되면 선물중개회사를 통해 체결내역을 고객에세 통지한다. 통화옵션의 거래과정은 통화선물과 유사하나 일일정산제도가 없고 증거금의 경우 상대방의 권리행사에 따라 의무를 부담하는 옵션매도자는 향후 손실위험을 감안한 수준의 증거금을, 옵션 매입자는 옵션 매수대금인 프리미엄을 납부하는 점이 다르다.

〈표 7-4〉 통화옵션거래와 통화선물거래 비교

	통화옵션거래	통화선물거래
거래내용	대상자산을 매도 또는 매입할 수 있는 권리에 대한 거래	대상자산의 인수도를 위한 거래
거래책임	매입자는 대상자산을 매도 또는 매입할 수 있는 권리를 가지며 매도자는 매입자의 권리행사에 대한 의무 부담	매입자와 매도자 모두 거래이행 책임
손실위험	매입자의 위험은 주문시 지불한 프리미엄에 한정되고 매도자의 위험은 무한정	매입자와 매도자 모두 위험이 무한정
거래증거금	매도자에게만 거래증거금 부과	매입자와 매도자 모두 거래증거금 부과
결제방법	반대매매에 의한 결제 또는 권리행사에 따른 현금 차액결제	반대매매에 의한 결제 또는 최종 결제일에 대상자산의 인수도

자료 : 한국은행, 2016.

제8장 외환시장의 기능

제1절 환청산과 환투기

제2절 금리재정

제3절 헤징

제4절 환재정

제1절 환청산과 환투기

1. 환청산

환청산(exchange clearing)이란, 외환시장에 참여하는 수요자와 공급자의 계획이 모두 만족될 때를 의미한다. 즉, 외환시장에서 수요와 공급이 같아지게 될 때 외환시장은 청산된다고 말할 수 있다. 외환시장은 외환거래를 원활하게 하여 일국의 통화를 외국의 통화로 전환시키는 기능을 한다. 재화의 시장에서 가격이 결정되는 것처럼 이종통화의 교환이 이루어지는 외환시장에서도 거래되는 외환의 가격인 환율도 외환에 대한 수요와 공급이 일치될 때 결정된다. 따라서 외환시장의 청산메커니즘은 수요량과 공급량이 일치될 때까지 가격이 변동한다고 할 수 있다.

〈그림 8-1〉 환청산

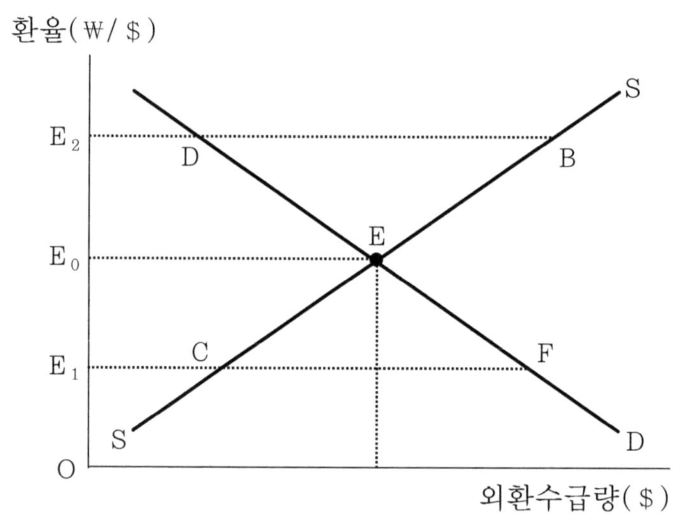

이와 같이 청산(clearing)이란 수요와 공급을 일치시키는 기능을 말한다.

그러므로 외환시장에 있어서 청산은 환율의 자유로운 변동에 의해 달성된다. <그림 8-1>에서 DD는 외환에 대한 수요를 나타내고, 또 SS는 외환에 대한 공급을 나타낸다고 하자. 이때, 외환시장의 청산은 환율이 E_o일 때 이루어진다. 만약 환율이 E_1이라면 CF만큼의 외환에 대한 초과수요가 발생하여 환율이 상승하고, 반대로 환율이 E_2라면 AB만큼의 외환에 대한 초과공급이 발생하여 환율이 하락한다. 외환시장의 제1차적인 기능은 이와 같이 수요량과 공급량을 일치시키는 균형 환율을 결정함으로써 외환시장을 청산시키는 데 있다.

2. 환투기

환투기(exchange speculation)란 외환시장의 기능 중 하나로써 환위험을 회피하려고 하는 헷징과 달리 환차익을 얻기 위해 계획적으로 스퀘어포지션(square position)을 오픈포지션(open position)으로 전환시키는 외환거래를 말한다. 그리고 투기자(speculator)란 장래의 현물환율의 변화를 예상하고, 이와 같은 환율의 변동으로부터 이익을 얻기 위해 외환시장에 참여하는 사람들을 말한다.

투기자들은 장래에 환율이 인상될 것으로 기대한다면 외환의 투기매입(bull speculation)을 행하고, 반대로 장래에 환율이 인하될 것이라고 기대한다면 외환의 투기매출(bear speculation)을 행한다. 이때 그들의 기대가 적중한다면 투기자들은 상당한 이익을 얻을 수가 있지만 투기자의 기대에 어긋나게 되면 그만큼 손실을 감수하지 않으면 안 된다. 투기는 헷징과 마찬가지로 현물환시장을 통해 행할 수도 있고, 선물환시장을 통해 행할 수도 있다. 그렇지만 투기자의 경우 현물환시장을 활용하려면 일단 그의 자금을 구속시켜야 하거나 또는 투기를 하기 위해 차입을 해야 한다. 따라서 헷징과 마찬가지로 현물환시장을 이용해야 하는 단점을 회피하기 위해 투기는 대개 선물환시장에서 발생한다.

한편, 환투기는 환율의 변동폭을 축소시키는가 또는 확대시키는가에 따라서 안정적 투기(stabilizing speculation)와 불안정적 투기(destabilizing speculation)로 구분된다.

안정적 투기는 환율이 일정수준 이하로 하락할 때 다시 상승할 것을 예상함으로써 이익을 얻기 위해서 외환을 매입하거나 또는 환율이 일정수준 이상으로 상승할 때 다시 하락할 것을 예상해서 이익을 얻기 위해 외환을 매출하는 행위를 말한다. 이와 같은 행위를 통해서 안정적 투기는 환율의 변동폭을 축소시킬 수 있다.

불안정적 투기는 환율이 하락할 때 더 하락할 것을 예상해서 외환을 매출하거나 또는 환율이 상승할 때 더 상승할 것을 예상해서 외환을 매입하는 행위를 말한다. 이 같은 행위를 통해서 불안정적 투기는 환율의 변동폭을 확대시킨다. 불안정적 투기가 초래하는 환율의 불안정성은 국제무역과 자본의 이동을 저해하므로 환투기가 환율에 미치는 효과가 안정적인가 또는 불안정적인가 하는 문제는 중요하다.

제2절 금리재정

1. 금리재정거래의 의의와 커버된 금리재정거래

금리재정(interest arbitrage)이란 장소적으로 분리된 외환시장 간에 금리차가 존재할 때 이익을 얻기 위해서 이자율이 낮은 시장으로부터 이자율이 높은 시장으로 자본을 이동시킴으로써 이익을 취득하는 행위를 말한다. 금리재정으로 인해서 국가 간에 자본이동이 발생하면 외환시장 간에 금리수준은 균등화되어 공간적으로 분리된 각 시장을 통합시키는 경향이 있다.

흔히 두 통화의 금융시장간 금리재정거래를 실시할 때 금융상품의 만기까지의 환율변동위험을 회피하기 위하여 선물환계약에 의해 환위험을 커버(cover)하게 되는데, 이렇게 선물환계약에 의해 환위험이 커버된 금리재정거래를 커버된 금리재정거래(covered interest arbitrage)라고 한다.

제5장에서 금리평가설을 다루면서 공부했던 바와 같이 국내금융시장의 n개월 금리를 R_{t+n}이라 하면 n기간 동안 국내투자의 원리금은 $(1+R_{t+n})$이 되며, 외국금융시장의 n개월 금리가 R^*_{t+n} 이고 현물환율이 S_t, n개월 선물환율을 F_{t+n}이라고 하면 선물환계약으로 환위험을 커버한 해외투자의 자국통화표시 원리금은 $F_{t+n} / S_t \times (1+R^*_{t+n})$가 된다. 그러면 커버된 금리재정거래의 재정기회 판별요령과 자국통화 1단위당 재정이익은 다음과 같이 산출된다.

$\frac{F_{t+n}}{S_t}(1+R^*_{t+n}) > (1+R_{t+n})$인 경우

해외투자의 원리금이 국내투자의 원리금보다 더 크므로 국내에서 투자자금을 차입하여 해외투자를 하는 것이 더 유리하다. 그리고 만기 시 수령하는 외국통화표시 원리금을 해외투자 시에 미리 선물환계약에 의해 매도해 두면 환율변동의 위험없이 자국통화표시 재정이익을 얻을 수 있다. 이때 자국통화 1단위당 재정이익은 다음과 같다.

$$\text{자국통화 1단위당 재정이익} = \frac{F_{t+n}}{S_t}(1+R^*_{t+n}) - (1+R_{t+n})$$

$\frac{F_{t+n}}{S_t}(1+R^*_{t+n}) < (1+R_{t+n})$인 경우

국내투자의 원리금이 해외투자의 원리금보다 더 크므로 해외에서 투자자금을 차입하여 국내투자를 하는 것이 더 유리하다. 그리고 만기 시 갚아야 하는 외국통화 차입금의 원리금은 국내투자 시에 미리 선물환계약에 의해 매입해 두면 환위험이 커버된 상태로 자국통화표시 재정이익을 얻을 수 있다. 이때 자국통화 1단위당 재정이익은 다음과 같다.

$$\text{자국통화 1단위당 재정이익} = (1+R_{t+n}) - \frac{F_{t+n}}{S_t}(1+R^*_{t+n})$$

2. 커버된 금리재정거래의 사례

여기서는 예제를 통하여 1)에서 정리한 커버된 금리재정거래의 방법을 살펴보도록 한다.

예제 8.1

영국과 미국의 시장상황이 다음과 같다고 한다. 10,000달러 규모의 재정거래를 하고자 하는 미국의 투자자가 두 국가 간 커버된 금리재정거래를 실행할 경우 재정거래기회를 판별한 후, 재정이익은 몇 달러인지 산출하고 재정거래방법을 살펴보도록 하자.

- 현물환율 : U$1.1000/￡
- 3개월 선물환율 : U$1.1440/￡
- 달러화 금융시장의 3개월 금리 : 4%(연율)
- 파운드화 금융시장의 3개월 금리 : 8%(연율)

먼저 재정거래 기회를 판별해보면,

$$\frac{F_{t+3}}{S_t}(1+R^*_{t+3}) = \frac{1.144}{1.1} \times 1.02 = 1.0608 > (1+R_{t+3}) = 1.01 \quad (8.1)$$

이므로 좌변이 크므로 달러화 금융시장에서 투자자금을 차입하여 파운드화 금융시장에 투자하고, 만기 시 수령하는 파운드화 원리금을 미리 선물환계약으로 매도하면 재정이익을 얻을 수 있다. 또한 1달러당 재정이익은 1.0608－1.01=0.0508이므로, 10,000달러 규모의 재정거래에 의하여 만기 시 얻게 되는 재정이익은 10,000달러×0.0508=508달러가 된다.

그러면 커버된 금리재정거래 절차를 구체적으로 살펴보고, 실제로 재정이익이 508달러가 될 것인지 확인해 보도록 하자.

t시점의 거래절차

① 달러화 금융시장에서 U$10,000을 3개월간 차입한다.

② 차입한 달러화를 현물환시장에서 U$1.1/￡의 환율로 매도하고 파운드화를 U$10,000×1/(U$1.1/￡)≒￡9,090.91만큼 매입한다.

③ 파운드화 금융시장에 ￡9,090.91를 3개월간 투자한다.

④ ③의 파운드화 투자의 만기시 원리금인 ￡9,090.91×1.02=￡9,272.73을 3개월 선물환율로 미리 매각해 둔다. 물론 t시점에서는 이러한 선물환계약에 대해서는 아무런 현금흐름이 발생하지 않고 선물환계약의 만기인 3개월 후에서야 현금흐름이 발생한다.

t+3시점의 거래청산절차

⑤ ③에서 파운드화 금융시장에 투자한 자금의 원리금 ￡9,090.91×1.02≒￡9,272.73을 수취한다.

⑥ ④의 선물환계약에 따라서 ￡9,272.73을 지급하고 ￡9,090.91×U$1.144/￡≒U$10,608를 수취한다.

⑦ 달러화 금융시장에서 차입한 자금의 원리금 U$10,000×1.01=U$10,100를 지급한다.

이상과 같은 커버된 금리재정거래에 의한 시점별 현금흐름은 <표 8-1>과 같이 요약할 수 있다. 표에서 나타난 바와 같이 커버된 금리재정거래에 의해 t시점의 순현금흐름은 0이며 3개월 후인 t+3시점의 순현금흐름은 U$508의 유입이다. 따라서 표에서 나타난 바와 같이 재정거래이익은 U$10,608－U$10,100=U$508이 됨을 알 수 있다.

〈표 8-1〉 예제 8.1에서 시점별 현금흐름

	t시점	t+3시점
달러화 차입거래	+ U$ 10,000	− U$ 10,100
현물환거래	− U$ 10,000 + £ 9,090.91	
파운드화 대출거래	− £ 9,090.91	+ £ 9,272.73
선물환 매도계약		− £ 9,272.73 + U$ 10,608
합 계	0	+ U$ 508

예제 8.2

한국과 미국의 시장상황이 다음과 같다고 한다. 1,000만 원 규모의 재정거래를 하고자 하는 한국의 투자자가 두 국가 간 커버된 금리재정거래를 실행할 경우 재정거래기회를 판별한 후, 재정이익은 몇 원인지 산출하고 재정거래방법을 살펴보자.

- 현물환율 : ₩1000/U$ · 6개월 선물환율 : ₩1010/U$
- 원화 금융시장의 6개월 금리 : 8%(연율)
- 달러화 금융시장의 6개월 금리 : 4%(연율)

먼저 재정거래 기회를 판별해보면,

$$\frac{F_{t+6}}{S_t}(1+R^*_{t+6}) = \frac{1010}{1000}\times 1.02 = 1.0302 > (1+R_{t+6}) = 1.04 \quad (8.2)$$

이므로 우변이 크므로 달러화 금융시장에서 투자자금을 차입하여 원화 금융시장에 투자하고, 만기 시 지급해야 하는 달러화 원리금을 미리 선물환계약으로 매입해두면 재정이익을 얻을 수 있다. 또한 1원당 재정이익은 1.04 − 1.0302 = 0.0098이므로, 1,000만 원 규모의 재정거래에 의하여 만기 시 얻게 되는 재정이익은 1,000만 원 × 0.0098 = 9만 8천 원이 된다.

또한 이 문제에서 1,000만 원 규모의 재정거래를 실시하기 위하여 초기에 달러화 금융시장에서 차입해야 하는 금액은 1,000만 원×1/현물환율 = 1,000만 원×1/(1,000원/달러) = 1만 달러가 된다.

그러면 커버된 금리재정거래 절차를 구체적으로 살펴보고, 실제로 재정이익이 9만 8천 원이 될 것인지 확인해 보도록 하자.

t시점의 거래절차

① 달러화 금융시장에서 U$10,000(=₩10,000,000×1/(₩1000/U$))을 6개월간 차입한다.

② 차입한 달러화를 현물환시장에서 ₩1,000/U$의 환율로 매도하고 원화를 U$10,000×₩1,000/U$=₩10,000,000만큼 매입한다.

③ 원화 금융시장에 ₩10,000,000을 6개월간 투자한다.

④ ①의 달러화 차입의 만기 시 원리금인 U$10,000×1.02=U$10,200를 6개월 선물환율로 미리 매입해 둔다. 물론 t시점에서는 이러한 선물환계약에 대해서는 아무런 현금흐름이 발생하지 않고 선물환계약의 만기인 6개월 후에서야 현금흐름이 발생한다.

t+6시점의 거래청산절차

⑤ ③에서 원화 금융시장에 투자한 자금의 원리금 ₩10,000,000×1.04=₩10,400,000을 수취한다.

⑥ ④의 선물환계약에 따라서 U$10,200을 수취하고 U$10,200×₩1,010/U$=₩10,302,000을 지급한다.

⑦ 달러화 금융시장에서 차입한 자금의 원리금 U$10,000×1.02=U$10,200를 지급한다.

이상과 같은 커버된 금리재정거래에 의한 시점별 현금흐름은 <표 8-2>와 같이 요약할 수 있다. 표에서 나타난 바와 같이 커버된 금리재정거래에 의해 t시점의 순현금흐름은 0이며 6개월 후인 t+6시점의 순현금흐름은 ₩98,000의 유입이다. 따라서 표에서 나타난 바와 같이 재정거래이익은 ₩10,400,000－₩10,302,000=₩98,000이 됨을 알 수 있다.

〈표 8-2〉 예제 8.2에서 시점별 현금흐름

	t시점	t+6시점
달러화 차입거래	+ U$ 10,000	− U$ 10,200
현물환거래	+ ₩ 10,000,000 − U$ 10,000	
원화 대출거래	− ₩ 10,000,000	+ ₩ 10,400,000
선물환 매입계약		+ U$ 10,200 − ₩ 10,302,000
합 계	0	+ ₩ 98,000

제3절 헤징

1. 외화자산보유자의 환위험 헤징

환위험의 헤징(hedging)이란 환율의 변동위험을 제거하기 위하여 행하는 외국환거래를 말한다.

수출계약을 체결하여 미래에 외화표시 수출대금을 수취할 수출업자, 외국의 금융시장에 투자한 외화증권투자자 등 미래에 외화표시 현금의 유입이 예정되어 있는 외화자산보유자는 미래 현물환율의 하락위험에 직면하게 된다. 왜냐하면 미래에 현물환율이 하락함에 따라서 외화표시 현금유입의 자국통화표시 가치가 감소해서 손실을 입을 수 있기 때문이다. 따라서 외화자산보유자는 미래 외화표시 현금유입시점의 자국통화표시 자산금액을 일정수준에서 고정시키고자 하는 것이 헤징의 목적이 된다.

여기서는 다음의 예제를 통해서 외화자산보유자의 헤징방법을 소개하기로 한다.

예제 8.3

한국의 수출업자가 독일에 €1,000,000만큼의 수출계약을 체결하고 수출대금을 6개월 후에 지급받기로 하였다. 이 수출업자는 6개월 후 유로화의 절하를 우려하여 환위험을 헤징하고자 한다. 현재 한국과 유로지역의 시장상황이 다음과 같은 경우 이 수출업자가 선물환시장을 이용하여 헤징하는 경우와 금융시장을 이용하여 헤징하는 경우 각각에 대하여 헤징방법을 살펴보고 6개월 후 수령할 원화금액을 산출해 보자.

· 현물환율 : ₩1,100/€　　· 6개월 선물환율 : ₩1,210/€
· 원화 금융시장의 6개월 금리 : 12%(연율)
· 유로화 금융시장의 6개월 금리 : 8%(연율)

헤징은 선물환시장을 이용해서 실시할 수도 있고 금융시장을 이용해서도 미래 자국통화표시 자산금액을 일정 수준에서 고정시키려는 헤징의 목적을 달성할 수도 있다. 그러면 이하에서는 이 두 가지 시장을 통한 헤징방법을 검토해보기로 하자.

1) 선물환시장을 이용한 헤징

예제 8.3의 수출업자가 6개월 후 수령할 €1,000,000에 상응하는 원화금액을 지금 미리 고정시켜두기 위해서는 다음과 같이 선물환계약을 이용할 수 있다.

선물환시장을 이용한 헤징절차

① 현재 6개월 선물환율인 ₩1210/€으로 €1,000,000의 선물환 매도계약을 체결한다.

② 6개월 후에 수출대금으로 지급받는 1,000,000를 선물환계약 상대방에게 지급하고 €1,000,000×₩1210/€=₩1,210,000,000의 금액을 수취한다.

이렇게 선물환계약을 체결함으로써 수출업자는 6개월 후에 수취할 원화금액이 미리 확정되므로, 실제 6개월 후의 현물환율이 어떻게 변하느냐에 따라서 생길 수 있는 불확실한 환차손을 미리 제거할 수 있다.

2) 금융시장을 이용한 헤징

예제 8.3의 수출업자가 환위험을 헤징하기 위하여 금융시장을 이용하려면 6개월 후에 수취할 유로화금액을 나중에 이자를 포함해서 €1,000,000이 되는 금액인 €961,538.46을 현재가치로 할인하여 현재시점에서 차입한다. 그리고 현물환시장에서 그 유로화금액을 원화와 교환한 후 원화금액을 6개월간 투자한다. 그러면 6개월 후 만기시점에 수출대금을 수령하여 유로화 차입금의 원리금을 지급하고 원화투자금의 원리금을 수령하게 된다. 구체적으로 이 수출업자가 금융시장을 이용하여 헤징을 수행하는 절차는 다음과 같다.

t시점의 거래절차

① 유로화 금융시장에서 €1,000,000/1.04≒€961,538.46를 6개월간 차입한다.

② 현물환시장에서 €961,538.46를 ₩1,100/€의 환율로 매도하고 원화를 €961,538.46×₩1,100/€≒₩1,057,692,307만큼 수취한다.

③ 원화 금융시장에서 ₩1,057,692,307을 6개월간 투자한다.

t+6시점의 거래청산절차

④ 수출대금 €1,000,000를 수령한다.

⑤ 유로화 금융시장에서 차입한 자금의 원리금 €961,538.46×1.04≒€1,000,000를 지급한다.

⑥ ③에서 원화 금융시장에 투자한 자금의 원리금 ₩1,057,692,307×1.06≒₩1,121,153,845을 수취한다.

3) 외화자산보유자의 헤징방법 비교

<표 8-3>과 <표 8-4>는 각각 예제 8.3에서 선물환시장을 이용한 헤징과 금융시장을 이용한 헤징의 현금흐름을 나타낸다. 두 가지 헤징방법 모두 6개월 후의 외화표시 수출대금을 현재시점에서 원화표시 금액으로 확정하고 있으므로 헤징의 목적을 달성하고 있다고 하겠다. 그러나 두 가지 표에서 보는 바와 같이 외환시장과 금융시장의 상황에 따라서 6개월 후에 수취하는 원화금액은 헤징방법별로 상이하다. 따라서 두 가지의 헤징방법을 모두 이용할 수 있는 경우에는 두 방법의 현금흐름을 서로 비교하여 더 유리한 쪽을 택하면 된다.

〈표 8-3〉 예제 8.3에서 선물환시장을 이용한 헤징의 시점별 현금흐름

	t시점	t+6시점
수출계약		+ € 1,000,000
선물환 매도계약		− € 1,000,000 + ₩ 1,210,000,000
합 계	0	+ ₩ 1,210,000,000

〈표 8-4〉 예제 8.3에서 금융시장을 이용한 헤징의 시점별 현금흐름

	t시점	t+6시점
수출계약		+ € 1,000,000
유로화 차입거래	+ € 961,538.46	− € 1,000,000
현물환거래	− € 961,538.46 + ₩ 1,057,692,307	
원화 대출거래	− ₩ 1,057,692,307	+ ₩ 1,121,153,845
합 계	0	+ ₩ 1,121,153,845

한편, 두 가지의 헤징방법에 따라 6개월 후에 수취하는 원화금액이 별로 차이가 나지 않는다면 선물환시장을 이용한 헤징이 더 용이하다고 할 수 있다. 왜냐하면 금융시장을 이용한 헤징에 비하여 선물환시장을 이용한 헤

징이 보다 간단하여 이용이 편리하고 현재시점인 t시점에서는 아무런 현금흐름도 발생하지 않아 회계처리도 훨씬 용이하기 때문이다. 그러나 선물환시장이 크게 발달하지 않은 통화의 경우에는 금융시장을 이용한 헤징방법만이 가능한 경우도 있음을 유의할 필요가 있겠다.

2. 외화부채보유자의 환위험 헤징

이번에는 외화부채보유자의 환위험 헤징방법을 공부해 보자. 수입계약을 체결하여 미래에 외화표시 수입대금을 지급할 수입업자, 외국의 금융시장에서 자금을 차입한 외화자금차입자 등 미래에 외화표시 현금의 유출이 예정돼있는 외화부채보유자는 미래 현물환율의 상승위험에 직면하게 된다. 왜냐하면 미래에 현물환율이 상승함에 따라서 외화표시 현금유출의 자국통화표시 가치가 증가해서 손실을 입을 수 있기 때문이다. 따라서 외화부채보유자는 미래 외화표시 현금유출시점의 자국통화표시 부채금액을 일정수준에서 고정시키고자 하는 것이 헤징의 목적이 된다.

여기서도 다음의 예제를 통해서 외화부채보유자의 헤징방법을 소개하기로 한다.

예제 8.4

한국의 수입업자가 미국으로부터 U$100,000만큼의 수입계약을 체결하고 수입대금을 3개월 후에 지급하기로 하였다. 이 수입업자는 3개월 후 달러화의 절상을 우려하여 환위험을 헤징하고자 한다. 현재 한국과 미국의 시장상황이 다음과 같은 경우 이 수입업자가 선물환시장을 이용하여 헤징하는 경우와 금융시장을 이용하여 헤징하는 경우 각각에 대해 헤징방법을 살펴보고 3개월 후 이 수입업자가 지불해야 할 원화금액을 산출해보자.

· 현물환율 : ₩1,000/U$ · 3개월 선물환율 : ₩980/U$
· 원화 금융시장의 3개월 금리 : 10%(연율)
· 달러화 금융시장의 3개월 금리 : 12%(연율)

외화부채보유자의 헤징도 역시 선물환시장을 이용해서 실시할 수도 있고 금융시장을 이용해서도 미래 자국통화표시 부채금액을 일정 수준에서 고정시키려는 헤징의 목적을 달성할 수도 있다. 그러면 이하에서는 이 두 가지 시장을 통한 헤징방법을 설명한다.

1) 선물환시장을 이용한 헤징

예제 8.4의 수입업자가 3개월 후 지급할 U$100,000에 상응하는 원화금액을 지금 미리 고정시켜두기 위해서는 다음과 같이 선물환계약을 이용한다.

선물환시장을 이용한 헤징절차

① 현재 3개월 선물환율인 ₩980/U$으로 U$100,000의 선물환 매입계약을 체결한다.

② 3개월 후에 선물환계약 상대방으로부터 U$100,000를 수취하고 U$100,000×₩980/U$=₩98,000,000의 금액을 지불한다. 그리고 U$100,000은 수입대금으로 지불한다.

이렇게 선물환계약을 체결함으로써 수입업자는 3개월 후에 지급할 원화금액이 미리 확정되므로, 실제 3개월 후의 현물환율이 어떻게 변하느냐에 따라서 생길 수 있는 불확실한 환차손을 미리 제거할 수 있다.

2) 금융시장을 이용한 헤징

예제 8.4의 수입업자가 환위험을 헤징하기 위하여 금융시장을 이용하려면 3개월 후에 지급할 달러표시 수입대금을 현물환시장에서 수입금액만큼의 달러를 지급하고 원화를 매입한다. 그리고 현물환시장에서 그 원화금액을 달러화와 교환한 후 달러화금액을 3개월간 투자한다. 그러면 3개월 후 만기시점에 수입대금만큼의 달러화표시 투자원리금을 수령하여 수입대금으로 지급하고 최초에 차입했던 원화금액의 원리금을 갚으면 헤징거래는 청산된다. 구체적으로 이 수입업자가 금융시장을 이용하여 헤징을 수행하는 절차는 다음과 같다.

t시점의 거래절차

① 원화 금융시장에서 U$100,000/1.03×₩1,000/U$≒₩97,087,379을 3개월간 차입한다.
② 현물환시장에서 ₩97,087,379을 ₩1,000/U$의 환율로 매도하고 달러화를 ₩97,087,379×1/(₩1,000/U$)≒U$98,087.38만큼 매입한다.
③ 달러화 금융시장에 U$98,087.38를 3개월간 투자한다.

t+3시점의 거래청산절차

④ ③에서 달러화 금융시장에 투자한 자금의 원리금 U$98,087.38×1.03≒U$100,000를 수령한다.
⑤ 수입대금 U$100,000를 지급한다.
⑥ 원화 금융시장에서 차입한 자금의 원리금 ₩97,087,379×1.025≒₩99,514,563을 지급한다.

3) 외화부채보유자의 헤징방법 비교

<표 8-5>와 <표 8-6>은 각각 예제 8.4에서 선물환시장을 이용한 헤징과 금융시장을 이용한 헤징의 현금흐름을 나타낸다. 여기서도 역시 두 가지 헤징방법 모두 3개월 후의 외화표시 수입대금을 현재시점에서 원화표시 금액으로 확정하고 있으므로 헤징의 목적을 달성하고 있다고 하겠다. 그러나 또한 두 가지 표에서 보는 바와 같이 외환시장과 금융시장의 상황에 따라서 3개월 후에 지급하는 원화금액은 헤징방법별로 상이하다. 따라서 두 가지의 헤징방법을 모두 이용할 수 있는 경우에는 두 방법의 현금흐름을 서로 비교하여 더 유리한 쪽을 택하면 된다.

〈표 8-5〉 예제 8.4에서 선물환시장을 이용한 헤징의 시점별 현금흐름

	t시점	t+3시점
수입계약		− U$ 100,000
선물환 매입계약		+ U$ 100,000 − ₩ 98,000,000
합 계	0	− ₩ 98,000,000

〈표 8-6〉 예제 8.4에서 금융시장을 이용한 헤징의 시점별 현금흐름

	t시점	t+3시점
수입계약		− U$ 100,000
원화 차입거래	+ ₩ 97,087,379	− ₩ 99,514,563
현물환거래	− ₩ 97,087,379 + U$ 98,087.38	
달러화 대출거래	− U$ 98,087.38	+ U$ 100,000
합 계	0	− ₩ 99,514,563

그리고 여기서도 두 가지의 헤징방법에 따라 3개월 후에 지급하는 원화 금액이 별로 차이가 나지 않는다면 선물환시장을 이용한 헤징이 더 용이하다고 할 수 있다. 금융시장을 이용한 헤징에 비하여 선물환시장을 이용한 헤징이 보다 간단하여 이용이 편리하고 현재시점인 t시점에서는 아무런 현금흐름도 발생하지 않아 회계처리도 역시 용이하기 때문이다. 그러나 선물환시장이 별로 발달하지 않은 통화의 경우에는 금융시장을 이용한 헤징방법만이 가능할 것이다.

제4절 환재정

1. 환재정의 의의

환재정(exchange arbitrage)은 동일 시점에서 장소적으로 분리된 외환시장 간에 일어난 환율의 차이에서 이익을 얻기 위해서 환율이 낮은 시장에서 외환을 매입하는 동시에 환율이 높은 시장에서 외환을 매각하는 행위를 말한다.

가령 파운드화의 가격이 뉴욕외환시장에서 ￡1=$2.10이고 런던 외환시장에서 ￡1=$2.00라고 가정한다.

그렇다면 환재정 거래자들은 런던에서 ￡1,000를 $2,000를 주고 매입함과 동시에 뉴욕에서 ￡1,000를 $2,100를 받고 매각함으로써 파운드당 10센트 또는 $0.1의 이익을 얻을 수 있게 된다. 환재정의 결과 뉴욕에서는 파운드화의 공급이 증가해서 파운드화의 시세는 하락하고 런던에서는 파운드화의 수요가 증가해서 파운드화의 가격이 상승함으로써 외환의 가격인 환율이 여러 외환시장에서 동일하게 된다. 이를 그림으로 나타내면 <그림 8-2>와 같다.

〈그림 8-2〉 환재정

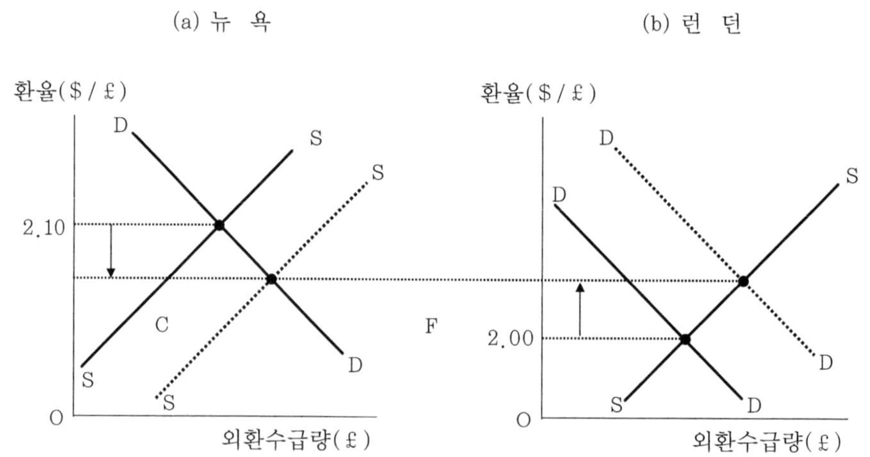

예컨대, 뉴욕에서는 파운드의 공급증가로 SS는 $S'S'$로 이동하고 런던에서는 파운드에 대한 수요의 증가로 수요곡선 DD는 $D'D'$로 이동한다. 양 시장에서의 균형 환율은 ￡1=$2.10와 ￡1=$2.00 사이에서 동일하게 된다.

위의 예와 같이 환재정이 2국간에 일어날 때 이를 2국간 재정(two- point arbitrage) 혹은 직접재정이라고 하고 환재정이 3국간에 일어날 때 이를 3국간재정(three-point arbitrage) 혹은 간접재정이라고 한다.

환재정은 각 시장 간에 환율을 균등화시켜서 결과적으로 공간적으로 서로 분리된 시장을 단일 시장으로 연결시키는 역할을 한다고 볼 수 있다.

2. 크로스레이트

각국의 외환시장에서 미 달러를 기준통화로 하는 거래가 활발하다. 미 달러를 기준통화로 하지 않는 통화 간 환율은 시장에서 거래가 간헐적으로 발생하므로 시장이 형성되지 않는다.

예를 들면, 뉴욕 외환시장에서 덴마크 크로나화와 사우디아라비아 리얄화는 미달러를 기준통화로 하는 거래가 많으므로 미달러에 대한 각 통화의 환율은 형성되나 덴마크 크로나화와 사우디 리얄화간의 거래는 드물게 발생한다. 어떤 기업이 크로나화를 리얄화로 환전해야 할 사정이 있을 때 미 달러를 매개통화(vehicle currency)로 하여 두 통화간의 환율을 계산하여도 시장에서는 시장환율로 인정한다. 이와 같은 크로나화와 리얄화의 환율을 크로스레이트(cross rate) 또는 교차환율이라 한다.

보다 간단히 말하자면, 크로스레이트란 서로 다른 두 가지 환율로부터 산출되는 환율을 말한다. 여기서 특히 자국통화(A)와 기준통화(B) 간의 환율과 기준통화(B)와 특정 외국통화(C) 간의 환율이 주어질 때, 기준통화가 아닌 특정 외국통화(C)와 자국통화(A) 간의 환율을 크로스레이트라고 한다.

1) 크로스레이트 산출방법

크로스레이트는 다음의 3단계 과정을 거쳐서 산출된다.

크로스레이트 산출요령

① 크로스레이트의 기준통화(분모에 해당되는 통화)와 상대통화(분자에 해당될 통화)를 결정한다. 일반적으로 분모통화는 USD와 같은 기준통화나 외국통화가 되며 분자통화는 기준통화가 아닌 외국통화나 자국통화가 된다.
② ①에서 결정한 기준통화가 분모에 오고 상대통화가 분자에 오도록 주어진 환율을 분수로 표현한다.
③ ②에서 분수로 표현된 각 환율을 곱하면 크로스레이트가 계산된다.

독자들은 위의 크로스레이트 산출요령만 보아서는 크로스레이트가 어떻게 산출되는지 이해하기 어려울 것이다. 그러면 다음의 예제들을 통하여 위의 크로스레이트 계산방법이 어떻게 적용되는지 살펴보도록 하자.

예제 8.5

미 달러화에 대한 직접표시법으로 환율을 표시하는 원화와 엔화의 환율이 다음과 같을 때 원화와 엔화간 크로스레이트를 계산해 보자.

· USD/KRW = 1200.00 · USD/JPY = 125.00

① 원화와 엔화간 크로스레이트에서 엔화를 기준통화(분모통화)로 하고 원화를 상대통화(분자통화)로 하기로 하자.
② 주어진 USD/KRW환율을 원화가 분자에 오도록, USD/JPY환율을 엔화가 분모에 오도록 분수로 표현하면 다음과 같다.

· USD/KRW → $\frac{KRW1200}{USD1}$ · JPY/USD → $\frac{USD1}{JPY125}$

③ ②에서 분수로 표현된 각 환율을 곱하면 크로스레이트가 계산된다.

$$\frac{KRW1200}{USD1} \times \frac{USD1}{JPY125} \times \frac{KRW9.6}{JPY1}$$

즉, 원화와 엔화간 크로스레이트는 JPY/KRW = 9.60이 된다.

예제 8.6

이번에는 미 달러화에 대한 간접표시법으로 환율을 표시하는 유로화와 파운드 스터링화의 환율이 다음과 같이 주어질 때 유로화와 파운드화 간 크로스레이트를 계산해 보자.

- EUR/USD = 1.2000
- GBP/USD = 1.6000

① 유로화를 크로스레이트의 기준통화로, 파운드화를 상대통화로 하기로 한다.

② 주어진 각 환율을 유로화가 분모에, 파운드화가 분자에 오도록 분수로 표현한다.

- EUR/USD → $\frac{USD1.2}{EUR1}$
- GBP/USD → $\frac{GBP1}{USD1.6}$

③ ②에서 분수로 표현된 각 환율을 곱하면 크로스레이트는 다음과 같이 산출된다.

- $\frac{USD1.2}{EUR1} \times \frac{GBP1}{USD1.6} = \frac{GBP0.75}{EUR1}$

즉 유로화와 파운드 스터링화간 크로스레이트는 EUR/GBP = 0.7500 이 된다.

예제 8.7

마지막으로, 미 달러화에 대한 직접표시법으로 환율을 표시하는 원화와 간접표시법으로 환율을 표시하는 유로화의 환율이 다음과 같을 때 원화와 유로화간 크로스레이트를 계산해 보자.

- USD/KRW = 1040.00
- EUR/USD = 1.2000

① 유로화를 기준통화로, 원화를 상대통화로 한다.

② 주어진 각 환율을 유로화가 분모에, 원화가 분자에 오도록 분수로 표현한다.

· USD/KRW → $\frac{KRW\,1040}{USD\,1}$ · EUR/USD → $\frac{USD\,1.2}{EUR\,1}$

③ 분수로 표현된 각 환율을 곱한다.

$$\frac{KRW\,1040}{USD\,1}\times\frac{USD\,1.2}{EUR\,1}=\frac{KRW\,1253}{EUR\,1}$$

따라서, 원화-유로화간 크로스레이트는 EUR/KRW = 1248.00이다.

2) 크로스 레이트 매트릭스(Cross-rate Matrix)

각 통화간의 환율은 열(column)과 행(row)으로 매트릭스를 구성하면 각 환율의 기준 환율과 크로스레이트를 쉽게 알 수 있다.

<표 8-7>에서 A행의 기준환율이 주어지면, A행으로부터 각 통화의 역수를 알 수 있으며, 크로스레이트도 알 수 있다.

예를 들면, A행에서 1유로는 0.5900달러이다. 역수를 취하면 $\frac{1}{0.5900}$ =1.6950, 즉 1열에서 1달러는 1.6950유로임을 알 수 있다.

스위스 프랑과 파운드 스터링의 크로스레이트를 알려면 그 열과 D행을 보면 2.158(=1.4350×1.5040)임을 알 수 있다.

〈표 8-7〉 현물환율의 Matrix 예시(어느 날 현재)

	미달러 (1)	파운드 스터링 (2)	EU Euro (3)	스위스 프랑 (4)
A 미달러	–	1.5040	0.5900	0.6970
B 파운드 스터링	0.6650	–	0.3920	0.4630
C EU Euro	1.6950	2.5480	–	1.1810
D 스위스 프랑	1.4350	2.1580	0.8470	–

3. 환재정거래

전술한 바와 같이 환재정은 외환의 가격 즉 환율이 낮은 시장에서 외환을 매입하고 환율이 높은 시장에서 외환을 매도함으로써 두 외환시장간 환율의 차이에 따른 환차익을 얻는 행위이다. 환재정은 두 가지 이상의 통화간에 발생할 수 있는데, 먼저 2통화간의 환재정거래의 방법을 예제를 통하여 살펴보도록 하자.

예제 8.8

뉴욕과 런던 외환시장의 환율이 다음과 같을 때 100달러를 가지고 USD와 GBP간 환재정거래의 방법과 환차익을 구해보도록 하자.

· 뉴욕 : GBP/USD = 1.8000　　　　· 런던 : GBP/USD = 1.6000

① 먼저 GBP와 USD가 각각 한번은 분자에, 또 한번은 분모에 오도록 뉴욕시장의 환율과 런던시장의 환율을 분수로 표현해 보자.

· 뉴욕 : $\frac{USD\,1.8}{GBP\,1}$　　　　· 런던 : $\frac{GBP\,1}{USD\,1.6}$

② ①에서 분수로 표현된 두 환율을 곱해보자.

(뉴욕)　　(런던)

$$\frac{USD\,1.8}{GBP\,1} \times \frac{GBP\,1}{USD\,1.6} = 1.125$$

두 시장이 균형상황이라면 위에서 각 환율을 곱한 값은 1이 될 것이다. 그러나 USD에 비해서 상대적으로 뉴욕에서의 GBP가 런던에서의 GBP보다 고평가되어 있기 때문에 각 환율을 곱한 값이 위와 같이 1보다 크게 되었다. 달리 말하자면 각 환율을 곱한 값이 위와 같이 1보다 크다는 것은 뉴욕에서는 런던에 비해 USD가 저평가, GBP가 고평가되어 있고 런던에서는 뉴욕에 비해 USD가 고평가, GBP가 저평가되어 있음을 의미하는 것이다. 즉, ①의 단계에서 각 통화가 한번은 분자에, 또 한번은 분모에 오도록 분수로 표현한 환율을 서로 곱한 결과가 1보다 크다는 것은 분수로 표현된 각 환율의 분자에 위치한 통화는 저평가, 분모에 위치한 통화는 고평가되어 있다는 것을 의미한다. 그러면, 가격이 낮은 시장에서 사고 가격이 높은 시장에서 판다는 재정거래의 일반원칙에 따라서 환차익을 얻기 위한 재정거래방법은 다음과 같게 된다.

③ 100달러를 런던에서 매도하여 GBP와 교환하고 이 GBP를 다시 뉴욕에서 매도하여 USD와 교환하면 환차익을 얻을 수 있다. 즉, 다음과 같이 재정거래를 실행한다.

- 런던 : USD 100 매도, GBP 100/1.6 매입
- 뉴욕 : GBP 100/1.6 매도, USD 100×1.8/1.6 매입

따라서 환재정거래에 의한 환차익은 다음과 같게 된다.

$$
\begin{aligned}
\text{환차익} &= \text{USD } 100\times1.8/1.6 - \text{USD } 100 = \text{USD } 100\times(1.8/1.6-1) \\
&= \text{USD } 12.50
\end{aligned}
$$

예제 8.9

뉴욕과 런던 외환시장의 환율이 다음과 같이 표시될 때 100달러를 가지고 USD와 EUR간 환재정거래의 방법과 환차익을 구해보도록 하자.

- 뉴욕 : USD/EUR = 0.8800　　　　・ 런던 : EUR/USD = 1.1000

① 먼저 EUR과 USD가 각각 한번은 분자에, 또 한번은 분모에 오도록 뉴욕시장의 환율과 런던시장의 환율을 분수로 표현한다.

- 뉴욕 : $\dfrac{EUR\,0.88}{USD\,1}$　　　　・ 런던 : $\dfrac{USD\,1.1}{EUR\,1}$

② ①에서 분수로 표현된 두 환율을 곱한다.

(뉴욕)　　　　(런던)

$$\frac{EUR\,0.88}{USD\,1} \times \frac{USD\,1.1}{EUR\,1} = 0.968$$

두 시장이 균형상황이라면 각 환율을 곱한 값은 1이 될 것이지만, 위와 같이 각 환율을 곱한 값이 1보다 작다는 것은 뉴욕에서는 런던에 비해 EUR이 고평가, USD가 저평가되어 있고 런던에서는 뉴욕에 비해 EUR이 저평가, USD가 고평가되어 있음을 의미하는 것이다. 즉, ①의 단계에서 각

통화가 한번은 분자에, 또 한번은 분모에 오도록 분수로 표현한 환율을 서로 곱한 결과가 1보다 작다는 것은 분수로 표현된 각 환율의 분자에 위치한 통화는 고평가, 분모에 위치한 통화는 저평가되어 있다는 것을 의미한다. 그러면, 환차익을 얻기 위한 재정거래방법은 다음과 같게 된다.

③ 100달러를 런던에서 매도하여 EUR과 교환하고 이 EUR을 다시 뉴욕에서 매도하여 USD와 교환하면 환차익을 얻을 수 있다. 즉, 다음과 같이 재정거래를 실행한다.

- 런던 : USD 100 매도, EUR 100/1.1 매입
- 뉴욕 : EUR 100/1.1 매도, USD 100/(1.1×0.88) 매입

따라서 환재정거래에 의한 환차익은 다음과 같게 된다.

$$\begin{aligned} \text{환차익} &= \text{USD } 100/(1.1\times0.88) - \text{USD } 100 \\ &= \text{USD } 100\times\{1/(1.1\times0.88)-1\} \fallingdotseq \text{USD } 3.30 \end{aligned}$$

이상의 예제를 통해서 환재정의 재정거래기회를 판별하는 요령과 환차익의 계산방법은 다음과 같이 정리할 수 있다.

환재정거래 기회판별 요령과 환차익의 계산

① 각 통화가 한번은 분자에, 한번은 분모에 오도록 주어진 환율을 분수로 표현한다.

② ①에서 분수로 표현된 각 환율을 곱한다. 이렇게 분수로 표현된 각 환율을 곱한 값을 a라고 하자.

③ $a>1$이면 각 환율의 분자에 위치한 통화를 매입하고 분모에 위치한 통화를 매도하면 환차익을 얻을 수 있다. 반대로 $a<1$이면 각 환율의 분자에 위치한 통화를 매도하고 분모에 위치한 통화를 매입하면 환차익을 얻게 된다.

④ ③의 환재정거래에 의한 환차익은 다음과 같이 계산된다.

- $a>1$일 때, 환차익=초기투자금액 $\times (a-1)$
- $a<1$일 때, 환차익=초기투자금액 $\times (\frac{1}{a}-1)$

이제, 이상의 환재정거래 기회판별 요령과 환차익 계산방법에 따라서 3개국 통화간 환재정거래를 예제를 통하여 검토해보도록 한다.

예제 8.10

서울, 동경, 홍콩 외환시장의 환율이 다음과 같을 때 100만 원을 가지고 3가지 통화간 환재정거래를 실행하려고 한다. 환재정거래의 기회가 존재하는지 판별한 후, 재정기회가 있는 경우에 대해 재정거래이익은 몇 원인지 산출하고 재정거래 방법을 도출해보도록 하자.

- 서울 : USD/KRW = 1200.00
- 동경 : USD/JPY = 125.00
- 홍콩 : JPY/KRW = 12.00

① 각 통화가 한번은 분자에, 한번은 분모에 오도록 주어진 서울, 동경, 홍콩의 세 가지 환율을 분수로 표현한다.

- 서울 : $\frac{USD\,1}{KRW\,1200}$ · 동경 : $\frac{JPY\,125}{USD\,1}$ · 홍콩 : $\frac{KRW\,12}{JPY\,1}$

② ①에서 분수로 표현된 각 환율을 곱한다.

(서울) (동경) (홍콩)

$$\frac{USD\,1}{KRW\,1200} \times \frac{JPY\,125}{USD\,1} \times \frac{KRW\,12}{JPY\,1} = 1.25$$

③ ②에서 각 환율을 곱한 값이 1.25로서 1보다 크므로, 분수로 표현된 각 환율의 분자에 위치한 통화를 매입하고 분모에 위치한 통화를 매도하여 환재정거래를 수행해야 한다. 즉, 서울에서 원화 매도, 달러 매입, 동경에서 달러 매도, 엔화 매입, 다시 홍콩에서 엔화 매도, 원화 매입거래를 수행한다.

④ ③과 같이 환재정거래를 실시하면 환차익은 다음과 같게 된다.

환차익 = 100만 원 × (1.25 − 1) = 25만 원

실제로 ③과 같은 방법으로 환재정거래를 실시했을 경우 환차익이 25만 원이 될 것인지 따져보도록 하자. 먼저 서울에서 100만 원의 원화를 매도하고 달러를 매입하면 100만×1/1,200달러를 갖게 된다. 이 달러금액을 동경에서 매도하면 100만×1/1200×125엔을 수령한다. 마지막으로 이 엔화금액을 홍콩에서 매도하여 다시 원화로 바꾸면 100만×1/1,200×125×12원을 수령하게 된다. 따라서 환차익은 100만×1/1,200×125×12원 − 100만 원 = 25만 원이 되는 것이다.

예제 8.11

서울, 싱가포르, 런던 외환시장의 환율이 다음과 같을 때 100만 원을 가지고 3가지 통화간 환재정거래를 실행하려고 한다. 환재정거래의 기회가 존재하는지 판별한 후, 재정기회가 있는 경우에 대해 재정거래이익은 몇 원인지 산출하고 재정거래 방법을 도출해보도록 하자.

· 서울 : USD/KRW = 1200.00　　· 싱가포르 : EUR/KRW = 1600.00

· 런던 : EUR/USD = 1.2000

① 각 통화가 한번은 분자에, 한번은 분모에 오도록 주어진 서울, 싱가포르, 런던의 세 가지 환율을 분수로 표현한다.

· 서울 : $\frac{KRW\,1200}{USD\,1}$　　· 싱가포르 : $\frac{EUR\,1}{KRW\,1600}$

· 런던 : $\frac{USD\,1.2}{EUR\,1}$

② ①에서 분수로 표현된 각 환율을 곱한다.

(서울)　(싱가포르)　(런던)

$$\frac{KRW\,1200}{USD\,1} \times \frac{EUR\,1}{KRW\,1600} \times \frac{USD\,1.2}{EUR\,1} = 0.9$$

③ ②에서 각 환율을 곱한 값이 0.9로서 1보다 작으므로, 분수로 표현된 각 환율의 분자에 위치한 통화를 매도하고 분모에 위치한 통화를 매입하여 환재정거래를 수행해야 한다. 즉, 서울에서 원화 매도, 달러 매입, 런던에서 달러 매도, 유로화 매입, 다시 싱가포르에서 유로화 매도, 원화 매입거래를 수행한다.

④ ③과 같이 환재정거래를 실시하면 환차익은 다음과 같게 된다.
환차익 = 100만 원 × (1/0.9 − 1) ≒ 11만 1,111원

여기서도 ③과 같은 방법으로 환재정거래를 실시했을 경우 환차익이 11만 1,111원이 될 것인지 확인해보자. 먼저 서울에서 100만 원의 원화를 매도하고 달러를 매입하면 100만×1/1,200달러를 갖게 된다. 이 달러금액을 런던에서 유로화와 교환하면 100만×1/1,200×1/1.2유로를 수령한다. 마지막으로 이 유로화화금액을 싱가포르에서 매도하여 다시 원화로 바꾸면 100만×1/1,200×1/1.2×1600원을 수령하게 된다. 따라서 환재정거래에 의한 환차익은 100만×1/1,200×1/1.2×1,600원−100만원≒11만 1,111원이 되는 것이다.

제9장
국제수지

제1절 국제수지의 의의와 특성
제2절 국제수지표의 구성과 작성
제3절 국제수지 조정정책

제1절 국제수지의 의의와 특성

1. 국제수지의 의의

오늘날 대부분 경제사회의 특징은 국제경제를 지향하여 다른 경제사회와 각종 형태의 경제거래를 하고 있다는 점이다. 가령 재화나 용역의 무역과 함께 국가 간에 자본을 대여하거나 차입하며 국가 간 생산요소를 이동시키기도 한다. 이처럼 빈번히 행해지고 있는 국가 간의 거래내용을 상세히 기록하여 국제거래를 체계적으로 관리할 필요성이 증대되었다. 따라서 국제수지표(balance of payments)란 일국의 대외적인 경제활동을 파악하고 또한 그것과 국내활동과의 관계를 고찰하는데 도움이 되도록 일정한 기간 동안에 이루어진 일국의 거주자와 여타 세계의 거주자 사이의 모든 경제거래를 체계적으로 정리하여 기록한 통계표이다.

국제수지표를 구체적으로 정의하면 다음과 같다.

첫째, 「일정 기간」이라는 뜻은 국제수지가 플로우(flow) 개념이란 점에서 스톡(stock) 개념인 국제대차와 구별된다. 또한 일정 기간은 통상 1년으로 하되 1년 미만이든 이상이든 상관은 없기 때문에 국가마다 약간씩 차이가 있다. 한국의 경우, 한국은행에서 월별로 작성하여 발표하고 있다.

둘째, 「거주자」란 법률적 국적에 관계없이 주된 거주지 또는 경제활동의 근거지 즉 이익의 중심지(center of interest)를 기준으로 하고 있다.[51] 가령 개인의 경우, 외국인일지라도 1년 이상 국내에 거주하여 생산 활동을 행할 경우 이익의 중심이 국내에 있으므로 거주자로 취급하고 반대로 국적은 내국인이라 하더라도 해외에 장기거주하면 비거주자로 취급된다. 특히 한국 국적을 가진 교포일지라도 일시 귀국자일 경우에는 비거주자가 될 수 있다. 일국의 거주자에는 일국의 개인, 일국에서 활동하는 기업 및 일국의 정부

51) 국내에 주소를 두거나 183일 이상의 거소를 둔 개인으로 정의하고 있다; 소득세법 제1조 2.

관련기관이 모두 포함된다. 그러나 대사관과 같은 재외공관은 치외법권지역으로 인정되므로 외국에 있더라도 한국의 거주자가 되며 한국에 있는 주한대사관은 외국 거주자로 인정된다.

셋째, 「모든 경제적 거래」란 재화, 서비스, 자산 등의 명의를 이전하고 화폐로 대가를 받는 거래뿐 아니라 대가를 받지 않는 국제거래인 기부행위 또는 화폐의 수수가 없이 이루어지는 물물교환 및 자본거래 등 일체의 거래까지 포함한다.

넷째, 「체계적인 기록」이란 국제적 기준인 복식부기(double-entry system)의 원리에 의해 통일된 객관적 기준에 의하여 기록한다는 뜻이다. 예를 들면, IMF방식에 의한 국제수지표의 기록방법이 복식부기의 원리를 적용하고 있다. 작성방법은 하나의 거래에 동일 금액을 대·차양변에 동시에 기록하는 방식으로서 대·차양변의 합계는 항상 일치하게 된다. 만약 대가를 필요로 하지 않는 이전거래일 경우에는 대·차의 균형을 맞추기 위해서 별도의 조정항목을 신설해야 한다.

다섯째, 국제수지표상에 계상되는 「각종 통계」는 소유권이전시점을 기준으로 작성된다.

국제수지의 작성은 국제경제의 실태를 파악할 수 있는 하나의 자료가 되며, 특히 정책당국에게 무역거래와 경제거래의 현황을 알게 함으로써 통화정책이나 재정정책의 판단기준을 제공하기도 한다.

2. 국제수지의 특성

1) 국제수지와 국제대차

국제수지와 유사한 개념으로 국제대차(balance of international indebted-ness)가 있는데 양자의 개념은 비슷하지만 명확히 구분된다. 즉, 국제대차란 일정한 시점에 국제간의 채권·채무의 현 재고를 대조하여 기록한 것으로서 특히 대외경제상황에 관한 중요한 자료를 제공하는 것이다. 그러나 국제대차표는 대차관계를 수반하지 않는 증여, 원조 등의 이전거래를 포함하지 않으며 일정시점의 대차관계를 표시하는 스톡(stock) 개념이기 때문에 일정기간에 걸친 플로우(flow)의 개념인 국제수지표와 다르다.

즉, 국제수지표는 일정기간에 있어서 한 나라의 거주자와 비거주자 사이에 일어난 모든 경제적 대외거래를 체계적으로 기록한 것으로, 이들 거래를 복식부기의 원리에 의해 대변과 차변에 동시에 기록함으로써 통계의 정확성을 도모할 수 있고 아울러 기간비교가 가능하므로 오늘날에는 대외거래의 중요한 분석지표로서 널리 활용되고 있다.

2) 국제수지와 국민경제

국제경제는 국민경제처럼 다수의 지역으로 분할되어 있기는 하나, 그렇게 분할된 지역은 각각 하나의 국가로서 독립된 경제단위이다. 각국 간의 경제거래가 수취초과인지 지불초과인지는 1국의 국민경제 입장에서는 대단히 중요한 문제가 된다. 즉, 수취와 지불의 차이인 일국의 대외거래의 결과인 국제수지는 일국 경제에 중요한 의미를 가지게 된다. 일국의 국제수지가 흑자 또는 적자 여부에 따라 그 국가의 경제정책 수립에 있어서 중요한 지표가 되기도 하며 또한 각 국가의 경제정책 전체의 방향을 결정짓는 중요한 역할을 하게 된다. 가령 각국의 국경이 없어져 세계가 하나의 경제단위로 묶인다면 국가 간 거래는 마치 일국 국민경제 내의 지역 간의 거래와 같게 되고 국제수지는 어떤 특별한 문제를 야기시키지 않을 것이다.

따라서 국제수지 문제는 일국 국민경제 내부의 지역 간 거래에서는 전혀 발생하지 않고 국가 간 거래인 국제경제에서 발생하는 문제이다. 따라서 국제수지와 관련된 각종의 분석은 일국의 경제정책 결정과 목표 설정에 중요한 지표가 될 수 있다. 더구나 국제수지의 문제는 각국 통화간의 환율의 결정과도 밀접한 관계를 가지고 있으므로 결국 국민경제에 또 다른 파급효과를 미치게 된다.

제2절 국제수지표의 구성과 작성

1. 국제수지표와 관련 통계

앞에서 살펴본 바와 같이 국제수지표에는 일정기간 중 거주자와 비거주자 간에 발생하는 모든 경제적 거래 즉 재화, 서비스, 소득, 무상이전 및 자본거래 등을 종합하여 기록된다. 따라서 이들 거래를 파악하여 국제수지표를 작성하기 위해서는 많은 기초통계가 이용되고 있는데 그 중에서 가장 중요한 기초통계가 통관통계와 외환수급통계이다.

통관통계는 한 나라의 경제활동 중 외국과의 거래에서 일어난 상품의 이동상황을 일정한 기준에 의하여 분류, 집계한 통계로써 전국 각 세관 및 출장소의 수출입신고 수리 실적이 관세청에 의해 전산집계 되어 작성되고 있다.

통관통계에서 수출입의 계상시점은 수출입신고 수리 일자를 기준으로 하되 다만 수입신고 수리 전에 보세구역으로부터 반출되거나 보세구역에서 사용된 경우에는 반출 또는 사용승인일자를 기준으로 하고 있다. 또한 상품의 평가기준은 수출과 수입의 경우가 각각 상이하여 수출은 본선인도가격(FOB가격)을, 수입은 비용, 운임 및 보험료 포함가격(CIF가격)을 기준으로 평가하고 있다. 즉 실제 거래상의 대금 결제조건이나 결제 여부와는 관계없이 관세선 통과 여부만을 기준으로 통일된 기준의 가격을 적용하여 평가하는 것이다.

한편 일국의 대외거래를 외환의 수입과 지급이 이루어지는 시점에서 외국환 은행으로부터 보고 받아 그 원인별로 집계한 외환수급통계는 일정 기간 중에 이루어진 외환거래를 플로우(flow) 개념에 입각하여 집계한다는 점에서 국제수지표의 기초 자료로 사용되고 있으나 대외거래의 총괄적 기록인 국제수지통계와는 다음과 같은 차이점이 있다.

첫째, 포괄범위에 차이가 있다. 즉, 국제수지통계는 거주자와 비거주자 간에 이루어진 모든 경제적 거래를 포함하나 외환수급통계는 외환의 수입 및 지급이 발생하는 거래만 포함된다. 따라서 외환수급통계에서는 현물차관, 물물교환, 현물증여, 무환 수출입 등의 무환 거래와 비거주자의 원화채권 발행 및 국제기구에 대한 원화출자 등과 같은 원화거래는 제외된다.

둘째, 계상시점이 다르다. 국제수지통계는 발생주의 원칙에 따라 거주자와 비거주자간의 소유권이 변동되는 시점에 계상된다. 그러나 외환수급통계는 현금주의 원칙에 따라 외국환은행을 통하여 외환의 수입과 지급이 발생한 때에 계상된다.

셋째, 가격평가기준에서 차이가 있다. 국제수지통계의 상품수출입은 FOB 가격으로 평가하는데 반하여 외환수급통계의 상품수출입은 공통된 기준이 없고 실제로 거래된 조건에 따라 기록한다.

이러한 외환수급통계는 경상거래(무역수지 및 무역외수지), 자본거래(장기자본수지 및 단기자본수지), 금융거래(통화당국의 외환보유액을 제외한 통화금융기관의 자산 및 부채 증감), 총 수지(경상거래, 자본거래 및 금융거래의 합계), 오차 및 누락, (통화당국의) 외환보유액 증감으로 구성되어 있으며 외환보유액과 통화금융기관의 순 대외자산(NFA) 등을 산출하는데 이용되고 있다.

2. 국제수지표의 구성

1) 경상계정

국제수지표는 외국과의 거래를 체계적으로 정리한 것이라고 이미 상기에서 설명하였다. 국제수지표에서는 외국과의 거래의 특성에 따라 경상계정(current account)과 자본·금융계정(capital and financial account), 그리고 오차와 누락(statistical discrepancy)으로 나누어 기록되며 모든 계정의 합은 제로(zero)가 된다. 경상계정에는 상품과 서비스를 외국에 팔고 사는 거래와 외국에 투자한 대가로 벌어들이는 배당, 이자 등의 소득이 계상되며 경상거래의 결과 수취한 금액과 수입대금으로 지급한 금액과의 차이를 경상수지라 한다.

국가 간에 외화를 취득하거나 지불하게 되는 가장 일반적인 원인행위는 재화와 용역의 수출 및 수입이다. 즉 재화의 이동이나 용역의 이전에는 대부분의 경우 국제적인 대차관계가 수반되며 또한 그 결제를 위해서 실물의 흐름과 반대방향으로 자금의 흐름이 이루어지게 되는 것이다. 즉 재화나 용역의 거래가 행해지면 거기에 상응하는 국제적인 자금의 지급과 수취가 뒤따른다. 경상계정도 상품수지, 서비스수지, 소득수지 및 경상이전수지의 4부문으로 나누어진다.

상품수지는 상품의 수출액과 수입액의 차이를 나타낸다. 그런데 국제수지표상의 수출입은 관세청에서 발표하는 수출입 숫자와 일치하지 않는다. 이것은 관세청에서는 상품이 우리나라 관세선을 통과하면 수출입으로 계상하는 통관기준으로 통계를 작성하는데 비해 국제수지표에서는 상품의 소유권이 이전되어야 수출입으로 계상하는 소유권이전(change of ownership) 기준으로 통계를 작성하기 때문이다.

이에 따라 통관기준에 의한 수출입을 소유권이전기준, 즉 국제수지기준에 의한 수출입으로 바꾸기 위해서는 통관기준 수출입에서 소유권이전과 상관없는 재수출, 재수입 등을 차감하고 통관수출입에 포함되어 있지 않으나 실제로는 소유권변동이 발생한 밀수출입 등을 가산하는 포괄범위조정(coverage adjustment)을 한다. 그리고 선박·철 구조물 등과 같이 관세선 통과와 소유권이전시점이 명확히 구분되는 거래의 경우 소유권 변동시점에 맞게 이를 통관수출입금액에 가감해 주는 계상시점조정(timing adjustment)을 하여야 한다. 또한 통관통계에서 수출은 FOB가격, 수입은 비용, 운임 및 보험료가 포함되어 있는 CIF가격으로 평가하므로 통관수입에서 비용, 운임 및 보험료를 차감하되 거주자와 비거주자간의 운임 및 보험거래는 서비스수지에 계상하는 분류조정(classification adjustment)이 필요하다.

서비스수지는 외국과의 서비스거래 결과 벌어들인 돈과 지급한 돈의 차이를 말한다. 즉 우리나라의 선박이나 항공기가 상품을 나르고 외국으로부터 받은 운임, 외국관광객이 쓰고 간 돈, 무역대리점의 수출입 알선수수료 수입 등이 서비스수입이 된다. 반대로 우리나라가 외국에 지급한 선박과 항공기의 운항경비, 여행경비 및 특허권 사용료 등은 서비스 지급으로 나타난다.

소득수지는 우리나라가 외국에 투자한 결과 벌어들이는 돈과 외국인이 우리나라에 투자한 결과 벌어가는 돈의 차이 그리고 우리나라 근로자가 외국에 나가 일해서 벌어들이는 돈과 외국인 근로자가 우리나라에서 근로해서 벌어가는 돈의 차이를 나타낸다. 소득수지는 거주자가 외국에 단기간(1년 이내) 머물면서 일한 대가로 받은 돈과 국내에 일시 고용된 비거주자에게 지급한 돈의 차이를 나타내는 급료 및 임금수지와 거주자가 외국에 투자하여 벌어들인 배당금·이자와 비거주자에게 국내에 투자한 대가로 지급한 배당금·이자의 차이를 나타내는 투자소득수지로 구성된다.

경상이전수지라 함은 거주자와 비거주자 사이에 아무런 대가없이 주고받은 거래가 기록된다. 경상이전은 수혜자의 소득과 소비를 늘려주게 되는데 해외에 거주하는 교포가 국내의 친척 등에게 보내오는 송금, 종교기관이나 자선단체의 기부금과 구호물자, 정부 간의 무상원조 등이 여기에 기록된다.

2) 자본·금융계정

자본계정에는 금융자산의 국제거래로서 외국에 돈을 빌려주거나 빚을 얻어오는 거래가 기록된다. 자본계정(capital account)과 금융계정(financial account)으로 구분할 수 있다.

상품·서비스와 소득거래를 대상으로 하는 경상계정에 비해 금융계정은 민간기업, 금융기관, 정부, 통화당국 등 모든 거주자의 대외금융자산 및 부채의 변동을 기록하는 계정이다. 금융계정도 다시 직접투자(diect investment), 증권투자(portfolio investment), 그리고 기타투자(other investment) 등 3부문으로 나누어진다. 한국 거주자의 대외금융자산이 증가할 경우 자금유출이므로 음(-)의 부호가 기록되고 한국거주자의 대외금융부채가 증가할 경우 자금이 유입되므로 양(+)의 부호가 기록된다.

직접투자는 외국에 있는 기업에 대한 경영참여 등과 같이 영속적인 이익을 취득하기 위하여 행하는 대외투자를 말한다. 직접투자는 자금흐름 및 주체에 따라 외국인의 국내직접투자(inward direct investment)와 거주자의 해외직접투자(outward direct investment)로 구분할 수 있다. 직접투자의 유형은 경영 참여를 목적으로 하는 현지법인에 대한 지분 매입, 금전 대여 등이 있으며 지분매입방법으로는 신규로 해외 현지 법인을 설립하는 공장 설립형(greenfield) 투자와 인수합병(M&A) 투자가 있다. 금전대여의 경우에는 일반적으로 장기차관을 대부하는 경우에만 직접 투자로 인정된다.

증권투자는 국제적인 자본이동의 한 형태로 경영참여 없이 시세 차익, 이

자소득, 배당소득 등을 목적으로 주식이나 채권 등에 투자하는 것을 말한다. 그런데 동일한 주식투자라 하더라도 기업의 경영 참여를 통한 영속적인 이익 추구를 목적으로 하였을 때는 직접투자로 계상하며 이와는 달리 단지 투자자본의 가치 증가 또는 이윤 획득만을 목적으로 한 경우는 증권투자로 기록한다. 투자형태에 따라 주식과 채권에 대한 투자로 구분할 수 있다.

기타투자는 직접투자와 증권투자에 포함되지 않는 외국과의 모든 금융거래를 기록한다. 여기에는 외화예금, 외화대출, 금전대차, 외화증권 발행 및 현지금융 등이 금융거래가 기록된다.

자본계정은 자본이전거래와 특허권 등 기타자산의 매매를 기록한다. 자본이전거래는 해외이주자가 외국에 이주할 때 가지고 가는 재산권 처분대금 및 해외 이주비, 비거주자에 대한 보조금, 채무의 면제 등을 기록한다.

자본수지가 플러스라는 것은 자본거래 결과 발생한 자금의 유입이 유출보다 많았다는 것을 의미한다. 따라서 차관 등 외국 빚을 들여온 금액이 갚은 금액보다 많거나 우리가 가지고 있던 대외채권의 회수금액이 공여금액을 상회하여 들어온 돈이 나간 돈보다 많게 되면 자본수지는 유입초과가 되고 반대의 경우는 유출초과가 된다.

준비자산증감계정은 공적 대외준비자산(international reserves) 즉, 외환보유액의 변동을 기록한다. 준비자산은 통화당국이 국제수지 불균형을 직접 보전하거나 외환시장 개입을 통해 국제수지 불균형을 간접적으로 조정하기 위해 사용할 수 있는 외화자산을 의미한다.

외환보유액이 일국의 통화당국이 일정 시점에 보유하고 있는 대외준비자산(foreign reserves)을 나타내는 스톡(stock) 개념인데 반하여 준비자산증감은 일정 기간 동안 증감을 표시하는 플로우(flow)의 개념이다.

마지막으로 오차와 누락계정(errors and omissions)은 복식부기의 원리를 채택하고 있는 국제수지가 사후적으로 균형을 이룰 수 있도록 조정해 주는 항목이다. 국제수지가 불균형이 되는 이유는 항목별로 서로 다른 출처를 사용함으로써 발생한 기초통계 자체의 오류, 기업이나 은행의 보고 누락 등 자료집계 당시의 오차, 일부 항목에 대한 추측 값 사용으로 불균형이 발생하기도 한다. 오차와 누락계정이 지나치게 커지면 통계에 포함되지 않은 불법외화유출 등이 많다고 추정할 수 있다.

〈그림 9-1〉 국제수지표의 구성

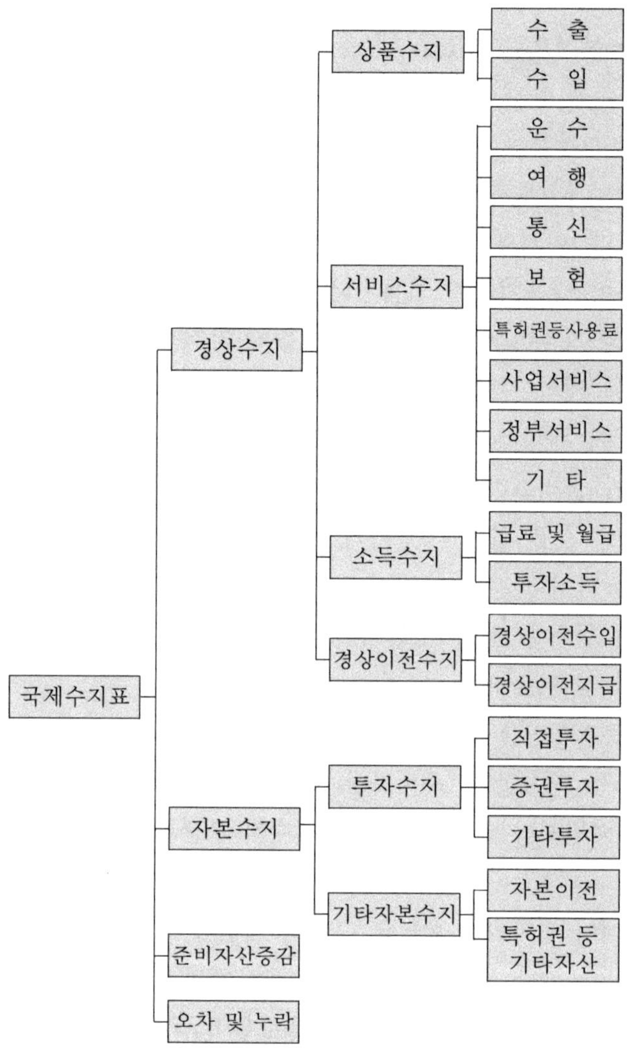

3) 국제수지 조정

일국이 외국에 상품이나 서비스를 수출하여 수취한 대금이 외국으로부터 상품이나 서비스를 수입하는데 지출한 금액보다 많게 되는 경상수지 흑자가 발생하면 흑자금액 중 일부를 다른 나라에 빌려주거나 빚을 갚는데 사용하게 되면 자본수지는 유입금액보다 유출금액이 초과되어 자본수지 적자가 시현된다. 반대로 일국이 외국과의 경상거래 결과 수취한 금액보다 지급한 금액이 많게 되면 경상수지에서는 적자가 발생되며 부족한 자금을 외국으로부터 빌려오게 되어 자본수지는 유입금액이 유출금액보다 초과된다.

한편 일정 기간 동안 기업이나 정부가 상품과 서비스를 수출하고 수입하는 과정에서 경상수지에 적자가 발생하였을 경우 이 적자를 외국으로부터 자본을 도입하여(자본수지 유입초과) 보전하지 못하였다면 부족한 적자금액은 통화당국이 보유하고 있는 외환보유액에서 충당하게 된다.

또한 경상수지 흑자와 자본수지 유입초과로 대규모의 외화가 일시에 유입되어 환율이 급격히 변동할 가능성이 있을 경우 통화당국에서는 환율안정을 위하여 넘치는 외화를 매입하기도 하는데 이때 외환보유액이 증가하게 된다.

이와 같이 매일 매일 일어나는 대외거래는 경상계정과 자본계정에 모두 반영되며 더 나아가서 외환보유액의 변동을 가져오기도 한다. 국제수지표에서는 이렇게 거래에 의해 발생한 외환보유액의 변동을 준비자산 증감이라는 항목에 별도로 표시하고 있다.

3. 국제수지표의 작성기준

국제수지표는 복식부기의 원리에 의해 기록하기 때문에 대변과 차변이 항상 균형화되어 각각 같은 금액을 기록하게 되어 있다. 예를 들면 재화 및 서비스의 이전, 이전거래의 공여, 대외자산의 증가, 대외부채의 감소는 차변(지급)에 기록되고 재화 및 서비스의 수출, 이전거래의 수취, 대외자산의 감소, 대외부채의 증가는 대변(수입)에 기록된다.

앞에서 설명한 국제수지표의 작성방법을 기초로 거주자와 비거주자 간에 다음과 같은 거래가 발생하였다고 가정하고 국제수지표를 직접 작성하여보자.

예

예시 1)

상품 5백만 달러를 수출하고 현금으로 대금을 수취함

상품 수출 5백만 달러는 대변(실물자산 감소)에 계상되고, 이에 따른 수출대금의 입금은 외화자산의 증가이므로 차변(금융자산 증가)에 5백만 달러를 계상한다.

예시 2)

외국기업이 발행한 채권을 1백만 달러를 매입하고 수표로 지급

외국기업이 발행한 채권을 매입하면 대외자산이 증가되기 때문에 차변(지급)에 계상되고 국내은행이 발행한 수표는 대외부채의 증가에 해당되기 때문에 대변(수입)에 계상된다.

예시 3)

한국기업이 상업차관을 1백만 달러를 현물과 현금 각각 5십만 달러씩 도입하였다.

상업차관 1백만 달러를 도입하였으니 이는 대외부채가 증가되었으니 대변(수입)에 계상된다. 현물차관 5십만 달러는 재화의 수입에 해당되니 차변에 계상된다. 또한 현금 차관 5십만 달러는 외화표시 금융자산의 증가를 가져와 대외자산이 증가되었으니 차변에 계상한다.

예시 4)

국내친지가 해외교포로부터 현금 3백만 달러를 송금 받음

해외교포로부터 송금을 받은 금액 3백만 달러는 외화자산의 증가로 차변에 계상하며 대차균형을 위하여 대응거래인 경상이전거래 수입으로 대변에 3백만 달러를 계상한다.

예시 5)

국내기업이 해외에서 외화증권을 20백만 달러 발행

국내기업이 외화증권을 해외에서 발행하여 설비투자용 자금을 조달한 경우 외화증권의 발행 20백만 달러는 대변(부채 증가)에, 이에 따라 유입된 20백만 달러의 외화자금은 차변(자산 증가)에 계상한다.

이런 방식으로 위의 거래내용을 복식부기의 원리에 따라 국제수지표를 작성하면 대변과 차변에 동일금액이 계상되었기 때문에 경상수지와 자본수지 그리고 준비자산증감을 모두 합하면 제로(0)가 된다.

그러나 실제로 국제수지표를 작성하여 보면 경상수지, 자본수지 및 준비자산증감의 합계는 제로(0)가 되지 않게 되는데 이것을 오차 및 누락(errors and omissions)이라는 조정항목으로 조정하게 된다.

이와 같은 오차 및 누락이 발생하는 것은 국제수지표가 통관통계, 외환수급통계 등 여러 기관에서 각기 다른 목적으로 작성된 많은 기초통계를 이용하여 작성되기 때문에 각 기초통계간의 계상 시점 및 평가방법상의 차이나 기초통계 자체의 오류, 통계작성과정에서의 보고 잘못이나 누락(human error) 등이 발생하기 때문이다.

IMF는 국제수지통계 작성 시 서로 다른 기초자료를 사용하기 때문에 오차 및 누락이 필연적으로 발생할 수밖에 없다는 점을 인정하고 있다. 이에 따라 오차 및 누락의 플러스 요인과 마이너스 요인이 서로 상쇄될 수도 있고 분류상의 오류 등은 오차 및 누락에 영향을 주지 않으면서도 통계의 정확도를 떨어뜨릴 수 있다.

또한 국제수지통계를 작성하고 있는 다른 나라의 예를 보더라도 오차 및 누락이 없는 나라는 없으며 미국 등 일부 나라에서는 이러한 오차 및 누락 항목의 통계적인 성격을 고려하여 오차 및 누락이라는 명칭대신에 통계상 불일치라는 명칭을 사용하고 있다.

제3절 국제수지 조정정책

1. 국제수지의 균형·불균형

국제수지란 일정기간 내에 있어서 거주자와 비거주자 간에 이루어지는 모든 경제적 거래를 복식부기의 원리에 따라 작성하기 때문에 국제수지 계정상의 차변과 대변의 총계는 항상 일치한다. 그러나 이 같은 계정 상에 나타나는 양변의 합계의 균형은 어디까지나 사후적으로 처리된 통계상의 기술에 불과하다. 즉 이것은 국제수지계정상의 균형과 일국의 국제수지가 균형을 나타내고 있다는 것과는 근본적으로 다르다. 그러면 국제수지의 균형 또는 불균형은 과연 어느 항목을 기준으로 말하는 것일까? 즉 경상수지의 균형을 기준으로 할 것인가 아니면 다른 항목의 수지를 기준으로 할 것인가가 문제이다. 결론적으로 말해서 여기에 대해서는 통일적인 기준은 없다. 다만 국제수지 흐름의 통계상 목적에 따라 어느 수지를 기준으로 할 것인가가 결정된다. 그러나 국제수지의 균형여부를 따질 때는 주로 경상 수지의 균형을 사용하는 것이 보통인데 그것은 경상수지가 자본거래를 제외한 상품 및 용역의 수출입 등 통상적 국제거래를 포괄하고 있기 때문이다. 그렇지만 국제수지의 균형을 분석하는 하나의 방법은 있다. 그것은 국제거래를 그 성질상 자발적 거래(autonomous transaction)와 보정적 또는 조정적 거래(compensatory or accommodating transaction)로 구분하는 것이다. 자발적 거래란 그 자체의 목적으로 다른 국제거래와 관계없이 단독으로 이루어지는 거래를 말한다. 이는 재화나 용역거래, 이전거래와 장기자본거래 등으로 구성된다. 이와 같은 자발적 거래 이외의 보정적 거래는 국제수지상의 불균형 상태를 조정하기 위한 거래를 말한다. 가령 장기자본을 제외한 단기자본거래와 화폐용 금 거래, 정부 및 중앙은행의 대외자산 및 부채 증감 등으로 자발적 거래를 사후적으로 조정시키는 역할을 한다.

예를 들어, 외환당국이 환율의 안정을 목적으로 외환시장에서 외환을 매입하고 매출하는 거래 등은 외환당국의 초상업적 목적 등과 같이 그 자체의 독립적인 이유에서가 아니라 여타 거래, 즉 자발거래에 의해서 유발되는 보정적 거래이다. 환언하면 조정적 거래의 크기는 자발적 거래의 크기에 의존하며, 자발적 거래에서 발생한 국제결제상의 갭을 메우고자 초래된 정부보유 국제준비금의 감소 등은 대표적인 조정적 거래이다.

국제수지균형이란 자발적 거래만을 가지고 차변과 대변의 합계가 일치하는 현상을 말한다. 반면에 국제수지불균형이란 각종 자발적 거래에 따른 차변과 대변합계가 다른 경우를 말한다. 만약 대변의 합계가 차변의 합계보다 클 때는 국제수지흑자, 반대의 경우를 국제수지적자라 한다.

국제수지의 균형 및 불균형 개념은 자발적 거래만을 대상으로 하고 있다는 점에서 사전적(ex ante)인 의미이며 자발적 거래의 합으로 나타나는 국제수지불균형은 정부보유 국제준비금 감소와 같은 조정적 거래에 의해 보정되며, 이러한 조정이 있고 나면 국제수지는 반드시 균형을 이루게 된다. 즉 자발적 거래와 조정적 거래를 합하면 차변과 대변의 총 합계는 항상 일치하는데 이를 국제수지의 사후적(ex post) 항등성이라 한다.

그런데 국제수지균형 또는 불균형의 개념은 모두 자발적 거래를 대상으로 하는 사전적 의미의 국제수지를 말한다. 앞의 <그림 9-1>을 살펴보면 보통 표의 상단에 위치할수록 자율적 성격이 강하고 하단으로 내려올수록 조정적 성격이 강해진다는 사실을 알 수 있다. 따라서 적당한 경계선을 그어 그 선의 위쪽(above the line)에 위치하는 거래를 자발적 거래로 보고 그 선의 아래쪽(below the line)에 위치하는 거래를 조정적 거래로 본다. 결국 자발적 거래(선의 위쪽 거래)의 대차 합이 일치할 때 국제수지가 균형이 되었다고 본다.

가령 국제수지의 적자는 조정적 거래항목(선 아래의 항목)에서 동액의 흑자를 나타내고 국제수지의 흑자는 조정적 거래항목에서 동액의 적자를 나타냄으로써 국제수지표상의 대변과 차변의 합계는 항상 일치하게 된다. 따라서 자발적 거래항목과 조정적 거래항목 사이에는 다음과 같은 관계가 성립된다. 즉,

$$\text{자발적 거래항목의 총계} + \text{조정적 거래항목의 총계} = 0$$

여기서 어떠한 거래를 자발적 거래로 볼 것인가, 다시 말해 적정한 경계선을 어떻게 그을 것인가 하는 점은 국제수지의 균형 상태를 정의하는데 있어

서 매우 중요하다. 따라서 자발적 거래를 구분하는 기준은 국제수지개념을 정의하는데 있어서도 매우 중요한 문제가 되고 있다. 그렇지만 여기서 한 가지 유의할 사항은 실제로 국제수지표를 작성하는 데 있어서 자발적 거래와 조정적 거래를 구분하는 절대적인 기준이 없다는 점이다. 일반적으로 자발적 거래와 조정적 거래의 구분방법으로는 앞서 설명한 것처럼 IMF 방식의 국제수지 총괄표를 재분류한 국제수지분석표에서 하나의 기준선을 그어 선위(above the line) 항목을 자발적 거래로, 선아래(below the line) 항목을 조정적 거래로 분류하는 방법이 이용되고 있다.

2. 대내균형과 대외균형

1) 대내균형과 대외균형의 의미

거시경제정책은 흔히 성장, 물가 및 경상수지 등 세 마리 토끼를 한꺼번에 잡는 문제에 비유된다. 혼자서 한 마리 토끼를 쫓아가 잡기가 그리 어렵지 않다 하더라도 그동안 다른 토끼들이 달아나 버리는 점을 감안해야 한다. 경제학에서는 흔히 위와 같은 문제를 두 마리 토끼의 문제로 단순화시켜 분석한다. 예컨대, 폐쇄경제를 주 대상으로 하는 거시경제학에서는 이중 경상수지 문제를 제외하고 성장과 물가간의 문제를 중점적으로 다룬다. 반면에 본 절에서는 성장과 물가를 한데 묶음으로써 대내균형과 대외균형이라는 두 가지 정책목표로 단순화시켜 다룰 것이다.

대내균형은 물가안정과 완전고용상태를 의미한다. 이론적으로 완전고용은 있을 수 있다 하더라도 현실경제에서 완전고용은 달성하기 어려운 경제목표이다. 왜냐하면 마찰적 실업 등과 같이 본인의 의사에 따라 잠재적으로 실업이 발생할 수 있기 때문이다. 이는 성장과 물가간의 상충관계를 고려하여 물가를 불안하게 하지 않는 적절한 성장수준을 나타내는 것이다. 필립스 곡선에 따르면 고도 성장기에는 실업률이 낮아지고 소득이 높아지나 물가 상승이 심해지는 경향이 있다. 저 성장기에는 물가안정은 달성할 수 있지만 실업률이 높아지고 소득도 낮아진다. 실업과 인플레이션은 두 마리의 토끼 사냥과 같다. 실업과 인플레이션 어느 한쪽만의 개선에 치중하게 되면 다른 한쪽이 악화되므로 어느 쪽도 완전히 없애지 못하고 적당한 실업률과 적당한 인플레이션율을 조화시키는데 만족할 수밖에 없다. 현실경제에서 실업과 인플레이션 간에 적당한 타협이 이루어진 상태가 곧 완전고용상태이다. 물론 총 공급 충격이 발생할 때는 필립스곡선 자체가 이동하기 때문에 실업과 인플레이션간의 관계가 훨씬 더 복잡해지게 되는데 이러한 문제는 폐쇄경제 거시경제학에 맡기고, 여기에서는 총공급 충격이 발생하지 않는다는 가정을 채택하여 대내균형문제를 단순화시키고, 대신 대외균형과의 조화문제에 치중하기로 한다.

국제수지가 바람직한 균형 상태에 있는 것을 가리켜 대외균형이라 한다. 그러나 대외균형의 의미는 대내균형의 의미보다 더 불투명하다. 예컨대, 경제개발 초기단계에서는 경상수지가 적자로 되는 것이 바람직할 수 있으며, 통화 공급이 과다할 때에는 종합수지가 적자로 되는 것이 바람직할 수 있다. 물론 이때에도 국제수지가 적자라고 다 좋은 것은 아니며, 주어진 경제여건에 비추어 특정한 적정 적자폭이 존재할 것이다. 본 절에서는 이러한 문제를 대폭 단순화시켜 경상수지가 0인 상태를 대외균형이라 하겠다. 대내균형과 마찬가지로 대외균형도 단순화시킴으로써 우리는 두 균형 간의 상충 및 조화의 문제에 관심을 집중할 것이다.

대내균형과 대외균형은 바람직한 경제상태, 즉 경제정책 목표를 나타내는 것으로, 수요와 공급이 일치한다는 의미의 시장균형이나 혹은 더 이상의 변화가 없다는 의미의 동태적 균형과 혼동되어서는 안 된다. 주어진 여건에서 경제는 대내·외균형에서 벗어나 있을 수 있는데, 이는 경제가 바람직한 상황에 있지 않음을 의미하는 것이다. 이때 정부는 경제를 바람직한 상태로, 즉 대내·외균형으로 이끌어가고자 각종 경제정책을 집행하게 된다.

2) 대내·외균형과 정책처방

대내균형과 대외균형을 동시에 달성하기 위해서는 독립적 국내총지출정책과 환율정책을 동시에 사용하여 균형지점으로 접근하여야 한다. 대내균형 달성에 영향을 주는 정책으로는 지출변동정책인데 여기에는 재정정책이나 통화정책과 같은 정부정책, 소비풍조나 투자의욕과 같은 민간경제행동을 들 수 있다. 반면 대외균형 달성에 영향을 주는 요인으로서는 지출전환정책이다. 여기에는 제품의 가격경쟁력 및 품질경쟁력, 국내·외의 각종 무역장벽 그리고 해외 경기를 들 수 있으며, 특히 이들은 환율정책을 통해 대외균형점에 도달할 수 있다.

이를 그림으로 설명하면 다음과 같다. <그림 9-2(a)>에서 대내균형을 설명하고 있다. 즉 대내균형선은 완전고용과 물가안정을 동시에 달성할 수 있는 환율(E)과 국내총지출(A)의 조합을 연결한 선이다.[52] 대내균형선은 우하향의 형태를 취한다. 예를 들어, 최초의 균형점 e_0에서 환율이 하락($E_0 \rightarrow E_1$)하면 수출감소와 수입증가가 발생하여 경기침체와 실업이 나타난다. 따라서 이를 상쇄시키기 위해서는 확대재정금융정책을 실시하여 국내총지출을 A_0에서 A_1으로 증가시켜야 한다. 결국 e_1이 새로운 균형점이 되고 e_0과 e_1을 연결하면 우하향의 대내균형선이 도출된다.

<그림 9-2(b)>에서는 대내균형선상에 있는 e_0점과 e_1점은 모두 완전고용과 물가안정의 대내균형상태를 나타낸다. 그러나 대내균형선의 위쪽과 아래쪽은 각가 인플레이션과 실업이 발생하는 대내불균형상태를 나타낸다. 예를 들어, I점에서는 주어진 환율수준(e_0)에서 국내총지출(A_1)이 균형수준(A_0)보다 크기 때문에 인플레이션이 발생한다. 반면에 U점에서는 주어진 환율수준(e_1)에서 국내총지출(A_0)이 균형수준(A_1)보다 작기 때문에 실업이 발생한다.

〈그림 9-2〉 대내균형선

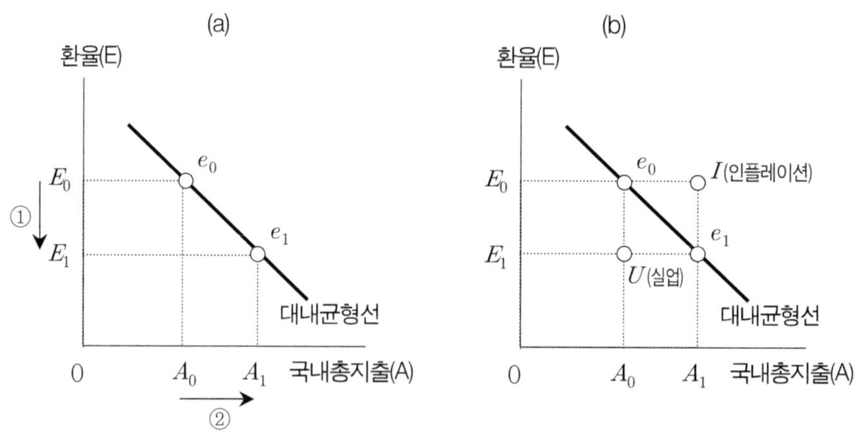

52) 홍승기·박도준, 「외환·국제금융입문」, 법문사, 2009, pp.81-86.

한편 <그림 9-3>은 대외균형선을 표시하고 있다. 즉 대외균형선은 국제수지균형을 달성할 수 있는 환율(E)과 국내총지출(A)의 조합을 연결한 곡선이다. 대외균형선은 우하향을 보여준다. 즉 <그림 9-3(a)>에서 최초의 균형점 e_0에서 환율이 상승($E_0 \rightarrow E_1$)하면 수출증가와 수입감소가 발생하여 국제수지의 흑자가 나타난다. 따라서 이를 상쇄하기 위해서는 확대재정금융정책을 실시하여 국내총지출을 A_0에서 A_1으로 증가시켜야 한다. 결국 e_1점이 새로운 균형점이 되고 e_0점과 e_1점을 연결하면 우상향하는 대외균형선이 도출된다.

대외균형선상에 있는 e_0점과 e_1점은 모두 국제수지 균형의 대외균형상태를 나타낸다. 그러나 <그림 9-3(b)>에서처럼 대외균형선의 위쪽과 아래쪽은 각각 국제수지 흑자와 적자가 발생하는 대외불균형상태를 나타낸다. 예를 들어, S점에서는 주어진 국내총지출수준(A_0)에서 환율(E_1)이 균형수준(E_0)보다 높기 때문에 수출증가와 수입감소로 국제수지 흑자가 발생한다. 반면에 D점에서는 주어진 국내총지출수준에서 환율(E_0)이 균형수준(E_1)보다 낮기 때문에 수출감소와 수입증가로 국제수지 적자가 발생한다.

〈그림 9-3〉 대외균형선

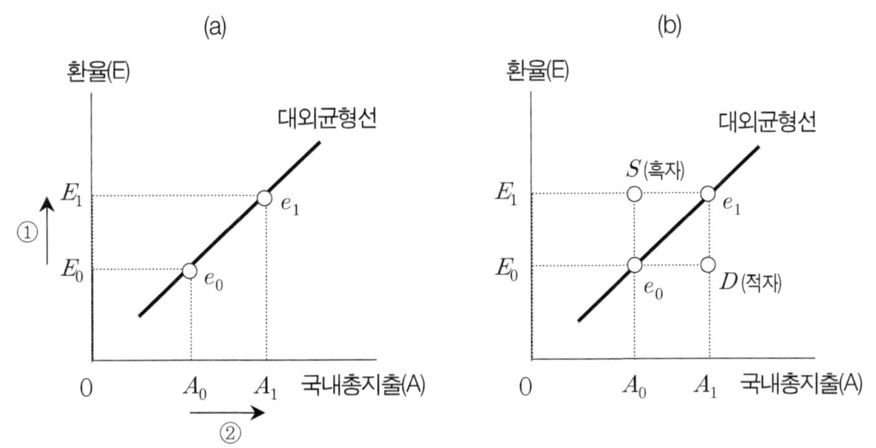

<그림 9-2>, <그림 9-3>을 동시에 나타낸 것이 <그림 9-4>이다.[53) 대내균형선과 대외균형선이 만나는 e점에서 대내균형과 대외균형이 동시에 달성된다. 이 e점을 제외한 다른 모든 영역의 점들은 대내불균형과 대외불균형이 혼합된 상태를 의미한다.

정부는 대내적으로 실업이 발생하면 확대재정금융정책, 인플레이션이 발생하면 긴축재정금융정책을 사용해야 한다. 한편 정부는 대외적으로 국제수지 적자가 발생하면 환율인상(즉 평가절하), 국제수지 흑자가 발생하면 환율인하(즉 평가절상)를 실시해야 한다. 따라서 장부는 대내불균형과 대외불균형에 대응하여 다음과 같은 정책할당을 실시해야 한다.

〈그림 9-4〉 대내·외균형의 동시달성

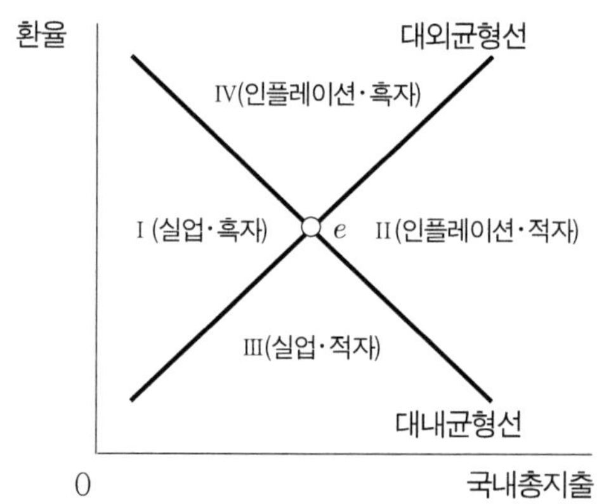

	불균형의 유형		균형을 위한 정책할당	
	대내불균형	대외불균형	대내균형	대외균형
Ⅰ	실업	국제수지 흑자	확대재정금융정책	평가절상
Ⅱ	인플레이션	국제수지 적자	긴축재정금융정책	평가절하
Ⅲ	실업	국제수지 적자	확대재정금융정책	평가절하
Ⅳ	인플레이션	국제수지 흑자	긴축재정금융정책	평가절상

53) 홍승기·박도준, 앞의 자료, pp.85-86.

제3편

국제통화제도와 환율

- 제10장 국제통화제도의 발달
- 제11장 환율제도
- 제12장 한국의 외환시장과 환율제도
- 제13장 글로벌 금융위기의 발생과 극복

제10장
국제통화제도의 발달

제1절 국제통화제도의 이해

제2절 국제통화제도의 변천

제3절 유럽통화제도

제1절 국제통화제도의 이해

1. 국제통화제도의 의의 및 목적

국제통화제도(International Monetary System)란 국가 간의 교역, 자본이동, 환율제도 및 국제수지 조정기능 등을 수행하면서, 국제통상의 균형적 확대와 국제자본의 원활한 이동을 지원하는 국제적인 통화제도 및 결제메커니즘을 말한다. 따라서 국제통화제도는 국제적 교역의 신장, 국제수지의 조정, 환율의 안정 등을 통해 세계경제의 안정적인 성장·발전을 도모하는 데 그 목적을 두고 있다.

이러한 목적을 달성하기 위해서 국제통화제도는 다음의 몇 가지 조건을 충족시켜야 한다.

첫째, 국제유동성의 적정한 공급이다. 이는 국제통화제도는 국제거래가 원활하게 이루어질 수 있도록 국제결제수단인 국제유동성을 적절히 공급하는 기능을 수행해야 한다는 말이다. 그리고 국제유동성은 세계 각국의 통화당국이 국제거래를 할 수 있도록 보유한 대외지급준비자산(external reserve)을 말하며, 여기에는 화폐용 금이나 교환성 통화 그리고 IMF의 리저브 포지션 및 SDR 등으로 구성되어 있다. 적정한 국제유동성의 공급은 국제무역과 해외투자의 확대 그리고 세계경제의 균형적 성장에 절대 필요한 요건이다. 그러나 과다한 국제유동성의 공급은 세계적인 인플레이션과 환율의 불안정요인이 될 수 있는가 하면, 국제유동성의 부족현상은 국제무역이나 해외투자의 신장을 오히려 저해하고, 나아가 세계경제의 침체를 초래하는 등 디플레이션효과를 가져오게 된다. 한편 국제통화는 국제유동성을 공급할 뿐만 아니라 국가 간에 편재됨이 없이 균형적으로 배분되어야 한다.

둘째, 국제수지 조정기능을 가져야 한다. 국제통화제도는 적자국과 흑자국 등 국가 간에 국제수지 불균형이 발생할 경우 이를 다시 균형상태로 복귀시킬 수 있는 국제수지조정기능을 가져야 하며, 아울러 이에 필요한 환율제도를 채택할 수 있어야 한다는 이야기다.

셋째, 국제통화에 대한 신인(confidence)을 유지해야 한다. 국제통화란 국제적 지급수단, 가치저장수단 및 회계단위 등의 기능을 가진 통화를 말한다. 따라서 한 나라의 국민통화가 국제통화의 기능을 하기 위해서는 해당 통화에 대한 세계 각국의 신인이 절대적으로 필요하다. 신인이 떨어지면 국제통화로서의 기능을 수행하기 어렵다.

넷째, 환율의 안정화다. 최근 각종의 국제수지 불균형 확대와 금융시장의 불확실성 증대에 따른 주요 통화의 지나친 환율변동은 국제통화제도의 국제유동성 공급기능과 국제수지조정기능을 크게 위축시키는 원인이 되고 있다. 국제통화제도에서 환율의 안정화라 함은 단기적으로 환율이 과도하게 변동하지 않으면서, 각국들의 기초적 경제요인을 반영한 장기균형환율에 근접해야 하는 것을 말한다. 때문에 국제통화제도는 환율의 안정화를 위해 단기적으로는 외환시장에서 외환수급을 신축적으로 조정하면서 장기적으로는 각국간의 재정·금융정책이나 구조조정정책이 국제적 차원에서 조화될 수 있도록 각국 거시경제정책의 조정역할도 동시에 수행할 수 있어야 한다.

2. 국제통화제도의 과제

20세기가 끝나고 21세기에 진입하였음에도 불구하고 환율의 심각한 불안정성 때문에 국제금융위기가 발생하였다. 이에 C-7 등 국제기구를 중심으로 환율의 안정성 방안에 대한 대응방안을 마련하였다. 즉 1970년대 말부터 고정환율제도로의 복귀, 세계단일통화 창출, 고정환율제도와 변동환율제도의 절충 및 외환거래세를 도입하여 단기자본 유출을 억제하기 위한 방안 등이 마련되었다. 또한 1971년 미국의 금태환 정지선언 이후 본격적으로 출범한 IMF에서는 각국이 경제여건에 맞게 환율제도를 자유롭게 선택할 수 있게 됨에 따라 선진국을 중심으로 공식적으로 채택하기 시작한 변동환율제도에 다양한 문제점을 노출되었다. 예를 들면, 도입 당시의 기대와 달리 환율의 과도한 변동으로 인한 장기 균형이탈, 환위험 및 거래비용 증가에 따른 투자와 자본이동이 저해되어 국제무역의 축소, 국가 간 국제수지 불균형 확대 및 국제유동성 편재로 인한 국제금융시장 불안 등 적지 않은 문제점을 안고 있다. 이를 구체적으로 정리하면 다음과 같다.

첫째, 변동환율제의 채택 이후 각국의 경제정책상의 자율성은 제고되었지만 긴밀한 정책협조(policy coordination)가 결여되어 범세계적 차원의 정책선택이 어렵게 만들었다.

둘째, 환율이 과도한 변동을 보여 외환 및 금융 불안이 고조되었고, 특히 자본시장의 개방 확대에 따른 투기적 자금의 이동은 환율변동을 더욱 더 증폭시켰다.

셋째, 환율의 과도한 변동은 경제의 기초적 흐름을 제대로 반영하지 못하고 오히려 자원배분의 왜곡을 초래하였다. 이는 변동환율제하에서 외환의 수급균형으로 자원배분의 효율성을 기할 수 있을 것이라는 당초의 기대와는 상당한 괴리를 일으켰다.

이와 같은 제 문제짐에 직면한 IMF는 현행 국제통화체제를 개선하는 방안을 꾸준히 모색해왔으며 그 주요 내용을 요약하면 다음과 같다.

첫째, 정책협조가 필요하다. 1980년대 중반 후부터 변동환율제도의기능이 제대로 발휘되어 국제통화질서를 안정적으로 유지하기 위해 환율정책과 기타 경제정책에 대해 각국의 긴밀한 정책협조가 매우 중요하다는 데 인식을 같이하였다. 1985년 9월 플라자합의 이후 미 달러화 강세현상을 해결하기 위하여 대규모 외환시장에 개입하였거나 1990년 중반 아시아에서 비롯된 위환위기, 2008년의 미국발 금융위기, 2009년~2012년 유로존의 글로벌 금융 위기를 해결하기 위하여 IMF을 통한 감독기능 및 G20 간의 정책 협조를 강화하는 것이 필요하였다.

둘째, 환율제도의 개선이다. 모든 국가에 항상 적합한 환율제도는 있을 없지만 각국의 경제발전단계 및 경제사정에 적합한 환율제도를 채택하여 시행하되, 기본적으로 변동환율제를 바탕으로 환율의 과도한 변동을 막을 수 있는 보완장치를 구축할 필요가 있다. 또한 환율의 과도한 변동을 막고 안정적인 운용을 하는 방안으로서는 목표환율대 제도(target zone system)가 제안되고 있는데 이는 환율의 변동폭을 일정하게 설정해 놓고 각국이 환율을 그러한 목표범위 내에 유지하도록 적극적으로 시장에 개입하도록 한다는 것이다. 그러나 목표환율제도는 균형환율(또는 기준환율)의 설정이 현실적으로 어려우며 또 환율의 자동조절기능을 인위적으로 제한한다는 단점을 지니고 있다.

셋째, 국제유동성 조절기능의 제고이다. 국제유동성의 원활한 공급은 어느 국제통화체제하에서나 중요한 과제이다. 따라서 21세기에 진입한 현재, 국제유동성의 편재현상을 시정하고 적정 유동성을 공급하기 위해서는 IMF의 기능을 더욱 더 보강하는 일이 긴요하게 되었다. 물론 국제유동성의 공급을 늘리기 위해서는 SDR의 추가창출이 필요하나 그것은 인플레이션을 조장할 위험을 내포하고 있다는 한계도 있다.

그러나 국제유동성의 부족의 원인과 대책면에서는 선진국과 개도국 간의 시각이 조금 다르다. 선진국 입장에서는 국제유동성 부족 문제가 선진국보다는 주로 개도국에 한정되어 있는 문제이므로 개도국의 건전한 정책추진으로 극복되어야 할 것이라는 시각이다. 반면 개도국은 그들의 국제유동성의 부족 또는 외채문제 등은 바로 세계경제에 심각한 악영향을 미칠 우려가 있으므로 선진·개도국을 막론하고 전 세계적인 차원의 문제로 접근해야 한다고 주장하는 등 선진국과 개도국 간에 의견의 격차를 보이고 있다. 그 같은 경향은 금융위기가 빈발하기 시작했던 1997년 이후부터 뚜렷해지고 있다.

끝으로 IMF의 역할 개선이다. IMF의 신용정책, 조건, 범위, 대상 등에 대한 재검토가 요청되고 있다. 즉 IMF 신용의 인출조건 완화, 인출한도 및 쿼터의 조정, IBRD와 IMF와의 협조 강화 등이 주요 현안문제가 되고 있다.

3. IMF 시대와 한국

한국은 이미 1955년 8월에 58번째 가맹국으로 IMF에 가입한 바 있다. 이는 국제사회에서의 경제적 위상을 강화하고 동시에 경제개발에 필요한 재원조달을 위해 세계은행에의 가입을 위해서 필요한 전략이었다. 가입당시 한국의 쿼타는 12.5백만 SDR로 총 쿼터 중 0.14%의 비중에 불과했다. 그 후 여덟 차례의 증액을 거쳐 1996년 말 현재 쿼타 총액은 세계 36위인 799.6백만 SDR 그리고 쿼타 비중은 0.554%(투표권 비중 : 0.554%)로 증대되었다. 우리나라의 쿼타는 금 14.0백만 SDR, 교환성통화 165.9백만 SDR, 원화 619.7백만 SDR(약 6,640억 원)을 납입하였다. 한편 1997년 IMF연차총회에서 전체 가맹국의 쿼타 증액이 결의됨에 따라 우리나라의 쿼타 규모는 세계 28

위인 1,633.6백만 SDR, 쿼타 비중은 0.770%로 늘어나게 되었다. 그후 한국의 IMF 쿼터분은 지속적으로 증가하여 2010년 G20재무장관회의에서 한국의 지분율을 1.8%선으로 증가하기로 합의함에 따라 한국의 분담금은 133억 달러로 결정하기에 이르렀다. 이와 같은 국제통화기금(IMF) 개혁안(대표권 비중, 지배구조 변화 등)이 합의 5년 만인 2015년에 발효요건을 갖추면서 한국은 공식 IMF 쿼터 지분이 16위로 기존의 18위에서 두 단계 상승하였다.

한편, 한국도 여타가맹국과 마찬가지로 국제통화질서의 안정 등을 위한 가맹국으로서 의무를 지고 있는데 가입 당시부터 대외지급제한조치를 잠정적으로 취할 수 있는 제14조국에 속하였으나 1988년 11월 1일 IMF 제8조국이 되었다.[54] 현재 우리나라는 IMF가 매년 실시하는 협정문 제4조에 의한 정례협의와 제8조국으로서의 협의를 동시에 받고 있다.

우리나라는 국제수지가 1980년대 후반부터 흑자로 반전되면서 1987년 3월 IMF 상무이사회는 우리나라를 국제수지 및 대외준비사정이 건실한 국가로 판정한 바 있다. 1989년 3월에는 우리나라 원화가 IMF 운용예산의 지급 및 수취통화에 포함되어 IMF 신용재원으로 사용되기 시작하였다. 나아가 우리나라의 IMF 신용수혜 현황을 보면 1965년 환율의 안정 유지와 국제수지적자 보전을 위하여 쿼타의 50%에 해당하는 9.3백만 SDR 규모의 제1차 스탠바이 협약을 체결한 이래 1987년에 이르기까지 16회의 협약을 체결하여 모두 24.8억 SDR을 수혜를 받았다. 그 후 국제수지가 크게 호전됨에 따라 1988년 들어 신용수혜 잔액을 전액 상환하는 한편 IMF의 확대구조조정금융(ESAF)을 통하여 만성적인 국제수지적자와 과중한 외채부담으로 곤란을 겪고 있는 저소득 개도국(1인당 GNP 905달러 이하)에 대하여 자금을 대출하는 등 재원 공여국으로서의 역할을 강화시켜 왔다. 그렇지만 1997년 들어 태국, 인도네시아 등 동남아 국가들이 심각한 외환위기를 겪는 등 국제금융시장이 크게 동요되었다. 특히 우리나라도 한보, 대농, 기아 등 대기업들의 잇단 부도에 영향을 받아 1997년 외환위기로 IMF에 구제금

54) IMF 8조국이란, 가맹국의 경상지급제한, 차별적 통화조치 및 다른 외국보유잔고에 대한 교환성 부여 등 3가지 의무를 수락·이행하는 국가를 의미한다. IMF 8조국은 총 5개항으로 구성되어 있다. 또한 IMF 14국이란 IMF 협정 제14조의 의무를 이행할 것을 수락하고 잠정적으로 외국환 관리를 할 수 있는 국가를 의미한다.

융을 신청한 이후 총 10차례 195억 달러를 차입한 바 있다. 그러나 한국은 차입 당시 2004년 5월이 상환기일이었으나 국제수지 흑자기조가 지속되는 등 외환보유액이 증가하여 2001년 8월 23일에 차입금 모두를 상환하였다.

제2절 국제통화제도의 변천

1. 금본위제도의 등장

1) 금본위제도의 의의와 운영 메카니즘

국제금본위제도(gold standard system)란 각국이 자국 화폐 단위의 가치를 금의 일정량에 고정시켜 두고 금화의 무제한 주조와 수출입을 허용하면서 지폐나 예금통화 등을 제한 없이 금과 교환해 주는 소위 금태환성(convertibility)이 보장된 제도를 말한다. 국제금본위제도는 1870년부터 1차 대전 전, 즉 1914년까지의 기간 중에 가장 본격적으로 사용되었다. 이 시기에는 1890대년의 경제공황 및 1907년의 경제 불황을 겪으면서 국제무역이 자유주의로 급속히 확대되었을 뿐 아니라 환율과 물가가 안정되었고 높은 경제성장을 구가하던 기간이었다.

일반적으로 금본위제도는 금이 화폐의 기능을 수행하는 것이며, 1816년 당시 세계 최대의 경제 강국이었던 영국이 금본위제도를 채택하면서부터 시작되었다. 그 후 1870년대에 진입하면서 주요 선진국이었던 독일, 프랑스 및 일본 등을 거쳐 미국까지 금본위제도를 채택하면서 금본위제도가 국제통화제도로 완전 정착되었다. 금본위제도는 당시 세계경제의 최대강국이었던 영국에 의해 주도되었으며 따라서 런던은 세계무역과 금융의 중심지가 되었다.

금본위제도를 채택한 국가의 통화당국은 다음과 같은 운영메커니즘을 반드시 준수해야 한다.

첫째, 각국의 통화당국은 자국의 화폐가치를 반드시 금의 일정량으로 표시해야 한다. 이것을 곧 금 평가(gold parity)라 한다. 예를 들어 한국과 미국이 금본위제를 채택하면 한국의 통화당국은 금 1온스당 X원, 미국의 통화당국은 금 1온스당 Y달러라고 각각 통화가치를 설정해야 한다. 그러면 한국의 원화와 미국 달러의 환율은 X/Y원(1달러당)이 되는데 이 X/Y를 법정비가(mint parity)라 부른다.

둘째, 금본위제도를 채택한 나라들 간에는 언제나 금의 자유로운 유출입이 보장되어야 한다.

셋째, 각국의 통화당국은 통화량의 공급을 자국의 금 보유고에 연계시켜야 한다. 따라서 통화량은 금 보유고의 증감에 따라 비례적으로 증감하게 된다. 즉 금의 유입이 있으면 통화량은 증가하게 되고 금의 유출이 있으면 통화량은 감소하게 된다.

2) 금본위제도의 종류

금본위제도에는 금화본위제도(gold-specie standard), 금괴본위제도(gold-bullion standard) 및 금·환본위제도(gold-exchange standard) 등 3가지 종류로 구분할 수 있다.

금화본위제도의 경우는 일정량의 금을 함유한 금화가 실제로 유통이 되는데 금화의 금 함유량은 나라에 따라 다르며 금화의 주조나 수출입은 완전히 자유롭다.

금괴본위제도 하에서 각국의 통화의 가치는 금의 일정량을 기준으로 결정되지만 실제 통용되는 통화는 금화가 아니고 은행권(bank notes)이다. 이 제도 하에서는 각국의 통화당국은 금 평가에 따라 언제든지 무제한으로 금을 은행권과 교환을 해주게 된다. 즉 금의 태환성이 보장되는 제도이다.

금·환본위제도는 금본위제 중 가장 나중에 발달된 제도이다. 이 제도는 자국의 화폐를 금본위제를 채택하고 있는 나라의 화폐와 일정 비율로 언제든지 교환해 주는 제도다. 따라서 자국의 화폐는 직접적으로 금과 연결되어 있지 않고 다만 금과 연결되어 있는 다른 나라 화폐와 연결시킴으로써 간접적으로 금과 연결시키는 제도이다.

3) 금본위제도의 기능

(1) 환율의 안정화

국제금본위제도 하에서는 환율이 항상 자동적으로 일정한 범위 내에서 안정된다. 그것은 각국의 환율이 금 평가를 중심으로 고정되어 있고 금의 자유로운 유출입이 가능함으로써 환율의 자동안정장치가 마련되어 있기 때문이다.

가령, 한국과 미국이 모두 금본위제를 채택하여 한국은 금 1온스당 28,000원, 미국은 금 1온스당 40달러로 각각 금 평가를 설정하고 있다고 가정하자. 한국의 경우 28,000원을 가진 자가 중앙은행에 금으로의 교환을 요구하면 중앙은행은 언제든지 그 요구에 응하여 금 1온스를 교환(즉 태환)해 주게 되며 역시 미국에서도 달러 대신 금으로의 태환이 가능하다. 이때 한국의 원화와 달러간의 환율, 즉 법정비가는 달러당 700원이 된다. 그러면 여기서 환율이 자동적으로 안정화되는 경로는 다음과 같이 설명할 수 있다.

이제 한국의 어떤 수입상이 미국에 40달러를 지급해야 할 채무가 있다고 가정하자. 이 수입상이 미국에 40달러를 결제하기 위해서는 외환시장에서 40달러를 매입하여 그것을 송금해 주어야 한다. 그런데 외환시장의 환율이 달러당 780원이라고 가정한다. 그러면 40달러를 결제하기 위해서 그 수입상이 부담해야 할 금액은 31,200원(40달러×780원)이 된다. 그러나 이 수입상은 반드시 달러로 결제할 필요는 없다. 40달러는 바로 금 1온스의 가치에 해당하므로 미국의 채권자는 달러와 금 중 어떤 수단으로 지급 받아도 하등의 차이가 없다. 그것은 미국이 금본위제도를 채택하여 언제나 달러화로의 교환이 가능하기 때문이다. 물론 미국의 채권자가 달러 대신 금으로 결제를 받는 경우에는 중앙은행에 가서 다시 달러화로 교환해야 하는 번거로움은 있지만 여기서는 그러한 비용은 무시된다.

그러면 한국의 수입상이 달러화로 결제할 것인가 아니면 금으로 결제할 것인가를 결정해야 하는데 그것은 두 가지 방법 중에서 어느 것이 원화부담이 더 적으냐에 달려 있다. 만일 금으로 결제한다고 하면 우선 금 1온스를 구매하는데 28,000원이 소요된다. 금의 구입금액은 달러화 40달러 구입금액 31,200원에 비해 훨씬 적다. 그러나 금으로 결제할 경우에는 이것 외에 추가적인 비용이 더 들어간다. 즉 금을 구입해서 미국까지 보내려면 운송비가 들것이고 그 다음 보험도 들어야 한다. 따라서 이러한 제 비용을 금의 구입금액 28,000원에 추가해야 금으로 결제할 때의 총비용부담이 나오고 그 총비용을 달러화 구입금액 31,200원과 비교하여 어느 것이 더 크냐에 따라서 결제방법이 결정될 것이다. 즉 금으로 결제할 때의 총비용(금 구입가격 + 운송비 + 보험료 등 제 비용)이 달러화 구입금액 31,200원보다 많으면 달러화로 결제하는 것이 더 낫고, 반대로 금으로의 결제비용이 31,200원보다 적으면 금으로 결제하는 것이 더 낫다. 따라서 금으로 결제할 때의 비용이 달러로 결제할 때의 비용과 같아지는 그때의 환율수준을 금수출점(gold export point)이라 부르는데 이것이 중요한 역할을 한다.

이제 금 1온스를 결제할 때의 운송비, 보험료 등 제 비용을 2,000원이라고 하자. 이 경우 금 1온스로 결제하는 총비용은 금 구입금액 28,000원에다 부대비용 2,000원을 가산한 30,000원이 된다. 그러면 이 경우 40달러를 매입해서 결제하는 것보다 금 1온스를 매입해서 그것을 직접 미국으로 수송하여 결제하는 것이 더 낫다. 그러면 이때 금수출점의 환율은 얼마가 되는가? 금수출점 환율은 금 1온스 결제비용 30,000원을 40달러로 나눈 30,000/40=750원이 된다. 즉 이 경우 금수출점 환율은 750원이다.

이번에는 반대로 한국의 수출상이 미국의 수입상으로부터 받을 채권이 40달러가 있다고 하자. 이 경우에도 한국의 채권자는 달러와 금 중 어떤 결제수단도 가능하다. 그러나 결제방법은 수입상의 경우와 마찬가지로 어느 쪽이 더 높은 원화금액을 받을 수 있는가에 따라 결정된다. 미국의 채무자의 입장에서는 40달러나 금 1온스나 동등하므로 어느 방법으로 결제하든지 하등의 차이가 없다. 다만 이 경우에는 한국의 수출상이 금의 수송비를 부담해야 한다. 위의 예에서 금의 수송비는 2,000원이므로 한국의 수출상이 금으로 결제를 받으면 28,000원에서 2,000원을 차감한 26,000원이 순수입이 된다. 그런데 외환시장에서 환율이 너무 떨어져서 달러당 620원이라고 해보자. 그러면 달러로 결제할 경우 한국의 채권자가 받는 순수입은 24,800원이 된다. 따라서 이 경우 한국의 수출상은 당연히 수송비를 부담하더라도 금으로 결제받기를 원할 것이다. 이때 금의 수입을 결정하는 환율수준을 금수입점(gold import point)이라 부르는데 이 경우 40달러에 대해 26,000원이 되므로 금수입점은 26,000/40=650원이 된다.

지금까지 우리는 금수출점과 금수입점을 수입상과 수출상의 예를 들어 설명했는데 사실 이와 같은 금수출입점의 문제는 국제적 금의 재정거래(gold arbitrage)의 과정으로 설명된다. 즉 금수출점의 경우 만일 국내의 환율이 위에 든 예에서 금수출점인 750원선을 넘어서면 국내의 수입상은 금을 사서 외국으로 가져가서 그것을 달러로 태환하여 지급하든지 아니면 그렇게 태환한 달러를 국내외환시장에서 현행 환율로 매각하게 되면 이득을 보게 된다.

구체적인 예를 들면, 국내 외환시장에서 달러가 780원까지 상승했다고 할 경우 이때 금 1온스를 사서 외국에 수출하는 비용은 30,000원(28,000원+2,000원)에 불과하다. 그 다음 미국의 은행에서 금 1온스를 40달러로 태환하여, 그것을 가지고 대금을 지급할 수도 있고, 아니면 그 40달러를 국내외환시장에서 매각하기만 해도 31,200원(40×780원)을 받으므로 이때 금 1온스당 1,200원의 이익이 생긴다. 따라서 국내의 환율이 금수출점 750원선을 넘어서면 금의 수출이 무제한으로 일어나게 된다.

반대로 금수입점의 경우를 살펴보자. 이 경우 국내외환시장의 환율이 금수입점인 650원선 아래로 내려가면 외국의 수입상으로부터 금으로 지급받아 그것을 중앙은행으로부터 원화로 태환을 받는 것이 이득이 된다. 보다 구체적으로 국내외환시장에서의 환율이 달러당 630원으로 떨어졌다고 해보자. 이때 한국의 수출상은 금의 수송비를 부담해서라도 금으로 지급 받는 것이 유리하다. 즉 한국으로 금을 가져오는데 소요되는 비용은 모두 27,200원(40 × 630원 + 수송비 2,000원)이 든다. 그러나 수입한 금 1온스를 한국의 중앙은행에 가서 원화로 태환을 하면 28,000원을 받으므로 온스당 800원의 이득이 생긴다. 이와 같이 국내외환시장에서의 환율이 금수입점 이하로 떨어지면 즉각적인 금의 유입이 무제한으로 일어나는 이른바 금의 재정거래가 형성된다.

(2) 국제수지의 자동조절기능

금본위제 하에서 국제수지는 흄의 물가변동에 의한 금의 이동으로 자동조절 된다는 가격-정화-유출입 메커니즘(price-specie-flow mechanism)에 의해 자동적으로 균형화된다.

예컨대 고전적 금본위제도가 운영되던 1870년경부터 1914년까지의 기간은 국제무역이 비교적 자유롭게 이루어졌고 국제자본이 별다른 제약 없이 이동될 수 있었으며 나아가 국제수지조정문제도 원활히 이루어지고 있었다. 즉 흄의 가격-정화-유출입 메커니즘에 의하면 각국의 화폐공급은 금이나 금에 의해 지탱되는 각국 지폐로 구성되어 있는데, 적자국의 화폐공급은 감소하고 흑자국의 화폐공급은 증가함으로써 적자국의 국내가격이 하락하고 흑자국은 상승한다. 따라서 국제수지 적자국의 수출이 증가하고 수입이 억제되어 적자 폭이 감소되어 가고 흑자국에서는 그와 반대되는 현상이 나타남으로써 국제수지는 시간이 지나면 자동적으로 조정된다는 것이다.

그런데 타우식(F. Taussig)에 의하면 고전적 금본위체제 하의 국제수지조정은 소득변동에 의해서도 이루어진다. 즉 일국의 수출 감소가 수출부문의 소득을 감소시키고 이는 곧 고용 및 생산을 줄임으로써 지출감소 현상을 초래한다. 다만 소득의 감소는 수입수요의 감소를 통해 수출의 감소를 상쇄하여 그 나라의 무역수지가 균형을 취하게 할 수도 있을 것이다.

또한 1920년대 영국의 국제수지가 적자에 직면했을 때 통화 공급이 줄어들고 이자율이 상승함으로써 단기자본이 유입되어 결국 적자가 해소되었던 사실이 있었다.

이처럼 금본위제도 하에서는 국제수지의 불균형이 언제나 금의 유출입과 물가의 변동을 통해 자동적으로 균형화되어 환율도 반드시 금수출점과 금수입점 사이에서 안정화된다. 따라서 금본위제하에서는 대외균형이 언제나 자동적으로 달성되며 이것이 바로 금본위제의 가장 강력한 시장조절기능의 하나가 된다. 그러므로 금본위제 하에서 정책당국자는 대외균형을 염려할 필요가 없으며 다만 완전고용이나 물가안정과 같은 대내균형의 달성에만 전념하면 된다. 그러나 이상의 자동조절기능은 금의 자유로운 유출입, 완전한 금의 태환성 보장, 임금·물가의 완전탄력성 등을 핵심적인 전제로 하고 있으며 따라서 이와 같은 전제가 완화될 경우에는 그만큼 자동조절기능은 손상을 입게 된다.

4) 금본위제도의 붕괴

금본위제도는 20세기로 넘어오면서 각국의 대내적인 문제가 조금씩 노출되고 국제협력체제가 균열되기 시작하면서 붕괴의 길로 접어들게 되었다. 특히 제1차 대전의 발발로 영국의 지배적인 경제력이 크게 약화되면서 본격적으로 붕괴하기 시작하였다.

금본위제도가 19세기부터 제1차 대전까지 자유무역체제의 근간을 이루면서 원활히 기능하게 된 이유는 다음과 같다. 첫째, 국제거래에서의 영국이 지배적인 위치를 점하고 있었기 때문이었다. 둘째, 이 기간 동안 물가상승율이 매우 낮았다. 셋째, 각국 정부는 대내적 불균형보다 대외적 불균형을 더욱 중시하였다. 넷째, 국제간의 자본이동이 많지 않았다. 다섯째, 기술과 무역의 변화속도가 빠르지 않았다.

그러나 금본위제도에서 대부분의 국가들이 효율적이고 안정적인 국제통화질서에서 오는 절대적인 이득을 얻을 수 있었다고 할지라도 프랑스, 독일, 미국 등 다른 개발국들은 영국에게 가장 유리하도록 형성된 국제통화질서를 달가워하지 않았다. 더구나 항상 적자문제를 안고 있는 저개발국들은 국제수지 조정과정에서 발생하는 경기침체 및 실업의 고통을 일방적으로 부담하고 있었기 때문에 금본위제도에 기초한 국제질서를 원하지 않았다. 또한 20세기에 들어서면서 미국을 비롯한 다른 국가들의 경제력은 확대되고 영국은 상대적으로 경제력이 약화되어 자연스럽게 영국의 지도력은 감소되어 국제통화제도 규칙 준수를 강요할 수 없게 되었다. 더구나 경제발전과 더불어 국민들의 요구가 증대되고 따라서 각국이 대내적인 목표에 관심을 기울이게 됨에 따라 금본위제도의 기반은 더욱 쇠락하였다. 이런 과정 중에 1914년 제1차 세계대전이 발생하자 각국은 전시재정을 위해 금본위제도의 운영규칙을 포기하게 됨으로써 금본위제도는 공식적으로 붕괴되었다.

2. 국제 금·환본위제(양 차 대전 사이)

제1차 대전의 발생으로 영국의 세계 경제적인 지도력은 종말을 고하고 각국간의 경제협력관계가 붕괴함에 따라 통화가치 및 통화정책의 결정이 각국의 책임 하에 이루어졌고 개별국의 독립성이 국제통화질서보다 우선하게 되었다.

따라서 제1차 세계대전이 끝난 1919년과 제2차 세계대전이 시작되는 1939년까지는 금준비의 국제적 편재현상과 금의 절대적·상대적 부족현상으로 각국 간에 국제수지불균형 발생하던 시기였다. 이 시기를 Barry J. Eichengreen(1985)은 편의상 세 시기로 구분하였다.

1) 제1기(1919~1926) : 변동환율제도

제1차 세계대전 직후인 1919년 대부분의 화폐들이 자유롭게 변동되도록 허락되었고 중요 통화 중에서 금에 대해 가치를 고정시킨 화폐는 미국달러화뿐이었다. 이 시기의 가장 큰 특징은 통화당국에 의한 외환시장 개입이 거의 없었다는 것이다.

이 시기에 각국이 대외적인 의무가 전혀 없는 변동환율제도를 택한 이유는 전후 복구를 위해 필요한 엄청난 재정을 통화증발을 통해 조달하려고 했기 때문이다. 무분별한 통화증발은 전쟁으로 감소된 생산능력과 더불어 급격한 물가상승을 유발하였다. 그 중에서도 가장 극심한 곳은 독일이었는데 1919년 1월 262였던 물가지수가 1923년 12월에는 1,261,600억으로 상승해 불과 5년도 못되는 기간 동안에 물가가 무려 4,815억 배나 상승하였다. 독일 정부는 전쟁 배상금을 지불하기 위해 세금을 올리기보다는 통화를 증발하였고 따라서 인플레이션이 악화되었던 것이다.

2) 제2기(1927~1931) : 금·환본위제도[55)]

1922년 이탈리아의 제노바회담에서 영국, 프랑스, 이탈리아 및 일본은 금본위제도로 복귀하고 각국의 대내 및 대외적 목표를 달성하기 위해 중앙은

55) 금·환본위제도란 기본적으로 각국의 화폐를 금에 고정시킨다는 면에서 금본위제도와 동일하다. 그런데 금본위제도에서는 금 공급이 충분하지 못할 경우 금에 대한 수요가 초과될 수 있으므로 국제통화제도의 기본요건인 유동성을 충족시킬 수가 없게 된다. 이런 문제를 해결하고자 금·환본위제도에서는 일부 국가들로 하여금 각자의 통화를 금에 고정시키는 것이 아니라 기축통화(예 : 양차 대전 사이의 영국 파운드화, 브레튼우즈제도에서의 미국 달러화)에 고정시키고 금 대신에 기축통화를 보유하도록 한 점이 금본위제도와 다르다.

행간 협조를 도모한다는 데 동의하였다. 그러나 세계 금 공급량이 각국 중앙은행이 보유해야 하는 금 요구량을 충족시키지 못하리라는 것을 인식하고 소규모 국가의 중앙은행들은 보유금의 일부를 금 대신에 영국의 파운드화로 대치할 수 있도록 하였다. 이에 따라 1925년 4월 영국이 금본위제도로 복귀하고 1926년 말 이후 대부분의 유럽 통화간의 교환비율이 고정되었다.

그러나 금·환본위의 고정환율제도는 오래 지속되지 못하고 1931년 9월 영국이 국제수지 악화로 각국이 파운드화의 금 태환을 요구함에 따라 1931년 9월 영국은 파운드화의 금태환을 정지하였고 이어 프랑스와 미국까지도 금태환을 정지함으로써 10년 만에 완전히 붕괴되었다.

3) 제3기(1932~1939) : 관리변동환율제도

1931년 9월 국제 금·환본위제가 붕괴되면서 1932년 초 영국, 영 연방, 일본, 북구국가들 및 남미국가들이 모두 변동환율제도를 채택했다. 그러나 당시의 변동환율제도는 1920년대 초의 변동환율제도와는 달리 구체적으로 명기된 외환균형기금(exchange equilibrium fund)의 조정을 통해 환율이 관리되도록 하였다. 미국은 1933년 이후 관리변동환율제도를 택하였고 벨기에는 1935년에 관리변동환율제도로 이행하였다. 그러나 프랑스, 네덜란드, 폴란드 및 스위스는 1936년까지 금에 대해 화폐가치를 고정시켜 놓았다.

그러나 이 시기에 각국은 경기활성화를 위해 자국 내의 총수요를 진작시키고자 자국산업은 보호하고 외국으로부터의 수입은 억제하는 근린궁핍화정책(beggar-my-neighbour policy)을 시행하였다. 특히 미국은 1930년 자국산업을 보호한다는 명목 하에 미국으로 유입되는 수입품에 대해 엄청난 관세를 부과하였다. 미국의 결정에 대해 다른 국가들이 보복조치를 취해 1932년까지 60개국이 관세를 인상하였다. 그 결과 세계무역은 이전의 1/3 수준까지 위축되어 대공황의 피해는 더욱 심각해졌다. 미국은 1932년 총수입액이 1929년의 31% 수준까지 감소했지만 수출은 더욱 감소해 소기의 목적을 전혀 달성하지 못하게 되었다. 또한 외환관리를 시행하던 당시의 국가들은 금의 유출을 방지하고 자국상품에 대한 해외수요를 창출할 목적으로 경쟁적인 평가절하를 단행하는 무역보복전은 평가절하의 효과를 상당부분 서로 상쇄시켜 본래 의도와는 달리 무역수지 개선을 달성할 수 없었다.

1932년 오타와회담에서 영국은 다른 영 연방국가들 및 일부 교역국들과 함께 스털링블록뿐 아니라, 미국을 중심으로 한 달러블록 및 프랑스를 중심으로 네덜란드, 폴란드 및 스위스가 골드블록을 형성하여 보호무역주의 색채가 강한 시기로써 세계경제는 전례 없는 경제전쟁의 시대로 접어들게 되었다.

3. 브레튼우즈체제

1) 브레튼우즈제도의 성립배경

앞서 설명한 바와 같이 세계경제는 1919년 제1차 대전, 1929년 대공황, 1939년 제2차 대전 등의 시련을 겪으면서 19세기 초 이후 유지되어온 국제금본위제가 붕괴되는 등 심각한 위기를 경험하게 되었다. 이에 연합군의 승리가 확실해지자 미국을 중심으로 하는 서방 연합국은 자유무역, 환율의 안정 및 국제수지의 조정을 위해 등 세계 각국의 적극적인 협조가 시급하다는 공통의 인식을 가지게 되었다. 따라서 미국, 영국 등 주요국들은 이러한 인식을 바탕으로 안정적인 국제통화제도를 하루 빨리 구축하고자 노력하였다. 즉 영국은 1943년 4월에 국제청산동맹안(일명 케인스안)을, 미국은 동년 7월에 연합국 국제안정기금 예비초안(일명 화이트안)을 각각 발표하였다. 양 안은 모두 자유무역을 촉진하고 외환거래에 대한 각국 정부의 규제를 제한할 수 있는 국제기구의 설치가 필요하다는 점에 대해서는 의견의 일치를 보였지만 그러한 목적을 달성하기 위한 세부적인 사항에 관해서는 상당한 차이가 있었다. 케인스 안은 전후 청산문제 해결과 국제신용조건의 완화에 초점을 두어 채무국인 영국의 당시 입장을 대변하였으며 반면 화이트안은 환율의 안정, 국제수지 불균형의 시정, 무역 및 외환에 대한 제한철폐 등에 목적을 두어 당시 채권국인 미국의 입장을 대변하였다.[56)]

56) 케인즈안과 화이트안은 공통점과 차이점은 다음과 같다. 먼저 공통점은 외환시세의 안정, 외환제한의 철폐 및 국제수지의 균형 등이었다. 다음 차별점으로서는 첫째, 케이즈안은 영연방 특혜관세제도와 스털링통화권을 존속시키려 하였으나 화이트안은 영국의 차별적인 경제권과 외환제한 2국간 협정을 제거하였다. 둘째, 케인즈안은 안정보다는 성장을 중시하여 환율제도의 탄력적인 변경을 주장하였고 화이트안은 원칙적으로 안정에 무게를 두고 고정환율제도의 유지를 주장하면서 국제수지가 근본적인 불균형이 발생할 경우에만 외환시세의 변동을 허용하였다.

양 안에 대한 1년여의 논의 끝에 1944년 4월 뉴욕에서 개최된 30개국 전문가 회의에서 "국제통화기금설립에 관한 공동성명"이라는 형태로 화이트안을 기본으로 하고 케인스안을 가미한 국제통화기금(International Monetary Fund: IMF)의 설립에 합의하였다. 동 합의를 바탕으로 1944년 7월 미국 뉴햄프셔 주의 브레튼우즈에서 44개 연합국이 참석한 국제통화금융회의에서 IMF 협정문이 채택되었으며 1945년 말까지 35개국이 비준을 완료하여 IMF는 정식 발족하였고 이로써 브레튼우즈제도는 그 첫발을 내디디게 되었다.

2) 브레튼우즈제도의 기본구조

브레튼우즈제도는 국제유동성의 공급, 환율의 안정 및 국제수지 조정 등의 제 목표를 달성하기 위해 다음과 같은 기본골격을 갖추고 있다.

첫째, 브레튼우즈제도는 금·환본위제(gold-exchange standard system)를 채택하였다. 즉 당시 미국은 탁월한 경제력과 미 달러화에 대한 절대적 신뢰 속에 미화 1달러당 순금 0.888671g(1온스=35달러)으로 금 평가를 설정하여 금의 태환을 보장하였다. 그리고 여타 가맹국들은 미국 달러화에 대해 평가를 설정하여 그들의 통화가치를 간접적으로 금에 연계시키는 제도를 채택하였다.

둘째, 브레튼우즈제도는 조정가능 고정환율제도(adjustable fixed exchange rate system)를 채택하였다. 즉 가맹국들은 미국 달러화에 대해 설정한 평가를 기준으로 상하 각각 1% 범위 내에서 환율을 유지하도록 하였다. 그러나 국제수지가 기초적 불균형에 처할 경우에는 IMF와 협의를 거쳐 미 달러화와의 평가를 당초 평가에서 10% 범위 내에서 변경이 가능한 조정가능 고정환율제도를 도입하였다.

셋째, 브레튼우즈제도는 가맹국의 국제수지 조정을 지원하였다. 즉 브레튼우즈체제는 가맹국들의 출자금(quota)으로 조성된 기금을 바탕으로 신용공여제도를 도입하여 가맹국의 국제수지 조정을 위한 단기자금지원기능을 수행하였다.

3) 브레튼우즈제도의 문제점 및 붕괴

첫째, 브레튼우즈제도는 국제유동성의 공급에 한계를 지니고 있다. 국제유동성 공급은 금과 기축통화인 미국의 달러화의 공급에 의해 이루어진다. 따라서 국제유동성 공급을 증가시키기 위해서는 금의 공급(생산)도 그만큼 증가시켜야 하지만 금의 생산은 채굴의 제약 때문에 탄력적이지 못하므로 그만큼 국제유동성 공급에 제한을 받게 된다. 결국 국제유동성의 주된 공급원은 미국의 달러가 되는데 달러의 공급이 증가하려면 미국의 국제수지 적자가 확대되어야 한다. 그러나 미국의 국제수지 적자가 확대되면 그만큼 미국의 대외채무가 증가하므로 미 달러화에 대한 신인(confidence)이 떨어지게 되어 달러화가치가 불안정해 지게 되는 문제점을 안고 있다. 즉 국제유동성 공급과 달러화의 가치안정 간에는 상충관계를 가지고 있다. 이러한 상충관계를 유동성 딜레마라 부른다.

둘째, 브레튼우즈제도 하에서는 기축통화국인 미국과 여타국 간에는 대외균형의 달성에 대한 책무가 전혀 다른 양상을 띠게 된다. 달러화가 기축통화로 되어 있는 브레튼우즈제도 하에서는 미국 이외의 국가들은 모두 자국의 통화를 미국 달러에 연결시켜 대미달러환율을 설정하고 있지만, 미국은 금평가에 동요가 생기지 않도록 충분한 금을 보유한다면 해결된다. 따라서 중앙은행은 여타국과의 환율안정을 위한 시장에 개입해야 할 책무는 지지 않는 것이다. 이를 n번째 통화문제라 부른다. 즉 n개의 통화가 있는데 그 중에 n번째의 통화가 기축통화면 환율은 n-1개가 존재하게 되고 따라서 n-1개 국의 통화는 환율안정문제를 안고 있지만 기축통화인 n번째 통화는 이러한 부담이 없다.

셋째, 브레튼우즈제도는 국제수지의 신축적인 조정이 어렵다. 환율이 고정됨으로써 국제수지의 조정기능을 상실하고 있고 따라서 국제수지의 조정은 재정정책이 주로 장려되었고 환율변경은 제한되었다.

넷째, 브레튼우즈제도는 고정환율제를 근간으로 하고 있기 때문에 환투기에 의한 국제통화불안이 가중된다. 즉 고정환율제 하에서는 환율의 탄력적 조정이 불가능하여 대폭적인 환율변경이 예상되면 환투기가 가열되는 특징을 지니게 된다.

다섯째, 브레튼우즈제도 하에서는 기축통화국인 미국이 인플레이션을 유발하면 그것은 여타국으로 파급되어 세계적인 인플레이션을 유발하게 된다. 예를 들어 미국이 통화량을 과도하게 증가시켜 인플레를 일으키면 다른 나라의 대미 달러화 환율은 떨어지게 되고 그 나라의 통화당국은 환율을 안정시키기 위해 달러화를 매입해 주게 된다. 그러면 국내 통화량공급이 늘어나 결국 인플레이션을 유발하게 되는 것이다.

이와 같은 문제점을 안고 있던 브레튼우즈체제는 1965년 미국의 월남전 참전으로 미국이 확대재정정책을 시행하면서 물가가 상승하고 경상수지가 악화되어 본격적인 붕괴의 조짐을 보이기 시작하였다.

미국경제 상황의 악화는 즉각적으로 런던 금시장에 영향을 미쳐 투자자들은 미국달러화의 가치 하락을 예상하고 런던 금시장에서 대규모의 금구입현상이 일어났다. 이에 대응하여 영란은행은 1968년 금의 공정가격과 시장가격을 분리한 금의 이중가격제를 도입하고, 미국은 그 해 6월 조세를 증가시키는 등 혼란을 방지하기 위한 노력을 기울여 미국의 경상수지 적자는 일부 개선되는 듯하였다.

그러나 1971년 초 미국의 경상수지가 다시 악화된 반면 독일의 경상수지 흑자폭이 증가하자 많은 투자자들이 독일의 마르크화를 대량으로 구입하였고 독일연방은행은 마침내 달러화 가치를 유지하기 위한 외환시장 개입을 포기하고 마르크화로 하여금 달러화에 대해 변동하도록 허용하였다. 독일정부의 이와 같은 결정은 외환시장에서 달러화가 다른 화폐들에 대해서도 평가절하가 될 것이라는 예상을 유발시켰다.

이러한 상황에서 1971년 8월 15일 미국의 닉슨대통령은 달러화의 금태환 중지를 선언하고 모든 수입품에 대해 10% 관세를 부과하는 조치를 취함으로써 전후 금·환본위제를 근간으로 한 브레튼우즈제도는 사실상 붕괴하게 되었다.

4. 스미소니언 협정

전 후 기축통화역할을 수행해왔던 미국의 달러화의 금태환 정지선언으로 브레튼우즈체제가 붕괴되면서 새로운 통화체제를 모색하기 위하여 1971년 12월 워싱턴의 스미소니언박물관에서 선진 10개국 회의가 개최되었다. 동

회의에서 채택된 주요 내용(스미소니언협정, Smithsonian agreement)은 다음과 같다.

첫째, 참가국들은 한결같이 환율의 안정을 원하였으며 주요국 통화의 환율을 조정하여 다시 고정환율제도로 복귀할 것을 합의하였다.

둘째, 각국은 미 달러화에 대한 기준율을 설정하고, 미 달러화의 금평가를 1온스당 35달러에서 38달러로 평가절하하며, 환율 변동폭을 달러 기준율의 상하 각각 1.0%에서 2.25%로 확대하는 등을 신축적인 기준을 도입하였다.

셋째, 스미소니언협정에서는 여타국들 통화를 달러화에 연계시키되 달러화의 금태환은 보장되지 않음으로써 완전한 고정환율제도의 성격을 갖지는 않았다.

스미소니언체제는 와이드 밴드(wide band)제를 도입하기는 했지만 금태환성을 상실한 미 달러화를 계속하여 평가의 기준으로 삼았다. 그러나 스미소니언 협정 체결 후 곧 파운드 파동을 겪은 영국은 변동환율제도를 채택하였고 프랑스, 벨기에, 이탈리아가 이중환율제를 시행하였고 스위스는 변동환율제로 이행하였다.[57] 미국도 국제수지가 1973년 2월에 더욱 더 악화되자 달러의 10% 평가절하를 다시 단행함으로써 금 1온스는 42.22달러로 되었다. 다른 국가들도 자국의 경제실정에 맞는 공동변동환율제도를 채택하면서 브레튼우즈체제의 재건노력은 완전히 실패하게 되었다.

5. 킹스턴체제

1) 비협조체제(1985년 이전)

브레튼우즈제도의 회생을 위한 스미소니언협정도 그 실효를 거두지 못하자 1976년 1월 자메이카(Jamaica)의 수도 킹스턴(Kingston)에서 각국은 1973년에 사실상 붕괴된 브레튼우즈제도의 공식적인 붕괴를 신인하였다. 대신 현행 국제통화제도의 근간이 되는 변동환율제도(floating exchange rate system)의 기본방향을 설정함으로써 킹스턴체제(Kingston system)를 출범시켰다. 초기 킹스턴체제는 엄밀히 말하면 환율의 변동을 인정하되 외환당국

57) 경상거래에서는 고정환율제도를, 자본거래에서는 변동환율제도를 병행하여 시행하였다.

이 외환시장에 개입할 수 있도록 하는 관리변동환율제도이다.

따라서 관리변동환율제도에서 외환시장 개입방법은 역풍정책(leaning against the wind)을 채택하였다. 즉, 각국은 자국 화폐의 가치가 달러화에 대해 급격하게 하락하는 경우 자국 통화량을 감소시키고, 상승하는 경우 반대로 자국 통화량을 팽창시키는 방법을 통한 외환시장 개입방법을 주로 사용하였다. 이를 통하여 세계경기변동의 일치현상이 나타났다. 즉, 달러화가 상대적으로 약세를 보이는 경우 각국은 자국 화폐의 평가절상을 방지하기 위해 외환시장에서 달러화 매입으로 자국 통화량을 증가시켜 전체적으로 세계 총통화량이 증가하게 되었고, 반대로 달러화가 강세인 경우 세계 총통화량이 감소하였다.

변동환율제도로 이행한 후 각국의 달러화에 대한 환율은 단기적인 변동뿐만 아니라 장기적으로도 균형에서 이탈하는 현상을 보여 주었다. 제2차 석유파동 이후 미국이 긴축정책으로 선회하면서 1979년까지 계속 하락해 왔던 달러화의 가치가 비로소 상승하기 시작하였다. 이러한 달러화 가치의 상승추세는 1985년까지 계속되었는데 당시 경제성장이 주춤해지던 미국은 달러화의 강세로 인해 국제경쟁력을 잃은 미국의 수출산업 및 수입경쟁산업들의 보호주의 압력이 강화되었다. 이에 레이건 정부는 이전의 자유방임주의 태도를 포기하고 달러화 강세를 방지하기 위해 외환시장에 개입하기 위한 조치를 취하였다.

2) 협조체제(1985년 이후)

1980년대 중반으로 들어서면서 미국은 달러화 가치의 상승으로 국제경쟁력을 점점 상실함에 따라 외환시장에 개입할 필요성을 느꼈다. 또한 주요 선진국들도 환율의 불안정성 및 부작용을 완화시키기 위하여 외환시장 개입과 관련해 미국과의 정책 협조의 필요성을 느끼기 시작했다. 이에 미국, 영국, 프랑스, 독일 및 일본 등 선진 5개국 재무장관들은 1985년 9월 22일 뉴욕의 플라자호텔에 모여 달러화 가치하락을 유도하기 위한 외환시장 개입에 협조하기로 하였다. 플라자협정(Plaza Accord) 이후의 국제통화제도 운영규칙은 다음과 같은 면에서 플라자협정 이전과 다르다.

첫째, 미국 정부가 이제까지 외환시장 개입에 소극적이었던 태도를 바꾸고 달러화 가치변동을 방지하기 위해 적극적으로 개입하기 시작했다.

둘째, 여타국의 정부가 외환시장에 개입할 때 종래는 자국의 외환시장의 사정만을 고려한 채 달러화를 매매했었는데 이제는 미국 중앙은행과 협의한 후 개입하였다. 즉, 기존의 독자적이고 대외비였던 외환시장 개입 방식이 협조적이고 공개적으로 이루어졌던 것이다.

그러나 플라자합의 이후에도 주요 선진국간의 국제수지불균형은 해결되기보다는 더욱 심화되는 현상을 보였다. 즉, 독일, 일본 등은 자국 화폐의 달러화에 대한 평가절상이 과도해 자국상품의 국제경쟁력이 약화되었다고 느껴 더 이상 달러화의 하락을 용납하지 않게 되었다. 이에 선진 5개국과 캐나다 등은 1987년 2월 프랑스 파리의 루브르 박물관에 모여 G-7간 루브르합의(Louvre accord)를 하였다. 동 합의에서는 각국의 물가, 경제성장률, 실업률 등 주요 거시 경제지표에 대한 상호협조와 감시를 함으로써 환율안정을 도모하기로 합의하였고 1988년 이후에도 G-7의 정책협조체제는 지속되었다.

이와 같은 G-7간 정책협조결과 환율의 단기적 변동성은 어느 정도 완화시킬 수 있었다. 그러나 1990년대 들어서면서 자본 이동성이 증가하고 외환 및 금융위기가 빈번해졌다. 1992년~1993년 유럽통화체제의 위기, 1994년 멕시코위기, 1997년 한국을 비롯한 동아시아의 외환위기, 1998년 러시아의 위기, 1999년 브라질의 위기, 2002년 아르헨티나의 위기, 그리고 2008년 미국발 서브프라임 모기지론의 위기, 2009년~2012년 유로존의 금융위기가 계속 발생함에 따라 주요 금융기관들은 유동성을 확보하기 위하여 해외에 투자하였던 자금을 급격히 회수하면서 금융위기가 전 세계적으로 확산되었다. 이는 G-7이 비공식적 회의체인데다 환율안정을 위한 명확한 규칙 등 구속성이 없었고 각국의 정치적 이해에 따라 정책이 좌우되면서 G-7만으로는 국제통화체제의 불안을 해소하기에는 국제금융산업의 규모가 비대해졌기 때문이다. 이를 해결하기 위해 한국이 중심이 되어 2010년 1월 다보스포럼과 2010년 4월 미국 워싱턴 G20 재무장관, 중앙은행 총재회의에서 상시적인 글로벌 금융 안전망의 구축을 위한 공식의 제도를 제안하였다. 향후 초강대국으로서 미국의 지위 약화에 따른 미 달러화의 기축통화로서의 역할은 축소되는 반면 중국의 위안화, 유럽연합의 유로화, 일본의 엔화 등이 기축통화지위를 확보하거나 확보하기 위한 전쟁을 벌일 것으로 예상되어 국제금융시장과 국제통화체제의 불안은 당분간 가중될 것으로 보인다.

제3절 유럽통화제도

1. 유럽공동환율제도

1970년 10월 베르너보고서(Werner Report) 채택, 1971년 미국의 금태환 정지선언을 계기로 브레튼우즈체제가 붕괴되고 대신, 1972년 바젤협정을 통해 유럽공동환율제도(Snake System)가 도입되었다.[58] 이는 미 달러화의 7.89% 평가절하, 대미 달러 변동폭을 상하 1.0%에서 상하 2.25%로 확대시키는 스미소니언협정의 체결에 대항해서 EC 국가가 유럽 통화정책의 조화, 역내환율의 안정 등을 위하여 마련한 것이었다. 즉, 역내국 통화의 대미달러 환율 변동폭은 상하 2.25%로 확대하지만 EC 역내 국가들은 역내 통화간의 환율을 안정시키기 위하여 환율 변동폭을 이의 절반 수준인 상하 각각 1.125%로 축소시키는 것을 주요 골자로 하는 내용이었다.

58) 역내국가들 통화의 환율은 하나의 터널 속을 기어가는 뱀의 형상을 띠게 된다고 해서 일명 스네이크제도(snake system)라 부르기도 한다. EC스네이크체제는 가맹국간의 제반 거래에 적용할 계산단위 또는 가치기준으로서 유럽통화계산단위(EMUA; European Monetary Unit of Account)를 사용토록 하였다. 1EMUA의 가치는 1971년 12월 18일 제1차 미 달러화 평가절하 전의 1 미 달러나 1SDR 또는 순금 0.888671g과 동일한 가치를 갖도록 하였다.

〈그림 10-1〉 EC 스네이크제도

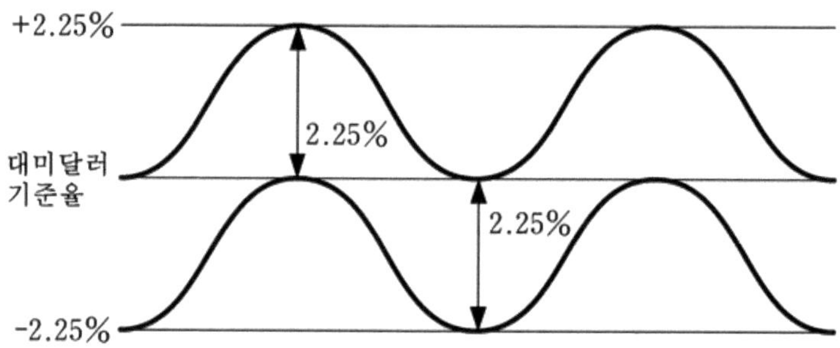

2. 유럽공동변동환율제도

1973년 스미소니언체제의 붕괴로 세계환율제도가 고정환율제도에서 변동환율제도로 전환되자 유럽국가들도 고정환율제도에 근간을 둔 유럽공동환율제도를 폐지하고 대신 유럽공동변동환율제도(European system of narrower exchange rate margins)로 이행하였다. 즉, EC의 역내공동변동환율제도하에서 역내 통화의 미 달러화에 대한 환율은 스미소니언협정에 따라 상하 각각 2.25%의 환율 변동폭의 제한을 완전히 없앴다. 하지만 역내 국가들의 환율변동은 상하 각각 1.125%씩만 변동을 허용하여 역내 통화의 안정은 유지하고자 하였다.[59] 그러나 제1차 석유파동은 세계를 자유무역주의에서 다시 보호무역주의로 회귀하는 계기를 제공하였으며 이는 만성적인 국제수지 불균형, 인플레이션을 유발시켰다. 따라서 유럽은 역내 통화들 간의 환율을 상하 1.125%라는 좁은 범위 내에서 유지시키는데 실패하였고 불안한 환율변동은 유럽국가들을 스네이크제도를 이탈하게 만들었다.

3. 유럽통화제도

제1차 석유파동에 이어 1978년에 발생한 제2차 석유파동은 실업과 인플레이션 등의 심각한 경제문제와 함께 환율의 불안을 야기하였다. 이를 통하

59) 최해범, 「국제재무관리」, 도서출판 대명, 2002, pp.101-114.

여 유럽국가들의 역내 통화는 많은 손해를 입게 되었다. 이를 해결하기 위해서는 역내 통화의 안정이 필요하다는데 인식을 같이하여 1978년 12월 브뤼셀에서 EC 9개국 정상들이 모여 유럽통화제도(European Monetary System: EMS)를 발족시키기로 합의하고 각국의 의견조정을 거쳐 1979년 3월에 EMS를 출범시켰다.

EMS는 공동변동환율제도 확대·개편한 것이지만 스네이크제도와 큰 차이는 없었다. 유럽통화안정권(a zone of monetary stability)의 형성에 그 근본목적을 두고 있다. EMS는 미 달러화 등 역외통화의 가치변동으로부터 역내 통화의 가치를 보호하고 역내 통화 간 경쟁적 평가절하와 자국 위주의 정책 운용을 지양하여 역내경제의 균형적 발전을 꾀하기 위하여 창설하였다.

이를 좀 더 구체적으로 살펴보면 다음과 같다.

첫째, 유럽통화단위(ECU)를 창출하는 일이다.[60] EMS는 각 가맹국 대외준비자산의 일부를 대가로 하여 유럽통화단위(ECU)를 창출하여 이를 가치척도(numeraire) 및 중앙은행간 결제수단으로 사용하기로 하는 한편 궁극적으로는 이를 발전시켜 유럽을 하나의 단일 통화권으로 통합하는 것을 기본목표로 하였다.

둘째, 환율조절정치(Exchange Rate Mechanism: ERM)를 도입하였다.[61]

---

60) ECU는 EMS의 기능수행에 있어 핵심적인 역할을 담당하였다. 즉, ECU는 다음의 기능을 수행하였다. 첫째, 통화가치의 척도가 되어 EMS 환율제도하에서 EMS 구성통화의 중심환율(central rate)과 괴리지표(divergence indicator)를 계산하는 단위로 사용되었다. 둘째, 외환시장 개입 및 신용제도의 표시단위가 되었다. 셋째, EC 통화당국 간의 결제수단으로서의 기능을 수행하였다.

61) ERM(European Exchange Rate Mechanism)은 ERM 참가 회원국 통화 간에 중심환율(bilateral central rate)을 설정하고 환율변동은 원칙적으로 동 중심환율의 상하 15%(1993년 8월 2일 이전에는 상하 2.25%) 이내로 제한하였다. 동시에 특정 ERM 회원국 통화의 환율변동이 동 제한폭을 이탈하는 경우 당사국에 대해 외환시장 개입을 의무화하였다. 또한 평가재조정(realignment)이 필요한 경우에는 전 ERM회원국의 동의를 얻도록 하였다. ERM은 당초 독일 마르크화, 프랑스 프랑화, 이탈리아 리라화, 네덜란드 길더화, 벨기에 및 룩셈부르크 프랑화, 덴마크 크로네화, 아일랜드 파운드화 등 8개국 7개 통화로 발족하였으나 그 후 스페인 페세타화('89년 6월), 영국 파운드화('90년 10월), 포르투갈 에스쿠도화('92년 4월)가 추가로 가입하여 EC 12개 회원국 중 그리스 드라크마화를 제외한 전 회원국 통화가 가입되었다. 그러나 1992년 9월, 영국 파운드화와 이탈리아 리라화가 이들 통화의 시장투매에 의한 평가절하가 불가피함에 따라 ERM을 잠정 탈퇴하였다가 1996년 11월에 이탈리아만 재가입하였다. 한편 1995년 1월에 오스트리아가, 1996년 10월에는 핀란드가 그리고 1998년 3월에는

EMS는 1960년대 후반에 경험한 바 있는 각국 간의 경쟁적인 평가절하를 지양하고 역내 통화 간 환율의 안정을 도모하기 위하여 ECU를 중심으로 각 가맹국 통화 상호간의 기준환율을 정하고 가맹국으로 하여금 자국통화의 환율을 동 기준환율로부터 상·하 일정한도 내에서 유지토록 의무화한 반면 가맹국 이외의 통화에 대한 환율은 자유로운 변동을 허용하였다. 여기서 각 가맹국의 통화당국은 자국통화환율을 동 한도 내에서 유지하기 위하여 필요한 경우에 외환시장 개입, 국내정책조정 등 필요한 조치를 강구하여야 한다.

셋째, EMS는 초단기 및 중단기 신용지원제도를 운용하였다. 특히 초단기 신용제도를 이용하여 가맹국은 환율안정을 위한 의무적 외환시장 개입에 필요한 자금을 무제한 조달할 수 있으며, 국제수지적자를 나타낸 가맹국의 경우에는 일정한도 내에서 필요한 자금을 인출하여 사용할 수 있도록 했다.

세계경제는 1980년대 중후빈부터 제2차 석유파동의 충격으로부터 회복되면서 독일을 중심으로 역내 국가간 통화정책 및 외환시장 개입에 대한 정책 협조가 강화되면서 EMS는 안정을 찾기 시작하였다. 그러나 1990년대에 접어들면서 독일이 통일되고 유럽의 경제·통화통합(Economic and Monetary Union)을 추진하기 위한 마스트리히트조약(Maastricht Treaty)이 유럽국가들의 갈등과 환율불안을 야기하여 EMS 운영에 큰 차질을 빚게 된다. 사실 1980년대 후반부터 역내외 자본이동의 자유화가 진전되고 핫머니가 유입되면서 EMS가 불안정해지기 시작하였다. 1990년대 초 EMS국가들이 심각한 경기침체를 겪고 있을 때 독일의 인플레이션 억제를 위한 긴축정책은 영국과 이탈리아 등은 ERM에서 이탈하였다. 그리고 스페인, 포르투갈, 아일랜드 등이 통화에 대한 평가절하를 단행하면서 여타 국가들에게 큰 타격을 가하였다. 결국 1993년 8월 환율 변동폭을 잠정적으로 상하 2.25%에서 상하 15.0%로 확대하기로 결정하면서 통화불안은 감소되기 시작하였지만 유럽통화제도에 대한 신뢰성의 하락은 불가피하였다.

4. 유럽통화동맹

1985년 12월 EC 정상들은 룩셈부르크에 모여 1987년 7월에 단일유럽의

그리스가 각각 가입하였다.

정서(Single European Act)를 채택하기로 결정하였다. 의정서에서는 1992년 말까지 역내의 노동, 자본, 재화 및 서비스의 완전자유화를 보장하기 위하여 현재의 유럽경제통합수준을 관세동맹에서 공동시장(common market)으로 확대하고 유럽연합(EU; European Union)과 경제통화동맹(EMU; Economic and Monetary Union)의 실현을 명시하였다.

또한 1988년 6월의 하노바에서 이루어진 EC정상회담에서는 EMU의 조기추진을 결정하고 당시 EC집행위원회 위원장인 들로드(Jacques Delors)를 위원장으로 하여 EMU추진 방안을 실무적으로 검토할 Delors위원회를 구성하였고 1989년 4월에는 EMU의 기본추진 계획인 Delors보고서(Delors Report)가 채택하였다. Delors의 보고서에 따라 1989년 6월 EC 정상들이 스페인 마드리드 정상회담에서 경제·통화동맹을 3단계로 나누어 추진하기로 합의하였다.[62]

이에 따라 EMU 제1단계를 실시하기로 합의하고, 이어 1990년 6월의 더블린 EC정상회담에서는 EMU 완성을 위한 로마조약 개정을 위하여 EC 각국 정부 간 회의를 1992년 12월부터 시작하기로 하였다.

마침내 1991년 12월 9일~10일 네덜란드의 마스트리히트(Maastricht)에서 개최된 EC 12개국 정상회담에서는 경제·통화동맹 및 유럽정치동맹(EPU: European Political Union)의 실현을 위해 유럽연합조약(Treaty on European Union)의 체결에 합의하였다. 이 조약은 1992년 2월 EC 12개국 외무 및 재무장관들이 조인하였으며 각 회원국들의 비준절차를 거쳐 1993년 11월에 발표됨으로써 유럽연합(European Union)이 결성되었다.

1995년 12월 마드리드 정상회담에서는 단일통화명칭을 유로(Euro)로 확정하고 2002년 1월부터 유로화를 법정 통화로 사용하기로 정하고 늦어도 2002년 7월부터 유로화만 유통시키기로 결정하였다.

1998년 5월 브뤼셀 정상회담에서는 유럽통화동맹의 최초 참가국을 경제수렴조건[63]을 충족한 11개국으로 확정하고 유럽중앙은행의 임원진을 선임

---

62) 단계적 추진내용을 살펴보면, 즉 제1단계에서는 전 회원국의 EMS 가입과 회원국 간 경제·통화정책의 협력을 강화하고, 제2단계에서는 유럽중앙은행의 설립과 경제·통화정책의 공동추진을 목표로 하고, 마지막 제3단계에서는 단일통화 창출과 유럽 중앙은행에 의한 역내 단일통화정책의 수립·집행을 추진하도록 하였다.

63) 구체적 조건을 살펴보면, 첫째, 물가안정은 최근 1년간 소비자 물가상승률이 가장 안정된 3개 EU 회원국의 평균인플레이션율을 1.5% 이내로 유지할 것, 둘째, '97년 말

하였다.

5. 유로화의 도입

1995년 12월 마드리드 유럽연합(EU; European Union) 정상회담에서는 EMU 단일통화의 명칭을 유로(Euro)로 결정하였다. 그러나 단일통화의 도입은 경제적 혼란을 방지하기 위하여 3단계로 나누어 추진되었다.

제1단계에서는 1999년 1월 ESCB(European System of Central Banks)의 설립 이후부터 2001년 말까지 유로화실물은 도입하지 않고 국공채 발행 등 공공거래, 은행간 거래, 증권거래소 거래 등은 유로화를 표시하도록 하였다.

제2단계에서는 2002년 1월 1일부터는 유로화 지폐 및 주화의 실물을 발행하여 유로지역(Euro-zone)의 각국 통화와 병행하여 사용할 수 있도록 하였다. 민간거래는 2002년 6월 말까지 유로화와 참가국 통화를 자유롭게 선택하여 표시할 수 있도록 하였다.

제3단계에서는 6개월간 회수과정을 거쳐 2002년 7월부터는 참가국 통화를 완전히 폐기하고 유로화가 법적 통화로서 역할을 하도록 하였다. 2017년 말 현재 유럽연합 28개국 중 독일 비롯한 19개국이 유로화를 사용하고 있다.[64)]

재정적자(Deficit)는 GDP의 3% 이내로 유지할 것, 셋째, 장기금리는 최근 1년간 소비자물가 상승률이 가장 안정된 3개 EU 회원국의 평균장기금리을 2% 이내로 유지할 것, 넷째, 환율은 최근 2년간 ERM 회원국 통화간에 설정된 기준환율을 고수하고 자국통화와 다른 회원국 통화간의 시장환율은 ERM의 환율 변동폭(독일 마르크화와 네덜란드 길더화는 ±2.25%, 기타 통화 ±15.0%) 이내에서 유지할 것, 마지막으로 '97년 말 공공부채(Debt)는 GDP의 60% 이내로 유지할 것 등이다. 이들 5가지 조건 중에서 가장 중요한 조건은 물가이다. 왜냐 하면 물가가 안정되는 경우 환율의 안정이 가능하며 기대 인플레이션율을 반영하는 장기금리도 안정될 수 있기 때문이다. 또한 재정적자의 축소는 나머지 수렴조건의 충족을 위해 반드시 준수되어야 하는 조건인 바 이는 방만한 재정지출과 재정적자 하에서는 물가안정은 물론 금리 안정도 불가능하기 때문이다.

64) 유로존에는 기존 EMU 12개 참가국을 포함하여 슬로베니아(2007. 1), 키프로스와 몰타(2008. 1), 슬로바키아(2009. 1), 에스토니아(2011. 1), 라트비아(2014. 1), 리투아니아(2015. 1) 등이 참가하고 있다. 2017년 현재 19개국 3억 3천만 명이 넘는 사람들이 유로존에 속해 있다. 또한 유럽연합 회원국은 아니지만 모나코, 산마리노, 바티칸, 안도라가 EU와 합의 하에 유로존에 속해 있다.

제11장

환 율 제 도

제1절　환율제도의 분류

제2절　환율제도의 선택

제3절 고정환율제도와 변동환율제도

제1절 환율제도의 분류

1. IMF의 법적인 환율제도 분류

IMF 회원국은 스스로 선택한 환율제도를 IMF에 신고하도록 하고 있으며 세계 각국의 환율제도의 내용을 종합하여 "환율제도와 관리에 관한 보고서"(Annual Report on Exchange Rate Arrangements and Exchange Rate Restrictions)에 게재한다.

〈표 11-1〉 신체제의 IMF 환율제도 분류체계(2012년 말 현재)

<table>
<tr><th>환율제도</th><th>내 용</th><th colspan="2">해당되는 국가(개)</th></tr>
<tr><td>1. 자국 고유의 법화가 없는 통화제도
(no separate legal tender)</td><td rowspan="2">완전고정(hard peg)
환율제도</td><td>13</td><td rowspan="2">25</td></tr>
<tr><td>2. 통화위원회제도
(currency board)</td><td>12</td></tr>
<tr><td>1. 전통적 고정환율제도
(conventional peg)</td><td rowspan="5">일반고정(soft peg)
환율제도</td><td>43</td><td rowspan="5">76</td></tr>
<tr><td>2. 안정화페그환율제도
(stabilized arrangement)</td><td>16</td></tr>
<tr><td>3. 클로링 고정환율제도
(crawling peg)</td><td>3</td></tr>
<tr><td>4. 클로링형 페그환율제도
(crawl-like peg)</td><td>12</td></tr>
<tr><td>5. 목표환율대제도
(pegged within horizontal bands)</td><td>2</td></tr>
<tr><td>1. 변동환율제도
(floating)</td><td rowspan="2">변동(floating)
환율제도</td><td>35</td><td rowspan="2">66</td></tr>
<tr><td>2. 완전자유변동환율제도
(free floating)</td><td>31</td></tr>
<tr><td></td><td>기타관리변동
환율제도</td><td></td><td>24</td></tr>
<tr><td>계</td><td></td><td colspan="2">191</td></tr>
</table>

1980년대 이래 고정환율제에서 변동환율제로 전환한 국가들이 많다. IMF는 환율변동의 정도에 따라 ① 특정국 통화 또는 통화 바스켓에 페그하는 환율제도, ② 제한된 변동환율제도, ③ 관리변동환율제도, ④ 자유변동환율제도로 분류하여 왔다. 체제전환국이나 개발도상국에서는 고정환율제와 변동환율제와의 중간형태의 환율제도를 많이 채택하였다. 1998년 이후에는 IMF는 4개의 환율제도로 분류하였는데 각국의 환율제도의 특징을 잘 표현할 수 없게 되었다. 또한 법적(de jure)으로는 변동환율제이나 실제 운영(de facto)에 있어서는 중간형태의 환율제도인 경우가 많았다. 이에 따라 IMF는 1998년에 <표 11-1>과 같이 환율제도로 신 분류체계로 개편하게 되었다.

2. Frankel의 환율제도 분류

Frankel(1999)은 세계의 환율제도를 다음과 같이 9개로 구분하였는데 번호순이 커질수록 환율의 변동성이 높아진다.

1) 통화동맹(Currency Union)

통화동맹에서는 동맹을 맺는 나라 간에는 특정국의 또는 통화동맹이 발행하는 통호가 법화로 통용된다. 파나마와 동부카리비안의 국가들에서는 자국 고유의 통화 대신 미 달러가 법화로 통용되는데 이를 달러라이제이션(Dollarization)이라 한다. 유럽통화동맹(EMU)에서는 Euro화가 단일통화로 통용된다. 통화동맹은 가장 경직적인 고정환율제로서 인플레이션 억제에 효과가 높다.

신인도가 높은 타국통화를 자국의 법화로 채택함으로써 통화가치의 안정이 보장되므로 국내·외 경제의 균형을 동시에 달성할 수 있으나 자국재량의 통화정책을 포기하는 것이므로 경제주권이 상실될 뿐만 아니라 달러라이제이션 해당 통화가 경제 위기에 처하는 경우에 달러라이제이션을 채택한 국가도 경제위기에 당면하게 된다. 또한 고유의 화폐 발행을 포기함에 따라 화폐발행차익(seignioage)이 상실되며 동시에 중앙은행의 최종대부자로서의 기능도 상실된다.

2) 통화위원회(Currency Board) 환율제도

통화위원회 환율제도에서는 중앙은행 대신 통화위원회가 외환보유액 범위 내에서 통화량을 유지하는 제도이다. 이 제도하에서는 화폐 발행을 외환보유액 범위 내로 제한한다. 자국통화는 외국통화와 1:1 또는 다른 고정비율에 의하여 교환이 보장된다. 마치 금본위제하에서 금 준비 범위 내에서 지폐를 발행토록 함으로서 통화가치를 유지하는 것과 같다. 아르헨티나, 홍콩 및 옛 동구권 국가에서 채택하였다.

3) 진정한 고정환율제도(Truly Fixed)

서부 아프리카와 중부 아프리카 국가들은 프랑스 프랑화에 대하여 환율을 고정시키고 있으며, 많은 나라들이 미달러에 자국통화의 환율을 고정시키고 있다.

4) 조정가능한 페그(Adjustudle Peg)

고정환율제이나 조정 가능한 환율제도로서 브래튼우즈체제 하에서 채택된 환율제도이다. 각국은 IMF에 고정환율의 평가(par value)를 설정하였으나 기초적 불균형에 빠져 고정된 평가를 더 이상 유지할 수 없다고 판단되면 IMF의 승인을 얻어 평가를 변경할 수 있었다. 평가의 변경빈도를 보면 선진국 5개국만이 평가를 고정시켰을 뿐이며 그 이외의 국가는 평가변경이 빈번하였다.

5) 클로링 페그(Crawling Peg)

인플레이션이 심한 국가에서는 페그환율을 정하고 이를 정기적으로 소폭으로 평가절하(mini-davaluations)함으로써 인플레이션을 억제한다. 평가절하 비율은 예상인플레이션율보다 낮게 하여 인플레이션 기대를 낮춘다. 환율 변동폭과 연간 목표환율을 미리 공표함으로써 환율을 명목기준 지표가 되게 한다.

6) 바스켓 페그(Banket Peg)

교역상대국 중 주요 통화로 바스켓을 구성하고 통화바스켓의 가중평균치에 대하여 자국통화가치를 설정하는 방식이다. 가중치는 자국과의 교역량을 기준으로 하기 때문에 실효환율이 안정되는 효과가 있다. 통화 바스켓의 가중치를 비밀로 하는 경우가 많으므로 투명성과 예측력이 결여되는 결함이 있다.

7) 목표환율대 제도(Target Zone)

통화당국이 중심환율에서 일정 폭의 상하한 밴드를 상정하고 실제 환율이 밴드 내에서 변동하도록 하는 제도이다. 1979년에 채택된 유럽연합의 ERM(Exchange Rate Mechanism)이 전형적인 제도로서 밴드는 ±2.25%이었다. 1993년에는 ERM의 밴드가 ±15%로 확대되기도 하였다.

8) 관리변동환율제도(Managed Float)

기본적으로는 변동환율제도이나 중앙은행이 외환시장에 개입하여 환율을 조정하는 제도이다. 그러나 명목기준지표로서의 목표환율은 존재하지 않는다. 이를 Dirty floation이라고 한다.

9) 자유변동(Free Float)

자유변동환율제도는 시장에서 환율이 자유롭게 변동하도록 방임하는 제도로서 중앙은행은 외환시장에 개입하지 않는다. 물론 목표로 하는 환율수준도 없다. 세계에서 미국이 자유변동에 가장 가깝다.

3. Reinhart and Rogoff의 자연적 환율제도 분류

Reinhart and Rogoff(2002)는 IMF의 법적 분류는 환율제도가 가진 정책적 의의를 잘 표명하지 못하고 있다고 보고 대분류 5개, 소분류 14개 환율제도로 구성되는 자연적 분류체계(natural system)을 작성하였다. 이들은 각국 정부가 IMF에 신고하는 법적 환율제도와 실제로 실시 중인 환율제도를 기준으로 구분하였다. 공적 환율제도 분류가 “인위적(artificial)”인 성향이 있으나, 새로운 분류법은 현실적으로 있는 자연 그대로를 기준으로 하였다 하여 “자연적(natural)”이라 하였다.

예를 들면 페그환율제도를 채택하고 있는 국가의 경우에 법적으로는 관리변동제도로 분류되어 있으나 실제로는 클로링 페그(crawling peg)인 경우가 많았다.

① 평가절하 자유환율제도(freely falling), ② 자유변동환율제도(freely floating), ③ 관리변동환율제(managed floating), ④ 제한적 변동환율제(limited floating), ⑤ 페그제도(peg)로 크게 분류하며, 이를 다시 <표 11-2>와 같이 14개의 소분류로 다시 구분하였다.

여기서 우리에게 생소한 분류는 "평가절하 자유환율제도"라는 것인데 심각한 인플레이션(연간 인플레이션율 40% 이상)으로 계속하여 자국통화를 평가절하하는 나라들의 경우를 말하는데 사전에 환율변동목표를 발표하는 클로링 페그를 제외한다. Free falling은 IMF의 분류로는 대부분이 자유변동환율제에 해당한다.

〈표 11-2〉 Reinhart and Rogoff의 환율제도의 자연적 분류체계

분 류	나라
1. 법화를 가지지 않는 나라	1
2. 사전에 페그 또는 통화위원회 제도를 선포하는 나라	2
3. 소폭의 환율 변동 폭을 사전에 선포하는 환율제도(narrower band) : 환율 변동폭 +/- 2%	3
4. 사실상 페그 환율제도	4
5. 사전에 선포하는 클로링 페그	5
6. 사전에 narrow band를 선포하는 클로링 페그 : 환율 변동폭 +/- 2%	6
7. Wider band 환율제도	7
8. 사실상 클로링 페그 ǀ 환율 변동폭 +/- 2% 이상	8
9. +/- 2%보다 큰 환율 변동폭을 사전에 선포하는 사실상의 클로링 밴드	9
10. +/- 5% 이내의 변동폭을 가진 사실상의 클로링 밴드	10
11. +/- 2% 이내의 변동폭을 가진 밴드가 이동하는 환율제도	11
12. 관리변동환율제도	12
13. 자유변동환율제도	13
14. 평가절하 자유환율제도	14

4. Poirson의 환율제도 분류

Poirson(2001)은 환율제도의 분류기준을 ① EXR, ② FLEX, ③ PEG 3개 부문으로 크게 분류하고, 이를 다시 환율변동지수(exchange rate flexibility index: FLT) 환율변동지수에 의하여 15개의 소분류로 구성하였다. 환율변동지수는 외환보유액의 변동성과 환율변동성의 비율을 지수화하여 작성한다.

FLT지수는 법적 분류와 사실상의 분류 기준을 제시한다. FLT지수는 고정환율제일수록 낮고, 자유변동환율제일수록 높다. FLT지수 계산공식은 다음과 같다.

$$FLT\text{지수} = \frac{ME(\text{환율의 변동성 가치})}{MR(\text{외환보유액의 변동가치})} \qquad (11.1)$$

Poirson(2001)은 1998년의 1년간 161개국의 환율제도에 대하여 분석한 결과에 의하면 통화동맹국과 법적 및 실제 환율이 페그환율인 국가는 FLT지수가 0으로 나타났다. 통화위원회 국가들 중 아르헨티나, 리투아니아, 홍콩, 에스토니아, 불가리아 등은 FLT지수가 매우 낮았다.

법적으로는 자유변동환율제도 국가라고 선포한 나라들 중 몇몇 나라(캐나다, 감비아, 과테말라, 가나, 스웨덴, 스위스, 탄자니아, 트리니다드, 우간다, 예멘 등)는 FLT지수가 0.25 이하인 국가도 있는데 이들은 실제로는 환율을 고정시켜 왔다.

반면, 태국, 남아프리카, 오스트레일리아, 영국, 인도네시아, 수단 등 자유변동환율제도 국가와 러시아, 체코공화국, 키르키즈공화국 같은 관리변동환율제도 국가들은 환율신축성지수가 상대적으로 높게 나타났다. 또한 법적제도로는 페그환율, 클로링 페그, 목표환율대, 플로링 밴드제라고 선언한 국가들의 FLT는 상대적으로 높았다. 특히 우크라이나(목표환율제), 앙골라(클로링 페그), 이스라엘(클로링 바스켓 페그), 말레이시아(페그), 콜롬비아(클로링 페그) 같은 국가가 이에 속한다.

종합하면, 경직적 페그(hard peg) 국가에서 자유변동환율 국가로 갈수록 환율 신축성 지수가 커졌다. Poirson(2001)은 환율제도 원칙기준을 회귀분석함에 있어서 EXR, FLEX, PEG의 분류방식에 의한 피설명변수에 FLT지수를 추가해서 분석함으로서 EXR, FLEX, PEG 분류의 자의성으로 인하여 발생하는 오류를 최소화하였다.

〈표 11-3〉 환율변동성지수와 환율제도 분류(1998년)

환율제도 분류	FLT 지수	ME (환율변동성)	MR (외환보유액변동성)	해당국 (개)
Ⅰ. EXR 분류				
1. 페그	0.125	0.005	0.063	35
2. 중간	0.329	0.016	0.066	31
3. 자유변동	0.971	0.036	0.060	23
Ⅱ. FLEX 분류				
1. 완전한 고정	0.005	0.001	0.078	18
2. 기타 페그	0.212	0.009	0.055	17
3. 클로링 페그, 목표 환율대, 클로링 밴드	0.290	0.015	0.064	17
4. 관리변동	0.375	0.019	0.070	14
5. 자유변동	0.971	0.036	0.060	23
Ⅲ. PEG 분류				
1. 통화동맹	0.000	0.001	0.076	15
2. 통화위원회	0.030	0.003	0.082	3
3. 단일통화페그, SDR페그	0.129	0.005	0.060	11
4. 바스켓 페그	0.477	0.015	0.046	6
5. 클로링 페그, 목표 환율대 클로링 밴드	0.290	0.015	0.064	17
6. 관리변동	0.375	0.019	0.070	4
7. 자유변동	0.971	0.036	0.064	23
계	0.414	0.017	0.064	89

제2절 환율제도의 선택

모든 나라, 모든 환경에 가장 적합한 하나의 환율제도는 없다. 각국은 자신의 경제구조와 여건에 적합한 환율제도를 선택할 수 있다. 환율제도 문제는 기본적으로 고정환율제이냐 또는 변동환율제이냐, 또는 중간형태의 환율제도이냐를 선택하는 것이다.

1. 환율제도의 종류

현존하는 많은 환율제도 중 변동환율제도는 선진국들에게서 많이 채택되고 있고 고정환율제도는 개발도상국가들이나 자본자유화가 완전히 실현되고 있지 아니한 국가들이 선호한다.

1) 변동환율제도

변동환율제도는 외환시장의 가격기능에 환율의 결정을 맡기는 제도로서 선진국과 일부 신흥시장국에서 채택되었다. 변동환율제도의 중요한 장점은 외부충격의 흡수가 탁월하여 외환위기에 강하다는 점을 들 수 있다. 변동환율제도하에서는 환율의 국제수지 조정기능이 강하므로 외환보유액을 많이 보유할 필요가 없다. 변동환율제도는 환율의 변동으로 국제수지를 자동 조정하므로 국내통화정책이 환율조정의 책임에서 해방된다.

2) 중간제도

중간제도에는 관리변동환율제도와 클로링 밴드, 클로링 페그 제도 및 와이드 밴드(Wider band) 제도가 이에 속한다. 신흥시장 개발도상국들이 많이 채택하여 왔다. 중간제도는 과도한 신축성이 제한을 받으므로 무역과 자본이동이 안정적으로 유지될 수 있어 환율제도에 대한 신뢰도가 높다. 외환위기 상황일 때 환율이 신축성 있게 변동함으로써 경직적 환율 운용으로부터 오는 위험을 배격할 수 있다. 대체로 외환위기는 자국 통화의 고평가에 기인하였다.

그러나 관리변동환율제도하에서 중앙은행의 외환시장 개입은 비밀리에 이루어지므로 투명성이 없는 경우가 많으며, 환율이 인위적으로 조작되는 단점도 있다. 따라서 중앙은행의 외환시장 개입에 대한 신뢰도가 낮을 경우에는 외환투기를 불러올 수도 있다. 클로링 페그 및 클로링 밴드의 경우에 클로링의 방향과 크기에 대하여 명확한 근거가 없을 수 있다. 클로링을 사전에 발표할 수도 않을 수도 있다.

3) Soft Peg 제도

Soft Peg 제도에는 보다 더 엄격한 클로링 조건의 클로링 페그 및 클로링 밴드제도와 내로우 밴드(narrow band) 제도가 이에 속한다. 글로벌 금융 및 외환시장의 통합이 부분적으로 이루어진 나라에서는 환율을 고정시키려하나 국제수지조정기구가 완전하지 못하여 클로링의 소선이 엄격한 클로링 페그이지만 환율변동의 여지를 허용하는 제도가 채택된다.

Soft Peg는 고정환율제도에 가까우므로 경제안정정책에 유효하며, 환율이 고정되는 만큼 금리를 조정하지 않아도 된다. 환율을 명목경제지표로 하는 나라들은 Soft Peg에 의하여 인플레이션을 수습하는 효과가 있다.

그러나 Soft Peg 제도는 환율변동을 제한하므로 자국통화의 고평가를 초래할 가능성이 높아 외환위기에 대하여 취약한 단점이 있다. 자국통화의 고평가는 외채를 과도하게 도입하게 할 가능성이 있어 외환보유액을 많이 보유하여야 한다.

4) Hard Peg 제도

Hard Peg 제도에는 환율을 법적으로나 실제에 있어서 고정시키는 제도로서 고정환율제도, 통화위원회제도, 달러라이제이션, 통화동맹 등이 있다. 통화위원회 제도는 외환보유액 범위 내에서 화폐를 발행하게 함으로써 통화증발에 의한 인플레이션을 방지함으로써 환율을 고정시키는 제도이다. 달러라이제이션은 미 달러 또는 외국통화를 자국통화 대신 자국 내에서 법화로 유통되도록 하는 제도이므로 환율 자체가 없어진다. 통화동맹에서는 공동통화를 사용하거나 역내 통화의 환율을 고정시키는 제도이다. Hard Peg 환율제도하에서는 환율의 고정이 가장 강력하다. 그러나 장기간 Hard Peg

제도를 채택하고 있으면 환율이 균형환율에서 이탈하는 현상이 발생한다. 아르헨티나가 10년 동안 통화위원회제도에 의하여 환율을 고정시켜왔는데 환율의 불균형으로 외환위기를 맞이하였다.

2. 변동환율제와 고정환율제의 선택요소

일찍이 프리드만(Friedman, 1953)은 해외충격을 흡수하는 동시에 국제수지의 균형을 달성하기 위해서는 변동환율제도로 전환하여야 한다고 주장하였다. 먼델(Mundell, 1961)과 맥키논(McKinnon, 1963)은 최적통화지역(optimum currency areas)에서는 고정환율을, 그렇지 않은 지역에서는 변동환율을 적용하여야 한다고 주장하였다.

이처럼 변동환율제도와 고정환율제도 중 어느 제도가 보다 더 우수하기 때문에 선택해야 한다고 말할 수 없다. 다만 각국의 정치·경제 구조와 상황으로 보아 어떠한 환율제도가 다른 환율제도보다 적합하다고 말할 수 있을 뿐이다. 여기서 각국의 경제상황이란 국가의 규모와 개방도, 생산과 수출의 구조, 재정 구조, 인플레이션, 외부충격의 특성과 원천 등을 말한다. 또한, 정책당국의 경제적 목표, 정치적 조건 및 환율제도의 신뢰성도 중요한 요소가 된다.[65]

일단 선택된 환율제도는 영구적으로 유지하여야 하는 것은 아니며 선택조건의 변화에 따라 환율제도도 변경된다. 또한 법적 제도와 시장에서 실제로 실시되는 제도의 내용은 다를 수도 있다. 즉 환율변동을 두려워하는 정책수립가와 기업의 행동 때문에 법적으로 자유변동환율제이나 실제로는 환율을 고정적으로 운용하기도 한다.

특히 대부분의 신흥시장국에서 환율을 자유롭게 변동시키지 않았으며, 이는 자국통화의 고평가를 초래하였다. 이에 따라 대외경제의 불균형이 심화되자 1990년 하반기에 동남아시아 국가 및 중남미 국가 등에서 외환위기가 발생하였다. 즉 1984년에 멕시코, 1997년에 우리나라를 포함한 동아시아 국가들, 1998년에 러시아, 1999년에 브라질, 2001년~2002년 아르헨티나가 외

65) 세계 환율제도의 구조를 보면 대부분의 선진국은 변동환율제도를 채택하고 있다. 1975년에는 개발도상국 중 87%가 고정환율제를 채택하고 있었으나 1996년에는 50%로 그 비중이 떨어졌다. 이는 개발도상국들 중에서도 변동환율제를 채택하는 국가가 증가하였음을 의미한다.

환위기에 직면하게 되었다. 또한 2008년 미국 발 금융위기와 2011년~2012년에 유로존 국가들도 글로벌 금융위기를 경험하였다.

〈표 11-4〉 고정환율제도와 변동환율제의 선택요소

고정환율 채택	변동환율 채택
1. 장기적 요소(외생적/내생적)	
소규모 GDP GDP 중 무역비중이 크다. 1인당 GDP 낮다. 금융시장의 발달	대규모 GDP GDP 중 무역비중 낮다. 1인당 GDP 높다. 금융시장 미발달
2. 중기적 요소(외생적)	
무역의 대상 지역 집중 무역상품의 집중화 금융통합 낮다. 대외 채무의 달러라이제이션 높다. 요소이동 높다.	무역의 대상지역 대변화 무역상품의 다양화 금융통합 높다. 달러라이제이션 높다. 요소이동 낮다.
3. 단기적 요소(외생적)	
낮은 인플레이션	높은 인플레이션
4. 추정요소	
대외적 명목충격 작다. 국내 명목충격 크다. 생산목표 높다. 교역조건 변동성 낮다.	대외적 명목충격 크다. 국내 명목충격 작다. 생산목표 낮다. 교역조건 변동성 높다.
5. 정보	
신뢰성 낮음 명목지표	- 정치적 불안

3. 환율제도의 선택이론

1) 최적통화지역

최적통화지역(optimum currency area)은 먼델(R. Mundell)이 1961년에 최초로 주장하였지만 1963년에 맥키논(R. Mckinnon)과 케넨(P. Kennen)이 발전시킨 이론으로써 이웃나라의 통화에 페그되는 고정환율제를 실시하거나 단일통화를 통용하기에 적합한 지역을 말한다. 즉, 단일의 통화정책을 실시하기에 알맞은 크기의 지역을 의미한다. 예를 들면, 지구상에 2개의 지역(또는 국가)이 있다고 하자. 한 지역에 실물 또는 통화적 충격이 주어진다면 이에 대응하는 단기적인 수단으로 환율조정과 제3국으로의 생산요소의 이동을 생각할 수 있다. 만약 생산요소의 이동으로 외부로부터 오는 충격을 이겨낼 수 있다면 환율은 고정시켜도 좋을 것이다. 그러나 그렇지 못한 경우에는 부득불 환율을 변동시켜 대외균형을 회복할 수밖에 다른 방도가 없다.

따라서 국가들이 고정환율제도를 채택하거나 단일통화를 도입함으로써 발생한 거래비용 등의 감소에 따른 편익과 정부가 환율정책수단 사용을 포기함으로써 발생하는 비용 등과 비교하여 편익이 비용보다 클 경우 환율을 고정시키는 것이 유리하고 그렇지 않다면 각 국가마다 개별 통화를 사용하는 것이 유리하다.

최적통화지역의 형성은 일반적으로 역내국이 외부충격에 대칭적으로 반응하는 정도, 자본 및 노동의 자유로운 이동의 보장 정도, 역내교역의 비중, 정책목표가 유사성 여부, 산업구조의 다변화 정도에 영향을 받는다.

〈표 11-5〉 최적통화지역 이론에 의한 환율제도의 선택

요 건	고정환율제도선택 (최적통화지역)	변동환율제도선택
1. 경제규모	소규모	대규모
2. 국내 명목가격과 임금의 신축성	신축적	경직적
3. 노동과 생산요소의 이동 자유화	이동자유화	이동 통제
4. 금융시장의 통합성	통합성 높다	통합성 낮다
5. 대외개방도	높다 (또는 낮다는 학설도 있음)	낮다 (또는 높다는 학설도 있음)
6. 생산과 소비의 다양성	높다	낮다
7. 양국간 인플레이션 격차	낮다	높다
8. 외부적 충격의 비대칭성	비대칭성, 극복할 수 있는 경우	비대칭성, 극복하지 못한 경우
9. 자본시장 통합성	자본자유화	자본통제
10. 공동통화에 대한 지역내의 정치적 합의	합의가 있는 경우	합의가 없는 경우
11. 환율과 기초경제변수와의 관계	환율과 기초경제변수가 괴리될 때	환율의 기초 경제변수의 상관관계
12. 최적통화지역 제경제변수의 변동	최적통화지역 요건을 충족하는 방향으로 변동할 때	최적통화지역 요건에 반대되는 방향으로 변동할 때

2) 자본계정 개방가설

1990년대에 들어와서 환율제도 선택이론으로 자본시장의 자유화 정도를 근거로 하는 연구가 이루어졌다. 특히 2001년 골드파전과 올리바리스(Goldfajn and Olivares)는 다음과 같은 내용으로 자본이동성이 크다는 것은 세계 금융시장과의 통합성이 크다는 것을 의미하므로 자본이동은 환율제도 선택의 기준이 될 수 있다고 주장하였다.

첫째, 자본이동성이 크면 환율의 고정이 어렵게 되며 환율유지 비용이 증가하게 된다. 자본이동이 자유로운 상태에서 급작스런 자본의 대규모 이동이 발생하면 계속되는 투기적 공격을 이겨낼 나라는 드물다. 이 경우에 변동환율제를 채택한다.

둘째, 세계적 통합이 강하게 이루어질수록 변동환율제의 위험이 커진다. 자본시장의 세계적 통합이 이루어질수록 대규모 자본유출의 위험이 커진다. 이는 자국통화의 가치절하를 초래한다. 상품과 서비스교역의 시장통합이 강할수록 환율의 전가(pass-through only)현상이 강하게 나타나므로 이른바 수입인플레이션이 발생한다. 따라서 이러한 경우에도 고정환율제가 선호된다.

3) 포이슨의 환율선택이론

포이슨(Poirson, 2001)은 지금까지의 환율제도 선택기준에 새로운 기준을 추가하여 93개 국가의 횡단면(cross-country)분석을 함으로써 어떠한 경제적 구조와 상태가 어떤 환율제도에 적합한지를 밝히려 하였다. 설명변수로는 기존의 최적통화지역의 요건에 노동력의 이동, 자본의 이동, 임금경직성, 정치·경제적 기준과 새로운 설명변수를 추가하였다. 정치·경제적 기준에는 중앙은행의 독립성, 정부의 인플레이션 유발, 외환보유액을 포함하였다.

포이슨의 환율제도 선택의 기준에 따르면 소규모 경제국가, 낮은 인플레이션, 대외적으로 취약성이 높은 국가, 정치적으로 불안한 국가, 자본이동이 자유로운 국가, 무역 개방, 인플레이션 유혹 큰 국가들은 고정환율제도를 선호한다. 그리고 외환보유액이 적은 국가, 무역다변화 국가, 경제개발수준이 높은 국가는 고정환율제도 및 자유변동환율제도 둘 다 적합하다. 중간정도의 인플레이션 국가, 무역개방 국가, 대외취약성 국가, 정치적으로 불안한 국가, 인플레이션 유혹이 높은 국가, 자본이동이 높은 국가, 대외차입에 대한 외환위험 노출이 큰 국가는 중간형태의 환율제도가 적합하다고 한다.

4. 환율제도의 유효성

보도(Bordo)는 1993년에 환율제도의 유효성을 다음과 같은 기준에 따라 평가하였다.

첫째, 환율제도의 유효성은 환율제도의 후생에 대한 효과를 말한다. 거래비용이 낮은 환율제도가 후생이 큰 것으로 인정된다. 그러나 환율변동 때문에 산출과 고용사정이 변동할 때의 코스트(cost)보다 거래비용 감축 이득이 커야 한다.

둘째, 환율제도가 외부충격을 차단하는 효과가 있어야 유효성이 높다고 할 수 있다. 환율제도가 통화정책의 독립성을 보장한다면 유효하다고 본다.

셋째, 환율제도 실시 근거가 법에 의하는지, 정책을 수립하는 자의 재량에 속하는지에 따라 환율제도의 유효성이 판단된다. 고정환율제도의 경우 대체로 법적 근거에 의하므로 투명성이 높다.

넷째, 국제협조 및 정책조정이 원활한 여부에 따라 유효성이 달라진다.

다섯째, 국제통화제도가 선택한 환율제도에 따라 유효성이 달라질 수 있다.

제3절 고정환율제도와 변동환율제도

1. 환율변동 또는 환율고정의 두려움

일반적으로 개발도상국에서는 환율이 시장에 의해 자유롭게 변동하지 않고 그 변동의 정도가 낮은 것이 일반적이다. 외화자산을 초과하여 외환 부채를 많이 가진 국내은행과 기업에게 미치는 환율변동 위험을 고려하여 정책수립가들과 여론은 환율 변동성이 크면 두려움을 느낀다.

따라서 자유변동환율제도를 채택한 많은 국가들은 환율이 과도하게 변동하면 중앙은행을 통하여 외환시장에 개입함으로써 환율 변동을 제한하고 있는 실정이다.[66] 자본이동이 많음에도 불구하고 환율변동을 제한하게 되면 대내 또는 대외적 충격이 있을 경우 자본유입이 중지되고, 단기차입은 회전되지 않을 수 있다.

이러한 현상이 지속적이면 다음과 같은 문제점이 발생한다.

첫째, 법적 제도와 실제제도가 상이하므로 그 나라의 환율제도와 정책에 대하여 국제적 신인도가 떨어진다.

둘째, 환율변동의 두려움은 환율이 기초적 경제변수에 따라 변동하지 않는다는 것을 뜻하므로 환율은 균형환율에서 이탈하며, 이에 따라 거시경제변수의 왜곡이 발생한다. 이때 금융시장 및 외환시장에서 평가절하의 스트레스가 높아진다.

셋째, 환율변동의 두려움 현상은 대외부채가 많은 나라에서 많이 나타난다. 환율이 인상되면 대외부채 금액이 자국통화로 환산하였을 때 환산금액이 증가하여 도산위기에 처하게 되므로 정책 당국은 환율 인상을 두려워한다.

넷째, 한국처럼 해외의존도가 높은 국가들은 자국통화의 급격한 평가절상은 수출의 감소와 국제수지적자를 발생시킴으로 두려워한다.

다섯째, 개발도상국가들의 환율정책 당국자는 외환정책에 대하여 자신감을 가지지 못하는 경우가 많아 환율변동보다는 환율안정을 선택하는 경향이 있다.[67]

---

66) 이를 칼보와 레인하트(Calvo and Reinhart)는 "환율변동의 두려움"(fear of floating)으로 표현하였다.

67) 알레시나와 바그너(Alesina and Wagner)는 2003년 "환율고정의 두려움"(fear of pegging)현상으로써 법적으로는 고정환율제이나 실제는 환율을 변동시키는 경우가 있다고 주장하였다. 예를 들어 법적으로는 클로링 페그라고 공표하였으나 실제 운영에 있어서는 클로링 페그의 목표환율도 공표하지 않고 환율 변동폭도 지키지 않는 경우가 있었다.

2. 고정환율제도의 장·단점

고정환율제는 무역과 자본이동을 촉진하는 동시에 물가를 안정시킨다. 따라서 경제통합의 정도가 높은 지역과 최적통화지역에서 고정환율제가 적합하다. 그러나 각국은 채택한 환율제도와 상관없이 국경을 초월하는 세계화시대에 환율안정, 통화정책의 자율성 및 금융시장의 통합이라는 세 가지 목표를 동시에 달성할 수는 없다. 왜냐하면 이상의 세 가지 정책목표는 상충되기 때문이다. 만약 통화정책의 자율성과 환율안정을 추구한다. 자본이동의 자유화는 희생되어야 한다. 또한 자본이동을 자유화시키고 통화정책의 자율성을 확보하려면 변동환율제를 시행하여야 하지만 환율안정을 기하려면 고정환율제를 채택하여야 한다. 오늘날과 같이 국제금융시장이 고도로 통합되어 가는 상황에서 상기에서 진술한 환율제로 선택기준이 있음에도 불구하고 각국은 그들의 고유한 경제상황을 고려하여 자국에 적합한 환율 제도를 선택하여야 한다.

일반적으로 고정환율제도의 장점으로서는 첫째, 환율이 정부가 고시한 공정환율 범위 내에서 움직이므로 안정적이다. 따라서 환율의 변동에서 오는 환위험이 존재하지 않기 때문에 국제무역과 장기자본의 국제적 이동(특히 국제투자)이 증진될 수 있다.

둘째, 환율이 고정되어 있거나 변동폭이 적기 때문에 환차익을 노리는 환투기자들의 투기활동이 일어나지 않으므로 투기성 단기자본의 이동이 적어 국제수지의 불안을 방지할 수 있다.

단점으로서는 첫째, 금본위제도 하에서는 국제수지의 균형은 금의 유출입에 따른 국내 물가수준의 변동에 따라 유지된다. 이는 대내적인 불균형 즉, 물가변동을 수반하기 때문에 이를 해결하기 위한 대내정책은 곧 국제수지의 균형을 저해하게 된다.

둘째, 일국의 물가수준은 무역상대국의 물가수준의 영향을 받게 된다. 즉, 무역상대국이 인플레이션에 직면하게 되면 자국 상품의 가격경쟁력이 상대적으로 강화되므로 수출이 증가하고 수입이 감소하여 자국의 국제수지 흑자가 발생하게 된다. 이 과정에서 자국의 금 및 외환보유고는 증대되므로 이에 따른 통화의 공급증대는 국내 인플레이션을 유발할 수 있다.

셋째, 고정환율제도 하에서는 일국의 경제정책은 상대국에 깊은 파급효과를 미친다. 예를 들면, 일국의 긴축정책은 물가의 하락에 따른 자국상품의 가격경쟁력 강화로 국제수지의 흑자가 발생하게 되고 무역상대국은 국제수지 적자가 발생하게 된다. 뿐만 아니라 고정환율제도 하에서 국제수지 적자는 통화량의 감소를 가져와 무역상대국의 경제 또한 위축시킬 수 있다.

고정환율을 옹호하는 자들은 1970~1990년대의 환율의 높은 변동성은 세계의 무역 및 투자를 저해하였다고 주장한다. 고정환율제도를 채택한 나라들의 특징은 소규모 개방경제를 지향하며, 인플레이션율이 낮고 교역 및 정치적 환경이 안정된 국가들이 선호한다.

〈표 11-6〉 환율제도의 장단점의 강약

	변동환율제도	중간환율제도	소프트 페그 환율제도	경직적 페그 환율제도	비고 ((+)표시는 효과적 또는 (-)표시는 비효과적)
경제안정	−−	+−	++	++	+안정, −불안
환율의 불균형	+−	++	+−	+−	+불균형, −불균형
외환시기에 대한 취약성	++	++	−−	++	+높음, −낮음
외부충격에 대한 취약성	++	+−	−−	−−	+높음, −낮음
독립적 통화정책	++	+−	−−	−−	+보장, −보장 없음

3. 변동환율제도의 장·단점

변동환율제는 국제수지를 균형시키는 동시에 각국의 자율적인 통화정책을 보장한다. 변동환율제도를 채택하는 이유를 살펴보면, 첫째, 1980년대를 통하여 많은 개발도상국들이 극심한 인플레이션으로 국제경쟁력이 심하게 손상을 입어 자국통화의 가치 절하가 불가피하였다. 둘째, 1980년대에 국제금리의 상승, 선진국 경제성장의 둔화 및 개발도상국의 채무위기와 같은 경제적 교란 요인이 발생하였다. 셋째, 많은 개발도상국들은 대외개방과 금융자유화를 추진하였는데 그 핵심을 환율변동과 금리자유화였다.

변동환율을 옹호하는 이들은 1970년대 이래 시행되어온 변동환율제는 각국에서 대내·외적 충격에 대응하는데 효과적이었다고 주장한다. 고정된 환율제하에서는 환율은 중요정책 기준지표(nominal anchor) 중 하나가 되므로 고정 환율을 유지하기 위하여 통화정책면에서 긴축 또는 팽창정책을 사용하여야 하였다. 변동환율제 하에서는 국제수지 적자로 인하여 환율의 절하압력이 발생하면 그대로 시장에 맡겨 자국통화 가치가 자동으로 변동하기 때문에 국내통화정책이 환율에서 자유롭다는 것이다. 구체적인 장점을 살펴보면 첫째, 변동환율제도 하에서는 외환시장에서의 외환의 수요와 공급상태에 따라 환율이 자유롭게 움직이기 때문에 국제수지의 불균형이 수시로 시정된다. 즉, 고정환율제도 하에서와 같은 국제수지 불균형을 해소하기 위한 인위적인 각종 경제정책의 낭비를 피할 수 있다.

둘째, 환율의 변동으로 대외균형(국제수지 균형)이 자동으로 달성되기 때문에 완전고용 및 물가안정과 같은 대내균형을 달성하기 위한 정책을 독자적으로 자유롭게 시행할 수 있다.

그러나 변동환율제도는 환율이 자유롭게 변동하기 때문에 이로 인한 여러 가지 단점도 있다. 첫째, 변동환율제도하에서는 환율이 수시로 변동하므로 단기차익을 목적으로 한 단기자금의 이동이 많을 수 있다. 따라서 이에 따른 환위험이 발생되고 이는 국제무역의 규모를 축소시킬 뿐 아니라 장기자본의 국제적 이동을 억제시킬 수 있다.

둘째, 환율의 자유로운 변동은 국제수지 불균형을 심화시킬 수 있다. 즉, 환율 변동으로 환투기자들의 활동을 촉진시켜 국제수지 적자국으로부터의 단기자본 유출을 더욱 촉진시킬 수 있다.

제12장
한국의 외환시장과 환율제도

제1절 우리나라의 외환시장
제2절 우리나라의 환율제도

제1절 우리나라의 외환시장

1. 외환시장의 구조

국내외환시장은 외국환은행이 기업, 정부, 개인과 외환을 거래하는 대고객시장(customer market)과 외국환은행 간에 외환을 매매하는 은행간 시장(interbank market)으로 대별할 수 있다.

대고객시장은 소매시장의 성격이며 기업, 개인 등의 고객들이 수출입이나 해외송금 및 투자 등에 수반하여 수취하거나 지급하는 외환을 외국환은행에 매각 또는 외국환은행에서 매입하는 시장이다. 대고객 거래의 결과 은행들은 외환포지션에 변동이 발생하며 은행간 시장을 통하여 이를 조정하는 과정에서 대고객시장과 은행간 시장의 연계가 이루어진다.

은행간 시장은 좁은 의미의 외환시장을 의미하며 도매시장의 성격을 갖는다. 외국환은행은 대고객 외환거래 결과 발생한 외환매매의 차액을 조정하거나, 환포지션을 취득 또는 처분하여 외환매매익을 실현하기 위해 타 외국은행과 외환을 매매하게 된다. 은행간 시장도 외환중개인을 경유하는 거래와 경유하지 않는 거래로 구별할 수 있다. 한편, 한국은행은 외환정책당국으로서 외환수급 불균형에 따른 일시적인 환율의 급변동을 완화하기 위해 필요한 경우에 외환시장에 참여하게 된다.

〈그림 12-1〉 국내외환시장의 구조

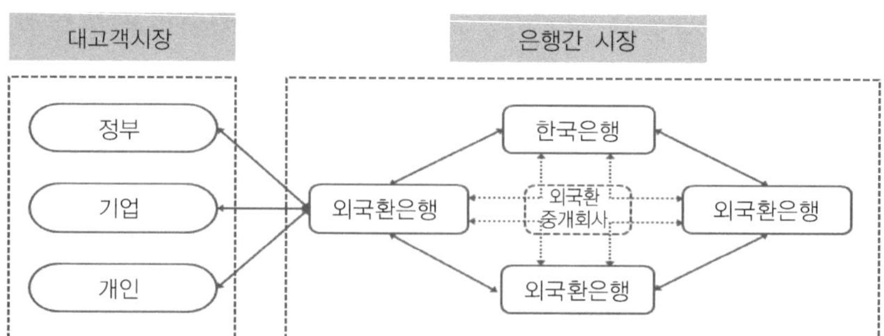

우리나라 은행간 외환시장에는 외국환은행인 시중은행, 특수은행, 지방은행, 개발기관(한국산업은행 수출입은행), 외국은행 국내지점, 종합금융회사 등의 금융기관이 참여하고 있다.

2. 은행간 시장

1) 거래계약의 체결과 결제

국내 외환시장에는 일반은행, 특수은행, 개발기관, 종합금융회사 등 외국환은행과 한국은행이 참가하여 외환의 매매가 이루어지고 있다. 외환매매의 중개기관으로서 서울외국환중개㈜와 한국자금중개㈜ 회사가 참여하고 있다. 은행간 시장의 거래방법으로는 중개회사의 중개 없이 외국환은행간에 직접 거래되는 장외거래와 중개회사의 중개에 의해 거래되는 장내거래로 구분된다.

우리나라 외환시장에서의 은행간 거래는 대부분 장내거래를 통해 이루어지고 있어 은행간 직접거래는 매우 미미한 수준에 머무르고 있다. 이는 다수의 은행이 거래비용을 줄이기 위해 중개회사를 이용하기 때문이다.

중개회사의 중개에 의한 거래단위는 현재 최소 미화 50만 달러 이상 10만 달러 단위로 거래되고 있다.

중개회사의 중개를 통한 거래는 다음과 같은 계약체결 원칙에 따라 이루어지고 있다. 즉 외환 매입주문(bid)은 가장 높은 가격을 제시한 순으로, 외환 매도주문(offer)은 가장 낮은 가격을 제시한 순으로 계약을 체결하며, 동일가격으로 제시된 경우에는 시간이 빠른 주문을 우선적으로 체결한다. 만약 주문 금액을 도중에 증액하는 경우에는 증액 주문시점의 순위로 변경되나 감액하는 경우에는 기존 주문시점이 그대로 유지된다. 주문가격을 변경한 경우에는 당초 거래주문은 취소되며 중개회사에서 일단 거래체결이 이루어지면 거래취소가 불가능하다.

은행간 외환시장에서 현물환거래계약이라 함은 종전에는 체결일 당일에 원화와 외환을 결제하는 방식(value today)에 한정되었으나 1994년 11월부터는 익일영업일에 결제하는 방식(value tomorrow)도 포함되었고, 1996년 2월부터는 익익일영업일에 결제하는 방식(value spot date)도 현물환거래에 포함됨으로써 국제거래 관행에 일치하게 되었다.

그동안 국제외환시장의 경우에는 국제외환시장간 시차에 따른 자금결제 소요기간과 자금이체 등 사무처리 소요기간을 감안하여 체결일로부터 제2 영업일에 결제하는 방식(value spot)이 관행적으로 이루어져 왔으며, 일본 외환시장은 1984년 4월에 종전의 제1영업일 경제방식에서 제2영업일 결제 방식으로 전환하였다.

2) 은행간 거래의 목적

외국환은행간 현물환 거래가 이루어지는 주된 동기는 상기에서 설명하였듯이, 대고객 매매결과 발생하는 환포지션을 조정하기 위함이다. 대고객 매입초과(over-bought)인 경우에는 원화자금의 부담이 발생함에 따라 은행간 시장에서 외화를 매도하고, 대고객 매도초과(over-sold)인 경우에는 은행간 시장에서 외화를 매입하여 매도초과 포지션을 조정 상쇄함으로써 환리스크를 회피할 수 있다.

또한 환율상승을 예상하여 외환포지션을 증가시키거나 환율하락을 예상하여 외환포지션을 축소시키는 투기적인 거래도 이루어지고 있으며, 동일 영업일 중 낮은 환율로 외환을 매입한 후 높은 환율로 외환을 매도하거나, 높은 환율로 외환을 매도한 후 낮은 환율로 외환을 매입하여 환거래 차익을 노리는 일중거래(intra-day trading)도 이루어지고 있다.

한편, 은행간 선물환거래는 고객으로부터 매입한 선물환을 은행간 시장에서 매도하고, 고객에게 매도한 선물환을 은행간 시장에서 매입하는 등 대고객 거래 결과로 발생한 현물환 포지션 과부족 또는 대고객 및 은행간 시장에서의 현물환 거래로 발생한 포지션 과부족을 커버하기 위하여 이루어진다.

여기서 은행간 외환거래 추이를 보면 1990년대에 들어 외환 및 자본자유화가 추진되고 시장평균환율제도가 도입된 이래 국내외환시장의 은행간 거래 규모가 꾸준히 증가하여 왔다. 특히 1992년 외국인에 대한 국내주식투자가 허용되면서 주식투자자금이 유입되고, 환율폭이 확대됨에 따라 일부 투기적인 외환매매도 증가하면서 거래규모가 급격히 증가하였다. 한편, 우리나라 은행간 거래의 특징을 보면 외환거래의 형태가 현물환중심의 거래가 이루어지고 있어, 2015년 말 은행간 외환거래에서 현물환거래가 차지하는 비중이 40%로 매우 높은 반면, 선물환거래는 18.7%에 불과하였다.

3) 은행간 거래현황

2015년 9월 말 현재 은행간 현물환시장에 참여하고 있는 외국환은행은 국내은행 17개 기관(시중은행 6개, 특수은행 5개, 지방은행 6개) 및 외국은행 국내지점 30개 기관이 있다. 이 외에도 종금사 1개, 증권사 10개 기관이 은행간 현물환시장에 참여하고 있다.

은행간 시장은 외국환은행 딜러간의 직접 거래하는 시장과 외국환중개회사를 통한 거래시장으로 구분된다. 우리나라의 외국환 중개회사는 2015년 9월말 현재 국내 중개회사 4개, 외국계 중개회사 6개 등 총 10개 기관이 있다.[68)]

중개회사를 통한 은행간 시장의 거래 방법 및 절차를 살펴보면 우선 거래시간은 매일 오전 9시부터 오후 3시까지이다. 거래통화[69)]는 미 달러화 및 중국 위안화[70)]이고 거래금액은 각각 최소 100만 달러 및 100만 위안이며, 거래단위는 100만 달러 및 100만 위안의 배수이다. 거래주문가격의 단위금액은 원/달러 거래의 경우 10전 단위, 원/위안 거래의 경우에는 1전 단위이고, 결제일은 익익일물결제(value spot)로 되어 있다.

외국환중개회사는 2002년 10월부터 기존 방식인 전화주문과 함께 전자중개시스템(EBS; Electronic Brokering System)을 통해서도 거래주문을 접수하고 있다. 전자중개시스템은 외국환은행의 딜러가 전용단말기를 이용하여 직접 매매주문을 입력하면 중개회사의 전산망을 통해 거래가 자동적으로 체결되는 외환거래 방식이다.

---

68) 국내 회사로는 서울외국환중개, 한국자금중개, KIDB 자금중개, IPS 외국환중개가 있고 외국계 회사로는 ICAP, Tullett Prebon, BGC, Nittan Capital, GFI, Tradition이 있다. 2003년까지는 서울외국환중개, 한국자금중개 등 국내 회사 2개 밖에 없었으나 2004~2005년에 2개 외국계 회사, 2007년 상반기에 4개 외국계 회사, 2012년 상반기에는 2개의 국내 회사가 추가로 인가를 받았다.

69) 우리나라는 1996년 원화와 엔화간의 거래를 위해 원/엔 시장을 개설하였으나 유동성 부족으로 1997년 1월 이후 거래가 자연적으로 소멸되었다.

70) 2014년 12월 1일 원/위안 직거래시장이 개설되었다.

3. 대고객시장

대고객 거래는 외국환은행이 고객으로부터 수출환어음 매입, 외화현찰 매입 등 대고객 매입거래로 이루어진다.

우리나라 외국환은행의 대고객 거래의 특징으로는 대체로 월말에 고객의 원화 자금수요가 많아 기업의 「네고」(수출환어음제도)가 집중됨으로써 통상 월말에는 대고객매입이 급증하는 현상이 나타나고 있으며, 요일별로 보면 대체로 월요일과 금요일에 수입결제에 따른 외환수요가 증가함으로써 대고객매도가 증가된다.

4. 외환거래규모

우리나라 외환시장의 거래규모는 꾸준히 증가하고 있으나 경제규모에 비해서는 여전히 낮은 수준이다. 국제결제은행(BIS)의 조사결과에 의하면 우리나라의 은행간 시장 및 대고객시장에서 일평균 외환거래량은 2010년 418.9억 달러, 2013년 4월 475억 달러, 2015년 3/4분기 493.8억 달러로 크게 증가하였다. 이는 현물환거래와 선물환거래가 각각 31억 달러, 27억 달러 증가한 데에 주로 기인하였다. 거래형태별 비중에서는 2015년 3/4분기 현재 현물환거래가 39.9%, 외환스왑거래 39.3%, 선물환거래가 18.7% 순으로 차지하였다. 그러나 GDP 외환시장 거래규모는 2.9%, 연간 무역규모 대비 4.4%로 신흥국 평균치(각각 1.0% 및 3.0%)를 상회하고 있으나 선진국 평균치인 13.9% 및 31.6%에는 못 미치고 있다. 또한 전 세계 외환시장에서 우리나라가 차지하는 비중은 2013년 4월 기준 0.7%를 차지하여 BIS 조사대상 53개국 중 15위에 불과하다.

〈표 12-1〉 외환매매[1)]의 형태별 거래비중

	현물환	선물환	외환스왑	통화스왑	통화옵션
우리나라[1)]	39.9	18.7	39.3	1.7	0.4
전 세계 평균[2)]	38.3	12.7	41.7	1.0	6.3[3)]

주 : 1) 2015년 3/4분기 일평균 기준　　2) 2013년 4월 일평균 기준

3) 통화옵션 외에도 선도, 스왑, 옵션 등으로 구분할 수 없는 파생결합상품 포함

자료 : 한국은행, 2016.

5. 파생외환상품시장

우리나라 파생외환상품(선물환 및 금융선물)거래는 대외거래확대에 따른 외환거래 증대, 선물환거래 실수요원칙 폐지(1999년 4월)에 따른 차액결제 선물환(NDF)거래 증가, 국내 외환은행의 외화자금 조정을 위한 선물환거래 증가 등에 기인하여 계속 증가하고 있는 추세이다. 그러나 우리나라는 아직 외환시장이 충분히 활성화되지 못한데다가 기업들이 환리스크 헤지비용을 불가피한 비용으로 보기보다는 손실비용으로 인식하는 경향이 있다. 또한 금융기관의 파생금융상품 리스크 관리능력이 아직 미흡하여 선진국에 비하여 거래규모가 미미하여 현물환거래규모에 크게 미치지 못하고 있는 실정이다. 즉 2000년 우리나라의 파생외환상품거래가 우리나라 총외환 거래에서 차지하는 비중이 30%대 수준으로 선진국의 60% 수준에 비하여 매우 낮은 수준이었으나 점점 증가하여 2015년 말 기준 약 60%(선물환 포함)까지 증가하고 있다.

6. 외화콜시장

외화콜시장은 금융기관에 단기외화자금의 대차거래가 이루어지는 단기 외화자금시장으로 통상 90일 이내의 외화대차거래를 의미한다. 외화콜거래는 외국환 중개를 통한 거래와 외국환은행 당사자 간의 직접 거래로 구분된다. 중개회사를 통한 거래는 직통전화를 통해 자금차입 또는 자금대여 주문을 은행이 내면 중개회사는 그 중 조건이 맞는 거래를 찾아 중개한다. 외국환 중개회사가 양거래 상대방에 주문체결 사실을 통보하면 금융기관은 Reuter 딜링머신을 통해 금액, 기간, 금리, 결제은행 등 계약조건을 확정한 후 거래를 실행한다.

한편 국내 외화콜거래의 장내거래는 당시 금융결제원 자금중개실의 중개에 의한 외국환은행간 단기 외화자금 조절거래로 1989년 12월 미 달러화 콜거래가 최초로 도입된 이래 일본 엔화(1991년 3월), 독일 마르크화(1992년 9월), 영국 파운드화(1994년 11월), 유로화(1999년 3월) 등이 콜거래로 통화로 추가되었다. 또한 복수외환브로커제 도입으로 한국자금중개 등 외환중개회사가 외화콜거래 중개업무에 참여하였다. 한국은 은행간 시장에서의 외화콜 거래량(중개회사 경유 일 평균기준)은 2010년 82.0억 달러에서 꾸준히 감소하면서 2015년 9월에는 52.8억 달러를 기록하였다.

한편, 우리나라 외화콜거래 참가기관(국내은행, 외국은행 국내지점, 개발기관, 종합금융사)들은 콜론(call loan)기관(자금대여기관) 및 콜머니(call money) 기관(자금차입기관)으로 나누어지는데 국내 외화콜거래의 경우 대체로 외은지점 및 개발기관 등이 콜론기관이고, 국내 예금은행 등은 콜머니기관이며 해외 외화 콜거래에 있어서는 우리나라 금융기관의 대부분이 콜머니 기관으로 참여하고 있다.[71)]

다음에 외화콜금리 조건을 보면 해외 외화콜차입금리는 국제금리수준과 우리나라 금융기관의 대외신인도 등에 따른 가산금리(spread) 등에 의해 결정되며 국내 외국환은행간의 외화콜거래(상내 및 장외거래) 금리는 대체로 해외 외화콜차입 금리를 기준으로 하여 결정된다.

끝으로 외화콜의 만기는 제한이 없으며 통상 90일 이내이다. 수급요인으로서는 외화자금 사정에 크게 영향을 받으며 거래통화로서는 미 달러화, 일본 엔화, 영국 파운드화 및 유로화 등이다.

제2절 우리나라의 환율제도

1. 우리나라 환율제도의 변천

우리나라의 환율제도는 경제발전과 국제경제환경변화에 따라 지금까지 다섯 번 변경되었다. 먼저 1945년 광복 이후 60년대 전반기까지는 고정환

71) 1990년 8월부터 국내외환은행의 해외 콜차입을 억제하고 국내 외화콜시장의 활성화를 도모하기 위해 외국평행기금에서 10억 달러 규모의 외화콜론을 운영하였으나 2000년에 중단되었다.

율제도를 채택하였으며, 1960년대 중반 이후 70년대의 단일변동환율제도(unitary floating exchange rate system)를 거쳐 1980년 2월부터는 복수통화바스켓 페그제도를 도입하였다. 그리고 1990년 3월 이후부터는 시장평균환율제도를 운용하여 오다가 1997년 12월 환율변동 허용폭 제한을 철폐하여 자유변동환율제도를 채택하여 오늘에 이르고 있다.

1) 고정환율제도(1945년 10월 ~ 1964년 5월)

우리나라의 환율은 1945년 10월 미화 1달러당 0.015원으로 최초의 공정환율이 책정되어 고정환율로 운영되었다. 이러한 공정환율은 지속적인 인플레이션 과정에서 실세와 유리됨으로써 일정 시점 후에는 계속적인 평가절하가 반복되는 양상을 보였다. 예를 들면, 1949년 6월에는 정부보유 외환에 대해서는 공정환율을, 기타 외환에 대해서는 일반환율을 적용하는 복수환율제도를 채택하였다. 1950년 4월에는 이원화된 환율을 은행율로 단일화하고 경매에 의한 환율을 결정하였다. 1962년 6월에는 10:1로 통화개혁을 실시하였다.

2) 단일변동환율제도(1964년 5월 ~ 1980년 2월)

1960년대에 들어서서 우리나라의 환율정책은 국민경제가 개방체제로 이행되면서 일대 전환을 보게 되었다. 즉, 정부는 1964년 5월 3일 종전의 미화 1달러당 130원의 공정환율로부터 1달러당 255원을 하한으로 하는 단일변동환율제도를 실시하여 실세와 유리된 공정환율을 외환시장의 외환증서[72] 수급에 따라 결정되는 시장률을 기준으로 유동적으로 조정함으로써 공정환율의 실세화를 도모하고자 하였다.

이러한 제도변경은 환율체제면에 있어서 해방 이래 견지하여 온 고정환

72) 외환증서(foreign exchange certificates)제도는 외국환을 대용하는 증서를 발행하여 이를 시장에서 매매 유통시키는 제도이다. 즉 외국환을 정부나 중앙은행 등에 집중관리하면서도 환율이 외환시장에서의 자유로운 외한증서매매를 통한 외환수급의 변동에 따라 자유롭게 변동할 수 있도록 하기 위한 것이었다.

우리나라는 1961년 2월 2일 동 제도를 처음 채택하여 1965년 3월 22일부터 단일변동환율제도의 실시와 함께 이용되어 오다가 1980년 2월 27일 환율제도가 단일변동환율제도하의 복수통화바스켓제도로 전환됨에 따라 폐지하였다.

율제도로부터 변동환율제도로 전환된 것이며, 외환제도면에 있어서는 종전의 외환매상집중제 대신에 외환매상집중제와 예치집중제를 혼합한 외환증서제도가 채택된 것이다. 동 제도는 외환시장에서의 외환증서 수급에 따라 형성되는 시장률이 그대로 환율결정에 반영되게 함으로써 환율을 가능한 한 시장의 가격기구에 의해서 움직여보고자 한 것이다.

그러나 동 변동환율제도는 수입쿼터의 철폐, 외환증서 시장의 형성, 환시장조작기금의 확보 등 동 제도 실시에 필요한 제반요건이 구비되지 못하여 그 시행이 보류되어 오던 중 1965년 3월 IMF로부터 외환시장조작을 위한 안정기금이 확보되자, 1965년 3월 22일을 기하여 변동환율제도를 실시하게 되었다. 그러나 변동환율제도를 채택한 이후에도 우리나라의 환율은 높은 초과수요에 의한 국내물가의 상승으로 다시 환율과 물가변동과의 격차가 확대되자 정부는 1969년 11월의 14.5%의 평가절하에 이어 1971년 6월에는 10% 이상의 평가절하를 단행하게 되었다. 특히 1974년에는 유가파동의 여파로 국제수지 적자가 대폭 확대되자 수출경쟁력 강화를 목적으로 동년 12월에 기준 환율을 1달러당 484원으로 인상하였다.

3) 복수통화바스켓제도(1980년 2월~1990년 2월)

우리나라는 1980년 1월 12일 한국은행 집중기준율이 1달러당 484원에서 580원으로 대폭 인상시킨데 이어 동년 2월 27일부터 복수통화바스켓에 의한 변동환율제도로 이행하였다. 동 환율제도는 다음과 같은 기본방향으로 운용되었다.

첫째, 미 달러화에 링크된 종전의 환율 결정방법을 복수통화바스켓 페그제도로 전환함으로써 미 달러화 이외의 여타 통화의 환율변동도 원화가치에 반영시키도록 하였다.

둘째, 과거와 같은 일시에 대폭적인 환율인상을 단행하는 충격적인 환율조정방식을 피하기 위하여 환율이 점진적으로 실세를 반영하도록 함으로써 환율의 국제수지 조정기능을 제고시키도록 하였다.

셋째, 환율의 경직성과 일시적인 평가절하로 인한 충격과 부작용을 최소화하기 위하여 가급적 안정적으로 환율이 변동하도록 하는 미조정(finetuning) 원칙을 견지하고자 하였다.[73]

당시 우리나라의 환율제도는 환율변동의 안정성과 주요 교역상대국과의 경쟁력 유지를 위하여 SDR바스켓과 교역량을 가중치로 한 독자바스켓을 결합한 복수바스켓제도를 채택하였고 기타 변수로서 실세반영장치를 가미하였다.

즉 외환시장에서 은행간 환율과 대고객 환율 등 모든 환율의 결정기준이 되는 한국은행 집중기준율은 SDR바스켓에 의한 원화의 대미 달러환율과 독자바스켓에 의한 원화의 대미 달러환율을 기준으로 하되, 한국은행 총재는 여기에 내외금리차와 물가상승률 격차, 그리고 국제수지 및 외환시장의 수급전망 등을 감안하여 당일의 집중기준율을 결정, 고시하도록 하였다.

1980년 2월부터 1990년 2월까지 만 10년 동안 이용되었던 미 달러화에 대한 원화의 집중기준율 산식은 다음과 같다.

$$\text{집중기준율} = \beta \cdot \text{SDR바스켓} + \beta' \ \text{독자바스켓} + \alpha \quad (12.1)$$

단, β: SDR바스켓의 가중치　　β': 독자바스켓의 가중치

$\beta + \beta' = 1$　　α: 실세반영장치

β, β', α는 정책당국에 의해 결정되어 일반에게는 공개되지 않았음

위 산식에서 보는 바와 같이 당시 우리나라의 환율은 SDR바스켓과 독자바스켓의 복합바스켓에 연계되어 있어 매일 변동하게 되었는 바 이는 SDR의 대미달러 환율과 독자바스켓을 구성하는 통화의 대미달러 환율이 매일 변동하였기 때문이다.

한편, 한국은행은 미 달러화 이외의 기타통화 집중기준율도 고시할 수 있었는데, 이때 여타 통화환율은 미 달러화 집중기준율과 국제금융시장에서의 미 달러화와 여타통화간의 환율을 재정하여 결정하였다.

이와 같은 우리나라의 복합바스켓환율제도는 페그통화의 다양화로 환율의 상대적 안정을 도모하고 주요 교역상대국과의 경쟁력을 종합적으로 반영하면서 실세반영장치(α)를 이용하여 정책당국의 환율실세화를 위한 미조정이 가능한 이점이 있었다. 그러나 이 제도는 환율이 국내 외환시장에서의

73) 경제활동 수준의 급격한 변동을 막기 위해 환율·금융·재정 부문 등의 정책수단을 상황에 따라 수시로 적용하는 원칙을 말한다. 스무딩오퍼레이션(smoothing operation)이라고도 한다.

외환의 수급 상황을 반영하지 못하는 문제점이 있었고 대외적으로는 정책당국이 환율을 인위적으로 조작한다는 인상을 초래하였다. 정책당국은 이러한 오해의 소지를 없애고 동시에 환율결정과정에서 시장기능을 살리면서 외환시장의 활성화를 촉진할 수 있는 새로운 환율제도의 도입하였다.

〈표 12-2〉 우리나라 환율제도의 변천추이

연월일	변천내용	비고
'45.10.1	고정환율제도 시행 * 미군정당국의 대민간거래에 적용하기 위하여 1달러당 15원의 공정환율 결정	고정환율제도 (1945.10~ 1964.5)
'49.6.13	복수환율제도 실시 * 정부보유외환에 적용되는 공정환율과 외환의 환금에 적용되는 일반환율로 구분	
'49.11.12	공정환율의 실세화를 위해 외환경매제 시행	
'55.8.8	외환경매제 폐지, 단일공정환율제도로 통합	
'64.5.3	단일변동환율제도로 변경 * 외환시장에서 형성되는 외환증서율을 그대로 환율에 반영하는 단일변동환율제도로 변경(실제로는 1달러당 255원으로 고정 운영)	단일변동환율 제도 (1964.5~ 1980.2)
'65.3.33	외국환 및 외환증서의 수급에 따라 외환시장에서 형성되는 시장률을 감안하여 한국은행이 한국은행 집중고시율을 고시하는 변동환율제도 시행	
'80.2.27	복수통화바스켓제도 실시 * 미 달러화뿐만 아니라 주요 교역상대국 통화의 국제시세에 연동하는 복수통화바스켓 환율제도 채택	복수통화 바스켓제도 (1980.2~ 1990.3)
'90.3.33	시장평균환율제도 시행 * 외국환은행간매매율 : 미 달러화의 경우 매매기준율의 상하 0.4%로 범위 내로 제한 * 대고객 환율 : 매매기준율의 상하 0.4% 이내로 제한	시장평균환율 제도 (1990.3~ 1997.12)
'91.9.2	* 외국환은행간매매율 : 매매기준율의 ±0.4% → ±0.6% * 대고객 환율 : 매매기준율의 ±0.4% → ±0.6%	
'92.7.1	* 외국환은행간매매율 : 매매기준율의 ±0.6% → ±0.8% * 대고객 환율 : 외국환은행 자율결정 * 한국은행매매율 : 미 달러화 ±0.6% 기타통화 ±0.8% → 구분없이 ±0.8%	

연월일	변천내용	비고
'92.9.1	종래의 기준환율제도(1$당 480원, '74.12.7) 폐지 *미 달러화에 대한 매매기준율을 기준환율로, 기타 통화는 재정환율로 명칭 변경 *한국은행매매율은 한국은행 자율결정(변동폭 제한 없음)	
'93.10.1	환율 변동폭 확대 *외국환은행간 매매율 : 기준환율의 ±0.8% → ±1.0%	
'94.11.1	환율 변동폭 확대 *외국환은행간 매매율 : 기준환율의 ±1.0% → ±1.5%	
'95.12.1	환율 변동폭 확대 *외국환은행간 매매율 : 기준환율의 ±1.5% → ±2.25%	
'97.11.20	환율 변동폭 확대 *외국환은행간 매매율 : 기준환율의 ±2.25% → ±1.0%	
'97.12.16	기준환율의 일일변동폭 완전 폐지	자유변동환율제도 (1997.12~)
'99.4.1	미 달러화에 대한 기준환율을 매매기준율로 기타통화에 대해서는 재정된 매매기준율로 명칭 변경	

4) 시장평균환율제도(1990년 3월 ~ 1997년 12월)

정부는 우리나라 금융, 경제의 국제화 진전에 따른 환율제도의 단계적 개편방안의 일환으로 1980년 2월부터 사용해오던 복수통화바스켓제도에 의한 환율결정방식을 폐지하고 1990년 3월부터 시장평균환율제도를 도입하였다. 시장평균환율제도 하에서 기준이 되는 원/미달러환율(여기서는 기준환율이라 함)은 기본적으로 은행간 시장에서 외환의 수요와 공급에 의해서 결정되는데, 이 환율은 과거 한국은행 집중기준율과 같이 외국환은행과 고객과의 외환거래나 은행 간 외환거래에서 매매기준율이 된다. 과거 우리나라의 복수통화바스켓제도 하에서는 주요국의 국제통화시세 변동을 기초로 하여 한국은행이 매일 기준율을 결정 고시하였으나 시장평균환율제도 하에서는 환율이 은행간 시장에의 외환의 수급에 따라 결정고시됨으로써 외환시장의 가격기능이 크게 중요시된 것이다. 시장평균환율제도 도입 당시에는 일일 환율변동제한폭을 기준환율을 중심으로 상하 (±)0.4%로 설정하였다. 그 후 변동제한폭을 지속적으로 확대해나갔다. 1997년 외환위기가 발생하면서 변동제한폭을 상하 (±)10%로 대폭 확대하였다가 12월에 와서는 완전히 변동폭을 폐지함으로써 자유변동환율제도로 이행하였다.

그러나 시장평균환율제도 하에서는 환율의 기본적 결정요인인 외환의 수급이 수출입결제의 예상치 못한 변동이나, 거액의 차관원리금 상환 또는 투기적 요인 등에 따라 일시적으로 급격한 불균형으로 나타날 수 있다. 이때 시장 기능에 의한 자율적인 수급조정이 어렵거나 또는 시장환율이 급격하게 변동할 가능성이 있을 경우 한국은행은 외환시장의 안정을 위해 외환시장에 개입하여 외환의 매매 조작을 실행하게 된다.

5) 자유변동환율제도로의 이행

우리나라는 환율제도를 1997년 12월 종전의 시장평균환율제도에서 자유변동환율제도로 이행하였다. 이후 은행간 시장에서 환율이 외환수급에 따라 결정됨으로써 환율의 시장기능이 더욱 제고되었다. 그러나 자유변동환율제도로 이행하였다고 하더라도 외환당국은 환율의 변동속도를 조절(smoothing operation)하는 역할은 수행하고 있다.

환율제도를 변경한 배경을 살펴보면 1997년 연초 한보그룹 도산의 여파, 기아부도사태가 장기화되면서 금융기관의 대외신인도가 크게 낮아진 것이 주요한 원인이었다. 또한 양 사태의 발생과 함께 10월 말 대만 달러화의 6% 대폭 절하에 이은 홍콩 주가폭락을 계기로 한국 금융시스템의 안정성에 대한 불안감이 증폭되면서 외환사정이 급속히 악화되었다. 즉 외국인 주식투자자금의 유출규모가 9월~11월 중 모두 20억 달러에 달하고 이에 더하여 외국금융기관들이 경쟁적으로 외화자금을 회수함에 따라 금융기관의 외화유동성도 급속히 악화되면서 환율이 큰 폭으로 절하되었다. 특히, 1997년 11월 하순부터는 외환시장심리가 크게 불안해지면서 원/달러 환율의 상승압력이 가중되었고 이를 해소하기 위해 외환당국은 1997년 11월 20일 원/달러환율의 일일 변동허용폭을 종전 기준환율의 ±2.25%에서 ±10%로 확대하였다. 그 후 원/달러환율은 1997년 12월 초에 들어서는 1,400원 수준으로 급속히 절하되어 원/달러 환율이 일일 변동허용폭까지 상승하여 외환시장에서 외환거래가 중단되는 사태가 발생하였다. 즉, 1997년 12월 8일~11일간 원/달러환율이 일일변동허용폭의 상한선까지 대폭 상승하였고 특히 1997년

12월 10일~11일 사이에는 외환시장에서 외환거래가 중단되기도 하였다. 이에 따라 1997년 12월 16일에 정부는 환율의 가격기능을 제고하고 외환시장을 활성화하기 위해서 그동안 유지해온 시장평균환율제도에서의 환율변동 제한폭을 철폐하고 자유변동환율제도로 이행하였다. 다만 재정된 매매기준율과 한국은행의 외국환평형기금 등과의 거래에 적용되는 매매기준율제도는 계속 유지하기로 하였다.

〈표 12-3〉 우리나라 환율의 일일 변동 허용폭 추이

(단위 : %)

1990.3	'91.9	'92.7	'93.10	'94.11	'95.12	'97.11.20	'97.12.16
±0.4	±0.6	±0.8	±1.0	±1.5	±2.25	±10.0	변동폭제한 폐지

2. 우리나라의 환율체계

우리나라의 환율은 매매기준율(시장평균환율)과 외국환은행간 매매율, 그리고 외국환은행 대 고객매매율로 크게 구분되고 다시 외국환은행 대고객매매율은 전신환 매매율, 일람출급 환어음매입률, 기한부 환어음매입률, 수입어음결제율, 현찰매매율로 구분되는데 이들의 내용을 살펴보면 다음과 같다.

1) 매매기준율 및 재정된 매매기준율

매매기준율은 외국환은행과 고객과의 외환거래나 은행간 외환거래의 기준이 되는 원화와 미 달러화의 환율(재정된 매매기준율은 원화와 미 달러화 이외 통화와의 환율)을 말한다. 당일자 매매기준율은 전일 모든 외국환은행이 중개회사를 통하여 거래한 원/미달러 익일결제 현물환거래환율을 거래량으로 가중평균하여 산정한 환율(시장평균환율)이다.

또한 매매기준율은 한국은행과 외국환평형기금과의 거래, 주한 UN군과의 거래, 국제금융기구에 대한 출연 및 출자에 따르는 정부와의 거래 등에 적용되고 있다.

2) 외국환은행간 매매율

외국환은행간 매매율은 외국환은행이 은행간 외환시장에서 외환을 거래할 때 적용되는 환율을 통칭하는 용어이다. 외국환은행간 매매율은 외환에 대한 수요와 공급, 시장 참가자들의 기대변동, 국제금융시장에서의 미 달러화 환율 동향 등 시장상황의 변동에 따라 수시변동하며 외국환은행이 고객과의 외환거래시에 적용하는 대고객 매매율의 기준이 된다.

우리나라는 1990년 3월에 시장평균환율제도를 시행하면서 은행간 원화/미 달러화 거래 환율에 대해서 일일 변동제한폭을 설정하여 운용하여 왔으나 1997년 12월 16일 이후 동 제한폭을 철폐하면서 자유변동환율제도로 이행하였다.

3) 외국환은행 대고객 매매율

외국환은행 대고객 매매율은 외국환은행이 고객과의 매매거래에 적용하는 환율[74)]로써 외환거래의 형태에 따라 다음과 같은 몇 가지 환율로 구분된다.

(1) 전신환매매율

전신환매매율(telegraphic transfer rate)은 환어음의 결제를 전신으로 행하는 경우 적용되는 환율을 의미한다. 통상 환어음의 송달이 당일에 이루어지므로 결제기간까지의 금리비용이 고려되지 않는 환율로서 여타 대고객매매율의 기준이 된다. 즉, 일람출급 환어음매입률 및 수입어음결제율 등은 전신환매매율에서 환어음의 결제 또는 가용자금화에 소요되는 기간의 금리비용을 가감하여 결정된다. 현재 전신환매매율은 해당 통화의 기준환율(재정환율)과 은행간매매율 등을 감안하여 외국환 은행이 자율적으로 결정하고 있다.

---

74) 대고객 매매율은 외국환은행이 자율적으로 결정하고 있으며, 매일 매매율을 고시하여 대고객 거래에 일률적으로 적용하지만, 특정 고객과의 거래관계를 감안하거나 또는 거래규모가 일정 금액 이상인 고객의 경우에는 해당 고객에 대해 매매율을 적용하는 경우도 있다.

(2) 일람출급환어음 매입률

환어음이 지급은행에 제시되어야 지급되는 일람출급환어음(at sight bill 또는 on demand bill)의 매입에 적용되는 환율로서 환어음의 현금화에 필요한 우송기간(약 10일)을 감안하여 동 기간에 대한 일정 금리(환가료율)를 전신환매입률에서 차감한 율이 된다.

(3) 기한부어음 매입률

외국환은행이 일람 후 또는 확정일로부터 기산하여 일정 기간 후에 지급되는 조건의 기한부어음(usance bill)을 매입할 때 적용하는 환율로서, 전신환매입률에서 우송기간 및 기한부어음기간에 해당하는 금리비용을 차감한 율이다.[75]

(4) 수입어음결제율

해외수출상이 수출선적을 하고 환어음을 발행하여 현지거래 은행에 매입시키면 해외은행에 개설되어 있는 당방계정에서 동어음 매입대금이 차기되고 매입된 어음은 신용장개설은행으로 송부되어 온다. 따라서 신용장개설은행이 수입어음을 수입상에게 제시하여 수입대금을 영수할 때에는 이미 해외의 당방계정에서 차기된 후 상당한 기간이 경과한 때이므로 수입어음결제율은 전신환매도율에 환어음의 우송기간에 해당하는 금리를 가산한 율이 된다.

(5) 현찰매매율

외화현찰은 보관비용이나 현송비용이 소요될 뿐만 아니라 외화현금시재액은 비수익성자산으로서 환리스크가 수반된다. 따라서 현찰매매율 결정에 있어서는 이와 같은 제반 비용을 고려하여 기준환율에 일정률, 예컨대 1.5%를 가감하는 형태로 외국환은행이 자율적으로 결정하고 있다.

---

75) 일람출급 환어음이나 기한부 환어음을 매도하는 경우에는 전신환매도율을 그대로 적용하는데, 이는 외환매도거래(외환매각 및 원화수취)가 어음결제일에 전신으로 이루어지기 때문이다.

〈그림 12-2〉 외국환은행의 대고객 환율 체계

제13장
글로벌 금융위기 발생과 극복

제1절 글로벌 금융위기의 개요
제2절 글로벌 금융위기의 극복
제3절 한국의 외환관리

제1절 글로벌 금융위기의 개요

1. 외환위기의 의의

외환위기(exchange crisis)란 기초경제여건의 악화와 국제수지의 만성적인 적자로 인한 국제신인도 저하 등으로 단기적으로 자국의 통화가치가 급락하여 외환시장에서 자금 유입이 감소하고, 중앙은행의 외환보유액이 고갈되어 자국 통화 가치의 하락을 방어하지 못하는 현상을 의미한다.

초기의 외환위기는 경상수지의 만성적인 적자가 원인을 제공하였다. 즉 일국의 국제수지적자로 민간부문이 국내에서 필요한 자금을 조달하기 힘들게 되자 국제금융시장에서 과다하게 자금을 차입하는 과정에서 발생하였다.

그러나 1980년대 발생한 외환위기는 금융자유화 및 자본자유화로 각국이 외환규제의 완화 및 철폐로 인한 국가간 자본유출입속도가 빨라지면서 진행되었다. 특히 이 과정에서 환투기세력이 통화의 평가절하가 예상되는 통화를 집중적으로 투매하면서 다양한 형태의 외환위기가 발생하였다. 한국이 1997년과 2008년에 경험한 두 차례의 금융위기도 주로 자본 유출입의 변동성이 매우 높았던 점이 원인이었다. 즉, 호황기에는 자본이 과도하게 유입된 반면 불황기에는 급격히 유출되면서 금융·외환시장이 변동되고 실물경제가 다시 영향을 받는 과정에서 발생하였다.

2. 글로벌 금융위기의 이동경로 및 특징

1) 자본시장 개방과 재정불균형

자본시장 개방과정에서 발생하는 금융위기는 1994년 멕시코와 1997년 동아시아에서의 외환위기가 대표적인 사례이다. 상기 국가들의 금융위기는 재정적인 문제보다는 금융규제가 부실하여 금융리스크를 제대로 관리할 수 있는 전문능력이 부족한 상태에서 자본시장을 개방하면서 발생한 측면이 크다. 1997년 한국도 자본시장이 아직 미성숙한 상태에서 은행들이 외국에서 자금을 차입하여 정경유착의 형태로 은행대출이 이루어지면서 외환위기의 단초를 제공하게 되었다. 즉, 해외의존형 경제시스템인 한국의 만성적인 국제수지 적자는 기업의 부실로 이어졌고 이는 바로 은행의 부실로 연결되면서 1997년 외환위기를 맞이하게 되었다. 만일 한국이 은행대출을 보다 체계적이고 전문적인 수준으로 관리를 했었다면 사전에 부실대출의 규모를 줄일 수 있었다.

재정불균형의 형태는 1998년의 러시아와 2001~2002년 사이에 발생한 아르헨티나의 외환위기가 대표적인 사례이다. 일국의 정부가 심각한 재정적자를 경험하게 되면 이를 해소하기 위한 방법의 하나로써 은행들이 정부가 발행하는 정부채를 매입한다. 그러나 정부의 재정적자가 심각하여 발행한 국채를 상환할 능력이 점점 사라지게 되면 투자자들은 보유하는 국채를 매각하게 된다. 결국 정부가 발행한 국채 값은 폭락하고 금리는 폭등하고 국채를 보유하고 있는 은행들의 자산가치가 폭락하여 자기자본 가치를 떨어뜨리게 된다. 자본가치가 많이 떨어진 은행들은 대출할 여력이 줄어들면서 심각한 재정 불균형을 야기하게 된다. 이는 은행 시스템을 약화시키고 예금뇌취현상과 시장의 역선택 및 도덕적 해이의 문제 등을 일으켜 금융위기를 초래할 수 있다.

2) 통화위기

통화위기도 해외의 높은 금리, 불확실성의 증대, 자산 가치의 하락을 유발시켜 외환위기를 제공할 수 있다. 특히 은행 재무제표의 문제와 심각한 재정 불균형의 문제가 주 요인이 될 수 있다. 예를 들면 자국통화가치가 하락하게 되면 중앙은행은 자국통화를 매입하려고 한다. 그러나 중앙은행이 외환보유고가 부족할 경우 자국 통화가치는 급락(free fall)하면서 금융위기를 초래할 수 있다.[76]

또한 은행들이 재무제표가 악화된 상태에서 정부가 자국 통화가치의 하

76) 최성섭, 「금융시장론」, 도서출판 두남, 2014.6, pp.593-629.

락을 우려해 금리를 인상하게 되면 이미 악화된 수익구조를 가진 은행들은 정부의 금리인상으로 수익성이 더욱 악화되게 된다. 이와 같은 상황을 우려해 금리인상을 주저하게 되면 통화가치가 하락할 수 있다. 이 상황에서 투기꾼들은 정부의 제한적인 옵션을 간파하고 자국통화를 외환시장에서 대규모로 매각한다. 정부 입장에서는 금리를 인상하면 은행들의 수익구조가 악화되고, 인상하지 않으면 정부의 외환보유고가 부족하여 외환시장의 교란을 방지할 수 없는 딜레마에 빠질 수 있다.[77] 반면 투기자들이 자국통화를 대량으로 매각할 경우 정부의 외환보유고는 바닥이 나고 결국 자국통화는 평가절하되면서 통화위기가 초래될 수 있다.

3) 높은 인플레이션으로 인한 고금리 현상

일국의 통화가치가 하락하면 수입 물가는 상승하게 되며 이는 인플레이션(Inflation)을 유발시킨다. 인플레이션 상태에서는 필연적으로 고금리 현상이 발생하며 고금리는 기업활동을 위축시키고, 동시에 금융기관들로 하여금 신용경색을 유발시켜 경제순환을 어렵게 만든다. 이는 기업들이 필요한 자금조달을 어렵게 만들어 금융공급자와 수요자간에 정보의 비대칭 현상이 심화되어 금융기관들의 도덕적 해이가 만연될 수 있다.

또한 고금리 상황에서 많은 신흥국가들의 금융기관과 기업들의 자산은 자국통화로 표시되어 있는데 반해 부채는 달러와 같은 외국통화로 표시되어 있기 때문에 재정수지가 악화된다. 즉, 자국통화 가치가 하락할 때 자산가치는 같이 하락하지만 외국통화로 표시된 부채의 가치는 동시에 하락하기보다는 오히려 가치가 상승함으로써 상환해야 할 부채금액이 증가하여 자금압박을 가중시킬 수 있다. 결국 감소된 자기자본 가치를 충당시키기 위한 노력은 금융의 수요자와 공급자간에 정보의 비대칭으로 인한 금융기관의 도덕적 해이 및 역 선택의 문제를 유발시킬 수 있다.

예를 들면, 한국의 1997년 외환위기 당시 많은 종합금융회사(종금사)들은 외환위기 직전 해외에서 단기로 자금을 차입하여 자금조달이 어려운 국내기업(자금수요자)들에게 중장기 대출을 해 주었다. 외환위기가 발생하면서 한

---

77) 1990년대 초 헤지펀드를 운용하는 조지 소로스(George Soros)와 영국 중앙은행 간의 싸움으로 영국 파운드화는 결국 폭락하여 조지 소로스는 많은 수익을 올렸다.

국의 원화가치가 갑자기 하락하여 종금사들은 단기 해외채무상환 부담이 증가하였고 금리도 갑자기 상승하면서 자산가치 급락과 자기자본이 감소하였거나 마이너스가 되면서 외환위기를 초래하였다.

3. 한국의 외환위기 원인

한국의 외환위기 원인을 외부적 요인과 내부적 요인으로 구분해 볼 수 있다. 즉, 외부적 요인은 한국의 거시경제여건이 크게 열악하지도 않았음에도 불구하고 금융시장의 개방으로 동남아의 금융위기가 주변국인 우리나라로 전염(contagion)되면서 발생하였다.

내부적 요인은 우리 경제 내부의 취약성에 기인하여 외환위기가 발생했다고 보는 견해이다. 특히, 대기업들이 팽창정책을 추진하면서 과잉투자 및 중복투자가 누적되었고 정부는 관치금융체제를 지속함에 따라 금융기관의 도덕적 해이(moral hazard)로 인해 기업들에게 과다하게 신용을 제공함으로써 외부충격에 취약하였기 때문에 발생하였다. 이를 구체적으로 다음과 같이 정리할 수 있다.

첫째, 급격한 실물경제의 부실화와 과잉중복투자가 원인이었다. 경제성장세가 둔화되는 과정에서 대기업들의 과잉중복투자는 실물경제의 채산성을 하락시켰다. 특히 반도체, 철강, 자동차, 석유화학 등의 중복투자는 설비과잉에 따른 가격하락현상을 가속화시켜 교역조건의 악화를 가져왔다. 사실 대기업들의 중복 및 과잉투자는 단기간에 경제성장률을 높일 수 있는 유효한 전략이었으나 투자재원을 내부에서 조달하기보다는 은행을 통한 외부에서 자금을 조달하면서 재무구조가 악화되었다.

둘째, 주요 수출품의 가격하락과 경제성장세 둔화에 따른 대기업의 부도는 금융부분의 부실화를 초래하였다. 특히 국제 은행차입(대출)거래에 대한 규제완화로 인해 1990년대에 민간 부문의 외채 누적규모가 급속히 증가하였으며 단기외채의 비중이 높아지면서 외채의 구조도 불안정해졌다. 1993년 6월 말 기준 우리나라의 은행들의 총외채 규모는 400억 달러였으나 1996년 6월 말 외환위기 직전에는 1천40억 달러로 급증하였다.[78]

---

78) 조갑제, 「국제금융」, 도서출판 두남, 2014.2, pp.289-296.

셋째, 한국경제는 유동성위기(liquidity crisis)에 취약한 외채구조를 갖고 있었다. 국제금융 및 외환업무의 미숙으로 인해 당시 외화자금을 지나치게 단기차입 위주로 조달하여 장기로 국내·외에 운용하는 만기 불일치(maturity mismatch)를 보임으로써 유동성 위기에 대한 취약성을 안고 있었다. 또한, 외채는 대부분이 달러표시였으므로 통화 불일치(currency mismatch)의 문제를 안고 있었다. 1997년 6월 말, 은행 차입금 중 약 68%는 만기가 1년 미만인 단기 차입금이었으며, 은행의 해외 차입금 중 85%는 민간기업에 장기적으로 빌려주었다. 정부는 이러한 만기불일치(maturity mismatch) 문제의 심각성을 인식하지 못했다.

넷째, 경상수지 적자 교정을 위한 환율조정정책에 실패하여 금융시장에 대한 불확실성을 증대시켰다.[79] 일반적으로 환율이 평가절하되거나 외국자본이 지속적으로 유입되는 경우에는 경상수지적자는 큰 문제가 안 될 수도 있다. 예를 들면, 국제수지 적자가 발생하면 환율을 평가 절화시켜 수출을 증대시키거나 수입을 감소시킴으로써 해결할 수 있다. 그런데 정부는 평가절하가 국내물가를 상승시키고 해외부채의 원화부담이 증가하는 것을 우려해 적극적인 환율 조정정책을 시행하지 않음으로써 국내외환시장의 불안을 심화시켰다.

마지막으로 동남아시아로부터 한국으로 외환위기가 간접적으로 전염되었다. 1997년 7월 태국의 달러연동환율제가 붕괴되면서 태국의 바트화의 폭락을 계기로 10월부터는 말레이시아, 필리핀, 인도네시아와 같은 동남아시아 전역으로 금융위기가 파급되기 시작하였다. 이에 한국의 수출경쟁국인 대만이 자국통화를 대규모로 평가를 절화시켰고, 연이어 홍콩 주식시장이 23.3%(10월 17~23일 기간 중) 폭락하면서 한국의 금융위기가 본격적으로 시작되었다. 즉, 태국과 인근국가의 금융위기가 직접적으로 한국에 전염되었다기보다는 경쟁국가인 대만과 홍콩의 금융시장 혼란을 통해 간접적으로 한국경제에 전파되었다고 볼 수 있다.

79) 이종욱 외 공저, 「한국의 금융외환위기와 IMF」, 경문사, 1999, pp.55-62.

제2절 글로벌 금융위기의 극복

1. 글로벌 금융안전망 구축

글로벌 금융안전망(GFSN; Global Financial Safety Nets)이란 외화유동성의 부족을 발생시키는 금융위기에 대응하여 각국의 외화유동성을 인출하거나 지원받는 각종 체제 및 협정을 의미한다. 세계 각국은 글로벌 금융위기에 대응하기 위하여 대규모 외환보유액의 보유 및 통화스왑체계 등과 같은 조치만으로는 한계가 있음을 인식하고 글로벌 차원의 금융 안전망이 필요하다는 사실에 공감하였다.

이에 한국이 중심이 되어 G20 차원에서 상시적인 글로벌 금융안전망의 구축에 대한 논의가 시작되었다. 우리나라는 2010년 1월 다보스 포럼에서 글로벌 금융안전망 구축을 2010년도 G20의 주요 의제로 추진할 계획임을 밝힌데 이어 2010년 4월 미국 워싱턴 G20 재무장관·중앙은행총재 회의에서는 글로벌 금융안전망 구축을 공식의제로 제안하였다.

이에 따라 2010년 8월 IMF 이사회는 탄력적 크레딧라인(FCL; Flexible Credit Line)의 대출한도를 폐지하고 인출가능기간을 6개월~1년에서 1~2년으로 연장하였다. 이에 더해 FCL 수혜대상에는 해당되진 않으나 비교적 경제여건이 양호한 국가들에게 제공하는 예방적 크레딧라인(PCL; Precautionary Credit Line)을 도입하였다. 또한 2010년 11월 서울 G20 정상회의에서는 지역금융협정과 IMF간 협력 강화, 시스템적 위기 대응을 위한 제도적 장치 강구 등 글로벌 금융안전망 관련 추가 개선방안을 마련하기로 합의하였다.

이와 함께 2011년 11월 프랑스 깐느 G20 정상회의에서는 IMF의 예방적 유동성 지원라인(PLL; Precautionary and Liquidity Line)의 신설, IMF와 지역금융협정(RFA) 간의 협력원칙 등에 합의함으로써 글로벌 금융안전망 구축이 더욱 강화되었다. 이후 유럽 재정위기 등으로 세계경제의 불확실성이 고조됨에 따라 2012년 6월 멕시코 로스까보스 G20 정상회의에서 4,560억 달러의 IMF 재정 확충에 합의하였다. 또한 2013년 9월 러시아 상트페테르부르크 정상회의에서는 지역금융협정의 중요성을 강조하는 한편 향후 재무장관·중앙은행총재들로 하여금 IMF와 지역금융협정간, 지역금융협정상호간의 협력 관련 진전사항을 이행·점검할 것을 요청하였다.

그리고 2015년 9월 터키 앙카라 G20 재무장관·중앙은행 총재회의에서는 2016년 초까지 IMF로 하여금 글로벌 금융안전망 체제에 대해 평가하도록 합의하였다. 이에 더하여 2015년 11월 터키 앙카라 G20 정상회의에서는 급격한 자본이동으로 인한 리스크에 대비하여 글로벌 금융안전망을 강화하는데 합의하였으며 재무장관·중앙은행 총재들로 하여금 국제금융체제 실무회의 재개 등을 통해 국제금융체제 강화 방안을 보고하도록 지시하였다.

2. 통화스왑 체결

2008년 금융위기 이후 한국은행은 미국, 일본, 중국 및 신흥국 중앙은행들과 통화스왑 규모를 확대하거나 스왑계약을 신규로 체결하여 유사시 단기유동성 지원, 무역 촉진, 상호 협력관계 증진을 도모하였다.

한국은행은 2008년 10월 말 글로벌 금융위기에 따른 미 달러화 자금조달 압력을 완화하기 위해 미 연준과의 통화스왑 계약을 체결하였다. 이에 따라 한국은행은 미 연준으로부터 원화를 대가로 최대 300억 달러 이내에서 미 달러화 자금을 공급받아 국내 외국환은행들에게 공급할 수 있게 되면서 금융위기에 따른 국내금융시장의 불안을 조기에 수습하는데 크게 기여하였다.

당초 스왑계약 종료는 2009년 4월 말이었으나 2009년 2월과 2009년 6월에 계약만기를 각각 6개월 및 3개월 연장하였다. 이를 통해 공급된 미 달러화 자금은 2009년 12월까지 전액 회수되었으며 국내·외 금융시장이 안정을 찾음에 따라 2010년 2월 동 통화스왑계약은 예정대로 종료되었다.

한국은행은 환율안정을 위해 코로나 19가 확산되던 2020년 3월 19일 미 연준과 통화스왑계약을 체결하였고, 7월 30일에는 통화스왑자금을 전액 상환하면서 2021년 3월 말까지 1차로 기간을 연장한 바 있다. 그러나 코로나 19가 장기화되면서 600억 달러 규모의 한·미통화스왑계약 만료시기를 6개월 추가로 연장(9월 3일)하였다.

2002년 6월 한국은행과 중국 인민은행은 20억 달러 규모의 치앙마이 이니셔티브(CMI; Chiang Mai Initiative) 양자간 통화스왑계약을 체결하였고 2005년 6월 동 계약 규모를 40억 달러로 확대하였다. 2011년 10월 원/위안화 통화스왑 규모를 약 560억 달러 규모로 확대한 바 있으며 2014년 10월에는 동 계약을 2017년 10월까지 3년 연장하였으며, 2017년 10월에 또 다시 3년 연장에 합의하였다. 또한 한국은행과 중국인민은행간 통화스왑은 2020년 10월 기존 계약보다 기간과 규모를 확대하여 연장하기로 합의하였다. 즉 한·중은 계약기간을 기존 3년에서 5년으로 2025년 10월까지 연장하였고, 스왑규모로 4,000억 위안(590억 달러, 70조 원)으로 기존 3,600억 위안(560억 달러, 64조 원)보다 증가시켰다.

한편 일본과는 1997년 12월 13억 달러 규모의 브리지론(bridge loan) 형식의 한시적 통화스왑계약을 체결한 이후 통화스왑 규모를 계속 증가시켜 2011년 10월 1년간 700억 달러 상당으로 확대하였다. 일본과는 2015년 2월까지 남아있던 100억 달러의 CM 양자간 통화스왑계약까지 종료된 상태이다. 또한 2013년 10월 UAE 및 말레이시아 중앙은행과 각각 5.8조 원/200억 디르함(54억 달러 규모), 5조 원/150억 링깃(47억 달러 상당)의 통화스왑계약을 체결하였다. 그리고 2014년 2월과 3월에는 각각 호주 중앙은행, 인도네시아 중앙은행과 5조 원/50억 호주 달러, 10.7조 원/115조 루피아(100억 달러 규모)의 통화스왑계약을 체결하였다. 또한 한국은 캐나다와 2017년 11월 한도와 기한이 없는 상설계약의 형태로 통화스왑을 체결한 바 있다.[80] 상설계약은 주로 기축통화국이 맺는 방식으로 한국은 캐나다와 처음 체결하였다.

80) 지금까지 캐나다는 기축통화국을 제외하고 중국과 유일하게 통화스왑을 맺고 있었다. 즉 캐나다는 미국, 유로존, 일본, 영국, 스위스와 함께 6대 주요 기축통화국 중 하나이며, 한국은 2017년 말 현재 캐나다와 상설통화스왑을 맺기 전에는 중국, 호주 등과 1,168억 달러 수준의 통화스왑을 맺고 있었다.

제3절 한국의 외환관리

1. 외화자금관리

한국은 1997년 외환위기를 겪고 난 이후 외환거래방식을 외환거래의 자유를 보장하면서도 이에 따른 부정적인 영향을 차단할 수 있는 다양한 조치들을 시행해왔다. 첫째, 외환위기와 같은 유사한 위험을 조기에 감지하고 외환거래 정보를 집중하여 관리하기 위하여 관련 인프라를 구축하였다. 즉 한국은행을 1999년 3월부터 외환정보집중기관으로 지정하였다. 이에 한국은행은 1999년 4월 외환거래 및 시장정보를 신속하게 수집·분석할 수 있는 외환정보시스템(FEIS; Foreign Exchange Information System)을 구축하였다.[81]

둘째, 1997년 외화위기 이전에 한국은행이 운영해왔던 외화수탁 및 수출환어음담보대출과 같은 금융기관에 대한 외화대출제도를 폐지하였다. 대신 2007년 9월에 스왑시장 참여거래제도를 도입하여 스왑시장의 불균형을 해소하고 외채증가를 억제하여 외화유동성을 관리해왔다. 이 제도는 1차적으로 한국은행이 스왑거래대행은행과 거래를 하고 2차적으로는 거래은행대행이 일반외국환은행과 거래를 하는 방식이다. 한국은행은 2005년 7월 설립한 한국투자공사(KIC; Korea Investment Corporation)에 2015년 외환보유액 200억 달러를 위탁해 운영하고 있다.

셋째, 2008년부터 경쟁입찰방식 스왑 거래제도를 도입하였다. 이 제도를 도입한 목적은 리먼 브라더스 사태 이후 글로벌신용시장의 경색심화로 국외로부터 외화자금조달에 어려움을 겪는 국내 외국환은행에 대해 예측가능하고 효율적인 방법으로 외화자금을 공급함으로써 외화자금시장의 안정성을 도모하는 것이 목적이다. 경쟁입찰방식은 모든 외국환은행을 대상으로 경쟁입찰을 통해 결정된 스왑거래조건으로 외환스왑을 거래하는 방식이다.[82]

81) 한국은행, 「한국의 외환제도와 외환시장」, 2016, pp.221-228.

82) 안병찬, 「글로벌 국제금융위기 이후 외환정책」, 한나래플러스, 2011.5, pp.121-189.

넷째, 국세청 및 관세청 통보제도를 시행하고 있다. 외환거래 자유를 확대하는 대신 일정 규모 이상의 외화유출·입 내역을 국세청(조세 당국)에 제공하여 불법자금의 해외유출을 방지하는 목적으로 도입하였다. 이에 따라 외국환은행은 연간 10만 달러를 초과하는 해외여행경비 송금 등은 국세청장에게 통보하여야 한다. 또한 수출입 대금 및 용역대가의 지급 또는 수령 건당 1만 달러를 초과하는 해외이주비의 지급은 관세청장에게 통보하도록 하고 있다.

2. 외환보유액관리

외환보유액은 중앙은행 및 정부가 국제수지 불균형을 보전하거나 외환시장 안정을 위해 언제든지 사용할 수 있도록 보유하고 있는 대외준비자산을 의미한다. 따라서 충분한 외환보유액은 국가의 결제능력을 제고시키고 국가신인도를 유지하는 역할을 한다. 그럼 외환보유액이 이와 같은 임무를 수행하는데 적정한 수준은 어느 정도일까? 여기에 대한 많은 논란도 있었고 조사도 있었지만 외환보유액의 적정선에 대해서는 IMF, BIS 등에서 조차 국제적으로 통일된 기준을 마련하지 못하였다. 왜냐하면 각국마다 해외의존도, 금융기관의 대외차입능력, 자본자유화수준, 지리적 위치 및 정치적 위험 정도 등 여러 변수에 따라 달라질 수 있기 때문이다.[83)]

그러나 적정한 외환보유고의 산정에서 고려할 주요한 변수는 각 국가마다 외환보유액의 역할을 수익성에 비중을 두느냐 아니면 안전성에 비중을 두느냐에 따라 달라질 수 있다는 사실이다.[84)] 즉, 외환보유액을 글로벌 금융위기에서처럼 자본의 급격한 유출 가능성에 대비한 비상금의 역할이라면

83) 적정외환보유액의 산정방법으로는 지표접근법, 최적화 접근법 및 행태방정식 접근법 등이 이용되고 있다. IMF(2013)는 외환보유액 적정수준을 유동외채, 외국인투자잔액, M2, 수출액 규모 등을 고려하여 산출하는 방식을 제시하였다.

84) 한국의 외환보유액은 1997년 12월 18일 39억 달러 감소하였으나 2001년 9월 1,000억 달러, 2005년 2월 2,000억 달러, 2014년 말 3,636억 달러, 2021년 1월 말 현재 4,427.3달러를 기록하고 있다. 2020년 12월 말 기준 세계 주요국과 비교하면 중국(32,165억 달러), 일본(13,947억 달러), 스위스(10,836억 달러), 러시아(5,958억 달러), 인도(5,858억 달러), 대만(5,299억 달러), 홍콩(4,918억 달러), 사우디아라비아(4,534억 달러) 다음 세계 9위 수준이다.

안정성에 비중을 두고 보다 많은 외환보유액이 적정하다고 할 수 있다. 그러나 외환보유액을 수익성에 비중을 두고 이용할 경우에는 원금 회수가 불확실하더라도 해외자원개발 및 사회간접자본 등에 투자하는 것이 적절할 것이다. 참고로 IMF(국제통화기금)는 외환보유액의 보유목적을 다음 6가지로 제시하고 있다.[85] 첫째, 통화정책 및 환율정책 수행의 제고, 둘째, 위기대응능력 확충을 위한 외부취약성 제한, 셋째, 국가의 현재·미래 외채상환능력에 대한 시장 신뢰 구축, 넷째, 자국통화가치의 지지 기능, 다섯째, 정부의 외환소요 및 외채상환 지원, 마지막으로 국가적 재난 또는 긴급 상황 대비 등이다.

3. 외환보유액의 활용과 운용

한국은행은 국외운용 외화자산을 운용목적에 따라 유동성자산, 수익성자산 및 위탁자산으로 구분하여 운용하고 있다.

유동성자산은 일상적으로 발생하는 외화자금의 빈번한 유출입 및 일시적인 외화자금 수요에 신속하게 대처하기 위한 자산이다. 유동성자산은 2014년 말 현재 국외운용 외화자산의 4.3%를 차지하고 있다. 투자대상은 매각시 거래비용을 최소화할 수 있도록 미 달러화 단기국채 또는 예치금 등 단기금융상품(money market) 중심으로 운용한다.

수익성자산은 안정적인 수익 획득을 위해 주요국의 중장기 채권에 투자하는 자산으로 2014년 말 현재 국외운용 외화자산의 80.5%를 차지하고 있다. 투자대상은 주요 선진국 통화로 발행된 중장기 국채, 정부기관채, 회사채, 자산유동화채 등의 채권으로 구성되어 있는데 유동성자산과 함께 한국은행이 직접 운용하고 있다.

위탁자산은 선진 투자기법 습득 및 고수익상품 투자를 통한 수익성 제고를 위해 국제적인 자산운용사 등에 운용을 위탁하는 자산이다. 2006년부터는 한국투자공사(KIC)에 대해서도 외환보유액을 위탁하고 있다. 2014년 말 현재 보유외환 중 유동성자산과 수익성자산을 제외한 15.2%가 위탁자산으로 운용되고 있으며 투자대상으로 채권과 함께 주식을 포함하고 있다.

---

85) IMF, "Revised Guideline for Foreign Exchange Reserve Management," 2014.

보유자산의 통화 구성을 살펴보면 미 달러화를 포함하여 유로화, 일본 엔화 영국 파운드화, 호주 달러화 및 캐나다 달러화 등 주요 6개 통화를 중심으로 분산투자하고 있다. 또한 2012년에는 중국의 국제적 위상 제고와 우리나라와의 경제적 연계성 증대 등을 고려하여 중국 위안화에 대한 투자를 시작하였다. 2014년 말 현재 보유외환 중 미 달러화 비중은 62.5%를 차지하고 있다. 이는 전 세계 공적 보유외환에서 미 달러화가 차지하는 비중(63.1%)과 비슷한 수준이다. 또한 상품별 자산 구성을 살펴보면 2021년 1월 말 현재 외화자산은 유가증권 4,045.7억 달러(91.4%), 예치금 249.9억 달러(5.6%), 금 47.9억 달러(1.1%), IMF 포지션 48.1억 달러(1.1%) SDR 포지션 35.6억 달러(0.8%) 등으로 구성되어 있다.

참 고 문 헌

강원진, 「무역결제론」, 박영사, 2015.

강호상, 「외환론」, 법문사, 2016.

김기홍 외 3인, 「국제금융론」, 도서출판 두남, 2010.

김인준·이영섭, 「국제경제론」, 다산출판사, 2013.

김태준·송치영·유재원, 「국제금융경제」, 다산출판사, 2013.

김희철, 「글로벌시대의 국제경영」, 도서출판 두남, 2016.

도미니크 살바도레, 「국제금융론」, 씨그마프레스, 2007.

박의범·권종욱·오대혁, 「세계화와 글로벌경영」, 도서출판 두남, 2016.

신민식·구맹회, 「선물시장론」, 법문사, 1994.

안병찬, 「글로벌 국제금융위기 이후 외환정책」, 한나래플러스, 2011.

이강남, 「국제금융론」, 법문사, 2006.

이병렬, "미국전자결제시스템으로서 CHIPS와 ACH에 관한 연구", 「통상정보연구」, 제10권 제1호, 한국통상정보학회, 2008.

이병렬·최해범, 「수출입 대금결제론」, 피앤씨미디어, 2013.

이재민·배인성, 「글로벌 무역금융」, 도서출판 두남, 2009.

이종규, 「경제위기: 원인과 발생과정」, 금융경제총서 제2호, 한국은행, 2000.

이종욱 외 공저, 「한국의 금융외환위기와 IMF」, 경문사, 1999.

이종철·차철호, 「글로벌 금융론」, 박영사, 2010.

이효구, 「국제금융시장」, 범한서적, 2013.

이환호, 「외환론」, 경문사, 2014.

장세진, 「글로벌 경영」, 박영사, 2016.

조갑제, 「국제금융」, 도서출판 두남, 2014.

최생림, 「외환론」, 박영사, 2016.

최성섭, 「금융시장론」, 도서출판 두남, 2014.

최해범, 「국제금융론」, 도서출판 두남, 2013.

최해범, 「국제재무론」, 창원대출판부, 2008.

한국은행, 「우리나라 금융시장」, 2006.

한국은행, 「한국의 외환제도와 외환시장」, 2016.

Caves, Richard E. and Jones, Ronald W., World Trade and Payment: An Introduction, Third Edition, Boston, Boston and Toronto: Brown and Co., 1981.

Cooper Richard N., The International Monetary system: Essays in World Economies, Cambridge, Mass.: MIT Press, 1987.

Dominguez, K. M. and J. A. Frankel, "Does Foreign Exchange Intervention Matter? The Portfolio Effect," American Economic Review, 1993.

Dominguez, K. M. and J. A. Frankel, "Does Foreign Exchange Intervention Work?" Institute for International Economics, 1993.

Dominguez, K. M., "Central Bank Intervention and Exchange Volatility," Journal of International Money and Finance 17, 1998.

Dornbusch, Ridoger, "The Theory of Flexible Exchange Rate Regimes and Macroeconomic Policy," Scandinavian Jouranl of Economics 78, No. 2, May 1976.

Fama, E., "Efficient Capital Markets: A Review of Theory and Empirical Work", Journal of Finance, May 1970.

H.R. Heller, International Monetary Economics, Prentice-Hall, Inc.. 1974.

IMF, "Revised Guideline for Foreign Exchange Reserve Management," 2014.

International Monetary Fund, The Debate on International Monetary System, 2009.

Levich, Richard M., "The Efficiency of Markerts for Foreign Exchange," In Frenkel, J. A. and Dornbusch, R.(eds.), International Economic Policy: Theory and Evidence, Baltimore: Johns-hopkins University Press, 1979.

Levich, R. M., International Financial Markets: Prices and Policies, McGraw-Hill Irwin, 2001.

Mishkin, F. S., "Understanding Financial Crises: A Developing Country Perspective," in K. Bruno and Pleskovic(eds.), Annual World Bank Conference on Development Economics, 1996.

Paul Krugman and Maurice Obstfeld, International Economics, 6th ed. (Reading, Mass.: Addison Wesley Longman, 2003).

Rogoff, K., "Exchange Rates in the Modern Floating Era: What Do We Really Know?", Review of World Economics 145, 2009.

Sachs, J., "Alternative Approaches to Financial Crises in Emerging Markets," Development Discussion Paper 568, Harvard University, 1997.

찾 아 보 기

ㄱ

가격-정화-유출입 메커니즘 276
가격정책 180
간접재정 233
간접표시법 28, 98
강형(strong form) 효율적 시장가설 133
개방신용장 77
개인어음 68
경상수지 248
경상이전수지 250
경제적 환위험 167
경제통화동맹 291
계약환위험 170
관리변동환율제도(Managed Float) 297
괴리지표 289
구매력평가설 115
구매력평가지수 24
국제금본위제도 271
국제금융시장 52
국제대차 245
국제수지 244
국제수지균형 257
국제수지불균형 257
국제수지적자 257
국제수지흑자 257
국제피셔효과 121
금괴본위제도 272
금리옵션 210
금리재정 218
금리평가설 124
금본위제도 53
금수입점 274
금수출점 274
금융시장 헷징 182, 183
금평가 272
금화본위제도 272
금환본위제도 272
급료 및 임금수지 250
기대환율이론 128
기본적 분석 156
기술적 분석 156
기준통화 96
기타자본수지 251
기타투자 251
기탁신용장 78
기한부신용장 77
기한부어음 67
기한부어음 매입률 329

ㄴ

넷팅 178
뉴욕연방준비은행 52

ㄷ

단기금융시장 53
당발송금환 80
대고객매매율 328
대고객시장 42, 314
대고객환율 92
대내균형 258
대내적 관리기법 178
대외균형 259
대차대조표헷지 180
동시개설신용장 78

ㄹ

래깅 179
로빈슨-메츨러의 안정조건 150
롱포지션 31
리딩 179

ㅁ

마샬-러너조건 147
매도초과포지션 31
매리 33

매매기준율 327
매매율차 101
매입은행 75
매입제한신용장 77
매입초과포지션 31
매칭 178
머천트뱅크 53
명목실효환율 25
명목환율 23
목표환율제도 268
무담보어음 67

ㅂ

바스켓 페그 296
발행은행 73
발행의뢰인 74
발행인 66, 74
방화어음 69
배서인 66
변동환율제도 301
보증신용장 78
봉차트 158
불안정적 외환시장 조건 150
불안정적 투기 217
불안정한 균형환율 148
불안정한 외환시장 150
불편성 가설 134
불확인신용장 76
브레튼우즈제도 281
비대칭적 정보 모형 44
비표준결제일 105

ㅅ

3국간재정 233
상대적 구매력평가설 116
상대통화 96
상품수지 249
상환청구가능신용장 76
상환청구불능신용장 76
서류상환지급방식 81
서비스수지 249
선물옵션 213
선물환거래 104
선물환시장 103
선적 전 송금방식 80
선적 후 송금방식 80
선적서류상환지급 83
선적인 73
선차트 157
소득수지 249
송금수표 79, 80
송금수표방식 81
송금환 방식 79
송장 181
송화인 73
쇼트포지션 31
수익자 72
수입어음결제율 329
수출상 73
수취계정표시법 28
수취인 66
수화인 74
스미소니언협정 284
스퀘어포지션 31
시장율 92
시장평균환율제도 325
시제법 173
신용장 71
실질실효환율 25
실질환율 24
실효환율 24

ㅇ

2국간 재정 233
아메리칸 텀 99
안정적 균형환율 148
안정적 외환시장 조건 150
안정적 투기 217
약형(weak form) 효율적 시장가설 133
양도가능신용장 77
양도불능신용장 77
역사적 환율 171
역외금융시장 55
역외선물환거래 108
영란은행 53
예금은행 53
오버슈팅 119
오실레이터 165
오차 및 누락 255

오픈포지션 31
옵션 209
옵션시장 헷징 182, 184
외국채 55
외국통화표시법 28
외국화 표시방법 27
외국환거래 64
외국환은행 85
외국환은행간 매매율 328
외부기법 182
외화어음 69
외화콜시장 319
외환 21, 22
외환딜러 44
외환브로커 45
외환수급통계 247
외환스왑 204, 205
외환시장 36, 37, 149
외환시장의 안정조건 150
외환시장의 효율성(foreign exchange market efficiency) 134
외환엔화 정산시스템 50
외환포지션 31
우편송금환 79, 80, 82
위험 프리미엄 136
유동성-비유동성법 172
유럽공동변동환율제도 287
유럽통화제도 289
유로금융시장 55
유로자금시장 55
유로채시장 55
유로피언 텀 99
육성브로커 45, 46
은행간시장 43, 314
은행간환율 92
은행어음 68
은행인수어음 68
인수은행 75
인수인 66
인수인도조건 84, 87
일람불어음 67
일람출급신용장 77
일람출급환어음 매입률 329
일람후 정기불 67
일물일가(一物一價)의 법칙 115
일부후 정기불 68

ㅈ

자국통화표시법 28
자발적 거래(autonomous transaction) 256
자본수지 250
자연적 매칭 179
자유금시장 53
자유매입신용장 77
자유변동(Free Float) 297
장내옵션 184
장외옵션 184
재고통제 모형(inventory moldel) 44
재송장전략 181
재정환율 233
저항선 163
적극적인 시장조성자 44
적응적 기대가설 129
전신송금환 79, 81
전신환매도율 93
전신환매매율 328
전신환매입률 93
전신환율 93
전자브로커 45
전자브로커시스템 46
전자지급시스템 50
절대적 구매력평가설 116
점도차트 160
정태적 기대가설 128
제14조국 270
조정가능한 페그(Adjustudle Peg) 296
조정적 거래(compensatory or accomodating transaction) 256
종가차트(closing only chart) 157
준강형(semi-strong form) 효율적 시장가설 133
증권투자 250
지급계정표시법 28
지급신용장 77
지급은행 75
지급인 66, 74
지급인도조건 84, 86
지지선 163

직접딜링 46
직접재정 233
직접투자 250
직접표시법 28, 98
진정한 고정환율제도(Truly Fixed) 296

ㅊ

차액결제선물환(NDF)거래 107
채권옵션 210
채널 162
청산 216
최적통화지역 304
추세선 161
추심 84
취소가능신용장 76
취소불능신용장 76

ㅋ

커버(cover)거래 32
커버된 금리재정 126
커버된 금리재정거래 218
콜옵션 212
크로스레이트 233
클로링 페그(Crawling Peg) 296
킹스턴체제 285

ㅌ

타발송금환 80
통관통계 247
통지은행 74
통화옵션 184, 211
통화위원회(Currency Board) 환율제도 296
투기 217
투기자 217
투자소득수지 250

ㅍ

패러렐 매칭 179
평가절상 99
평가절하 99
평균환율 172
표준결제일 104
표준선물환 105
풋옵션 212
프리미엄 211
피배서인 66
피셔효과 120

ㅎ

할부신용장 77
할인상사 53
할인시장 53
합리적 기대가설 130
해외 외환 엔 정산시스템 50
해외투자 53
헤징 224
현물상환지급방식 80
현물환거래 94
현찰매매율 329
현행환율 171
현행환율법 174
화폐성－비화폐성법 173
화환어음 67
확인신용장 74, 76
확인은행 74
환거래 64
환변동보험 182
환산 168
환산환위험 171
환어음 65, 73
환율 22, 36
환재정 232
환차손준비금 181
환포지션조작 32
회계적 환위험 168
회전신용장 77
효율적 시장가설 132
후지급방식 85

A

absolute PPP 116
Accepter 66
accounting exchange risk 168
active market makers 44

adaptive expectation hypothesis 129
after date 68
after sight 67
American terms 28, 99
appreciation 98
average rate 172

B

Back to Back L/C 78
balance of payments 244
bank bill 68
banker's acceptance bill 68
bar chart 158
base currency 96
Broken date or Odd date 105

C

call 옵션 185
channel 162
clean bill of exchange 67
clearing 216
confirmed L/C 76
counter currency 96
covered interest arbitrage 218
cross rate 233
currency option 211
current rate 171
customer market 314
customer's market 42

D

deposit bank 53
depreciation 99
destabilizing speculation 217
devaluation 99
direct dealing 46
direct quotation 28, 98
documentary bill of exchange 67
drawee 66

E

effective exchange rate 24
efficient market hypothesis 132
electronic broker system 46
EMS 289
EMU 291
EMUA 287
end-to-end 원칙 105
errors and omissions 251, 255
escrow L/C 78
European terms 28, 99
exchange arbitrage 232
exchange position 31
exchange rate 22

F

Fisher Effect 120
foreign currency bill 69
foreign exchange 21, 22
foreign exchange dealers 44, 45
freely negotiation L/C 77
fundamental analysis 156

G

giving quotation 28
gold export point 274
gold import point 274
gold parity 272
gold standard system 271
gold-bullion standard 272
gold-exchange standard 272
gold-specie standard 272

H

Hard Peg 제도 302
hedging 224
historical rate 171
home currency bill 69

I

indirect quotation 28, 98
installment L/C 77
inter-bank rate 92
Inter-national Fisher Effect 121
interbank market 314
interest arbitrage 218

interest rate option 210
invoice 181
IRP: Interest Rate Parity Theorem 124
irrevocable L/C 76
ISO4217 30

j

JOM 55

K

kingston system 285

L

lagging 179
leading 179
Letter of Credit ; L/C 71
line chart 157
long position 31

M

market rate 92
Marshall-Lerner condition 147
matching 178
merchant bank 53
mint parity 272

N

NDF(Non-Deliverable Forward)거래 107
netting 178
nominal effective exchange rate: NEER 25
nominal exchange rate 23
non-transferable L/C 77
NPV: net present value 167

O

open L/C 77
open position 31
oscilator 165
overbought position 31
overshooting 119
oversold position 31

P

payee 66
point and figure chart: P&F 160
PPP: purchasing power parity 115
price-specie-flow mechanism 275
private bill 68
purchasing power parity index 24

R

rate in foreign currency 28
rate in home currency 28
rational expectations hypothesis 130
real effective exchange rate: REER 25
real exchange rate 24
receiving quotation 28
relative PPP 116
restricted L/C 77
revaluation 99
revocable L/C 76
revolving L/C 77
risk premium 136
RSI(relative strenth index) 164

S

Samurai Bond 55
short position 31
sight draft, demand draft 67
sight L/C 77
smithsonian agreement 284
snake system 287
snake system 287
Soft Peg 제도 302
speculation 217
speculator 217
square position 31
stabilizing speculation 217
stable exchange equilibrium 148
stand by L/C 78
standard forward 105

standard or even date 104
static expectation hypothesis 128
straight L/C 77
SWIFT 40

T

T. T. buying 93
T. T. selling 93
technical analysis 156
telegraphic transfer rate 328
three-point arbitrage 233
transferable L/C 77
translation exchange risk 168, 171
trend line 161
two-point arbitrage 233

U

unbiased hypothesis 134
unconfirmed L/C 76
unstable exchange equilibrium 148
usance bill, time draft, after sight bill 67
usance L/C 77

V

voice broker 45, 46

W

with recourse L/C 76
without recourse L/C 76

▮저자 약력▮

최해범(崔海範)

부산대학교 경제학과 졸업
부산대학교 대학원 경제학석사
부산대학교 대학원 경제학박사
제23회 행정고시 합격(1979)
재무부, 관세청(1980~1987.2)
창원대학교 경상대학장 겸 경영대학원장 역임
창원대학교 교무처장, 총장대행 역임
경남신문사 비상임논설위원
전, (사)한국관세학회장
전, 창원대학교 총장
전, 경남 도립 거창대학교 총장
현, 창원대학교 국제무역학과 교수

【주요 저서 및 논문】

경제학원론(박영사, 공저)
무역학원론(일신사)
최신국제통상론(대학문화, 공저)
국제재무관리(도서출판 대명, 공저)
글로벌시대의 국제금융론(도서출판 두남)
최신무역학원론(도서출판 두남, 공저)
한국 관세체제의 산업보호효과
국제수지의 화폐론적 접근법
한국의 여신변화와 국제수지 및 환율과의 상호관계 분석
산업기지개발의 지역파급효과 측정
외환선물거래의 헷징효과에 관한 분석
1990년대 이후 한국무역의 구조분석
Exchange Rate Trends, Portfolio Balance, and Relative Prices 외 다수

● 새외환론 - 개정3판

개정판 1쇄 발행 —— 2010년 8월 25일
개정판 2쇄 발행 —— 2013년 8월 25일
개정2판 1쇄 발행 —— 2018년 2월 5일
개정3판 1쇄 발행 —— 2021년 2월 25일
지은이 —— 최 해 범
펴낸이 —— 전 두 표
펴낸데 —— 도서출판 두남
서울시 강동구 성내로6길 34-16 두남빌딩
신고 : 제25100-1988-9호
TEL : (02) 478-2065~7, 478-2311
FAX : (02) 478-2068
E-mail : dunam1@unitel.co.kr
http://www.dunam.co.kr

● 정가 24,000원

ISBN 978-89-6414-906-5 93320